フランスにおけるファシズムの形成

フランスにおけるファシズムの形成

——ブーランジスムからフェソーまで——

深澤民司著

岩波書店

目　次

序章　フランス・ファシズム論の展開と本書の課題

はじめに

ムッソリーニやヒトラーが権力の座から引きずり降ろされてから、すでに半世紀以上がたった。今日、ファシズムが現代史における最大の政治的悪であり、民主主義の最大の敵であることに異議を唱える者は少なかろう。また、これまでに専門的研究者でさえ読み切れないほど膨大な数の研究が積み重ねられてきた。だが、ファシズムとは何かについての議論は終ってはいない。時代を経るごとに視点も評価もビジョンも変る。最近のファシズム研究において、もっとも活発な議論が交わされた問題の一つにフランス・ファシズムの問題がある。かつてフランスはファシズムには不毛の地と考えられていた。この見方は一九七〇年代に入ってから異議申し立てを受けるようになり、同時にフランス・ファシズム研究は注目を浴びるようになった。そして一九八〇年代の中頃になると、フランス・ファシズム自生論を唱えるゼーフ・ステルネルの著作をめぐって様々な議論が繰り広げられた。今やフランスは、独自のファシズムの伝統をもつ国であると考えられるようになっただけでなく、ファシズムそのものの誕生地であるという意見まで賛同を受けるようになってきていると言っても過言ではなかろう。[1]

フランス・ファシズムに関する考察は、フランス史の領域にとどまるわけではない。それはさまざまな議論を引き起しつつ、ファシズム論そのものに有益な示唆を数多く与えてきた。本章ではステルネル論争を中心に研究史を辿りつつ、そのなかでいかなる理論が構築され、いかなる問題が提示され、いかなる理論転回がなされたかを検討し、最後にそれに基づいて本書の課題と観点を説明したい。

(1) わが国においては、フランス・ファシズム論が活発に議論される前に、すでに木下半治氏による克明な研究が発表されていたが、その後暫くは中木康夫氏がフランス政治史を詳説した大著のなかで論じたことを除けば、政治学での研究はほとんど行われてこなかった。だが、一九八〇年代以降、多くの論文が発表されるようになってきている。本書は木下氏と中木氏の業績に負うところが大きく、ここに記して謝意を表したい。木下半治『フランス・ナショナリズム史』(図書刊行会、一九七六年)、中木康夫『フランス政治史』(未来社、一九七五年)。

第一節　ステルネル以前のフランス・ファシズム論

一九五二年に「フランス・ファシズムは存在するか」という題の論文が発表され、一九五四年に『フランスの右翼』が出版されて以来[1]、フランス右翼とフランス・ファシズムについてのルネ・レモンの説明は長きにわたって定説とみなされてきた。もちろん、それは現在でも、この問題に関して論じるときは必ずと言っていいほど言及される原点的な意味を保持している[2]。『フランスの右翼』はこれまでのところ第四版までが出ている。もっとも多くの加筆と修正が行われたのは、多くの批判を受けた後に刊行された第四版[3]においてであり、そこでは表題も変更されている。学説史を論じる関係から、まずは第三版[4]と前記論文を用いて本稿の関心に直接に係る部分をまとめ、第四版については第三節で扱うことにする。

『フランスの右翼』においてレモンが提示した基本的な命題は、一八一五年から第五共和制に至るまでフランス右翼には連続性が存在し、さらにこの連続性は思想・気質・支持層の点から三つの伝統に区分できるというものである。レモンによれば、第二王制復古が行われ、過激王党派 (les ultras) が政権を取った一八一五年に、初めて右翼と左翼が「社会的現実」となった。その後一九世紀前半を通じて三種の右翼的党派、すなわち、過激王党派を継承し反革命的で反動的な王制復古を唱えるレジティミスム (le légitimisme)、保守主義的で自由主義的な世俗的君主制を主張するオルレアニスム (l'orléanisme)、そして反議会主義的な皇帝政治をめざすボナパルティスム (le bonapartisme) が形成された。この三つがフランス右翼の礎となり、それぞれがさまざまな変遷を辿りつつも連綿として命脈を保ち、三つの右翼的伝統を形成してきた。この三つは決して融合しなかったが、それらが時代ごとにつくる多様な同盟がフランス右翼を形成してきたというわけである。(5)

一九世紀末に政治の大転換が起った。右翼政治にとって何よりも重大なことは、極右諸同盟が誕生したことである。それについてはレモンの研究以前から幾度となく論じられてきた。これまでの諸研究をもとにその特性を歴史的意義の点からまとめてみると、それは第一にナショナリズムの担い手の左翼から右翼への「逆転」を印した。(6) ナショナリズムという言葉それ自体は世紀末まであまり使われてはいなかったが、(7) その意味内容からすれば、大革命以降フランスのナショナリズムは左翼に属す民衆によって担われ、常に自由と平等という革命の理想と同一視されていた。一九世紀前半に自由主義イデオロギーが成立するとともに、ナショナリズムはそれに結びつき、自決の原則に基づく諸国民の権利擁護、自由貿易と交流の促進、高関税と巨大武装への反対、自由権や市民権の確立などの主張に具体化された。ところが世紀末になるとナショナリズムは極右の主唱するところとなり、その内容もフランス国民の絶対的優先、経済的保護主義、軍国主義、権威主義的国家秩序指向といった正反対のものになっていった。

極右の誕生は第二に、「貴族の国際主義から中間階級のナショナリズムへ」という右翼の「大転換」を意味した。(8) 伝統的な右翼は一般的に、自国の大衆よりも外国の貴族に共感を示し、ジャコバン的愛国主義よりもカトリック的普遍主義を好み、本来的にフランス国民に同一化する感情が稀薄であった。違うのはナショナリズムだけではない。新しい右翼は王族や貴族といった伝統的勢力ではなく、政治の主人公になりつつある大衆に基盤をおき、それを左翼と奪い合った。さらに、反ユダヤ主義をナショナリズム理念の柱の一つにおき[9]、国民救済の担い手を軍隊にみる軍国主義を奉じ、宗教的感情よりも戦術的配慮からローマ教会を尊重する教権主義をとり、国民の運命を選挙議会に委ねることへの嫌悪から議会と政党に反感を抱き、同盟という大衆動員型の新しい組織形態をとり、そして街頭行動という新しい政治戦術を重視した。世紀末の状況において、伝統的右翼が自由民主主義の成立とそれに基づく第三共和制の確立と体制強化により従来の権力接近の道を阻まれ、また左翼がマルクス主義のインターナショナリズムの影響下に入っていくとともに、極右は右翼政治の急先鋒となり、同時にナショナリズムを独占するかのような観を呈するようになっていた。

レモンはこの時期の右翼の変化を次のように説明する。ブーランジスムからドレフュス事件までの間に以前の三つの右翼的党派は政治の舞台から消え、代わって新しい三つの右翼的党派が登場した。その一つがナショナリズムであり、その主たる理念的特性は軍国主義・教権主義・反議会主義の三つにある。それは確かに古典的な右翼とはまったく異なるものだったが、そこには隠れた連続性もまたある。意味内容を別にすれば、独裁主義的・権威主義的・人民投票主義的・世俗主義的・反議会主義的といった政治的方向性の点で、さらに冒険・栄光・力・権威に魅了されていた点で、それはボナパルティスムの継承者と言えるものである。ナショナリズム以外の新しい右翼的党派は、共和制に加担したカトリック王党派のラリエ(les ralliés)、穏健共和派を形成したプログレシスト(les progressistes)であるが、これらについてもそれぞれレジティミスムとオルレアニスムの継承者とみなすことができる[10]。

レモンは以上の立論を前提にして、一九二〇年代の中頃に台頭したフェソーや愛国青年同盟にしても、また一九三〇年代以降に相次いで登場した諸同盟にしても、ブーランジスムのなかから誕生した諸同盟と本質的にはまったく同一であり、ボナパルティスムを継承する右翼ナショナリズムに属すとみなす。彼はそれらが決してファシズムではないことを次のように断言する。「諸同盟の展開は、真性ファシズムのフランスへの順応は実践的に不可能だということを繰り返し証明する。諸同盟のなかにフランス・ファシズムを思い描くことは、虚仮威しを真に受けているということだ。それらはファシズムのみかけだけ装ったにすぎないのであり、その金ぴかの衣装を身にまといはしたが、その精神は捨て去っていた。諸同盟の動きは、ボナパルティスト的・カエサリズム的・権威主義的・人民投票的な古層の最新の発現にすぎない。ナショナリズムは時代の好みに合わせて修正されたのであり、模倣者たちはファシズムという塗料でその外面をローマ風に塗り替えたにすぎなかった[11]」。レモンの考えでは、フランスはイタリアやドイツと異なりファシズムをまったく受けつけなかったのであり、「ファシズム的経験に向けて歩み始めようとする試みは、すぐに古典的反動の道に迷い込む[12]」ことになった。彼はその理由として、全体主義的誘惑に抗する政治的経験の蓄積、社会構造の安定性、中間階級の相対的な堅固と重要性、公共生活における道徳的諸価値の尊重、政治的民主主義の内在化などをあげている[13]。

とはいえ、レモンはフランスにはまったくファシズム運動がなかったと言っているわけではなく、マルセル・ビュカールのフランシスム、ジャン・ルノーのソリダリテ・フランセーズ、そしてジャック・ドリオのフランス人民党の三つを「純粋状態のファシズム運動」としてあげている。しかし、それらはすべて「微かな知性の欠片もない凡庸なコピー」でしかなかったし、さらに、前二者は規模の点で取るに足りず、唯一成功したフランス人民党は束の間の輝きでしかなかったので、きわめて限定的な効果しかもたなかったとする。左翼によってファシズム的危機と喧伝された一九三四年二月六日のパリ騒擾事件にしても、レモンはそれをミュンヘン一揆やローマ進軍のような暴動ではなく、ブーランジスムに似た街頭での示威行動にすぎないとして、「フランス・ファシズムの伝説を裏づけるものは何一つない」と述べる[14]。要するに、フランスの政治的伝統のなかにファシズムを生み出すものは何一つなく、僅かに存在したファシズム運動は周縁的なものでイタリア・ファシズムの模倣にすぎなかった、というのがレモンのフランス・ファシズム論の骨子である。レモンの『フランスの右翼』が刊行されてから二〇年近くの間、若干の例外を除けば、レモンの説に対する重大な反論はなかった。むしろそれを強化したと言えよう。もっとも、その間重要な業績がなかったわけではなく、貴重な指摘や示唆も数多くなされていた。順を追ってそれらをみていきたい。

レモンの著作が出た翌年に、フランス・ナショナリズム史家ラウル・ジラルデの論文が発表された。ジラルデはそのなかで、戦間期の諸同盟は行動・補充・スローガンのどれをとっても、一九世紀末のフランス・ナショナリズムに直接結びついているのであり、ムッソリーニ体制に対してフランス右翼が示した友好的な好奇心や熱狂的な共感にしても、「一定の保守的世界の古き権威主義的性向」が応答したにすぎなかった、とレモンと同様の見解を述べる。[15] しかし、フランスにおけるファシズムとナショナリズムとの関係に関しては、レモンほど明確に双方を分離させることはない。ファシズムは結局、ナショナリズムの政治的・知的・道徳的文脈から抜け出ることができずに停滞へと強制されたが、しかし、ナショナリズムには明らかにファシズムの刻印を受けた形跡がある、とジラルデは解釈する。これについては、レモンの「ファシズムという塗料」という表現に対する異議のなかに明確に表れている。彼はその表現では、戦間期のフランス・ナショナリズムは明らかにファシズムの影響に由来するまったく独自の色調をもっていた、という政治的現実が曖昧にされると指摘する。この指摘には、後のフランス・ファシズム論の展開にとって重要となる二つのポイントが含まれている。その一つは、ネオ・ナショナリスト的著述家に注目したことである。ジラルデはファシストを自認する同盟や歴史家がそのラベルを貼った政治集団だけでなく、ドリュ・ラ・ロシェル、ロベール・ブラジヤック、ルシアン・ルバテのような若い自由な知識人も考察対象に含めたが、「独自性」の主張は後者を念頭においてなされたものである。もう一つは、「ファシズムとはわれわれにとって政治的教義ではなく精神である」というブラジヤックの言が示すように、ファシズムによる影響とは何よりも精神的なものであったという指摘である。ジラルデはそれを「革命行動的ロマン主義」と呼び、それがフランス・ナショナリズムの知的・道徳的雰囲気に刻印されたことから独自の色調が生まれたとする。ジラルデはこの精神的影響の実態を指摘するために「ファシズム浸透」という表現を用いたが、これは今日でも頻繁に引用されている。[16]

ジラルデが指摘したファシズム精神の問題は、五年後にジャン・トゥシャールによっても取り上げられた。トゥシャールは一九三〇年代の若き知識人は皆、「伝統的な対立を超越し、フランス政治を若返らせて刷新することを夢み、同じ革命的意志によって駆り立てられていることを公言している」と論じ、この精神を「三〇年代の精神」と名づけた。彼は右翼から左翼まで広範にみられるこの現象を詳論した後、そうした精神の上に「外国の運動」であるファシズムが「模倣」されたと述べた。[17] トゥシャール論文の直前に出たポール・セランの著作もジラルデの議論を引き継ぎ、ファシズムは本質的に「ロマン主義的な冒険」であるという立場からそれを議論し、「ファシズムと伝統的教養との類似性を立証しようとしても虚しい」と断じた。[18] トゥシャールもセランも基本的にレモンと同じ認識をもっているが、より明確にレモンの立論に一致した研究を行ったのはプリミエヌとラシェラである。彼らの共著『フランス・ファシズム 一九二三―一九六三』はフランスにおけるファシズム・イデオロギーを包括的に論じた大著であり、多くの資料を掲載しながらレモンの説を補完した作品と言えよう。彼らは「ファシズムはもともとフランスとは異質な現象である」との認識にたったうえで、ムッソリーニが政権を握って以来戦後になっても、「ファシスト」という語は左翼、とくに共産党によって最大の政治的罵声として使われ、同時に「つねに団結して対抗しなければならない恐ろしい脅威」として援用されてきたが、その語を浴びせられた集団はほとんどが「ナショナリズム的・君主主義的・ボナパルティスム的伝統」を保持しつつ「伝統的に戦闘集団として組織された極右」であって、二〇世紀に固有の政治的新造物であるファシズムではないし、またそれがファシストであっても、「取るに足りない現実性」しかもたないものであったとする。彼らが特に強調するのは、フランスにおけるファシズムは何よりも「反ファシストがつくった理念」であって、十全な意味での「フランス・ファシズムは決して存在したことがない」ことである。[19]

ユージン・ウェーバーは一九六二年に刊行した大著『アクシオン・フランセーズ』のなかで、アクシオン・フランセーズとファシズムは同じ反民主主義的反動から生まれたにしても、前者は教条的かつ合理主義的であり反国家主義的であったのに対し、後者は野卑で反主知的で国家崇拝的であった点において、両者の間には根本的な差異があったと述べた。[20] 彼はその後この論理を拡張し、レモンと同様に、フェソー、フランシスト、ソリダリテ・フランセーズはファシズム運動と言えるが、ラ・ロック中佐のクロワ・ド・フーのような一九三〇年代の大規模な諸同盟はファシズムとはかけ離れていると主張し、さらに、フランスにおけるファシズム運動は外国モデルの模倣にすぎないとした。[21] ただし、ウェーバーはファシズムとは区別された「国民社会主義」的伝統がフランスに存在することは認め、バレスからドリオに至るその思想史を概観している。[22] しかし、それとファシズムとの関係は曖昧なままである。彼は多くの業績を残しているが、ここではレモンやジラルデが前提にしつつもさほど明確には論じていなかったファシズム論を、全面的に展開したことだけに注目しておきたい。そこで明示された重要な部分は、第一に、ファシストは情動的で感傷的なエートスをもち、情熱に衝き動かされた自己陶酔の機会を求め、「思想よりも行動、原則よりも権力を追求」する行動主義者であること、第二に、ファシズムは反動とは異なり、発想と精神において保守主義的右翼というよりも社会主義的左翼であり、それに由来する革命的な側面も有していたこと、である。[23]

一九六〇年代までにレモン説に異論を唱えたのは、エルンスト・ノルテとロバート・スウシーの二人だけである。一九六三年に出たノルテの難解な書は、レモンのフランス・ファシズム論に直接言及しているわけではないが、内容的にはそれのもっとも重要なテーゼへの反論になっている。彼はそのなかで、「ファシズムの三つの顔」の一つにイタリア・ファシズムやナチズムと並んでアクシオン・フランセーズを加えた。それが後のファシズム運動の母体になったからではなく、彼がもっとも根本的なレベルにおいてファシズムを特徴づけるとした「超越への抵抗」を目的として組織された運動だからである。[24] その三年後、彼は実証的にヨーロッパ各国のファシズム運動を論じた作品のなかで、フランスにはファシズムがなかったと主張することは誤りであるとしたうえで、その特性を次のように述べた。

「ヨーロッパ大陸のもっとも多感な、この古い国民国家においては、ファシズムは他のどの国よりも、その萌芽においてよりはやく、その活気においてより多彩で、かつ変種にとみ、その終焉期がよりながかったのである」[25]。

レモンのテーゼを俎上に載せ、初めてそれへの反対を明言した人物は、アメリカの歴史学者ロバート・スウシーである。彼が一九六六年に発表した論文のなかからその論旨をまとめてみると、以下のような三つの主張が柱になっている。第一に、フランス・ファシズムはロマン主義的な冒険でも「ニヒリズムの革命」でもなく、行動信仰それ自体を教義の核におくイデオロギーをもった運動である。それがめざしたのは新しき人間を創造する「精神革命」であり、その性格はきわめて道徳主義的だった[26]。第二に、フランス・ファシズムの思想史はそれ自身の長い歴史をもっており、ファシズム理念のなかに非フランス的なものなどほとんどない。フランス・ファシズムは大衆の支持を得られなかったゆえに、フランスには自生的なファシズム・イデオロギーはなかったと言うことは、恐慌の前のナチ党は大衆の支持を欠いていたゆえに「非ドイツ的」だったと言うに等しい。ファシズムがフランスで広範な支持を獲得できなかったのは、社会的要因、経済的要因、運動の政治的分裂等、別な理由によるものである。第三に、ファシスト的右翼と保守的右翼との間の差異はさほど明確なものでも大きなものでもなく、それゆえに、世紀末の右翼ナショナリストと戦間期諸同盟の間に真の断絶はない。保守的な歴史家はフランス保守主義とファシズムとの違いを強調するが、権力の栄光化、現実主義、権威主義的指導、反共産主義、そして「政治第一」など共通点も多くある。また、彼らはファシストの社会主義的指向を重視するが、ファシストが唱えた社会主義の性格は、実際にはマルクス主義よりも伝統的保守主義に近いものであった[27]。

スウシーの主張は内容的にはきわめて斬新なものだったが、英語で書かれた雑誌論文だったためかあまり注目を集めることはなかったようだ。最初にレモン説に対する反論として知れわたるようになったのは、一九七二年に出版されたスウシーとステルネルそれぞれのバレス研究である。スウシーは主にバレスの小説に照準し、ステルネルはバレスの政治評論に重心をおいていたが、両者は同じ意図をもっていた。スウシーは「バレスとファシズムとの間に差異があったことは確かだが、バレスのナショナリズムがヨーロッパ・ファシズムの教義・態度・価値の台頭を促したことも事実である」と主張し、ステルネルは「バレス的ナショナリズムは、プレファシズム的ないしファシズム予告的と定義できるような一定の特徴を示している」と結論する。[28] 彼らはともに、バレスによって意味転換が図られたナショナリズムがファシズムの根源にあること、つまりファシズムは「輸入品」ではなく国民的伝統に根ざす政治文化的産物であり、急進派のナショナリズムを保守革命的ナショナリズムに逆転したバレスこそは、その起点に位置する人物であることを証明しようとしていた。これがレモンの説を完全に覆すものであることは言うまでもない。このことをスウシーは直截に述べ、ステルネルはジラルデの「ファシズム浸透」概念の批判を通して示唆している。[29]

（1） René Rémond, "Y a-t-il un fascisme français ?," *Terre humaine*, 2 (7/8), juillet-août 1952 ; idem, *La Droite en France : De 1815 à nos jours*, première édition, Éditions Aubier, 1954.

（2） ミルザによれば、フランスの大学史学のなかでは、レモンのフランス・ファシズム論に関してほぼ合意ができあがっており、その中心にいるのが、レモンを核に主にパリ第一〇大学と政治学研究所の現代史研究者から構成される「新政治史」と呼ばれるグループである。ミルザはその代表的人物として、ミシェル・ヴィノック、シュロモ・サンド、サージ・ベルスタン、ジャック・ジュイヤールの名をあげているが、後述するように彼らはそれぞれ活発にステルネルを批判している。Pierre Milza, *Fascisme français : Passé et présent*, Flammarion, 1987, p. 8.

（3） R. Rémond, *Les Droites en France*, Éditions Aubier, 1982.

（4） R. Rémond, *La Droite en France : De la première restauration à la Ve république*, troisième édition, Éditions Aubier, 1968.

（5） *Ibid.*, pp. 13-156.

（6） William Curt Buthman, *The Rise of Integral Nationalism in France*, Colombia University Press, 1939, pp. 60-62 ; Eugen Weber, *The Nationalist Revival in France 1905-1914*, University of Calfornia Press, 1959, pp. 151-154.

（7） 桑原武夫編『フランス革命の研究』(岩波書店、一九五九年)、二七頁。

(8) ピーター・ヴィーレック『保守主義——フランス革命からチャーチルまで』戸井田耕訳（日本外政学会、一九五七年）。
(9) 反ユダヤ主義の感情を一つの主張としてナショナリズムに取り入れたのは、一八九〇年にフランス反ユダヤ主義国民同盟(la Ligue nationale antisémitique de France)を形成し、一八九二年に『リーブル・パロール』紙を創刊したエドゥアール・ドリュモンである。W. C. Buthman, *op. cit.*, p. 46.
(10) R. Rémond, *La Droite en France*, troisième édition, cit., pp. 157-177.
(11) *Ibid.*, p.215.
(12) R. Rémond, "Y a-t-il un fascisme français ?," *op. cit.*, p. 45.
(13) *Ibid.*, pp. 46-47.
(14) R. Rémond, *La Droite en France*, troisième édition, cit. p. 216.
(15) Raoul Girardet, "Notes sur l'esprit d'un Fascisme français 1934-1939," *Revue française de science politique*, 5 (3), juillet-septembre 1955, pp.529-530.
(16) *Ibid.*, pp. 530-540.
(17) Jean Touchard, "L'Esprit des années 1930 : Une Tentative de renouvellement de la pensée politique française," in *Tendances politiques dans la vie française depuis 1789*, Hachette, 1960, pp. 89, 120.
(18) Paul Sérant, *Le Romantisme fasciste*, Fasquelle, 1959, pp. 10, 12.
(19) J. Plumyène et R. Lasierra, *Les Fascismes français 1923-1963*, Éditions du Seuil, 1963, pp. 7-11, 15-16.
(20) E. Weber, *Action française : Royalism and Reaction in Twentieth-Century France*, Stanford University Press, 1962, p. 134.
(21) Hans Rogger and Eugen Weber (eds.), *The European Right : A Historical Profile*, University of California Press, 1965, pp. 107-109. ユージン・ウェバー『ファシズムの思想と行動』平井友義・富岡宣之訳（福村出版、一九七九年）、一九〇—一九三頁。
(22) E. Weber, "Nationalism, Socialism and National Socialism in France," *French Historical Studies*, 2 (3), 1962, pp. 273-307.
(23) *Ibid.*, pp. 296-302. ユージン・ウェバー、前掲書、二〇二—二〇三頁。
(24) Ernst Nolte, *Three Faces of Fascism : Action française, Italian Fascism, National Socialism*, translated by Leila Vennewitz, Holt, Rinehart, and Winston, 1966, originally published in Germany under the title : *Der Faschismus in seiner Epoche : Die Action*

française, Der italienische Faschismus, Der Nationalsozialismus(R. Piper & Co. Verlag, 1963).

(25) エルンスト・ノルテ『ファシズムの時代——ヨーロッパ諸国のファシズム運動 一九一九—一九四五』ドイツ現代史研究会訳(福村出版、一九七二年)、四九九頁。

(26) スウシーはこれに関連して、フランスのファシストをナチとの協調へと向かわせた要因は、彼らがヨーロッパを指向していたことではなく、ナチが具体化する「新しき人間の理想」を実現するチャンスをそこに求めたことにあるとしたが、卓見である。R. Soucy, "The Nature of Fascism in France," *Journal of Contemporary History*, 1, 1966, pp. 51-53.

(27) *Ibid.*, pp. 27-55.

(28) R. Soucy, *Fascism in France : The Case of Maurice Barrès*, University of California Press, 1972, p.22 ; Zeev Sternhell, *Maurice Barrès et le nationalisme français*, Armand Colin, 1972, p. 367.

(29) R. Soucy, *Fascism in France*, cit., p. 14 ; Z. Sternhell, *op. cit.*, pp. 369-370.

第二節　ステルネルのフランス・ファシズム論とその衝撃

スウシーとステルネルの修正論的観点はすぐに影響を及ぼし始め、多くの著作で取り上げられるようになる。ステルネルはバレス論の後、『革命的右翼 一八八五—一九一四——ファシズムのフランス的起源』[(1)](一九七八年)、『右翼でもなく左翼でもなく——フランスのファシズム・イデオロギー』[(2)](一九八三年)を発表し、フランス・ファシズム三部作を完成させた。そして第三作目の出版とともに、それをめぐる一大論争が巻き起った。ステルネルが三部作で展開したフランス・ファシズム研究の射程はかなりの広がりをもっているが、その骨子は第三作目と共著『ファシズム・イデオロギーの誕生』[(3)](一九八九年)の序章のなかで簡潔に述べられている。この二つの序章を参考にしてまとめれば、彼のフランス・ファシズム論は五つの命題で表現することができよう。以下、それにそってステルネルの説を明らかにしたい。

命題一　ファシズムとは、一九世紀末の啓蒙に対する文化反乱に由来する完全な知的自律性をもった文化的・政治的現象である。

この命題のポイントは、第一に、ファシズムは社会主義や自由主義と同じほどの知的完結性をもち、そのイデオロギーの具体化が政治行動と政治権力の基礎を築いたのであるから、ファシズムは何よりもイデオロギーとして把握すべきであるという認識である。フランス・ファシズムに長い思想史があることはすでにスウシーが指摘しているが、これほど透徹してはいなかった。実際のところ、この認識がなければ、ステルネルのファシズム論そのものが成立しない。だから彼は英訳版『ファシズム・イデオロギーの誕生』の序章の冒頭において、これをもっとも基本的な仮説として掲げる。(4) この認識に基づいて、ファシズムは「地域的・社会－文化的な差異をもつ普遍的カテゴリー」であり、「ファシズムの時代」とは体制ではなく一定のイデオロギーとそれに基づく運動によって特徴づけられる時代である、とステルネルは論を進める。(5) ここで彼が言いたいのは、ファシズム勢力が政権を握ったかどうかはファシズムの存否の基準にはならないこと、そしてフランス・ファシズムのイデオロギー研究はファシズム論としての意味をもつということである。(6)

第二のポイントは、ファシズムは文化反乱に始まる運動であり、第一次大戦後のファシズム運動の台頭と政権獲得は、文化的・知的変革の累積した影響力が戦後の種々の条件と接合して初めて可能になったということである。ステルネルはこうした理念としてのファシズムが始まった時期を、その語とそれを名乗る運動が出現する三〇年前の一八八〇年代後半に定める。フランスではこの時期、経済的には一八七〇年から続いた長期不況を脱しつつあり、軽工業から重化学工業への産業基軸の転換、工業の大規模化と高度化、大銀行と金融寡頭制の形成が行われた。社会的・政治的には、一九世紀後半の急速な近代化に起因する人間の原子化、社会の敵対的分裂、個人の疎外といった様々な矛盾が露呈し始めるとともに、そこから生まれる不安や情動に衝き動かされた大衆が重要な政治的役割をはたすようになり、それが大衆社会状況として認識され始めていた。当時、この新しい非人間化の問題に直面し、さまざまな領域でそれを招いた個人主義・合理主義・功利主義・楽観主義・人道主義といった一七、八世紀の啓蒙の遺産に対する反乱が始まっていた。ネオ・ロマン主義文学、ダーウィンの生物学、ベルグソンの哲学、ルナンとテーヌの歴史学、ル・ボンの社会心理学などにおいて、理性に代わる本能と感情の称賛、無意識的なものを重視する反主知主義、歴史的・生物的決定論、機械論に代わる有機体論、道徳的相対主義などの非合理主義的な諸理論や諸価値が次々と提示された。ステルネルは、まさにこの近代ブルジョワ社会に抗する文化反乱が、ファシズムの知的発展の起源にあり、それゆえにファシズムは文明の現象であるとする。(7) もちろん、ファシズムの文化的起源に関する研究はステルネルが最初というわけではない。ドイツにおけるこの種の研究の発展については言うまでもないだろうが、フランスではノルテやウェーバーが先駆と言えよう。(8)

命題二　ファシズムは自由民主主義とマルクス主義を批判する第三の革命的な路線である。

ファシズムは文化反乱から発して政治反乱へと発展したが、その移行において核となった理念を、ステルネルはエルネスト・ルナンの言葉をとって「唯物論＝物質主義(matérialisme)の拒否」と呼ぶ。(9) この場合「唯物論」とは、個人の理性への信仰とそれに由来するもの、すなわち啓蒙の遺産を意味する。ステルネルによれば、政治的領域において、一八世紀以来体制を支配してきた自由民主主義も、また最大の反体制勢力となっているマルクス主義もともに一八世紀の継承者であり、「唯物論」を代表する政治理念である。それに対してファシズムは「もっとも明白な反唯物論」であり、二つの大思想体系に対抗する「第三の革命的な路線」を表現した。そのめざすところは「全体的な精神革命」、つまり社会のすべての階層と階級が完全に統合される集合体を構築し永続化できるところの、反個人主義的・共同主義的な政治を創造することであった。しかし、ファシズムは往々にして言われるような反動的運動ではない。それは私的所有・利潤動機・市場経済・科学技術といった近代産業社会の発展的要素を決して破壊しようとはしなかった。ファシズムが試みたのは、経済的・技術的側面を保持したまま個人と集合体の関係を変革することであった[10]。このようにファシズムを「第三の路線」と位置づけることは戦間期から始まっていた。また、ファシズムの本質を「精神革命」に求めることも、前述のようにスウシーがすでに述べている。

命題三　ファシズムは世紀末に登場した有機的・種族的ナショナリズムと、ソレルの革命的サンディカリズムが代表するマルクス主義の修正との合成によって形成された。

この命題はステルネルのファシズム論のなかで、中心的かつもっとも独創的な部分である。このなかでまず確認しなければならないのは、バレス、ドリュモン、モーラスなどが代表する一九世紀末に登場した右翼ナショナリズム運動の性格づけである。レモンはそれをボナパルティスムの系譜上にあると捉えるが、ステルネルはそれを「革命的右翼」と名づけ、レモンの説に真っ向から反対する。その理由は、ボナパルティスムが前産業社会型の関心、とりわけ農民層の秩序と財産の安定を求める要望に支えられ、なおかつ限定的な政治参加に立脚した独裁であったのに対し、革命的右翼は民主化と産業化が進んだ近代社会の問題に応答し、政治化した大衆の欲求に応じた新しい道徳、新しい社会、新しい政治を創造しようとしていたのであり、とりわけ反マルクス主義的急進主義と有機的ナショナリズムという後者の二つの本質的な近代的要素が前者には欠落していたことに求められた[11]。ステルネルによれば、この右翼は保守的右翼と同様に権威主義的秩序を望むが、その目的は旧来の権威を維持することではなく、有機的実体としての国民を完全なものにすることにあった。このナショナリズムは社会ダーウィニズムや生物学的決定論に基づいて、本能・直感・感情・熱狂のような反唯物論的な諸価値の実現主体を国民に定め、そしてこの国民を唯一絶対の存在として信仰対象にまで高めることから生まれた。したがって、この右翼ナショナリズムは、国民の完全性を実現するため現行のブルジョワ秩序を破壊しようとする革命的イデオロギーである、とステルネルは主張する[12]。

この革命的右翼と並ぶファシズムのもう一つの構成要素としてステルネルがあげるのが、マルクス主義の修正である。西欧の社会主義が一九世紀末に直面した重大な危機、すなわち社会的分極化と窮乏化という社会主義革命にとって不可欠なマルクスの偉大な予言が実現しないばかりか、状況はますますそれから遠退くように思われるようになったことについては、詳しく説明するまでもない。この事態に直面して、自由民主主義体制への歩み寄りを主張するベルンシュタインらと、正統マルクス主義を貫こうとするカウツキーらの間で戦わされた修正主義論争は有名であるが、ステルネルはフランスやイタリアではマルクスを「暴力の社会主義者」とみなす特殊な土壌があり、そこではまったく異なった修正論も展開されるようになったことに注目する。それがソレルを理論的代表とする革命的サンディカリズムである。ステルネルによれば、ソレルの社会主義の特徴は、労働者のブルジョワ的・民主主義的堕落を阻止し、暴力的な階級闘争の発展を保証するために、一方でマルクスが唱えた合理主義的・機械論的な経済決定論を批判し、他方で神話という心理的触媒によって闘争的緊張を生み出す無意識と本能に訴えるという、「マルクス主義の反唯物論的な修正」を行った点にある[13]。

革命的右翼とソレル主義的な革命的サンディカリズムはどのようにして合体したかについて、ステルネルは次のように説明する。まず、革命的右翼の側では、国民の完全性を実現するためには、社会問題を解決して低階層の人々を国民に統合する必要があるという認識が生まれ、かくして社会主義への接近が図られるようになった。他方、革命的サンディカリズムの側では、革命の旗手と期待されたプロレタリアートが、その役割をはたす意思をもっていないことがじきに明らかになると、階級闘争とプロレタリアートを放棄し、革命の担い手を合理主義的頽廃に対して闘争する国民に期待するようになった。こうして二〇世紀初頭に「国民社会主義」的な合成が行われ、「国民革命」をめざすファシズム理念が生まれた。そしてこの合成は第二次大戦まで絶え間なく続いた。[14]

命題四　世界大戦はファシズムを誕生させたのではなく、触媒の役割をはたしたにすぎない。

ステルネルの考えでは、ムッソリーニ体制においても他の西欧諸国のファシズム運動においても、「一九一四年八月以前の四半世紀において練り上げられなかった重要な理念など一つもない」のであり、「ファシズムをあくまで第一次大戦の副産物、戦後危機に対するブルジョワ的防御の単純な反映としかみない者は誰も、この今世紀の重大現象がまったく理解できないはずである」[15]。ファシズム思想はすでに第一次大戦前にできあがっていた。ファシズムが政治的勢力になるためには、広範な失業、プチ・ブルの恐怖心などの適当な社会的・経済的条件が準備されればよかった。そうした条件を生み出すうえで、戦争が重要な役割をはたしたことは確かだが、しかし、イデオロギーのみならず、運動や参加者に関しても「戦争は一般に考えられているような断絶ではなかった」[16]。

命題五　フランスは最初にこの合成が行われたファシズムの誕生地であり、また、ファシズム体制が成立しなかったゆえに、そのイデオロギーがもっとも純粋な形で発現した国である。

ステルネルの三部作は、フランス・ファシズムの三段階を示していると思われる。ファシズムを予示する大衆政治と反唯物論的政治反乱が始まった一八八〇年代末のブーランジスムの時期、革命的右翼とソレル主義的な革命的サンディカリズムが登場し、セルクル・プルードンにおいて最初のファシズム的合成が行われた一八九〇年代末から大戦までの時期、そしてその合成が左右の政治勢力の至る所で行われるようになった戦間期である。第二段階でファシズム・イデオロギーが構築されたとすれば、フランスではそれが他のヨーロッパ諸国で現れる二〇年前に存在していたことになる。かくしてステルネルは、フランス・ファシズムを「外国からの輸入」とかイタリア・ファシズムの「曖昧な模倣」とみなすことは断じてできないと強調する。[17] この強調には、他の影響を受けないゆえに純粋な合成ができたという含意が込められているだろう。体制の成立がイデオロギーの変容を強いるというステルネルの論理は、以下の文に表現されている。「運動と理念がそのもっとも忠実な姿を現すのは、権力掌握の前、つまり圧力と妥協によってそれが他のすべての統治集団と同じものに変えられる前である。政治的イデオロギーの本質は、つねにその実行よりも熱望のなかで明らかになる」。[18] 確かにフランスでは、保守的右翼が左右の革命勢力を押え込めるほど強力だったために、ファシストは政権を取ることができずに運動で終ったが、それにもかかわらず、というよりもそれゆえにフランス・ファシズムはもっとも「理念型」に近いとステルネルは主張する。ところで、この命題はフランス・ファシズム研究の意義についても述べていると考えられるが、それに関しては以上まとめた理由の他に、ステルネルはフランス・ファシズムのイデオロギー的豊かさを保証する要素として、高度な知的水準やきわめて多様な集団の存在をあげている。[19]

以上のステルネルの議論の意図は明確である。それは「ファシズムはヨーロッパ文化史の不可欠な部分である」ことの証明である。第一に、ファシズムに知的内容と理論的次元があると認め、それが自由主義や社会主義などの他の政治運動と比肩しうる思想体系をもつと認めること、第二に、自由主義と民主主義の国フランスにおいて、イタリアやドイツの模倣ではない自生的なファシズム運動が存在したと認めることは、それに「文明現象」としての歴史的重要性を与えること、つまり「近代社会の現実と矛盾を反映するイデオロギーをもった大衆運動」としてそれがヨーロッパ史のなかに位置づけられることを意味する、とステルネルは言う。[20] 彼が明らかにしたかったのは、ファシズムは第一次大戦の敗戦によって世界恐慌の荒波に抵抗する力を失っていたヨーロッパ後進諸国に起った地域的特殊事態でもなければ、それゆえにヨーロッパ史の例外的事象でもなく、さらにはデマゴーグ的才能をもった指導者に翻弄された悲劇でもギャングや精神異常者が起した不幸な事件でもなく、まさにヨーロッパ近代の必然的産物であったということである。ステルネルは自ら編集した新作『永劫回帰――デモクラシーに抗して、デカダンスのイデオロギー』の巻頭論文「近代とその敵――啓蒙への反乱からデモクラシーの拒否へ」において、ファシズムの系譜を広くヨーロッパ近代文化全般に辿りつつ、彼の関心の所在を直截に示している。[21]

ステルネルの作品は大きな衝撃をもたらした。ロバート・ウォールは『右翼でもなく左翼でもなく』について、「最近の記憶にあるヨーロッパ史に関する本のなかで、これほどの論争と騒動を引き起した本はほとんどない」と言ったが、[22] おそらくそれは間違っていないだろう。その理由は何よりもまず、長年認められてきた定説を完全に覆したことにある。ステルネルの説では、フランス・ファシズムは模倣でも周縁的でも衝動的でもなく、知的風土に根ざす自生的なもので、それゆえに根深い影響力をもって広範に流布し、明確な教義体系をもっていた。もしステルネルの研究がさほど学問的価値のないものならば、完全なアンチ・テーゼを主張したところでこれほど議論が高騰することはなかったろう。しかし、彼の大部の作品が、膨大な一次資料の厳選と読解ならびに明晰な推論に基づく第一級の研究書であることは、彼に対して厳しい批判をする者でさえ認めている。[23] 先に論じたように、レモン説に対する反論はステルネル以前にもあったし、またステルネルもそれを自説に組み入れている。だが、彼ほど広範囲の研究を行い、明確に問題を提示し、多くの仮説を論理整合的に構築し、壮大な理論を展開した学者は彼以前にはいなかった。

学問的衝撃もさることながら、それ以上に、「ステルネルの作品は他の何にもまして、おそらくは自主検閲の産物である幻想を晴らすようにわれわれに命じた」[24]ことに多大な反響を呼んだ理由がある。レモンを擁護するジャック・ジュイヤールでさえ、「フランス歴史学は多くの場合、ひじょうに自制的かつ臆病に現代史の問題に取りかかるので、タブーと考えられている問題の鍵を外すためには外国の歴史家の介入が必要である」と述べ、ステルネルがその「砕氷艦の役割」をはたしたことを素直に認めている。[25]ステルネルは、フランス・ファシズム研究のなかに「タブー」を生み出す一定の動機づけを公言し、さらにその動機づけにもっとも反する理論を展開したことにより、パンドラの箱を開けたと言えよう。では、その動機づけとは何だろうか。ステルネルは『右翼でもなく左翼でもなく』のなかで、特にフランスを念頭におきつつ、これまでのファシズム研究の一般的傾向として、ファシズムは完全に教義体系を欠いているか、あるいはせいぜい教義の外観はもっていても、その中身は他の目的に従っていくらでも変更させられるので最少の考察にさえ値しないとみなされてきたこと、さらに、ほとんどすべてのヨーロッパ諸国で自生的なファシズム運動が起ったにもかかわらず、ヨーロッパ後進国で敗戦と経済的大危機に見舞われたイタリアとドイツに考察が限定されたことを指摘したうえで、その動機を次のように示唆する。「この態度はおそらく、ファシズムのなかにヨーロッパ史の偶然以外の何かをみることの根本的な拒否とつねに無関係なわけではなかった。ファシズムに理論的次元を与えることは、現代史におけるそれの重みと重要性を認めることであり、左翼と同様に右翼においても、理由に異同はあれそれをしようとはしなかった」[26]。多くの批判を受けた後に書いた論文では、より直截に次のように書いている。

フランスでは、ヨーロッパの他国と同様に、ファシズムについての議論はつねに科学的認識の欲求だけを増進させるとは限らない感情を呼び起す。ヨーロッパ大陸では、アングロ・サクソン世界とは反対に、ファシズムは生きている歴史のままであり、国民感情の琴線に触れる具体的経験のままである。それに係るものはあまりに重要なので、時として純粋な職業的考察にまさるように思われる。穏やかな分析の時間は未だにやって来ないと思われる。

実際、ファシズムを文明の現象の点から考え、ファシスト・イデオロギーをたんにイタリアにおいて、あるいはドイツの特に激化した極端な形態の下だけではなく、他のところにおいても根をもって発展したヨーロッパのイデオロギーとみなすことは、多くの者にとって受け入れることが難しいままである対照と比較に導く。そうした考え方は自国への侮辱であるとさえ考え、そう言わずにはいられない者もいる。ファシズムをそのイタリア型に限定し、それをたんなる地域的偶然、すなわち逸脱でしかないとすることの方が確実に気が楽である。より実利的なことは、そこに例外的な機会を摑まえる才能に特に恵まれた、幾人かの日和見主義的で単純な団体指導者が起した事態しかみようとしないことである。[27]

ステルネルが言うように、ファシズムをヨーロッパ文明とは無縁の存在にとどめておきたい、あるいはその問題にできればふれないでおきたいという気持ちに発するところの、ファシズムの歴史的意義を極小化しようとする動機づけがあるとすれば、「一七八九年のイデオロギーによって滋養された大地」[28]であるフランスにおいてこれが特に強く作用したことは想像に難くない。ステルネルはさらに、フランスのファシズム解釈に影響を及ぼした特殊事情として、冷戦とソ連との同盟の破棄、一九四四年の内戦の影響を抹消するための忘却と和解の必要、ヴィシー時代を一九三〇年代と関係のない異常な時代とみなしたい自然な欲求の三つをあげている。[29] しかしながら、確かにこのような動機づけがあったとしても、フランスの正統派の理論をこの点からだけで一蹴できないことは言うまでもない。ピエール・ミルザはステルネルの批判に対し、そうした理論は「わが国の歴史における暗黒部の名誉を回復させるためではなく、言語の乱用によって歴史的真理に反し、悪しき混乱に至ることを避けるために、正確に説明しようとしたにすぎない[30]」と反論するが、ミルザの主張にいくぶんでも真がなければ、そもそも批判には値しないだろう。

ステルネルの理論そのものがレモンや彼を支持する人々の動機づけに反したことは、フランス人の多くが擁護する「一七八九年のイデオロギー」とその行方について考えてみれば明らかになる。フランスにおける左翼と右翼はもともと、大革命の理念の実現を求める側とそれの抑制ないし破棄を求める側との分裂から生まれた。その後、右翼がその理念を認めたり、あるいはその系譜から新しい右翼が登場したとしても、フランスのアイデンティティーの重要な要素である大革命のイデオロギーの担い手は、基本的に右翼ではなく左翼とみなされてきた。さらに、正統派の理論においては、フランスをファシズムの褐色の嵐から守った最大の防壁は、「一七八九年のイデオロギー」に含まれる民主主義的合意や啓蒙の遺産の堅持であると考えられていたし、また当然のこととして、ヴィシーに協力したのは右翼で、レジスタンスに参加したのは左翼が中心であったとみなされていた。このような思想的背景を考慮すれば、スウシーの作品がフランスに独自のファシズムがあったことを最初に断言しながらも、ステルネルほど物議を醸すことはなかった別の理由が理解できよう。前者はフランス・ファシズムを右翼的潮流のなかに位置づけ、その伝統の変化とみなしたのであり、その限りにおいてはまだフランスの「良識[31]」の許容範囲内にあった。それに対して後者は、フランス・ファシズムの二つの源の一つを社会主義に定めた。社会主義は明らかに右翼とは無関係に、大革命以来の左翼的潮流から生まれたのであり、今日においても社会主義が大きな勢力を保っていることは言うまでもない。それゆえに、ステルネルの理論に従えば、フランス・ファシズムはいかなる意味内容の変更をともなってであれ「一七八九年のイデオロギー」と連関することになり、それが正統派が明示的にも暗示的にも擁護しようとするフランスという国の根幹に係る問題となることは当然だろう[32]。

ステルネルの起した波紋は学問世界にとどまらなかった。フランスでは、ファシズムは未だに現実の政治と感情を揺さぶる「生きている現象」[33]であるがゆえに、「閉鎖的な科学者共同体の議論であったものを無限に広い領域に移行させる」[34]ことになった。その一つの表れが、右翼や極右によるステルネルの利用である。たとえば、反社会主義の研究サークルを自認するオルロジュ・クラブは、ファシズムと社会主義は個人的価値を否定する平等主義を信じ、国家主義によって個人を踏み躙り、全体主義を構築するゆえに同一であり、ファシズムと右翼はまったく異なるという主張を正当化するために、ステルネルの分析を盛んに援用し、彼の「ファシズム的合成」理論のなかの社会主義的要素を可能な限り誇張した[35]。また、国民戦線のジャン＝マリ・ル・ペンは社会主義とファシズムを同一視する発言を繰返しているが、ミルザはそれとステルネルの理論が無関係でないことを示唆している[36]。こうした動きに対し、ステルネルは『ル・モンド』紙のインタビューに答え、それは「私の作品と歴史的真理の双方の曲解」であることを強調し、「ファシズム的合成」とは「一定の形態のナショナリズムと一定の形態の社会主義の合成」のことであり、後者は「民主主義と大革命の原則を拒否する社会主義」であって大多数の社会主義とは違うことをわざわざ説明せざるをえなかった[37]。

社会的波紋のもう一つの表れは、ステルネルに直接係る裁判である。この事件は、ファシズムをめぐる議論が直ちに公共の争点になる一つの筋道を示したと言える。ステルネルによりファシストの例証として俎上に載せられた人々のなかには、戦後フランスにおいて正反対の評価を受けていたり、社会的地位と名声を築き上げていた人物も含まれていた[38]。ベルトラン・ド・ジュヴネルはそうした人物の典型的な例である。彼はフランスを代表する経済学者で、国際的名声を博す知識人であり、ヨーロッパの著名な諸大学の教授を歴任し、ローマ・クラブの会員でもあった。ジュヴネルは『右翼でもなく左翼でもなく』における彼についての記述に関して、ステルネルと出版社を名誉毀損で訴える裁判を起した[39]。裁判は一九八三年一〇月一七日に始まり、翌年二月一日にパリ大審裁判所第一七法廷で判決が出された。この間、フランスを代表する歴史家レイモン・アロンは証人として法廷に立ち、『右翼でもなく左翼でもなく』

は「想像しうる限りもっとも非歴史的であり、それは著作家たちの精神状態を決して文脈のなかに位置づけてはいない」と証言した。彼はこの証言の後、裁判所の階段で倒れ、数時間後に息を引き取った[40]。こうした衝撃的事件が起ったこともあってこの裁判はフランス中の注目を浴び、判決を報じる記事は新聞の一面を飾った。嫌疑がかけられた八ヵ所の記述は逐一検証され、そのうち二ヵ所が名誉毀損に当たるとされた。そのうえで象徴的な意味をもつ僅かな罰金がステルネルと出版社に科せられたが、原告が要求した出版の差止めや本の改訂は認められなかった。

（1）Z. Sternhell, *La Droite révolutionnaire 1885–1914 : Les Origines françaises du fascisme*, Éditions du Seuil, 1978.

（2）Z. Sternhell, *Ni droite ni gauche : L'Ideologie fasciste en France*, Éditions du Seuil, 1983. 第二版では、新版序文と第八章が新たに書き加えられ、序章と結論に修正と加筆が施されている。ここでは第二版を用いることにする。Z. Sternhell, *Ni droite ni gauche : L'Ideologie fasciste en France*, deuxième édition, Éditions Complexe, 1987. なお、第一版の英訳では英語版序文が加えられ、さらに序文・序章・第七章・結論に修正と加筆が施されている。Z. Sternhell, *Neither Right nor Left : Fascist Ideology in France*, translated by David Maisel, University of California Press, 1986.

（3）Zeev Sternhell, Mario Sznajder et Maria Asheri, *Naissance de l'idéologie fasciste*, Librairie Arthème Fayard, 1989. これの英訳においても修正と加筆が行われている。*The Birth of Fascist Ideology : From Cultural Rebellion to Political Revolution*, Princeton University Press, 1994.

（4）Z. Sternhell, *The Birth of Fascist Ideology*, cit., p. 3.

（5）Z. Sternhell, *Ni droite ni gauche*, cit., p. 59.

（6）Z. Sternhell, *Naissance de l'idéologie fasciste*, cit., p. 12.

（7）*Ibid.* ; Z. Sternhell, *Ni droite ni gauche*, cit., pp. 65–70.

（8）Antonio Costa Pinto, "Fascist Ideology Revisited : Zeev Sternhell and his Critics," *European History Quarterly*, 16, 1986, p. 477. なお、ステルネルは『ファシズム・イデオロギーの誕生』英語版序文のなかで、「実際、戦間期のドイツ思想史に関してドイツで行われた研究やそこで発展した分析概念は、自由主義秩序への反対派に関してフランスで行われた研究に較べて、範囲と深さにおいてはるかに優れている」と述べている。Z. Sternhell, *Neither Right nor Left*, cit., p. xiii.

(9) Ernest Renan, "Philosophie de l'histoire contemporaine: La Monarchie constitutionnelle en France," *Revue des deux mondes*, 84, novembre 1869.

(10) Z. Sternhell, *Ni droite ni gauche*, cit., pp. 56-59, 70-77, 254-303; idem, *Naissance de l'idéologie fasciste*, cit., pp. 19-20.

(11) Z. Sternhell, *Ni droite ni gauche*, cit., pp. 54-55.「華麗で壮大な構成をとるルネ・レモンの論証は、第三共和制初期までの一九世紀の現実については説明するが、しかし、この図式はブーランジスム以降については当てはまらない」。*Ibid.*, p. 55.

(12) *Ibid.*, pp. 54-55, 78-81; idem, *Naissance de l'idéologie fasciste*, cit., pp. 21-25; idem, *La Droite révolutionnaire 1885-1914*, cit., pp. 27-28.

(13) Z. Sternhell, *Ni droite ni gauche*, cit., pp. 43-46, 82-85, 112-125; idem, *Naissance de l'idéologie fasciste*, cit., pp. 25-42; idem, *La Droite révolutionnaire 1885-1914*, cit., pp. 318-347.

(14) Z. Sternhell, *Ni droite ni gauche*, cit., pp. 46, 48, 85-94; idem, *Naissance de l'idéologie fasciste*, cit., pp. 23-25, 42-46; idem, *La Droite révolutionnaire 1885-1914*, cit., pp. 385-400.

(15) Z. Sternhell, *Naissance de l'idéologie fasciste*, cit., pp. 14-15.

(16) Z. Sternhell, *Ni droite ni gauche*, cit., pp. 29, 59.

(17) *Ibid.*, p. 56.

(18) *Ibid.*, p. 29.

(19) *Ibid.*, pp. 34-35, 56.

(20) *Ibid.*, pp. 32-33.

(21) Z. Sternhell, "Introduction. La Modernité et ses ennemis: De la révolte contre les Lumières au rejet de la démocratie," in Z. Sternhell (ed.), *L'Eternel retour: Contre la démocratie, l'idéologie de la décadence*, Presses de la Fondation Nationale des Sciences Politiques, 1994.

(22) Robert Wohl, "French Fascism both Right and Left: Reflections on the Sternhell Controversy," *Journal of Modern History*, 63, March 1991, p. 91.

(23) Michel Winock, "Fascisme à la française ou fascisme introuvable," *Le Débat*, 25, mai 1983, p.39. この点で、しばしばステルネルと比較されるレヴィの『フランス・イデオロギー』は、あまり高い評価を得てはいないようだ。ミルザはそれを「聡明だが極度に混乱した本」と呼び、パクストンは「ステルネルは不当にも比較されるレヴィのような一部の作家がしたような、作品を傷つける誤った引用や説明の省略といった罪を決して犯してはいない」と言った。学問的レベルではあまり評価されず、したがってステルネルのように論争を巻き起したわけでもないが、この本は斬新な発想と研ぎ澄まされた論理に満ちた鋭敏な書であると思われる。ベルナール＝アンリ・レヴィ『フランス・イデオロギー』内田樹訳(国文社、一九八九年)。P. Milza, *op. cit.*, p. 25; Robert O. Paxton, "Radicals," *New York Review of Books*, 23 June 1994, p. 54; Schlomo Sand, "L'Idèologie fasciste en France," *Esprit*, août-septembre 1983, p. 150.

(24) M. Winock, *op. cit.*, p. 37.

(25) Jacques Julliard, "Sur un fascisme imaginaire," *Annales E. S. C.*, 4, juillet-août 1984, p. 849.

(26) Z. Sternhell, *Ni droite ni gauche*, cit., p. 32.

(27) Z. Sternhell, "Sur le fascisme et sa variante française," *Le Débat*, 32, novembre 1984, p. 28.

(28) *Ibid.*, p. 30.

(29) Z. Sternhell, *Neither Right nor Left*, cit., p. xii.

(30) P. Milza, *op. cit.*, pp. 8-9.

(31) *Ibid.*, p. 24.

(32) Z. Sternhell, "Sur le fascisme et sa variante française," *op. cit.*, p. 30.

(33) Z. Sternhell, *Neither Right nor Left*, cit., p.ix.

(34) P. Milza, *op. cit.*, p. 39.

(35) たとえば、オルロジュ・クラブが編集した論集の第一論文では、ステルネルの『右翼でもなく左翼でもなく』の結論を次のような三点にまとめている。「一、ファシズムはナショナリズムと社会主義の合成である。二、この合成は社会主義の側から形成されたのであって、ナショナリズムの側からではない。ファシズムは「国民的社会主義」であって「社会的ナショナリズム」ではない。三、ファシズムと右翼は対立するものであり、みかけに反してナショナリズムはその二つを区別する」。

Henry de Lesquen, "Introduction——Socialisme et fascisme : Un Sujet tabou ?," in Le Club de l'Horloge, *Socialisme et fascisme : Une Même famille ?*, Albin Michel, 1984, p. 16.

(36) P. Milza, *op. cit.*, p. 9.

(37) Z. Sternhell, "Socialisme n'égale pas fascisme," *Le Monde*, 11-12 mars 1984.

(38) 裁判の後、ステルネルは次のように述べて、先に論じた動機づけのなかに存命中の人々への遠慮も含めた。「一部のひじょうに尊敬できる人々が書いた著作を一定の原理的基準に基づいて検討すれば、それはファシスト思想の特徴の多く、ときとしてそのすべてを示している。三〇年代以降これらの人々は第二の人生を送っている。今日、それが彼らの当時の政治思想や政治活動を保証するとみなすよう望まれている。こうして以前が有利になるように以後に証言をさせ、戦前が有利になるように戦後に証言をさせることが望まれるようになる。まさにこれによって、一部の重要な戦間期世代が公言した理念を再検討しなくとも構わなくなる。ところが、まさにこうした理念を厳密に分析すれば、ファシズム的誘惑の深さが白日の下に晒されるのである」。Z. Sternhell, "Sur le fascisme et sa variante française," *op. cit.*, p. 29.

(39) 裁判については以下を参照した。Pierre Assouline, "Enquête sur un historien condamné pour diffamation," *L'Historien*, 68, June 1984, pp. 98-101 ; Jean-Denis Bredin, "Le Droit, le juge et l'historien," *Le Débat*, 32, novembre 1984, pp. 93-111 ; R. Wohl, *op. cit.*, pp. 91-92.

(40) P. Assouline, *op. cit.*, pp. 99 ; R. O. Paxton, *op. cit.*, p. 54.

第三節　ステルネル論争とその後

ステルネルの著作をめぐる論争のなかで提示された批判はひじょうに多岐にわたるが、ここでは明らかな政治的意図をもっているものは除外し、学問的見地から行われた批判だけを取り上げる。こうした批判は、内容の点から、ステルネルの理論そのものを対象とする理論的批判と、理論構築の方法と論理を対象とする方法論的批判の二つに分けることができる。本節では最初に理論的批判を検討し、次に方法論的批判を整理し検討したい。

命題一のなかで、ファシズムが世紀転換期の文化変動のなかに起源をもつとしたことについては、明確な反論は出されていない。[1] 議論が集中したのは、ステルネルがファシズムの本性をイデオロギーにみたことに対してである。これに関してステルネルに賛同する論者は、文化的起源の問題についても彼を支持する。たとえば、アントニオ・コスタ・ピントは、文化変動への「ファシズムの依存を考慮しなければ、戦後に起った運動のイデオロギー、政治的実践、社会的危機を分析できない」ことを明らかにした点で、ステルネルの分析に高い評価を与えている。[2] 他方、ステルネルのファシズム本性論に反対する論者は、論理必然的に文化起源論を問題とする必要はなくなる。というのも、彼らは「ファシズムの起源にあるのは言葉ではなく行動である」[3] と考えるからである。ミシェル・ヴィノックやシュロモ・サンドなどによって提出されたこの見解は、ジラルデやウェーバーの論の延長線上にある。その論旨は次のようにまとめることができよう。権力を握ったファシズム運動は、その時々の戦術的必要に従って初期の綱領を逸脱したばかりか、時々の目的に応じて教義や理論をいくらでも変更した。また、ファシズムの提示する共同体のイメージやそれを擁護するレトリックは、国民共同体の象徴的中核から引き出されたのでお互いに異なっている。こうしたファシズムの非理論的ないし非理性的特徴は、大衆化や戦争によって醸成された不安や危機的心理から生まれた行動主義に由来する。行動主義は思想や理性への軽蔑を栄光化し、狂信的献身や英雄的闘争といった行動を思想の上に位置づけ、そして理論を実践に連動させて永久に変化させるプラグマティックな性格を運動に与えた。それゆえに、ファシズムは完全に教義体系を欠いているか、あるいは持っているとしても、それは戦前から存在したさまざまな主義主張のなかから役に立つものを取り出し、はめ込み式につくったモザイクにすぎない。イデオロギーが事後的な理論化にすぎず、何らかの共通の知的立場がファシズム運動の本質を示すとは考えられない以上、ファシズムをマルクス主義や自由主義のように「イズム」とみなすことはできない。[4]

こうした教義やイデオロギーを重視しない傾向は、これまでのフランス・ファシズム研究では一般的だったと思われる。ステルネルはこうした傾向と軌を一にする批判に対し、その隠れた動機の点から反論する。しかし、ステルネルの言うことが間違っていないとしても、それ自体は反論にはなっていない。ピントのように、教義やイデオロギーの過小評価は「他の運動や体制からファシズムを区別する典型的な基準の一つを無視する」(5)ことになると批判に対して反駁する者もいるが、そもそもイデオロギーか行動かという問題は、ファシズム論そのものの根幹に係る問題であり、ヒトラーのナチズムについてもこの問題は重大な論点の一つになっている。たとえば「プログラム学派」を代表するエバーハルト・イエッケルは、ラウシュニング、アラン・ブロック、ルカーチ、ライヒマン、ファイト・ファレンティンが作り上げた支配的テーゼ、すなわちヒトラーには世界観などまったくなく、「無原則」な「ニヒリズム的日和見主義」しかなかったというテーゼに反駁し、トレヴァー＝ロウパー、エルンスト・ノルテなどを引き合いに出しつつ、ヒトラーには明確かつ一貫した世界観があり、それが目標構想から現実の政策にまで貫かれていると主張している。(6)この論争に決着がついたとは思えないが、ファシズムがヨーロッパ全土で大衆の支持をめぐって自由主義やマルクス主義と有効に競合したことや、それが権力の座に就く以前から自らの意志によってそれに追従した多くの人々がおり、そのなかには少なからぬ知識人、それも各国で有数の知識人も数多く含まれていたことを考えてみるだけでも、そこには一定の知的土壌に根ざした何らかの思想的魅力があったと考えるのが自然と思われる。

命題二に関しては、自由民主主義とマルクス主義の双方を批判するイデオロギーはファシズムに限定されないこと、換言すれば、双方を批判する諸イデオロギーとファシズムが区別されていないことが問題とされた。これに関してサージ・ベルスタンは、「強者による弱者の制圧に至ると了解されている奔放な自由主義と、社会的な地位向上への期待をすべて消失させ私的所有を脅かす平等主義的な社会主義との間で、中道的解決をみいだそうとする試み」のなかには、キリスト教民主主義や急進主義を含む「諸イデオロギーの広大な潮流」があることを指摘し、これを「第三の道」と定義したうえで、ステルネルはこの「第三の道」とファシズムを混同していると批判した。[7] もちろん、前述のように、ステルネルはファシズムの本質を「全体的な精神革命」においており、したがって、自由民主主義とマルクス主義を批判するものすべてがファシズムであると言っているわけではない。にもかかわらず、こうした批判がなされた理由は、第一に、文化論的に捉えられたファシズムの本質にしても、ファシズムのみを同定するものではないことにある。「ステルネルはファシズムが含まれる文化的マグマに属すすべての要素をファシスト・イデオロギーに含める」[8] というピントの批判は、このことをさしている。文化的起源をもつ精神革命がファシズムへと昇華していく過程についてのステルネルの論述そのものには、確かに際立った説得力がある。しかし、精神革命は無限に多様な主義主張になって現れることもまた確かである。

第二の理由は、政治的次元での定義が欠如していることである。精神革命だけではファシズムを同定できないとすれば、たとえそこに本質をみいだすとしても、それの政治的次元における諸特徴からファシズムを同定せざるをえないだろう。ところが、サンドが述べるように、『右翼でもなく左翼でもなく』のなかに、「ファシスト・イデオロギーを構成するものや構成しないものを識別するための基準体系の定義ないし説明を探しても虚しい」[9]。ファシズム・イデオロギーが政治的次元だけで構成されるわけではないにせよ、それを省いた定義は意味をなさない。ナショナリズムと社会主義の合成、マルクス主義の修正、反個人主義、道徳主義、経済的統制主義、コーポラティズム、階級と階層の拒否、プラニスム、精神主義、反議会主義、反自由主義、反資本主義、反共産主義等、ステルネルの作品のなかでファシズムの特徴としてあげられているものは多い[10]。だが、「ファシズムの内容は言及する対象が変るにつれて変化する」[11] と非難されるように、それらは決して体系的に整序されてはいない。ミルザが言うように「ステルネルの主要命題のなかで、ファシズムよりもぼやけて矛盾するものはない」。以上論じたことから考えて、「唯物論の拒否」としての「全体的な精神革命」がファシズムの基礎にあることを明らかにした点で、ステルネルの功績が大であることに間違いはないが、肝心のファシズム概念が曖昧だという指摘には首肯せざるをえないだろう。

命題三については、それが「もっとも多くの反応を引き起した[12]」と言われているわりには、これをめぐる学問的議論は決して多くはない。まずはステルネルが批判したレモンによる反論を取り上げてみたい。レモンは『フランスの右翼』第四版のなかで、ステルネルの研究に言及している。それの文意は必ずしも明快とは言い難いが、ステルネルの議論に一定の理解を示しながらも、基本的には従来の説を踏襲していると思われる。レモンはまず、セルクル・プルードンにファシズムの先駆的性格を認めつつ、それの母体となった世紀転換期の右翼諸同盟の性格づけについてステルネルに異論を唱える。レモンによれば、それは既成秩序と古典的右翼に対して「反乱」を起したのであり、したがって「革命的右翼」ではなく「告発的右翼」(la droite contestataire)と呼ぶべきである。さらに、諸同盟は全体としてみれば告発的というよりも圧倒的に保守的であり、「告発的右翼」はすぐに隠蔽されるか周縁的立場へと追いやられたので、決して政治的に独自の力にはならなかった。かくして、レモンは「告発的右翼」を「ボナパルティスムの突起物」と呼ぶ[13]。レモンは次に三〇年代のファシズムについて言及するが、先に述べたように、彼はもともとフランス・ファシズムの存在を完全に否定してはいなかった。この本のなかでは以前の説明に加えて、ジラルデの「ファシズム浸透」を援用しつつ、「美学的ファシズム」がとりわけ若い文学者を誘惑したことを論じているが、それが外国からの誘惑であることは当然視されている[14]。こうしたレモンの反論は、ステルネルの批判に内在的に応えているわけではない。

もっとも重要な反論を提示したのは、先駆的なレモン批判を行っていたスウシーである。彼は以前からの主張に基づいて、フランス・ファシズムが左翼主義的であるとした点でレモンとステルネルは同じ間違いを犯しているとする[15]。確かにこの点で両者は共通している。レモンは「ファシズムの特徴は左翼のなかから生まれ、左翼諸政党の伝統的選挙民の一部を取り込むことであった[16]」と述べているように、ファシズムそのものについては明らかに左翼起源の現象と考えている。ステルネルは左翼と右翼の合成によってファシズムが成立したと定式化したが、実際には、「ファシズムのもっとも意義あるイデオロギー的次元を構成するのは、つねにマルクス主義の修正である」とか、「多くの点でファシズムの歴史はマルクス主義を修正しようとする不断の試みの歴史として、つまりネオ社会主義に向かう絶えざる努力の歴史として描くことができよう」と述べていることから分かるように、少なくともイデオロギーに関しては左翼に力点を置いている。(17)

スウシーによれば、レモンやステルネルなどの「合意学派(18)」は、程度の差こそあれ、フランス・ファシズムの本性を急進主義、革命指向、反ブルジョワ、反保守主義、反資本主義、反体制、ジャコバン主義、民衆主義、国家主義といった特性に求め、それと反革命主義、反社会主義、反ジャコバン主義、反動主義、安定・秩序指向、反大衆、エリート主義、分権主義といった特性をもつフランス保守主義を正反対のものとみなす。したがって彼らは、保守主義的要素が濃厚なアクシオン・フランセーズ、愛国青年同盟、クロワ・ド・フーのような団体をファシズムと認めてはいない。スウシーはこうした見解に対し、ファシズムの「社会主義的なレトリックをその保守主義的な内容から区別していない」と批判する。(19)課税・政府支出・国民化・所有権・階級対立・宗教・教育・対外政策といった争点に関して、フランス・ファシストの実際の政策主張はきわめて保守主義的であり、それと議会保守主義者とを区別するのは、基本的には戦術面において議会主義を放棄していること、スタイル面においてより軍事的であることだけにすぎない。両者が共有する公分母は差異よりもはるかに重大であった。それゆえ、両者の間には常に妥協の用意ができていたのであり、左翼の脅威が十分に強力な場合、保守主義者は容易にファシストになりえた。要するに、フランス・ファシズムはマルクス主義の修正ではなく、根本的に右翼の現象であるというのが彼の主張である。(20)

スウシーはこの主張を立証するために、『フランス・ファシズム――第一波 一九二四―一九三三年』(一九八六年)と『フランス・ファシズム――第二波 一九三四―一九三九年』(一九九五年)の二部作において、以前のドリュやバレスについての作品とは視点を変え、フランス・ファシズム運動の社会史、とくにそのイデオロギーと財政的基盤ならびに政治的基盤との連関性に照準しつつ、それらがフランスの右翼保守主義から生まれ、なおかつ誕生後も両者の間に強力な連携が存在したこと、圧倒的に中間階級の運動であったこと、主観的には精神的争点に熱中していたが客観的には保守的な経済利益を代弁していたこと、そしてマルクス主義への対抗革命をもっとも基本的な動因としていたことを証明しようとした。だが、ジョン・F・スウィーツが批判するスウシーの研究資料の用い方は置いておくとしても[21]、理論的な問題として、スウシーの論述のなかでファシズムと保守主義の差異がさほど明確とはいえないことが指摘できよう。その違いが戦術とスタイルだけならば、なぜ両者が明確に分離され、その間で闘争と妥協が繰り返されたのか。たとえ違いがそれだけだとしても、それはなぜ、いつ、どのようにして生じたのだろうか。これらの疑問は残る。

スウシーと同様の見解はウィリアム・D・アーヴィンによっても述べられている。アーヴィンはクロワ・ド・フーについての研究を踏まえて、「フランス・ファシズムは広範かつ明白に政治的右翼に帰属した」と断言する[22]。他方、たとえば、「ステルネルが反駁できないように示したことは、ファシズム教義が……大衆政治の新しい条件に適応しようとする保守派の努力(フランスのシャルル・モーラスやハプスブルク帝国のドイツ語圏におけるゲオルグ・フォン・シェーネラーのような人物によって開拓された)だけでなく、主流派マルクス主義が一八九〇年代の社会民主主義と共有していた唯物論・実証主義・改良主義に異議を唱える左翼内の反対派にも依拠していたことである」というロバート・O・パクストンの見解のように、左翼出身者がファシズムの文化的潮流の形成に関与した過程を証明したことに関して、ステルネルの研究を高く評価する学者もいる[23]。この問題は立論と論証の説得力の点から判断すれば、スウシーやアーヴィンよりもステルネルの方が勝っているように思えるが未決着である。その後の研究のなかでは、フィリップ・ビュランのように左翼主義者の転向という視点からアプローチしようとする実証的研究が、この問題に新たな地平を開きつつあるといえよう[24]。

命題四に対する批判は多い。ステルネルが述べるように、ファシズムの形成において第一次世界大戦がたいした役割をはたさなかったとすれば、その前にすべてが決定されていたことになる。それに対して、ビュランは「イタリアとドイツの運動に基づいて判断すれば、ファシズムは第一次大戦の直後に新しい政治現象として現れたことは明白である」と、ヴィノックは「ファシズムは一九一四—二〇年の革命的風潮の結果として形成された」と反論する。[25]また、ベルスタンは同様の見方から、戦争がファシズム誕生においてはたした四つの役割を論じる。第一に、民衆の苦痛を刺激することにより政治権力の重要性を認識させたこと、第二に、ボルシェビズムの防壁になっていた安定した社会を破壊したこと、第三に、自由主義モデルに対する権威主義的モデルを再評価したこと、最後に急進的反動によってボルシェビズムに対抗する意思を生み出したこと、である。[26]ファシスト・イデオロギーの基本的テーマが戦前から存在したとしても、ウォールが言うように、なぜ一九二〇年代にファシズム運動が起ったのかという根本的な問題からすれば、実際に運動を起した人々の心理がその重要な要因になっており、その心理形成において戦争の衝撃がはかり知れないほど大きかったことは確かである。[27]この意味で、「ステルネルは一八八〇—一九一四年の世代を戦間期の世代と同一視している」[28]というサンドの批判は正しい。さらに、ファシズム・イデオロギーが純粋思想だけで構成されるわけではないとすれば、この心理形成がイデオロギーの意味づけに与えた影響も決して無視できるものではないだろう。

命題五はステルネルの理論と方法の到達点である。フランス・ファシズムの純粋型についての議論は方法論批判のところで扱うので、ここではこの命題の核心であり、ステルネルの最大のテーゼであるフランス・ファシズム自生論だけを取り上げることにする。ミルザはこれに関して、ステルネルは「フランス産のファシズムが存在し、それは絶対に周縁的なものでも外国のものでもないことを、フランスの二〇年代研究者の多数派に認めさせることに成功した」と述べている。またスウィーツも、今日、フランス・ファシズムは外国から輸入されたイデオロギーではなく、フランスに根をもつことは「自明」になっているとする。[29] フランス・ファシズム自生論は多くの研究者によって承認されたと言ってよいだろう。

だが、このことは、最初にジラルデが明らかにし、最近ではビュランが克明に証明した外国の影響、とりわけナチズムの影響を否定するものではない。ビュランによれば、「フランス国におけるファシズムの発芽が証明されるとしても、それの成長は、勝利したファシスト体制が危機にあるフランスに吹きかけた熱風を明らかに利用していた」。[30] たとえばヴァロワに及ぼしたイタリア・ファシズムの影響、デアやドリオにみられるナチズムの影響などのように、フランス・ファシズムが固有のアイデンティティーを保持していたにせよ、諸ファシズム体制が「発想と刺激を与えるうえで不可欠な役割」をはたしていたことは否定できないだろう。[31] あるいは、軍事的拡大の意図の稀薄さや対独協調路線の選択といったフランス・ファシズムの特殊性にしても、ナチズムの脅威やそれへの羨望を抜きにしては理解できないだろう。[32] こうした国際的文脈への配慮がステルネルに欠けていたことは明らかである。「フランスのファシズム問題を自生ファシズム―模倣ファシズムの選択肢に還元することはできないのであり、双方の解釈とも状況的特性の認識を欠いている」[33] というビュランの言は正鵠を射ているが、自生論を唱えることに重大な意義があったことは確認しておきたい。

方法論的批判は二つの問題の点から整理することができる。第一の方法論的問題は、ヴィノックが「純粋思想史」と呼び、ジュイヤールが「哲学的・歴史的理想主義」と呼んだイデオロギー研究の方法についてである。[34] 彼らが問題としているのは、ファシズムの本質である「純粋ファシズム」は、政治的妥協をしなくてもよい企図の状態において存在すると考え、この考えに基づいてファシズムが権力を握る前の状態に注目するだけでなく、知識人の書いたテキストに素材の多くを求め、その理論的発展に研究の主眼をおくという方法である。この「純粋思想史」に起因する問題として次の二つをあげることができよう。

第一の問題は、行動ないし実践と理念との連関に配慮しないことである。さきに命題一の批判のところで、ファシズムの本性はイデオロギーか行動かという争点を指摘したが、それはどちらが根源的かという問題であり、取捨選択の問題ではない。ここでの議論が対象としているのは、ステルネルがイデオロギーを思想と同一視し、そこから行動的要素を省いたことである。これについての批判が依拠しているのは、イデオロギーとは状況・無意識・利害関心・思想など様々な要素の相互作用によって形成される集合的な観念形態であり、それを理解する方法は行為者の行動の解釈であるという考え方である。この見地から、ピントはステルネルが「イデオロギーと社会的実践の完全な分離」をしたことを批判し、「必要なのはイデオロギー形成過程の社会学的研究である」と述べ、ビュランもまた、「政治的実践に言及せずにテキストの水準だけで満足のいく理解を得ることはできない」と批判する。[35] 観念形態の諸要素のうち何を強調するかは人によって異なるであろうが、ファシズム・イデオロギーの場合、儀式などの非言語的要素を読み込む必要があるというビュランの指摘や、政治運動との兼合いでイデオロギーについて論ずるべきだというピントの示唆は、ゲオルゲ・L・モッセなどの業績を考慮すれば説得力をもっている。[36]

第二の問題は、出来事と理念との連関を考慮に入れないこと、つまり現実の歴史過程を等閑に付し、社会史の知識をまったく尊重しないことである。とりわけプラクティカルなものを重視する実証主義的な歴史家にとって、この方法が受け入れ難いことは当然である。彼らにとって、少なくともファシズム研究の場合、出来事はたんなる「理念の触媒」ではない。[37] それは一方において、理念形成に重大な影響を及ぼす。それゆえに、ファシスト運動やファシスト体制を支えた思想家が生きた歴史状況に照合しつつそのテーゼを検討し、理念が社会から被る影響を検証する必要が生ずる。ヴィノックはこの見地から、ステルネルの思想史研究は「物事の抵抗にも出来事を前にした個人的・集合的感情の力にも入り込まずに、言葉の論理に従う点で偽りであることは明らか」であり、「ファシズムは本のなかで発展したのではない」と批判する。[38] また、他方において、理念は出来事の重大な要因にもなる。それゆえに今度は逆に、理念が社会に及ぼす影響、ウォールの言葉では「理念が政治的現実に翻訳される過程」[39]を検証しなければならない。ジュイヤールは革命的サンディカリズムとモーラス的ナショナリズムの合成のように、「思想史研究が思想の社会的評価を検証しなければ、それは滑稽な誤謬に陥る」と論じ、「理念の歴史的具現が理念にとっての真理の証拠である」と断定する。[40]命題五の純粋型に関して行われた批判、すなわち「ファシスト・イデオロギーが勝利しなかった国」「ファシズムにはほとんどいかなる勝利のチャンスもないところ」で存在したファシズムに純粋型を求めるのは奇異であるという批判も、[41]この文脈のなかで解釈できよう。

しかしながら、この「純粋思想史」の問題は基本的に研究スタイルの問題であり、それは研究関心と研究対象に依存するので、一概に思想の論理的連関を辿るという研究方法が無意味だと断言することはできないだろう。それどころかフランス・ファシズムの場合、思想史の探求が重要な意義をもつことは以前よりわが国でも指摘されている。[42]ステルネルがこの方法を用いたのは、フランス・ファシズムの知的自立性と文化的意味を主張するためであり、それを主眼におく限りそれはそれとして有効な方法であろう。もちろん、イデオロギーをより広く解釈し、実践や出来事との連関に配慮すればより豊かな内容をもちうることは明らかであり、とくに命題四と命題五の理論的批判のところで論じた戦争と外国の影響という二つの出来事は、その影響の大きさから考えて思想史という方法においても考慮する必要があると思われる。

第二の方法論的問題は、ミルザが「現象学的手続き」と呼んだ思想史研究の方法についてである。[43]ミルザは純粋理念を演繹によって本質還元的に把握する方法をさしてこの言葉を用いており、二〇世紀初頭のフランス・ファシズム思想を論じる場合のように、政治的な統一も集合もまったくないばらばらな諸要素のなかから先験的・超越論的にファシズム理念の本質を構成することを問題としている。しかし、ここでは、この方法に基づいて思想史を叙述することも「現象学的手続き」に含め、それも併せて問題としたい。こうした思想史は、構成されたファシズムの本質的理念を少しでも内包する企図を取り上げ、そこにこの本質が顕現する姿を歴史的ないし論理的な順序に従って説明するという進め方を取る。まさにウォールが「目的論的」と呼んだ叙述法である。[44]ステルネルの作品を読んでいると、あたかもヘーゲルの絶対精神のように理念が実在し、それが知識人の頭のなかに少しずつ顕現していくような印象を受けるのはそのためであろう。この「現象学的手続き」に起因する問題は次の三つにまとめることができよう。

　第一の問題は推論と立論の仕方についてである。ステルネルの説明方法を批判して、ビュランはある状況における種々の選択肢を考慮しないために発生と発展について何も説明できない「構造主義的分析」、ベルスタンは「半ダースの例をあげたらすぐに法則を言い出す不思議な方法」、サンドは「ある集合の一つないし幾つかの側面を取り出し、次にそれを用いてその集合と別の集合を同定する」といった手続き、ジュイヤールは「……は偶然の結果ではない」といった言の積み重ねという証明様式とそれぞれに指摘した。[45]また、命題三の右翼左翼の合成としてのファシズムに関して、ビュランは「メカニック」なものがあると、ミルザは「一般化と予定説の危険な方向に引きずられている」と、ジュイヤールは「左翼と右翼との間で平等なバランスを作為的にとっている」と批判した。[46]これらの問題の原因は「現象学的手続き」の非実証的性格にあると思われる。そもそも先験的な本質の確定が実証主義的な論証になじまないのは当然であるが、本質顕現型の叙述にしても、対象における本質の存在と形態の指摘が重要性をもち、対象の種々の具体的連関は証明をさして要しない二次的な意味しかもたないからである。ジュイヤールは説明方法の批判との関連で、ステルネルは「研究者ではなくイデオローグだ[47]」とまで扱き下ろしているが、それもゆえなきことではない。

　第二の問題は、定義がないこと、ないし定義が無限に拡散することである。命題二の理論的批判として論じたこの問題は、ステルネルの「現象学的手続き」に由来するところが大きいと思われる。この方法で論述すれば、ファシズムの本質が顕現していく過程で生まれるさまざまな要素を、たとえ次元が異なっていても二次的なものとして羅列する結果になるからである。こうなれば、概念の拡散という批判を招かざるをえない。サンドが提起するような、ファシズム・イデオロギーを同定するための綿密に体系化された基準を構築し、それを多様な思想潮流に適用することにより、そのイデオロギーの特性を提示するものをみつけるという方法ならば、一定の方法論的一貫性を得ることができるだろう。[48]だが、二〇世紀初頭のまだファシズム運動が生まれる前の思想状況のなかから、本質還元的にこの基準を構築することは不可能である。とすれば、ステルネルの方法にはそもそも無理があると言わざるをえない。

第三の問題は、定義の問題と表裏の関係にあるところの、人と思想に対するファシストという「ラベル貼り」の問題である。[49]「ステルネルを読むと、三〇年代のフランスにおいて、受容されてきた理念や継承されてきた構造を拒否するすべての思想・出版物・個人は、ファシズム浸透に貢献したという印象をもつ」[50]というヴィノックの言がこの問題の所在を指摘している。思想への「ラベル貼り」に関しては、ステルネルの方法では「自由民主主義を少しでも辛辣に批判するすべてのもの、ファシズムへの道を開くすべての革新的努力」、つまり少しでもファシズムの本質的理念を包含する思想をファシズムに含み入れてしまうことになり、こうなるとフランス中にファシズムが充満していたような印象を与えることになる。[51]彼がファシズムの特徴として列挙する理念はすべて、非ファシズム思想にも含まれうることについては、改めて説明するまでもないだろう。人への「ラベル貼り」に関しては、ステルネルは「ファシスト」という語を第一次大戦に先立ち、まだ「ファシズム」の語が生まれていない時期の思想家にも適用するだけでなく、三〇年代の右翼と左翼の双方にわたる「非同調主義的世代」に属す作家・思想家・政治家・運動家のすべてをファシストとみなしている、と非難された。[52]この問題はかなり物議を醸したが、そのルーズなやり方にはステルネルに親近感をもつ論者でさえ落胆したようだ。確かにステルネルは、ファシストと不安・憎悪・野心などなんらかの感情を共有する共鳴者、あるいは戦術的配慮から同盟を組んだ人々と、真のファシストとを識別する指標すら提示していない。そればかりか、ステルネルが対象として取り上げた思想家は周縁的な人物ばかりで、実際にファシストを自認して運動を起したないしそれに参加した、たとえばドリュやブラジヤックのような人々にはほとんど言及されていないのはなぜかという疑問も残る。[53] こうしたかなり恣意的とも思える「ラベル貼り」の問題もまた、本質主義的方法に起因すると思われる。

以上検討したように、ステルネルの「現象学的手続き」と呼ばれる方法には難点が多く、実証的にファシズム・イデオロギーを論じるうえで必ずしも適切とは思えない。それの形成については、本質が顕現していく過程ではなく、さまざまな基本的要因がさまざまに組み合わされる可能性のなかから具体化していく過程として捉える必要があるだろう。そしてそれを見極めるためには、ファシズムの定義、ならびにファシズムではないがそれとさまざまな程度で重なり合うものも含めて概念化する理論的枠組みが必要となる。もっとも、ワルター・ラカーが論じるように、厳密な定義と堅固な理論がなければ研究が始められないというわけではない。[54] ファシズム研究において必要なのは歴史的探求に開かれた発見論的な指針、マックス・ウェーバーが唱えた理念型的なものだろう。もちろん、だからといってファシズムの本質を探求する作業そのものが無意味だというわけではない。それどころか、この探求こそが多くのファシズム研究の動機となってきたものだし、これについての考察がなければファシズムの定義も理論枠組みも平板なものでしかないだろう。

ステルネルをめぐる論争の後に書かれた作品は、程度に差こそあれステルネルの理論とそれへの批判を意識して書かれている。その影響の一つは、ファシズムを定義づけし、さらに曖昧模糊としたフランス・ファシズムを把握するための概念装置を提示することにより、無用な誤解や混乱を招く語意の多義性を避けようとしていることにみられる。ステルネルをめぐる議論のなかで明らかになった彼の最大の理論的・方法論的弱点の一つは、この定義づけの問題である。この意味で、とくにビュランとミルザが提起する概念枠組みは今後の発展にとって重要なものである。

スイスの学者ビュランは、「ステルネルがファシスト・イデオロギーに与えた定義は、それが国民結集の諸イデオロギーの集合に関して真である諸要素を組み入れ、ファシズム型に特徴的な諸要素を無視する限りにおいて、完全に異議を唱えられるべきものである」[55]という認識を起点にして、より厳密な識別の基準を作成しようとした。彼はまず、とくにフランス・ファシズムに関して確認しておかねばならない傾向として、いかなる突出した運動も人物も存在しなかったゆえの細分的状態、二〇年にわたるファシズム化と極右から左翼にまで及ぶファシストの出自から生じた混淆的性格、そして非ファシスト化も生じたほどの内在的な脆弱性と不安定性、の三つをあげる。次に、こうした性格のために歴史家がこれまでさまざまに作り出すことになったファシストの「カタログ」を包括するために、「ファシズム状星雲」(une nébuleuse fascistoïde)という概念を導入する。文脈からすれば、この概念が内包する諸要素の公分母は「国民結集イデオロギー」であろう。この「星雲」のなかは、フランシスムやフランス人民党のような真性ファシズムが位置する中核地帯、極右諸同盟が位置する不鮮明なファシズム化地帯、ネオ・ソシアリストや初期ドリオ主義のようにファシストと自己規定することは拒むが、ファシズムへの引力が明らかに刻印されている「非同調主義者」が位置する周辺地帯、という三層構造になっており、さらに、その外側にエスプリなどのペルソナリストが位置するとされる。ビュランが示した特殊ファシズム的企図を要約すれば、国民を永久的に戦争に動員し、絶対的指導者の下で全体主義的に統一され、軍事的支配を原則かつ目標とする共同体の形成ということになろう[56]。

ミルザはビュランの「ファシズム状星雲」という概念を、ファシズムの一般論のなかで議論できるようにするために、それをより広い概念枠組みのなかに位置づけようと試みた。ミルザはまず、ファシズムを誕生させた三つの現象として、一九世紀末の急速な産業化と大衆化が生み出した危機的状態、戦争、市民社会内部における軍事的な政治組織の出現をあげる[57]。これらの「腐葉土」のうえにファシズムが生成するが、彼はその発展を次のような段階に分ける。第一段階は、秩序への反乱、社会的ヒエラルヒーと伝統的エリートの打倒、反資本主義が叫ばれた段階で、ここまでは明らかに革命的側面を有していた。プチ・ブル的手法による権力獲得をめざすファシストはイデオロギーを必要とし、一九世紀末の反実証主義の諸潮流からさまざまな概念を汲み取って教義を作った。第二段階は、ファシズムが強力な大衆運動になるために大ブルジョワと同盟を組み、その財政的支援を受けるように方向転換したときに始まる。この同盟が成立するためには三つの主要条件、すなわち自由主義体制の閉塞状況、破局的な経済状況、重大な革命的脅威、が必要だった。大企業など保守的政治勢力はボルシェビズム化を阻止し、国家への影響力を回復するためにファシストを必要とした。この段階においてファシズムはその反動的側面を優先させるようになり、運動内部に急進派と反動派の対立が生じるようになる。第三段階はファシズムの権力掌握後から始まるので、イタリアとドイツだけがこの段階に達した。この段階を刻印するのは、保守的勢力とファシズムとの間の「消耗戦争」である。ファシスト国家で前者は特権的な場を占め続けるが、後者はそのプチ・ブル的起源を消去することはできないので、支配者の間に緊張が持続していた。ファシズムがめざしたのは、独裁だけでなく、個人・家族・職業等すべての領域において権力とイデオロギーへの絶対服従を可能にする全体主義である。第四段階は、完全なファシズム体制、すなわち純粋な全体主義体制が樹立された段階であり、戦争中のドイツでしか実現しなかった。そこでは、カリスマ的指導者と党が構成する新しいエリートが全権力を握り、政治とイデオロギーが絶対的に優越し、革命的な人間変革が作動し続ける。(58)

この理論に基づけば、フランス・ファシズムは第二段階に位置づけられる。ミルザは次に、フランスのファシズム・イデオロギーを理解するために次のような集合概念を構成した。まず、自由主義と社会主義の間で中間的解決を試みる「第三の道」のイデオロギーを、もっとも包括的な集合である「第一のサークル」として設定する。ここには、ファシズムの他に急進主義やキリスト教民主主義も含まれる。次に、ビュランが「国民結集」と呼ぶイデオロギーを、「第一のサークル」に包摂される「第二のサークル」として設定する。ステルネルが定式化したファシズム・イデオロギーはここに入れられる。最後に、ファシズム・イデオロギーが「第二のサークル」に包摂される集合として設定される。それを識別する基準は、第一に革命的かつ反動的性格、第二に全体主義、第三に帝国主義的戦争との緊密な連係、である。[59]

ビュランやミルザの業績は、ファシズムであるかないかの二分法ではなく、ファシズム化という意味での思想的広がりや発展段階のなかでそれを考察する必要があることを説き、そのための理論的枠組みを構築したことである。その理論的精度についてここで問うことはできないが、それがひじょうに有効であることは指摘できよう。とくにフランスのようにファシズム体制が成立しなかったために、ファシズム運動は規模の点で決して取るに足りないものではなかったと思われていても、[60]団体や人物に関して具体的にファシストと特定することが極めて困難な国ではそうであり、少なくともこれによってラベル貼りのような問題をより高いレベルの議論に移行させることができよう。

もう一つの影響は、その源をステルネルだけに求めることはできないが、ファシズムはヨーロッパ近代の必然的産物であるという基本的認識の受容である。言うまでもなく、ヨーロッパの歴史・文化・文明の内在的連関のなかでファシズムを理解しようとする見方は、アドルノとホルクハイマーの業績を持ち出すまでもなく、以前よりとくに哲学や思想の領域において論じられてきた。だが、これまでの研究が多くの場合、ドイツの特殊性や後進性を前提にして議論をするきらいがあったことは否めない。それに対してステルネルの場合、他ならぬヨーロッパの先進文明国であるフランスを対象にしたことに意味がある。この認識に基づいてフランス・ファシズムを研究することは、ヨーロッパ近代とファシズムの関係をより直接的に検討することになると期待できると同時に、そこに因果関係があることをより明確に訴えることになるからである。さらに、このことは、まさに今日の社会の問題としてファシズムを考えることを促す。というのも、ファシズムはヨーロッパ近代に内在すると言うとき、ヨーロッパ近代とは第一義的には文化の問題であり、そしてこの文化はマックス・ウェーバーが論じたように普遍的特性をもつゆえに現代世界全体に行きわたっているからである。マーク・ネオクリアスが最近の著作のなかで述べた次の文は、こうした意味でのファシズム問題の所在を的確に述べている。

ファシズムが意味をもつのは、われわれが今暮らしている社会の本性やそれが内包する破壊的可能性についての根本的な問いにそれが係るからである。ファシズム問題はわれわれの社会やわれわれの生活を形成する社会関係の本性の問題なので、ファシズムについてのいかなる議論も同時にこれらの関係についての議論になる。したがって、ファシズムについてのいかなる議論も必然的に、近代の本性の直視、そして同時に資本主義と民主主義の本性の直視を内包することになる。このゆえに、ファシズムを一九四五年頃に終った歴史現象とみることは、危険な忘却を招く。ファシズムを近代の特徴と考えなければ、ファシズムが死んでいないことが分からない。ファシズムに関してひじょうに多くの文献があることの理由はおそらく、それが魅惑的だということよりも、ファシズムについて書くことを選ぶ人々は、彼らが近代の破壊的可能性を対象にしていることを知っていることにある。たとえ、彼らがこの可能性は今や過去のものだと無邪気に主張するとしても、である。(61)

(1) ファシズム研究の時間幅を拡大して研究することについては、この頃までにある程度の合意が形成されていた。E. Weber, "Fascism (s) and Some Harbingers," *Journal of Modern History*, 54, December 1982 ; Philip Rees, *Fascism and Pre-Fascism in Europe : A Bibliography of the Extreme Right*, B & N Imports, 1984.
(2) A. C. Pinto, *op. cit.*, p. 477.
(3) M. Winock, *op. cit.*, p. 44.
(4) R. O. Paxton, *op. cit.*, pp. 51, 54 ; S. Sand, *op. cit.*, p. 151 ; P. Milza, *op. cit.*, p. 43 ; Serge Berstein, "La France des années trente allergique au fascisme," *Vingtième Siècle*, 2, avril 1984, p. 86.
(5) A. C. Pinto, *op. cit.*, p. 477.
(6) エバーハルト・イエッケル『ヒトラーの世界観——支配の構想』滝田毅訳(南窓社、一九九一年)。

(7) S. Berstein, *op. cit.*, p.87.
(8) A. C. Pinto, *op. cit.*, p. 478.
(9) S. Sand, *op. cit.*, p. 150.
(10) *Ibid.*, p. 153 ; S. Berstein, *op. cit.*, p. 84. たとえば、Z. Sternhell, *Ni droite ni gauche*, cit., pp. 30, 48–50, 56, 146, 131, 348–349. を参照。
(11) S. Berstein, *op. cit.*, p. 84.
(12) P. Milza, *op. cit.*, p. 39.
(13) R. Rémond, *Les Droites en France*, *op. cit.*, pp. 203–205.
(14) *Ibid.*, pp. 206–208.
(15) R. Soucy, *French Fascism : The First Wave*, cit., pp. xiii-xv ; idem, *French Fascism : The Second Wave*, cit., pp. 6–10.
(16) R. Rémond, *Les Droites en France*, cit., pp. 203–205.
(17) R. Soucy, *French Fascism : The First Wave*, cit., pp. xiv-xv ; Z. Sternhell, *Ni droite ni gauche*, cit., p. 48.
(18) スウシーは、フランス・ファシズムは右翼よりも左翼から発生したとする解釈が、フランスだけでなくアメリカやイギリスの歴史学も支配する正統派を形成しているとしたうえで、それをアーヴィンの言葉を援用しつつ「合意学派」(the consensus school)と呼んだ。R. Soucy, *French Fascism : The Second Wave*, cit., pp. 6–8.
(19) R. Soucy, *French Fascism : The First Wave*, cit., p. xv.
(20) *Ibid.*, pp. xv-xix ; idem, *French Fascism : The Second Wave*, cit., pp. 10–25. スウシーは「過度の単純化」であることを承知のうえで、ファシズムは左翼的か右翼的か、社会主義的か資本主義的か、革命的か保守的か、ポピュリズム的かエリート主義的か、平民的かブルジョワ的か、近代主義的か伝統主義的かといった争点を基準にして、二つの学派を区別する。ファシズム左翼論の学派に属すとされたのは、ヤコブ・L・タルモン、レンツオ・デ・フェリーチェ、ユージン・ウェーバー、エルンスト・ノルテ、ルネ・レモン、フィリップ・マシュフェル、ゼーフ・ステルネル、ピエール・ミルザ、ジャン＝ポール・ブリュネ、フィリップ・ビュラン、サージ・ベルスタン、ポール・マズガジである。他方、ファシズム右翼論の学派に属すとされたのは、ウィリアム・S・アラン、デニス・M・スミス、ウィリアム・ハルペリン、アルノ・J・メイヤー、マイケル・ケイター、シャルル・メイエ、ジョン・ヴァイス、ウィリアム・アーヴィン、ラインハルト・クーンル、オットー・バウアー、ジャック・ジュイヤールであり、スウシーも当然これに加えられる。R. Soucy, *French Fascism : The Second Wave*, cit., pp. 2-3.

(21) John F. Sweets, "Hold that Pendulum!: Redefining Fascism, Collaborationism and Resistance in France," *French Historical Studies*, 15(4), Fall 1988, pp. 738-741. 本節注(60)を参照。

(22) William D. Irvine, "Fascism in France and the Strange Case of the Croix de Feu," *Journal of Modern History*, 63, June 1991, p. 294.

(23) R. O. Paxton, *op. cit.*, p. 54. 同様の見解はウォールによっても述べられている。R. Wohl, *op. cit.*, p. 95.

(24) ビュランは『ファシスト漂流』(一九八六年)のなかで、一九三四年頃に左翼諸政党のなかで重要な地位を占めていた人々が、一〇年後にヒトラー主義的な新秩序のもとで活発なファシズム運動を展開したのはなぜかという問題に取り組んだ。そして対照的な姿を取りつつもその典型とみなされる急進主義のベルジュリ、社会主義のデア、共産主義のドリオの三人を取り上げ、彼らの政治的冒険の道程を辿ることで、左翼人のファシズム化の過程と程度を特定しようと試みた。P. Burrin, *La Dérive fasciste : Doriot, Déat, Bergery 1933-1945*, Éditions du Seuil, 1986.

(25) Philippe Burrin, "La France dans le champ magnétique des fascismes," *Le Débat*, 32, novembre 1984, p. 55 ; M. Winock, *op. cit.*, pp. 43-44.

(26) S. Berstein, *op. cit.*, p. 87.

(27) R. Wohl, *op. cit.*, p. 93.

(28) S. Sand, *op. cit.*, p. 152.

(29) P. Milza, *op. cit.*, p. 28 ; J. F. Sweets, *op. cit.*, p. 789.

(30) P. Burrin, "La France dans le champ magnétique des fascismes," *op. cit.*, p. 54.

(31) P. Burrin, *La Dérive fasciste*, cit., p.27.

(32) P. Burrin, "La France dans le champ magnétique des fascismes," *op. cit.*, p. 54-55 ; R. Wohl, *op. cit.*, pp. 93-94.

(33) P. Burrin, *La Dérive fasciste*, cit., p. 27.

(34) M. Winock, *op. cit.*, p. 41 ; J. Julliard, "Sur un fascisme imaginaire," *Annales E. S. C.*, 4, juillet-août 1984, p. 850.

（35）A. C. Pinto, *op. cit.*, p. 478; P. Burrin, "La France dans le champ magnétique des fascismes," *op. cit.*, p. 55.

（36）*Ibid.*, p. 55; A. C. Pinto, *op. cit.*, pp. 478, 480.

（37）M. Winock, *op. cit.*, pp. 41-42; S. Sand, *op. cit.*, p. 150; R. Wohl, *op. cit.*, pp. 97-98; J. Julliard, *op.cit.*, p. 853; P. Burrin, *La Dérive fasciste*, cit., p. 21; Raymond Aron, "L'Imprégnation fasciste," *L'Express*, 4 février 1983, p. 24.

（38）M. Winock, *op. cit.*, p. 42

（39）R. Wohl, *op. cit.*, pp. 97-98.

（40）J. Julliard, *op. cit.*, p. 853.

（41）P. Milza, *op. cit.*, p. 29; M. Winock, *op. cit.*, p. 44.

（42）西川長夫「フランス・ファシズムの一視点——ドリュ・ラ・ロッシェルの『ファシスト社会主義』について」(『思想』第六六一号、一九七九年七月)、七九頁。

（43）ミルザは、アクシオン・フランセーズにファシズムの本質をみいだすノルテの手続きもステルネルと同様であるとしている。P. Milza, *op. cit.*, pp. 29, 37. なお、以下の論文もミルザとほぼ同じ指摘をしている。S. Berstein, *op. cit.*, p.84; M. Winock, *op. cit.*, p. 40.

（44）R. Wohl, *op. cit.*, p. 98.

（45）P. Burrin, "La France dans le champ magnétique des fascismes," *op. cit.*, p. 54; P. Burrin, *La Dérive fasciste*, cit., p. 20; J. Julliard, *op. cit.*, p. 856; S. Berstein, *op. cit.*, p. 86; S. Sand, *op. cit.*, p. 159.

（46）P. Burrin, *La Dérive fasciste*, cit., p. 19; P. Milza, *op. cit.*, p. 39; J. Julliard, *op. cit.*, pp. 858-859.

（47）J. Julliard, *op. cit.*, p. 858.

（48）S. Sand, *op. cit.*, p. 150.

（49）R. O. Paxton, *op. cit.*, p. 53; R. Wohl, *op. cit.*, pp. 92-93.

（50）M. Winock, *op. cit.*, p. 40.

（51）P. Milza, *op. cit.*, p. 38; M. Winock, *op. cit.*, p. 39.

（52）S. Berstein, *op. cit.*, pp. 84-85; R. Wohl, *op. cit.*, pp. 92-93; S. Sand, *op. cit.*, p. 150.

(53) M. Winock, *op. cit.*, p. 39 ; P. Milza, *op. cit.*, pp. 35-36 ; J. F. Sweets, *op. cit.*, p. 738.

(54) ワルター・ラカー『ファシズム——昨日・今日・明日』柴田敬二訳(刀水書房、一九九七年)、六頁。

(55) P. Burrin, *La Dérive fasciste*, cit., p. 25.

(56) *Ibid.*, pp. 14-18, 25-28.

(57) P. Milza, *op. cit.*, pp. 44-46.

(58) *Ibid.*, pp. 46-52.

(59) *Ibid.*, pp. 55-58.

(60) 多くの政治運動のなかでどれがファシズム運動と呼べるかについて合意ができたとしても、現在のところ、フランスのファシズム運動にどれほどの数の人々が参加したかを確定することは難しい。特定の運動に限ってみても、その参加人数の把握はきわめて困難だからである。たとえば、スウシーは、フランス内務省への国家警察の報告に基づいて、一九二六年にアクシオン・フランセーズは二万人、愛国青年同盟は六万五〇〇〇人、レジオンは一万人、フェソーは六万人の活動家を有しており、一九三四年には四つの主要ファシズム運動に属す活動家は合わせて三七万人いたとしたうえで、それをヒトラーが政権を握った一九三三年のナチス党員八五万人、ムッソリーニが政権を握った一九二二年のファシスタ党員二〇万人と比較しているが、スウィーツはそれに対して、スウシーは国立史料館(Archives nationales)のファイル番号と日付しか記していないが、報告をした警察には多くの種類があること、警察の種類によって記録の出所が異なること、出所によって記録の信頼度がかなり異なることを考慮すれば、さらに、運動への関与には多様なレベルがあることを考慮すれば、スウシーのあげる数字を信用するわけにはいかないと述べている。R. Soucy, *French Fascism : The First Wave*, cit., pp. xi-xii ; J. F. Sweets, *op. cit.*, pp. 739-740 ; E. Weber, *Action Française : Royalism and Reaction in Twentieth Century France*, Stanford University Press, 1962, p. 366. ちなみに、スウシーは最新作で、下院で行われた一九三四年二月六日のパリ騒擾事件の調査委員会の報告を典拠にして、一九三四年にソリダリテ・フランセーズは一八万人、クロワ・ド・フゥは一〇万人、愛国青年同盟は九万人、アクシオン・フランセーズは六万人、フランシストは一五〇〇人の党員を有していたと訂正している。R. Soucy, *French Fascism : The Second Wave*, cit., p. 37.

(61) Mark Neocleous, *Fascism*, Open University Press, 1997, pp. x-xi.

第四節　本書の課題と観点

本書の基本的な関心は、ステルネルなどと同様に近代文化とファシズムの関係にあり、そこには一定の必然性があるという認識を前提としている。この認識の正当性については、さらにいくつかの事実をあげて前節までの議論を補完できよう。第一に、一九二〇年代から一九三〇年代にかけて台頭したファシズムが、ヨーロッパ全土を席巻した政治運動であり、それも決して無視できるほど小規模のものではなかったことである。確かにファシズム体制が成立したのはドイツとイタリアだけであり、他国のファシズム運動はその両国の影響や後見によって生起したという面はある。しかしながら、その面だけで考えても、ファシズムを受容する素地がなければ運動は起らないはずである。ヨーロッパ諸国にはファシズムの母体となる何かがあると考えるのが自然だろう。

第二に、ヨーロッパ中の諸国で起ったファシズム運動はそれぞれに特徴をもっていたことである。ドイツとイタリアに限ってみても、この二つの体制の間には全体主義や好戦性のような共通点だけでなく、決定的な相違も存在することは明らかである。たとえば人種主義である。ドイツ・ナチズムのもっとも重要な基礎をあげるとすれば、少なくともその一つは生物学的決定論に基づく人種主義である。そこでは共産主義よりもユダヤ人に対する戦いのほうが妥協の余地のない徹底的なものだった。それに対してイタリアでは、ファシストのなかにユダヤ人も大勢いたし、一九三八年になってやっと制定された人種法の下でさえ、ユダヤ人はドイツほど迫害されてはいなかったことは説明する必要もないであろう。したがって、往々にして行われてきたように、ドイツとイタリアの二ヵ国だけに限定してどちらが真のファシズムかという議論をしたり、どちらかを基準にしてファシズムの純粋型を形成することには、無理があると言わざるをえない。

第三に、今日のヨーロッパにおいて、ヒトラーやムッソリーニを信奉して公然とファシズムを唱えるネオ・ファシストや、ファシストを名のらなくともそれに近似する極右勢力が少なからず存在し、一定程度の支持者を有しているという事実がある。その勢力がとくにフランスにおいて強力であることは言うまでもない。この事実を前に、それと一九三〇年代のファシズム現象との間にいかなる点でつながりがあり、いかなる点で断絶があるかという疑問が生じるのは当然である。ミルザの『フランス・ファシズム――過去と現在』(一九八七年)はこの関心の下で書かれた大著であり、一九二〇年代からル・ペンの国民戦線に至るまでのフランスのファシズム的ないし全体主義的潮流を論じた作品である。彼はこのなかで、ファシズムはフランスの文化に内在するか、それの起源は左翼か右翼か、フランスはファシズムを発明したのか、フランスは一貫してファシズムへの「アレルギー」を持ち続けたか、といったステルネル論争で提起された問題の多くを論じている。この作品が明らかにしているように、ファシズムは一九二〇年代と一九三〇年代に限定される歴史的事象ではない。

ファシズムは一定の時期にヨーロッパ後進国で発生した突発事件ではなく、「正常な近代の病理現象」[1]であるとすれば、すべてのファシズムを相対化できる根源的地点まで遡りそこから議論をすること、換言すれば、歴史としてのヨーロッパ近代に何らかのかたちで根ざすものとして考察することが肝要と思われる。本書ではこのような観点から、主に思想的連関に照準しながらフランスにおいてファシズムが形成される過程を探求することを課題としている。これまでに論じてきたステルネルの理論とその批判を念頭に置きつつ、研究の視角と方法について説明を加えておきたい。

フランスを取り上げた理由は、それがヨーロッパ文明の中心国の一つであるからだけでなく、そこでファシズム運動やファシズム的な運動を起した団体やその参加者の数が決して少なくはなく、さらにそこに至るまでの自生的脈絡に高度な知性が認められるからでもある。また、思想史的アプローチをとるのは、さまざまな地域や時代においてまったく異なる政治・経済の状況の下で似たような現象が起きている場合、文化的・思想的アプローチが有効な方法だからである。これに対して、ファシズムの場合、合理的なものを軽蔑して非合理的なものを栄光化し、そのために教義と政策は矛盾だらけであったし、さらに最終的に本能ないし心理にのみ衝き動かされるような破壊的な行動主義に陥ったと反論されるだろうが、それらにしても一定の文化的・思想的発展の結果として捉えられるべきであるというのが本書の立場である。

思想史の方法について説明しておくと、本書では第一に、ナショナリズム運動の思想とその指導者の思想をほとんど同一視している。それはこの種の運動の指導権が概ね独裁型であり、運動の理念や心理は指導者によって体現されると考えるからである。もちろん、種々の要因により実際の活動において指導者と運動との間に間隙が生ずることは当然であるが、本書の目的からすればそれは瑣末なことどととして等閑に付しても構わないと思われる。第二に、運動史を重視し、それと思想発展との兼合いを軸に議論を展開する。ファシズムはまず運動として生起したので、その思想を理解し検証するうえで運動はもっとも重要な要素だからである。第三に、思想形成の要因となった重大な出来事も考察対象に含める。重要なのは何よりも大衆の出現と第一次世界大戦であり、次いでイタリアにおけるファシズム政権の成立である。前節で外国の影響について言及したが、三〇年代におけるナチズムと較べるとそれの影響は少なかった。第四に、思想を理解するうえで不可欠なエートスや心理にも論及する。これについては、パーソナリティの発達過程を探求するなかで行いたい。

本書が考察対象とする時期は一八八〇年代後半から一九二〇年代中頃までである。確かにファシズムという語ができたのは第一次大戦後だが、その思想内容は自由主義と同様に語が生まれる以前に形成され始めたと考えなければ、それを十分に把捉することはできないと思われる。ファシズムの先祖探しは尽きないが、それへの道を開く歴史的転換という点では、ステルネルが言うように一九世紀末の文化反乱の時期とするのが妥当であろう。その内容についてはとりあえずステルネルの論述で十分だが、ここではファシズムの形成という観点からとくに二つのことを重視している。すなわち、理性の逆転としての自然への回帰、ならびに個人主義の反転としての集団への回帰である。思想的には前者は本能や直感の賛美となって現象し、後者は何らかの共同主義として発現することになる。一九三〇年代まででなく一九二〇年代までとしたのは、フランス・ファシズムの知的脈絡を探るうえで、それで十分とはいかないまでもかなりの程度理解可能と判断したからである。この間におけるもっとも重要なテーマは極右ナショナリスト諸同盟の位置づけである。前節までの議論から明らかなように、フランス・ファシズムの模倣説と自生説の分岐点にあったのがまさにそれの評価であった。したがって、本書においてもそれに重点を置き、それがいかにして生まれたのか、そしてそれがいかにしてファシズムに発展したのかを中心的な論点にする。

最後に、定義と概念枠組みを説明しておきたい。本書では、ファシズムとは独裁的支配者の下で国民を全体主義的に統制しつつ永久的に戦争と革命に動員しようとする思想・運動・体制である、という定義に基づいて研究を進めることにする。それを摘出し分析する概念枠組みについては、ステルネル、スウシー、ビュラン、ミルザなどの業績を参考にするつもりだが、そこで明らかになった重要なことは、ファシズムがあるかないかの二分法ではなく、ファシズム化という意味での思想的広がりや発展段階のなかで考察する必要があるということである。その点を考慮して、ここではファシズム思想の分析に有意な語を取り出し、それがどのような意味をもち、どのように組み合わされたかという点を主眼にしてファシズム化を考察したい。ファシズム思想を理解するうえでキーワードとなる言葉には、たとえば指導者・大衆運動・ナショナリズム・国家主義・反民主主義・反共産主義・軍国主義・全体主義・コーポラティズム・大衆動員・人種主義・反ユダヤ主義・権威主義などがある。こうした言葉はほとんどが当時の政治用語であるが、近代文化との連関を考えるためにはそうした政治用語を包括できるより根源的な語が有効である。そうした語として適切なのは、ネオクリアスがファシズムの中心概念としてあげた国民[2]・戦争・自然の三つに国家を加えた四つであると思われる。

（1）　ワルター・ラカー、前掲書、四頁。

（2）　国民は nation の訳語として使っている。言うまでもなく、この二つの語は完全に対応しているわけではなく、nation には「民族」や「国」や「国家」といった意味もある。それにもかかわらず、本書では国家の存在を前提とする「国民」という語をできるだけ用いるようにしたい。ここで論じる思想史の範囲では、nation がいかなる意味で用いられたとしても、それはつねに国家(État)と不可分の関係にあることを強調したいからである。また、「ナシオン」というフランス語の発音の表記にしないのは、研究対象となるフィールドがフランスであっても、基本的な関心の所在は近代文化にあることを示したいからである。近代文化は世界中に浸透していることを考えると、むしろ自国の言葉で表現した方がその普遍性を認識し、自らの問題として捉えるうえで適切と思われる。西川長夫「国民(Nation)再考――フランス革命における国民創出をめぐって」(『人文学報』第七〇号、一九九二年三月)、一二頁、参照。

第一章　ブーランジスムと大衆運動の成立

はじめに

世紀末の極右同盟を生み出した政治的転換の始点に位置づけられる出来事は、ドレフュス事件の一〇年前に起ったブーランジスムをおいて他にない。それはフランスにおいて初めて大衆という存在が認知された事件であったことからも分かるように、新しい時代の政治の始まりを告げる出来事であった。さらに後述するように、極右の政治的特徴の多くはブーランジスムのなかに胚胎していたし、ブーランジストの少なからぬ人々が反ドレフュス派の闘士になった。[1]ブーランジスムとは何であったか。本章ではこの問題を探求する。

ブーランジスムの解釈に関しては、一九五九年にジャック・ネレの論文[2]が出てから大きく変ってきた。それ以前の代表的な論者はアドリアン・ダンセットである。彼によれば、ブーランジェ事件とは、威勢のよい野心家の将軍が、政治的周縁にいる不平代議士や政治的徒党を集めて弱体化した共和制にカエサリズム的な攻撃をしかけ、その無能と勇気のなさのゆえに敗北した個人的冒険である。そしてこの冒険は根底において、民主化した政治場裡で伝統的な影響力を失い復活をめざす右翼の密計により動かされていた、というものである。[3]それに対してネレ論文以降の研究動向は、ブーランジスムの左翼的伝統との類縁性を重視する見方をとる傾向にある。ネレによれば、一八八二年以降の経済不況のなかで、失業と低賃金に苦しむ民衆諸階級は、支配的共和主義者の無知と無関心、そして有効な社会主義運動の欠如に直面して、ブーランジェとブーランジスムに不満の捌口をみいだし、そこにますます関与するようになった。ブーランジスムを根底で支えたのはこうした下層階級である。こうしたネレのブーランジスム左翼主義テーゼは、その後、ブーランジェの大都市補欠選挙における左翼票の重要性の証明、ブーランジスト幹部の急進左翼的な背景とイデオロギーの確認などによって補完され、今日ではかなり有力になっている[4]。

このような解釈の変化により、ブーランジスムと世紀末右翼との連関問題は厄介な袋小路に陥ることになる。ブーランジスムが右翼の陰謀だとすれば、それは一〇年後のドレフュス事件においてもっとも激しくなる右翼暴発の先駆であり、その間に右翼は大衆時代に適応した政治的手法を身につけたということになる。この説明はきわめて明快である。しかし、ブーランジスムが左翼だとする見解に立てば、それと世紀末右翼との連関は容易には理解できなくなる。これに関しては、愛国者同盟、バレス、ブランキスト、反セム主義といった個別テーマをめぐり、両者の決定的断絶を主張するペテル・M・ルトコフから進化的連関を主張するゼーフ・ステルネルに至るまで、解釈が分かれているのが現状である。ルトコフとステルネルの二人がともに言うように、この問題の解決にあたっては、改良主義的ないし革命的な左翼と保守的ないし反動的な右翼という二分法によって、すべての政治的立場を固定的に認識しようとする因習的な方法を捨て、当時の政治状況のなかでその理念や立場を判断することがまず必要である[5]。そこで本章では、同時代の政治勢力との政治的・イデオロギー的関係に焦点を合わせながら、時間的順序にそって経過を辿るなかでブーランジスムの政治的な特性を探り、そして最後にその後の極右誕生との関連を念頭に置きつつそれの性格と影響を考察したい。

（1） Stephen Wilson, *Ideology and Experience : Antisemitism in France at the Time of Dreyfus Affair*, Fairleigh Dickinson University Press, 1982, pp. 383-385 ; Steven Englund, "The Origin of Oppositional Nationalism in France, 1881-1889," Ph. D. diss., Princeton University, 1981, p. 587.

（2） Jacques Néré, "La Crise industrielle de 1882 et le mouvement boulangiste," Thèse de doctorat ès lettres, 2 vols., Université de Paris, 1959 ; idem, "Les Élections Boulanger dans le département du Nord," Thèse complémentaire, Université de Paris, 1959.

（3）Adrien Dansette, *Le Boulangisme*, Fayard, 1946. この系譜をひく研究としては以下のものがあるが、これらの研究もブーランジスムの左翼性についてはある程度承認している。Michel Domange, "Boulanger contre le boulangisme," *Revue de Deux Mondes*, 19, 1966 ; S. Englund, *op. cit.* ; Philippe Levillain, *Boulanger, fossoyeur de la monarchie*, Flammarion, 1982 ; William D. Irvine, *The Boulanger Affair Reconsidered : Royalism, Boulangism, and the Origines of the Radical Right in France*, Oxford University Press, 1989.

（4）代表的なものとしては以下の研究がある。Frederic H. Seager, *The Boulanger Affair : Political Crossroad of France 1886-1889*, Cornell University Press, 1968 ; C. Stewart Doty, "Parliamentary Boulangism after 1889," *The Historien*, 32, February 1970 ; Patrick H. Hutton, "Popular Boulangism and the Advent of Mass Politics in France 1886-90," *Journal of Contemporary History*, 11, January 1976.

（5）Zeev Sternhell, *La Droite révolutionnaire 1885-1914 : Les Origines françaises du fascisme*, Éditions du Seuil, 1978, pp. 27-31 ; Peter M. Rutkoff, *Revanche and Revision : The Ligue des Patriotes and the Origines of the Radical Right in France 1882-1900*, Ohio University Press, 1981, pp. 160-163.

第一節　ブーランジェ人気の「民衆主義」的基底

第三共和制は短命を予定されて誕生した共和制だった。一八七三年から七五年にかけて第三共和制憲法を制定した議会は、普仏戦争の敗北とパリの徹底抗戦という状況下で行われた一八七一年二月八日選挙で成立したが、その全議席の約三分の二は王党派によって占められていた[1]。この王党派議会が共和制を選択した理由は、以下の点に求めることができよう。第一に、王党派の弱体化があげられる。七一年選挙における王党派の勝利は、和平を希求する農村部が無条件平和を主張する王党派を圧倒的に支持したことに起因するものであり、君主制復活の希望を意味したわけではなかった。保守共和派のルイ・アドルフ・ティエールが休戦交渉とパリ・コミューン弾圧を始めてからは、王党主義者は「好戦的な共和制」というイメージを利用できなくなっていた。第二に、ティエールの行動は、共和主義者は戦争とアナーキーを招くという伝統的保守派の危惧を緩和するとともに、とくに農民層に共和制に対する安心感を与えた。第三に、王党派内部における正統王朝派とオルレアン派の対立は、根深い階級的・イデオロギー的差異に基づいていたので妥協の成立が困難であった。第四に、七一年以後の補選で共和派は次々に勝利し、和平実現後の状況のなかでの国民の共和制支持は確固としたものになっていた。第五に、七一年選挙以降の急進派の急速な台頭、ならびに七四年補選でのボナパルティストの復活は、王党派に体制安定を促すことになった。第六に、オルレアン派の背後で経済権力を握る上層ブルジョワジーが、七三年世界恐慌以来、体制の安定を求めて全面的な共和制支持にまわっていた。(2)

王党派、とくに議会を主導したオルレアン派は、以上の理由から君主制の即時復活が内乱を惹起することを恐れて共和制を選択したものの、そこには将来における君主制への移行という企図が伏在していた。このために、七五年憲法には強大な権限をもつ大統領と貴族院的色彩をもつ上院という君主制復活の布石が打たれており、「オルレアン的憲法」とも呼ばれた。(3) しかしながら、その後の政治の展開は王党派の意図に反した方向に動いていくことになる。一八七六年の総選挙で上院は王党派と共和派がほぼ同数、下院は共和派が多数になった。七七年五月一六日、王党派大統領マク＝マオン元帥は、君主制復活をめざして共和派ジュール・シモンの内閣を辞職させて王党派ブローイ公に組閣を命じるとともに、下院解散権を行使した。しかし、七七年一〇月の下院選挙で共和派は勝利し、それ以後大統領の権限は事実上縮小されて形式的存在になった。さらに七九年一月の上院選挙での共和派勝利、その直後のマク＝マオン大統領の辞任と共和派ジュール・グレヴィ大統領の就任は、議会共和制の定着を決定づけ、八一年九月の総選挙における共和派の大勝利は君主主義から共和主義への体制転換を完成させた。(4)

一八八一年九月選挙で支配的地位を確立した共和派は、急進主義を放棄したガンベッタ派＝共和主義同盟が、七九年選挙のときから穏健共和派に接近して形成された「オポルテュニスト」と呼ばれる保守的な共和派であった。最初のオポルテュニスト内閣は八一年一一月に左派のレオン・ガンベッタが組織したが三ヵ月で倒壊し、以後は右派のジュール・フェリーが主導する「フェリー路線」が定着する。それは右翼の王党派と、八一年選挙でガンベッタと袂を分かったクレマンソー派＝新急進派との間の「中道」として、八五年までフランス政治を支配した。「オポルテュニスト体制」の特質は、何よりも上層ブルジョワジーの利害が政治・経済の両面で貫徹されたことにある。一八七五―八二年は大不況のなかでの好況時であり、この時期に中小ブルジョワジーにも発展がみられたが、既存の大ブルジョワジーとの競合が成立する程ではなく、むしろ長期不況のなかで大資本による経済統合が進められたと言うべきだろう。さらに、大ブルジョワジーは高等師範学校等の大学校を支配し、それによって国家官僚上層部に圧倒的な影響力をもっていた。国内政策の面では、八二年に始まる経済危機からの脱却と資本主義経済の活性化をめざし、鉄道建設、保護主義政策、労働者の抑制等が行われた他、初等教育の世俗化と義務化等による反教権主義政策が進められた。対外政策の面では、外交的孤立からの脱却をめざすとともに、それとの関連でヨーロッパではなく北アフリカや極東への植民地進出が図られた。[5][6]

ところで、この時期に急進派が憲法改正を激しく要求していたことは想起しておく必要がある。一八八一年選挙は一般に、議会に改正を指示したと解釈されていた。穏健共和派は、共和制が実質的に確立されたので現行憲法に不満はなかったが、過激な行動が将来起ることを恐れて何らかの行動が必要と考えていた。フェリーは八三年二月に二度目の首相になったとき改正支持を主張し、翌年四月に改正議論のために両院を召集した。しかし実際には、その動きを抑制しようとしていた。フェリーのとった戦略は体制変動を招かない程度の改正によって、急進派の矛先をかわすことにあった。合意された改正は、上院における七五人の終身議員の廃止や都市部代表枠の相対的拡大など僅かなものだった。[7]

一八八五年一〇月選挙は、フランス第三共和制政治史における岐路になった。その年の三月三一日、フェリーの植民地進出政策、ならびに反教権政策や公共支出などの内政問題に対する不満から、左右両翼の一時的連合によって第二次フェリー内閣が打倒されると、オポルテュニストは中道化の吸引力を急速に失っていった。選挙が近づくにつれ、オポルテュニストの弱体化は明らかなものとなり、それと反比例して、右翼保守派と左翼急進派は中道への反発を強めるとともに、選挙に向けて活発な反政府運動を展開するようになる。保守派に関しては、一八八三年八月にブルボン王朝派の王位継承主張者であるシャンボール伯が亡くなると、王党主義者間の差異はなくなるようになり、それとともに王党派は保守主義の名の下でボナパルティストや保守的共和主義者と緊密に連携するようになっていた。[8] 保守派は体制問題には触れず、オポルテュニスト政府への攻撃に終始する戦略をとった。一方、急進派は左翼の糾合をめざし、都市大衆を取り込むために社会主義的な宣言を流すとともに、保守派には触れずに政府攻撃に集中した。保守派と急進派は双方とも政府の景気対策を非難し、同時に前者は世俗法廃止、後者は上院廃止を要求していた。[9]

一〇月四日に行われた第一回投票の結果は、右翼保守主義者の圧勝とオポルテュニストの敗北であった。[10] 予想外に支持を失ったオポルテュニストは、二週間後の第二回投票に向けて急進派に統一リスト作成を呼びかけた。急進派は一八八一年選挙よりもはるかに躍進していたが、アンリ・ロシュフォールは中道との和解を受け入れた。一方、勝ち誇った右翼の一部は、王制復古という究極の意図を公然化するという愚挙をおかし、共和主義連合の攻撃の的になった。[11] かくして第二次選挙で共和主義連合は圧勝したが、一八八一年選挙に較べるとオポルテュニストは著しく後退した。[12] 選挙の結果、オポルテュニストの単独支配はもはや不可能になった。議席の三分の一以上を占める右翼保守主義者にとって、保守的な共和派と連立して政権を担うことは十分に可能であった。しかし、体制変換の問題に固執するならば、オポルテュニストと急進派の連立を招くことになる。急進派にしても同じことが言えた。また、右翼と左翼の双方とも反対派にまわれば政府は機能しえない。一八八五年一〇月選挙が岐路になったのは、議会政治が三勢力の関係に依存するという微妙かつ不安定な状態を引き起したからである。[13]

一八八六年一月七日にオポルテュニストと急進派の連携によりシャルル・ド・フレシネの内閣が成立した。その陸相になったのがブーランジェ将軍である。[14] 当時ブーランジェについて知られていることは、クレマンソーのリセ時代の学友で共和主義者であり、入閣はクレマンソーの助力によるものであるという程度であり、多数入閣した急進派の成員に較べれば、彼はほとんど注目されていなかった。一般に、当時の共和主義者は陸相・海相のポストを非政治的なものと考えていたからである。[15]

一八八五年一〇月選挙から翌年夏までの間、右翼は共和制を直接問題とする非妥協的な態度をとり続けたため、その間の状況は右翼にとって不利な方向に動いた。それを典型的に示すのが、パリ伯を始めとするかつてのフランスの支配家族の国外追放である。右翼に対してとくに警戒を強めていた急進派は、諸王の追放法案を一八八六年五月に提示した。議論の後に中道の修正案が通り、上院でも承認され、かくして六月二一日にすべての王位継承主張者とその家族が追放された。[16] さらに右翼の後退を決定づけたのが、八月四日と一八日の地方選挙である。体制を争点にした右翼は九八七議席のうち僅か一五議席しかとれず、完敗を認めざるをえなかった。[17] これ以後、右翼の内部から急進派との同盟に苛立っている穏健共和派と手を組み、共和制を認める見返りに保守的政策をとらせようとする動きが出てくる。この動きは最初、保守派代議士のエドガル・ラウル＝デュヴァルによって試みられ、一二月にフレシネ内閣が瓦解した後に保守派全体に広まった。[18] しかし、右翼の妥協は遅すぎた。一二月八日に成立したルネ・ゴブレの内閣は前内閣の焼き直しであり、ほとんど首相が代わっただけにすぎなかった。ブーランジェも再任された。[19]

ゴブレ内閣はさしたる成果もなく一八八七年五月一七日に打倒され、五月三〇日に保守派とオポルテュニストの連携のもと、モーリス・ルーヴィエを首相とする純粋なオポルテュニスト内閣が成立する。この五月の政権交替の焦点にあったのはブーランジェだったと思われる。[20] フェリーはすでに前年の七月から、ブーランジェの独裁主義的性向とそれの国民的安全にとっての危険を警告していた。[21] ゴブレ内閣が成立した頃には、ブーランジェはオポルテュニストから疎んじられるようになっていた。彼が再任されたのは、ひとえに急進派の支持を得るためであった。ゴブレ内閣倒壊時には、ブーランジェは急進主義の体現者としての地位を築いており、急進的な民衆の熱烈な支持を受けていた。したがって、ブーランジェの留任は急進派の絶対的要求であったが、しかしこの時点で、オポルテュニストはブーランジェの好戦的傾向ならびに支持者の情動的傾向に危険を感知していたので、彼の留任を認めるわけにはいかなかった。保守派はこの好機に際し、ブーランジェを非難するとともに、体制反対のいかなる企てにも関与しないと繰り返し約束し、ついに第三共和制成立以来初めて保守派とオポルテュニストの協同が成立した。[22]

新政府は成立するとすぐにブーランジェの「島流し」を謀り、彼をクレルモン・フェランの地区司令官に任命した。ブーランジェが新しい任地へと出発する六月八日、新聞で行程と時刻を知った民衆はホテルやリヨン駅周辺に集まり、自然発生的なデモが生じた。[23] 民衆はブーランジェを称える歌を合唱したり肖像画を配って熱狂し、出発は二時間延びた。[24] 陸相に就任以来一年半もたたない間に、ほとんど無名であったブーランジェがこれほど民衆に人気を博したのはなぜだろうか。その理由は、パリを始めとする都市部を中心に受け継がれてきたジャコバン的諸理念が、一定の歴史的状況を背景に高まってきた不安や不満と合体して先鋭化し、それをブーランジェに投射したことにあると思われる。

第一のジャコバン的理念は平等主義である。[25] ジャコバン的急進主義を伝統的に担ってきたのは、中小農民層・小産業家・小売店主といった私的所有と資本主義制度を当然とみる中小生産者層であり、彼らは自由な小資本家が構成する平等社会を理想としていた。フランスでは、こうした階層が支える「職人産業」が長い間支配的な産業様式であったが、ブーランジェが台頭してきたとき、それは一九世紀後半の急速な産業成長と一八七三年世界恐慌に始まる長期不況のなかで危機的状況にあった。この階層の人々は失業の不安に怯えつつも、経済発展や資本主義そのものに批判の眼を向けることはなかった。むしろ逆に、彼らが憂慮していたのは「富の集中」によって資本主義社会が消え去ることだった。マルクス主義者とは反対に、彼らにとって「富の集中」は経済発展の一段階ではなく、「新しい封建制」への退行にすぎなかった。というのも、少数の資本家に富が集中すれば、資本家は自分の利益になるように経済を操作し、富に関する公的責務を放棄するとともに資本主義社会の機能を麻痺させ、かくして経済的カオスを招くと信じられていたからである。彼らは富の配分を改善するためには、一定の社会改良・社会保障・計画化が絶対に必要であると考えていた。(26) しかし、オポルテュニスト政府はその点に関してまったく無関心だった。おそらくはこのゆえに、ブーランジェの軍改革に関心が集まった。

ブーランジェは陸相に就任すると、二四時間以内にすべての局の高級将校を自分の知己に代えた。当時、フランス軍には貴族出身の若者に有利な昇格制度があったため、将校クラスは圧倒的に王党派によって占められていた。このブーランジェの行為は共和主義的な軍改革の第一歩であり、その後も彼は軍人としての権力範囲を逸脱したとも言える共和主義的な政策を次々にとっていった。(27) 一月二六日にはトゥールに駐屯していた第九騎兵旅団を、王党的雰囲気による頽廃を理由に第八騎兵旅団に交替させた。食事の改善、哨舎の赤・白・青への塗り替え、将校の黒い襟章の廃止、私生児の扶養認可、既婚下士官の家族との同居許可、司祭職コースを含むすべての学生の統一的軍役法といった民主的改革も進めた。また、軍隊の年功序列の廃止、上流社会出身者に有利な士官学校の廃止と民主的士官学校の創設などは、認可されなかったが重要な提案であった。さらに一つの出来事がブーランジェの方針をより印象づけることになった。それはデカゼビルにおける炭鉱労働者のストライキである。一月二六日に始まったストは一人の技術者の殺害を契機に軍隊が派遣されることになった。三月一一日に議会でそれが取り上げられたとき、軍隊の役割を問われたブーランジェは「おそらくはまさにこのとき、兵士はスープと携行パンを労働者と分け合っている」と述べ、左翼の拍手喝采を浴びた。(28) こうした一連の行動がいかにパリ民衆を熱狂させたかは、一八八六年七月一四日の閲兵式の成功にみてとることができる。六年前に国民的祝日になったこの共和制の誕生日に、ブーランジェはフランス全土の部隊をロンシャンに集めて大々的な式典を催し、パリ民衆の絶賛を浴びた。[29]

こうしたブーランジェの民主的な軍改革のなかに、ジャコバン的な平等理念を抱懐する中小生産者層は自らが求める社会変革の方途をみつけ、それの称賛に不満の捌口をみいだしていったと思われる。ところで、民衆の側にたった社会改革は、社会主義がいまだ弱体な状況においては急進派が唱えるべき課題だったはずである。したがって、なぜブーランジェへの熱狂が起ったかを知るためには、急進派の動向を考慮に入れておく必要がある。「急進主義」ならびに「急進派」という言葉が一つの独立した政治・社会思想ならびに政治集団を指示する言葉として認知されたのは、一八六九年四月にガンベッタが労働者の町ベルヴィルで選挙に向けて発表した「ベルヴィル綱領」においてである。ガンベッタはこのなかで、普通選挙の実施、法治主義、出版・結社の自由、政教分離、初等教育の非宗教化・無償化・義務化、公務員の選挙制、常備軍の廃止などジャコバン的諸改革を列挙しているが、経済的・社会的改革に関しては正義と平等という一般原則を述べるにとどまっている。その後、ガンベッタはベルヴィル綱領を放棄し、政治的民主主義は社会問題を解決したと主張した。そしてベルヴィル綱領を継承して「急進社会主義」を掲げたクレマンソーにしても、社会問題よりも政治問題に関心があったので、民衆の不満に十分に応えているとは言い難かった。[30]

第二のジャコバン的理念は、祖国擁護に根ざす愛国主義である。[31]ブーランジェの人気が高まるとともに、パリ民衆の好戦的感情が高揚し、左翼系ジャーナリズムの間で対独復讐戦争を唱える論調が目立つようになっていた。すでに一八八六年にはパリ民衆の間で普仏戦争とパリ・コミューンの記憶が「復讐」の要求として甦ってきた。ビスマルクはこのブーランジェ人気を利用して軍備増強を目論み、八七年一月一一日に帝国議会に法案を提出したが、拒否されて議会解散・総選挙に訴えた。彼はフランス陸相のドイツに対する脅威を唱え、さらに予備兵の徴集まで行って戦争の切迫を巧妙に説くことで多数派獲得に成功した。かくして法案は三月一一日に議会を通過し、ビスマルクの目的は達成されて平穏が戻った。[32] しかし、その間、戦争の恐怖に怯えるフランスでは、一方において対独戦争の不利を認識して宥和を指向する保守派と穏健共和派、他方においてブーランジェに一層の保護を求めて支持を与える左翼に世論は分裂していた。ブーランジェは左翼民衆の支持のもと、対独戦争に備えた軍備増強をさかんに主張して政府と対立していた。[33] 五週間後、独仏間の緊張が再び生じた。四月二一日フランスの国境官吏シュネブレがドイツ領内に入り、スパイ容疑で逮捕されるという事件が起った。独仏間は一触即発の情勢になり、ブーランジェはフランス軍五万人の国境配備を主張した。すぐにそれがドイツ国境警察の罠であることが判明し、ビスマルクは一〇日後にシュネブレの解放に同意して危機は回避された。この事件に関するフランスの世論は「ビスマルクをたじろがせた陸相」の称賛に終始した。[34] 二つの事件による緊張が解けた後もフランスの愛国主義的感情は冷めることなく、ブーランジェの伝記が街中に溢れ、彼は国民的救済の象徴にますます祭り上げられていった。[35] 実際にはフランスにドイツと戦争を起す準備がまったくできておらず、したがって、ブーランジェの陸相としての行動は軽率と言わざるをえないにもかかわらずである。

この場合、オポルテュニスト共和体制に愛国主義的要素がなく、それがブーランジェにすべて投射されたと考えるのは間違いである。また、フェリーの植民地進出政策に反対し、対独復讐を唱えたブーランジェや急進派に愛国主義が集約されたと考えるのも正しくない。むしろ逆に、愛国主義は支配体制にとって、カトリック教育に代わる市民道徳の中枢であり、共和主義的国民に自己同一性を与える原則であった。[36] 普仏戦争の敗北後、フランスは明らかにドイツの愛国的教育を取り入れようとしていた。[37] したがって、ブーランジェの愛国主義的熱狂を理解するためには、体制側の愛国主義の特性を考察する必要があるだろう。

体制側の愛国主義は何よりも「国民的アイデンティティーの創出」に方向づけられる点に特徴がある。『フランス革命』を編集した当時の代表的な歴史学者で穏健急進派のアルフォンス・オーラール[38]は、「大革命は一七八九年に起草され、一七九三年に完成した人権宣言のなかに、そしてこの宣言を実現するためになされた試みのなかに存在する」と書いているが、この記述には、一七九三年に顕在化する革命運動の階級対立も、ロベスピエールとダントンの抗争も出てこない。[39]また、有名なエルネスト・ラヴィスの初等教育用テキスト『フランスの歴史』においても、[40]大革命は過去との決定的断絶ではなくフランスの進化の一段階として描かれている。この進化とは、ゴール人とフランク人の時代に始まり、現共和主義体制をその最終段階とみなす直線的な統一過程である。フランスに文明の先駆者としての普遍性を与えるジュール・ミシュレのビジョンもまた、封建的・カトリック的フランスと、近代的・民主的フランスを統合する作用をはたしていた。ここにおいて、フランス・祖国・共和制は永久的実在として観念され、第三共和制は絶対的な善となる。[41]ブライアン・ジェンキンスが述べるように、それは「エスニック的忠誠」を強調し、「永久的フランス」のイメージを援用することにより、国民的合意を形成しようとする試みに他ならない。[42]

体制側の愛国主義はこうした分断的要素と政治的意味を除去した「国民」を称揚する感情である。これがそのままナショナリズムに発展すると、国民の内実については不問に付すと同時に、フェリーの植民地進出政策がフランスのもつ「文明化」の使命によって正当化された点にみられるように、国民外的には高度に政治的に変形する。それに対してブーランジェに象徴化されていった愛国主義は、ジャコバンの直系である急進的な愛国主義であり、[43]意味内容が異なる。それは革命の戦火から生まれたゆえに、第一に、共和制ないし民主制擁護という政治的感情と不可分である。もともと生地を表象する「祖国」という概念にしても、そこには平等社会という意味が込められていた。第二に、それは抑圧的支配者ないし侵略的外国から武力によって「祖国」を護るという闘争的構えをつねに保持している。このような愛国主義は、ナショナリズムに発展するとしてもつねに祖国に基点があり、生活感情の次元で成立する。したがって、対独戦争の不安に晒されたとき、祖国擁護の感情はその矛先をかわす植民地問題ではなく、直線的に過去の蹂躙に対する「対独復讐」となって高揚することになった。

第三のジャコバン的理念は直接民主主義である。一般に「議会主義」という言葉には「統治の乱用」という特殊フランス的な意味があり、議会は権力を独占する少数エリートが、談合と妥協というもっとも「非民主的」な手段を常套的に用いて利益配分を行うための装置とみなされる傾向にあった。とくにジャコバン的急進主義者にとって、それは根本的に反動的な意味内容をもっていた。[44] 彼らは議会制度が、一八四八年と一八七〇年において共和派の革命を阻止しようとする反動勢力の集結点となり、王制復古に分かちがたく結びついていたことを明確に記憶していた。彼らにとって、第三共和制の議会制度は「民衆の意志」を投票箱に限定し、非代表的な上院を通して貴族や大ブルジョワジーが権力を独占する「新しい封建制」に他ならなかった。この議会制への反感は、第三共和制成立以来「憲法改正」の主張となって具体化し、急進派を担い手としてきた。しかし、急進派は一八八五年に新政府に参加してからは、憲法改正の要求を取り下げていたので、権力から疎外された急進主義的な民衆は、その直接民主主義的な要求を組織する党派をみいだすことができず、非議会的な「政治家」ブーランジェに不満を投影していくことになった。[45] そしてこの過程において、この要求は自治型ではなく権威主義型になっていった。言うまでもなく、その底流には、フランスに根強く存在するところの、「自由主義的・議会主義的気質に対立する権威主義的・反議会主義的な人民投票的気質[46]」があった。

以上述べた平等主義、愛国主義、ならびに直接民主主義というジャコバン的諸理念は、民衆一人ひとりの平等な生活を形成するのは民衆の自己統治であり、それを護ろうとする感情が愛国主義であるという意味で緊密に結合していた。この結合を復活させたのは、急速な産業集中に怯える伝統的な中小生産者層であるが、彼らは社会主義革命は絶対に望まなかったので、政治的解決を求める他なかった。しかし、それを完全に吸収しうる政党はなかった。したがって、彼らの不満は最終的には「議会主義」体制に向けられることになり、第三共和制初期の状況では「憲法改正」の要求となって発現することになる。パトリック・H・ハットンは適切にも、こうした変革的要求を「民衆主義」

(populism)と名づけ、マルクス主義的社会主義に向かっていく潮流と並んで、フランス世紀末における革命的左翼の片翼をなしていたとしている。[47]「民主主義と民主的共和主義の伝統的な住処」[48]であり、戦争の惨禍を直接に体験したパリでそれが強力であったことは当然である。ブーランジェ人気の背後にあり、そして後のブーランジスムを支える基盤になったのは、このジャコバン的諸理念の結合に基づく「民衆主義」である。

(1) 選挙結果については、中木康夫『フランス政治史』上(未来社、一九七五年)、二〇四頁、参照。

(2) 中木、前掲書、二二九―二三八頁。Odile Rudelle, *La République absolue : Aux origines de l'instabilité constitutionnelle de la France républicaine 1870-1889*, Publications de la Sorbonne, 1982, pp. 13-39 ; Jacques Chastenet, *Histoire de la Troisième République, vol. I : L'Enfance de la Troisième 1870-1879*, Librairie Hachette, 1952, pp. 107-193 ; Jean-Pierre Azéma et Michel Winock, *La République 1870-1940*, Calmann-Lévy, 1970, pp. 85-103 ; Jean-Jacques Chevallier, *Histoire des institutions et des régimes politiques de la France de 1789 à nos jours*, 5e édition, Dalloz, 1977, pp. 276-284 ; Alexandre Zévaès, *Histoire de la IIIe République*, Éditions de la Nouvelle Revue Critique, 1946, pp. 57-67.

(3) 七五年憲法の特徴として、大統領と上院に加えて「改正の容易さ」をあげる学者もいる。J. J. Chevallier, *op. cit.*, pp. 289-292.

(4) 中木、前掲書、二四二―二四六頁、O. Rudelle, *op. cit.*, pp. 41-70, 81-92 ; J. Chastenet, *op. cit.*, pp. 175-259 ; Azéma et Winock, *op. cit.*, pp. 103-118 ; J. J. Chevallier, *op. cit.*, pp. 293-309 ; A. Zévaès, *op. cit.*, pp. 69-108, 115-125. それぞれの選挙結果については、中木、前掲書、二四二―二四四・二五三―二五四頁、参照。

(5) Jacques Kayser, *Les Grandes batailles du radicalisme 1820-1901*, Marcel Rivière, 1961, pp. 105-111.

(6) 中木、前掲書、二四七―二六三頁。Brian Jenkins, *Nationalism in France : Class and Nation since 1789*, Routledge, pp. 77-80 ; Roger Magraw, *France 1815-1914 : The Bourgeois Century*, Fontana Press, 1983, pp. 209-245 ; O. Rudelle, *op. cit.*, pp. 70-92 ; Azéma et Winock, *op. cit.*, pp. 125-145 ; J. J. Chevallier, *op. cit.*, pp. 316-365.

(7) O. Rudelle, *op. cit.*, pp. 92-101 ; J. Chastenet, *Histoire de la Troisième République, vol. II : La République des républicains 1879-1893*, Librairie Hachette, 1954, pp. 134-135 ; J. J. Chevallier, *op. cit.*, pp. 347-349 ; J. Kayser, *op. cit.*, pp. 124-126 ; Jean

Dietz, "Jules Ferry : La révision de la Constitution et le scrutin de liste, I," *Revue politique et parlementaire*, 166, 10 mars 1936, pp. 523-527.

(8) W. D. Irvine, *op. cit.*, pp. 24-27 ; André Daniel, *L'Année politique*, 12 (1885) Charpentier, 1886-1890, pp. 180-194.

(9) O. Rudelle, *op. cit.*, pp. 107-116 ; J. Chastenet, *op. cit.*, vol. II, pp. 164-168 ; A. Zévaès, *op. cit.*, pp. 153-156 ; François Goguel, *La Politique des partis sous la République*, Éditions du Seuil, 1946, pp. 56-60.

(10) O. Rudelle, *op. cit.*, pp. 121-141 ; J. Chastenet, *op. cit.*, vol. II, p. 175 ; A. Zévaès, *op. cit.*, pp. 153-156. 右翼の勝因は主としてその戦術の迎合的な巧さにあった。F. H. Seager, *op. cit.*, p. 19.

(11) Jules Simon, "The General Election in France," *The Contemporary Review*, 68, November 1885, pp. 612-613.

(12) O. Rudelle, *op. cit.*, pp. 141-155 ; J. Chastenet, *op. cit.*, vol. II, p. 176. 選挙結果については、中木、前掲書、一六八頁、参照。

(13) O. Rudelle, *op. cit.*, p. 157 ; J. -J. Chevallier, *op. cit.*, p. 398 ; Gabriel Monod, "The Political Situation in France, I. 1789-1889," *The Contemporary Review*, 55, April 1889, p. 484.

(14) ブーランジェの生い立ちと陸相になる前の経歴については、A. Dansette, *op. cit.*, pp. 19-31. が詳しい。

(15) W. D. Irvine, *op. cit.*, p. 34 ; F. H. Seager, *op. cit.*, p. 25.

(16) W. D. Irvine, *op. cit.*, p. 40 ; J. Chastenet, *op. cit.*, vol. II, p. 180 ; A. Zévaès, *op. cit.*, pp. 160-161 ; A. Daniel, *op. cit.*, 13, 1886, pp. 100-106.

(17) *Ibid.*, pp. 168-170 ; O. Rudelle, *op. cit.*, pp. 168-173 ; W. D. Irvine, *op. cit.*, p. 40.

(18) O. Rudelle, *op. cit.*, pp. 177-179 ; W. D. Irvine, *op. cit.*, pp. 41-42.

(19) J. Chastenet, *op. cit.*, vol. II, p. 183 ; René Goblet, "Souvenirs de ma vie politique," *Revue politique et parlementaire*, 141, 10 octobre 1929, pp. 8-16. ゴブレ内閣は「フレシネなきフレシネ内閣」と呼ばれた。J. -J. Chevallier, *op. cit.*, p. 368.

(20) *Ibid.*, p. 369.

(21) J. Chastenet, *op. cit.*, vol. II, p. 187 ; Jules Ferry, *Letters 1846-1893*, Calmann-Lévy, 1914, pp. 407, 417, 430.

(22) O. Rudelle, *op. cit.*, pp. 180-182 ; W. D. Irvine, *op. cit.*, p. 42-43 ; J. Chastenet, *op. cit.*, vol. II, p. 190 ; Charles de Mazade, "Chronique de la quinzaine," *Revue des Deux Mondes*, 79, Livraison du 1er février 1887, p. 715.

(23) この民衆デモにおいて愛国者同盟の活動は卓越していた。Z. Sternhell, *La Droite révolutionnaire*, cit., p. 98.

(24) J. Chastenet, *op. cit.*, vol. II, p. 191 ; A. Dansette, *op. cit.*, pp. 94-100. ドマンジュによれば次のような歌であった。「太鼓が鳴るとき彼は戻ってくる／外国人が国境を脅かすときだ／彼はそこにいて誰もが彼について行く／彼はフランス全土を従える」M. Domange, *op. cit.*, p. 375.

(25) 中木、前掲書、一一一頁。

(26) Alfred Naquet, *Socialisme collectiviste et socialisme libéral*, Éditions Dentu, 1890, pp. 183-202 ; Francis Laur, *De l'Accaparement*, Société Anonyme des Publications Scientifiques et Industrielles, 1900, pp. 285-295 ; P. H. Hutton, "Popular Boulangism and the Advent of Mass Politics in France 1886-90", *op. cit.*, pp. 87-88.

(27) F. H. Seager, *op. cit.*, pp. 27-34 ; A. Dansette, *op. cit.*, pp. 38-45.

(28) W. D. Irvine, *op. cit.*, pp. 35-36.

(29) この閲兵式の直後パリ中が「閲兵式から戻りつつ」という歌を口ずさんだという。A. Zévaès, *op. cit.*, p. 162.

(30) J. Kayser, *op. cit.*, pp. 318-320. ガンベッタはベルヴィル綱領の後に「新社会層」(une couche sociale nouvelle)を担い手とする新しい民主主義の到来を論じているが、このことは「階層」という言葉は「私は決して使わない不快な言葉である階級ではない」と言っていることから明らかなように、階級的観点をとることの拒絶も意味した。クレマンソーもまた、「民主主義だけが市民を完全なものにできるのであり、連帯という共通の努力のなかですべての市民を和解させるという重大な役割は、民主主義にのみ属す」と述べ、政治的問題の解決に集中していた。急進主義イデオロギーに関するジェンキンスの次の言は正鵠を射ている。「実践上、急進主義は資本主義秩序の基礎をなすエートスに同調していた。それのイデオロギーは集合主義的ではなく個人主義的であり、それの中間階級と農民の顧客は私的所有の原則に強く結びついていた。誠実と言えるのかどうかは別として、それの社会改良主義はそれの支配的な政治哲学や選挙基盤に符合したものになってはいなかった」。R. Magraw, *op., cit.*, p. 212 ; David Thomson, *Democracy in France : The Third and Fourth Republics*, Second Edition, Oxford University Press, 1952, p. 131 ; Brian Jenkins, *Nationalism in France : Class and Nation scince 1789*, Routledge, 1990, pp. 80-81.

(31) 中木、前掲書、一一一頁。

(32) D. Thomson, *op. cit.*, p. 154 ; W. D. Irvine, *op. cit.*, pp. 36-37. ビスマルクにとってブーランジェが格好の「道具」であること

をフェリーは見通していた。J. Ferry, *op. cit.*, p. 427.

(33)　Ch. de Mazade, "Chronique de la quinzaine," *Revue des Deux Mondes*, 79, Livraison du 15 février 1887, pp. 962-965.

(34)　F. H. Seager, *op. cit.*, pp. 57-61 ; J. Chastenet, *op. cit.*, vol. II, pp. 186-187.

(35)　G. Monod, "Contemporary Life and Thought in France," *The Contemporary Review*, 52, September 1887, pp. 430-431 ; W. D. Irvine, *op. cit.*, p. 37 ; A. Zévaès, *op. cit.*, pp. 168-169 ; J. Kayser, *op. cit.*, pp. 158-159.

(36)　Azéma et Winock, *op. cit.*, pp. 180-187.

(37)　Evelyn Martha Acomb, *The French Laic Laws 1879-1889 : The First Anti-Clerical Campaign of the Third French Republic*, Octagon Books, 1967, pp. 94-95.

(38)　一八八一年にフランス革命百年式典の準備をする委員会が設立され、『フランス革命』(La Révolution française)という雑誌を刊行したが、一八八七年にその指導者となったのがオーラールであった。彼はまた、その前年にソルボンヌに設けられた大革命史の講座も担当していた。Claude Nicolet, *L'Idée républicaine en France : Essai d'histoire critique*, Gallimard, 1982, p. 96.

(39)　Suzanne Citron, *Le Mythe national : L'Histoire de France en question*, Éditions Ouvrières, 1989, p. 23.

(40)　このテキストは一八八四年に出版され、一八九五年には七五版を数えた。ラヴィスは一九二四年に死ぬまで改訂を続けた。*Ibid.*, pp. 28-29.

(41)　Mona Ozouf, *L'Ecole de la France : Essais sur la Révolution, l'utopie et l'enseignement*, Gallimard, 1984, pp. 185-213.

(42)　B. Jenkins, *op. cit.*, pp. 83-86.

(43)　J. Kayser, *op. cit.*, pp. 128-129.

(44)　*Ibid.*, pp. 201-202 ; B. Jenkins, *op. cit.*, pp. 89-90.

(45)　G. Monod, "The Political Situation in France, I, 1789-1889," *op. cit.*, p. 484 ; P. G. Hamerton, "The Political Situation in France, II, The Immediate Future," *The Contemporary Review*, 55, April 1889, p. 501.

(46)　J.-J. Chevallier, *op. cit.*, p. 379. 以下の著作にも同様の指摘がある。André Siegfried, *Tableau politique de la France de l'ouest sous la Troisième République 1871-1938*, Librairie Armand Colin, 1913, pp. 485-486 ; Albert Soboul, "L'An deux," *Le Mouvement social*, 79, avril-juin 1972, pp. 16-22.

(47) P. H. Hutton, "Popular Boulangism and the Advent of Mass Politics in France 1886-90," *op. cit.*, p. 87.
(48) D. Thomson, *op. cit.*, pp. 154-155.

第二節　ブーランジスムの台頭

保守派とオポルテュニストとの協同によって成立したルーヴィエ内閣は、暫くは順調であった。しかし、一八八七年秋にウィルソン事件という大スキャンダルを経験することになる。その年の一〇月、ブーランジェが抜擢したカファレルという将校に対し、武器調達に関して不正行為を働いたという嫌疑がかけられ、それを調べるうちに背後にリムーザンという女性の存在が浮かび上がった。彼女を探索すると、今度はグレヴィ大統領の女婿で代議士のダニエル・ウィルソンが、彼女を仲介にして売勲していたという事実が露呈した。議会は事件の全容を明らかにするために、急進派の提案によりさっそく調査委員会をつくった。右翼と左翼は世論の高まりを背景に初めて連帯し、グレヴィ大統領に強く辞任を迫った。両者は一一月一九日にルーヴィエ内閣を辞職させた後、新内閣の組閣を拒むという手段をとり、グレヴィ大統領は一二月二日に辞任した。(1) ルーヴィエ内閣の倒壊により、保守派とオポルテュニストの同盟も終った。これによって急進派は、再び政府に参入する機会を得た。オポルテュニストはフェリーを大統領候補にたて、右翼と和解する方針をとったが、右翼にその気はなかった。急進派が候補にたてたのはシャルル・フロケであった。フェリーに反対するパリの民衆が暴動を起すなか、(2) 結局オポルテュニストのサディ・カルノが急進派の妥協によって一二月三日に選出された。カルノは首相に親友のピエール・ティラールを選び、オポルテュニスト内閣が組閣された。かくして急進派のあてにならない支持しか期待できない不安定な政府が成立した。(3)

いかなる政権上の責任からも解放された保守派は以後、体制問題を正面に出して政府攻撃に移ることになる。その下地はすでにルーヴィエ内閣の時代にできていた。非妥協的な王党主義者はオポルテュニスト政府との同盟に原則的立場から反対していたし、また、同盟が国内外の平和を保証する間に君主制の見込みが薄れていくという不安が根強くあった。さらに重大なのは、一八八七年九月にパリ伯がロンドンから宣言を発表し、政策提言を行ったことである。[4]多くの提言のなかでとくに重要なのは、体制変革についてである。パリ伯は君主制のみがフランスに永久的な平和をもたらすことができるとしたうえで、体制変革は暴力革命によってではなく、完全に平和的かつ合法的手段による、つまり普通選挙による国民の合意の下で行うことが可能であるとした。この合意形成手段とは立憲議会か人民投票のどちらかであり、彼は後者をもっとも適切であるとした。人民投票は議会体制の否定を前提とするので、パリ伯は、彼自身が補佐して君主制回復の媒体として成立させた第三共和制に背くという「逆説」を説いたことになった。

こうした提言に対する保守主義者の反応は非難から賛同までさまざまであった。[5]当のオルレアニストは、パリ伯がなぜ一八五二年帝国憲法の焼き直しを持ち出したのかを訝しんでいたが、一般的に言って、同盟しているオポルテュニストとの関係を壊してまで体制打倒を企てる必要はないと考えていた。しかし、ルーヴィエ内閣倒壊後にこうした配慮はなくなった。その二日後の一一月二一日にボナパルティストのユージン・ジョリブワが憲法改正をめざす動議を出したとき、保守派代議士の大半が支持した。そこにはパリ伯の宣言が反映されていた。右翼が体制攻撃に移ったとき、左翼もまたそうなっていた。急進派は政府に参加している間は改正問題にふれないでいたが、ルーヴィエ内閣から排除されてからは再び取り上げるようになっていた。ジョリブワに続いて、極左のアンリ・ミシュランも同じ日に改正の動議をだした。ミシュランは八六年一二月にも改正動議をだしていたが、そのときは左翼の多くに反対されていた。しかし、今度は左翼全部の支持を受けた。[6]その後急進派はティラール内閣成立に協力したが、改正の要求が消えたわけではなかった。ブーランジェが登場する舞台がこれで整った。

中央の政治舞台が平穏から体制攻撃へと移行している間、クレルモンに赴任したブーランジェは、再び陸相の地位を取り戻すために内密に策謀を巡らせ、後のブーランジスム運動の中核を担う様々な人物と会合を重ねていた。こうした人物のなかには、アルフレッド・ナケ、シャルル＝アンジュ・レサン、ジョルジュ・ラゲール、ミシュラン、フランシス・ロールといったジャコバン的急進左派の代議士[7]、さらに実業家のディヨン伯、ボナパルティストのジョルジュ・ティエボー、愛国者同盟のポール・デルレードなどがいる[8]。ブーランジェはオルレアン派指導者のオマール公やガンベッタに手紙を書き続け、ティエボーの手引きでジェローム・ナポレオン大公にも会っている[9]。

一八八八年にブーランジェの政治的冒険が始まった。将軍はティエボーの勧めで、この年の二月二六日に行われる七県の補欠選挙に登場した。ブーランジェの名を記した投票用紙が配られ、有権者は第一次投票でそれを投じ、第二次投票で他の候補に投票するように頼まれた。この方法を画策し、すべての作業の手配をしたのはティエボーであり、他の仲間もとくに財政面で支援した[10]。もっとも、この方法そのものは、前年五月二二日のセーヌ県補選において、ブーランジェ解任への抵抗を表現するために極左のロシュフォールによって用いられたことがあった。軍人は立候補できない規則があるので、ブーランジェは表立って運動することはなかったし、また彼が代議士になる目的をもっていなかったことは確かである。有権者に配られたビラには、「将軍に投票しても、実際にはどの候補の妨げにもならない。これは国民集中 (la concentration nationale) を準備する投票である」と書かれていた[11]。おそらくティエボーは、国民感情を覚醒させてビスマルクに立ち向かう新しいナポレオンを生み出そうと考えていただろうが、ブーランジェは陸相解任に対する抵抗を愛国主義の高揚というかたちで表現したかっただけだと思われる。ただし二人の考えを包括する「国民集中」という曖昧な理念は、その後もブーランジスムのなかで繰り返し用いられることになる。選挙結果は七地区のうち六地区で最下位だったが、全部で約五万五〇〇〇票集まり、これは有効投票数の約一一・七％であった[12]。

こうしたブーランジェの行動に対し、その政治活動を内密に探索していた陸相フェロン将軍は、表向きはパリへの許可なき三度の旅行をしたという理由で、彼を三月一五日に現役勤務から外すことを発表した。この通知を受けたブーランジェはパリで会合を開き、出席した仲間は三月一六日に「国民抵抗共和主義委員会」(la Comité républicain de Protestation nationale)を形成したことを発表した。[13] 委員会の目的は、ブーランジェ将軍を代議士にすることではなく、「祖国の感情に鼓吹されない政府に対する抵抗手段」として、将軍の補選立候補を援助することにあるとされた。[14] 総裁はナケであり、委員会成員の多くは極左に属す代議士だった。彼らはブーランジェが出現する以前に、何らかのかたちで民衆主義的な社会改良に関与した経験を持っていた。また、彼らは左翼の縁に位置するジャコバン主義者であり、現実の政治権力の分け前に与ってはいなかった。ブーランジェの解任以後、とくに急進派に対するオポルテュニストの締めつけは厳しくなっていたので、彼らが議会で影響力を行使することは事実上極めて困難だった。委員会が左翼に属することは明らかであるが、しかし、採用された戦術はティエボーの人民投票手段であった。このことは、「権威主義的・反議会主義的民主主義の精神は、ボナパルティスムというかたちをとらなくとも展開しうる」[15] ことを示していると言えよう。

委員会の最初の活動機会は早速やってきた。一八八八年三月二五日にエヌ県とブーシュ＝デュ＝ローヌ県で補選が行われることになった。エヌ県において、委員会は共和主義候補に反対しているのではなく、第一次投票の後に選挙から下りると言明した。委員会はいくつかの新聞と愛国者同盟の支援、そしてパリ伯に幻滅したユゼス公爵夫人からの財政支援により、[16] 活発な選挙運動を展開できた。委員会はブーランジェに対する処罰を恐れ、三月二一日に両方の地区での立候補を取り下げたものの、運動は継続した。愛国者同盟はビラ配りを続け、ブーランジェの肖像画やメダル、そしてブーランジェ支持の新聞が盛んに売られた。[17] エヌ県での第一次投票において、ブーランジェは有効投票数の約四三％を獲得して第一位になった。エヌ県は普仏戦争の戦場となったところであり、オポルテュニストが弱く、急進派と保守派が強いうえに都市部では社会主義も勢力を増していた。したがって、そこでの大勝利は様々な型の有権者から幅広く支持を集めたことを意味した。しかし、ブーシュ＝デュ＝ローヌ県では大敗し、一・四％しか獲得できなかった。そこでの三月二五日の選挙は第二次であり立候補の表明から数日後に下りたこと、有名な元コミュナードのフェリックス・ピアが出馬していたことなどが敗因であった。[18]

三月二六日にブーランジェ将軍は政治活動の理由で陸軍から解雇された。彼はすぐに四月一五日にノール県で行われる補選に立候補し、続いて四月八日にドルドーニュ県とオード県で行われる補選に立候補した。ブーランジェも委員会も関心はノール県にあったので、ドルドーニュ県とオード県に立候補する意志はなかった。この立候補を説き伏せ選挙を推し進めたのは、すべての選挙でブーランジェに票を取らせる戦略に拘ったティエボーであった。双方の選挙区とも一八八五年の選挙では共和派が独占していたが、オード県のほうが共和派の基盤がしっかりしていた。それに加えてドルドーニュ県では、ティエボーの画策により、そこで大勢力を形成しているボナパルティストの強力な支持を受けることができた。双方の選挙区の争点は結局のところ、従来の共和制への忠誠を取り消すか、それともブーランジェに別の共和制構築を託すのを拒絶するかという否定的な問題に収斂し、ドルドーニュ県は前者を選択したのでブーランジェは圧勝し、オード県は後者を選択したのでブーランジェは大敗した。[19]

ドルドーニュ県補選後、ブーランジェはノール県補選に備えてすぐに職を辞退した。保守派はブーランジェの出馬をみて候補を出さなかった。ノール県で保守派を支配していたオルレアニストは、今後保守派がブーランジストと共闘するためのテスト事例として、ノール県補選を位置づけたからである。ブーランジェの対立候補はオポルテュニストのポール・フーカルと急進派のエミール・モローであった。フーカルの唯一の選挙主張はブーランジェ攻撃であり、現状を変革しようとする姿勢はなかった。急進派は慣習によって自党候補を出さないことになっていたが、フーカルの保守性に憤慨してモローを候補にたてた。しかし、それは選挙三日前だった。共和派二候補の失態、オルレアニストの多額の献金に基づく豊かな選挙資金、[20]保守派選挙民と有力保守系新聞の支持により、ブーランジェは圧勝した。

ブーランジェの勝利が保守派の票に多くを負っていたことは確かであるが、しかしそれだけではなかった。ブーランジェの得票が一八八五年選挙の保守票よりも多かった地域は圧倒的に都市部であり、このことは急進派の基盤である産業労働者階層がブーランジェを支持したことを意味するだろう。[21] 都市部におけるブーランジェ支持は、程度の差こそあれこれまでの補選のどれにも共通した傾向であった。

三つの補選はブーランジスムの新たな段階を画した。第一に、ブーランジェはノール県における選挙宣言において「憲法改正」を掲げた。[22] これによってブーランジスムは抗議の域を越え、新体制形成という明確な政治目標をもつ運動へと移行した。軍隊からの解雇によって自由に公職を追求できるようになったこと、国民の愛国的統合に向けて現体制に不満な者をすべて糾合しようとしたことが、その理由であったと思われる。ところでブーランジェの憲法改正の理念は、この時点においても、またこれ以後においてもナケに依拠していた。「進歩的共和主義者」を自称するナケはジャコバン左派の立場から、国民意志を表現するための普通選挙と一院制立法府に絶対的な信念をもっていたが、一八八三年の『憲法問題』からアメリカの成功に深く感銘し、完全な権力分立と強力な執行部を主張するようになる。[23] このようなナケの考えは当時のフランスでは圧倒的に少数派であり、ブーランジストのなかでも、執行部の立法部への完全な従属を主張するミシュランのような正統ジャコバン派との間に、一定の緊張関係を保ち続けることになる。ブーランジェの憲法改正の提言が最後まで曖昧であった理由の一つはここにあった。

第二に、ドルドーニュ県補選における勝利により、ボナパルティストの支持を獲得できた。選挙前にボナパルティスト指導者ポール・ド・カサニャックはブーランジェを完全に左翼とみなしていたので、ボナパルティストにはまったく役立たないと考えていた。しかし、ドルドーニュ県の選挙では、ジェロミニストを始めあらゆる種類のボナパルティストの下層がブーランジェを支持した。彼らは継承者に幻滅し、内部闘争に嫌気がさしていた。そこでカサニャックは、ボナパルティストを糾合するためにもブーランジェが必要であると結論を下した。[24]

第三に、ノール県補選の勝利はオルレアニストの完全な支持をもたらした。パリ伯が宣言を出したとき、それは議会的手段ではなく人民投票的手段を提案していたが、その手段が現体制の枠内で具体的に組織される方法に関しては何も言っていなかった。また、漸減する保守勢力の現状からすれば、人民投票でオルレアニストが絶対多数を獲得できるとも思えなかった。ブーランジェの運動はパリ伯の宣言に関する疑問に答を出した。ブーランジェがもつ左翼の不満票を取り込めば君主制復活は可能であった。ブーランジストにしても、左翼票に右翼票を加えれば絶対多数になると当然考えていたろう。ブーランジェが「憲法改正」を掲げたことで、ブーランジストとオルレアニストとは少なくとも体制変革という点で一致した。そしてノール県補選勝利は双方の思惑に実現性を与えた。パリ伯はノール県補選の提携について事前に知らなかったようだが、選挙後にブーランジスムへの歩み寄りを承認し、ブーランジェが出馬する補選では今後いかなる保守系候補も出さないことをディヨン伯との間で合意した。四月二四日にパリ伯は声明を出し、憲法改正運動は君主制回復に向かうと予測した。[25] この時点で右翼がブーランジスムに公然と参加することは決してなかったが、その内密の支持がブーランジスムを強力に支えたことは確かである。

以上の新しい立場を踏まえ、「国民抵抗共和主義委員会」はノール県での勝利の直後に「国民共和主義委員会」(la Comité républicain national) と名を改めた。[26] 今度は総裁にブーランジェがなったが、実際の運営は副総裁のナケに任された。国民抵抗共和主義委員会は不満極左議員のルーズな集まりの域を出なかったが、今度の委員会は一八八九年秋に予定される総選挙に照準を合わせた本格的な組織であった。この目的のもとに、委員会は集会・会合・デモの組織、ビラやパンフレットの作成と配布といった手段によって運動を進める他に、地方委員会の結成や既成組織のブーランジスム化を手助けして運動の地域的拡大をめざした。

こうした運動の組織化において、愛国者同盟のはたした役割は大きかった。愛国者同盟は一八八二年にフランスの若者に愛国的誇りを教え込むことを目的として設立されたフランスで最古の同盟であり、デルレードの指導の下で中央集権的な全国組織と厳格な党規律を確立し、ブーランジスムには初期の頃から公然と参加していた。それは集会やデモを先導するとともに、地方委員会の形成においてはそれの国民大の組織網を利用して連絡を受け持った。[27] こうしてできた地方組織には、「共和主義行動同盟」「憲法改正共和主義連盟」「セーヌ県社会主義共和連盟」「セーヌ県共和主義愛国者連合」「普通選挙擁護委員会」などがある。これらの組織は中央集権的に系列化されていたわけではなく、運動の自発性を強調するために理論上はそれぞれが独立した組織となっていた。また、組織づくりに際しては、ブーランジスム組織であることをあからさまに示さない名称を用いて、ブーランジェ個人ではなく改正という大義に注目させようとしていた。かくしてフランスで初めての近代的な大衆運動が成立した。

（１）O. Rudelle, *op. cit.*, pp. 187-190 ; J. Chastenet, *op. cit.*, vol. II, pp. 193-196 ; A. Zévaès, *op. cit.*, pp. 170-174. カファレルの処罰はリムーザンという高級娼婦から押収された手紙に基づいていたが、リムーザンがブーランジェとの会見を語ったことからブーランジェへも疑いがかけられた。怒ったブーランジェは抗議したが、彼の陸相としての評判を貶めようとしていたフェロン陸相は、この機を逃さずにブーランジェを罰し保守派から称賛された。F. H. Seager, *op. cit.*, pp. 84-86.

（２）愛国者同盟の街頭暴力の効果はこのときに明白に証明された。Z. Sternhell, *La Droite révolutionnaire*, cit., pp. 98-99 ; S. Englund, *op. cit.*, pp. 422-432.

（３）O. Rudelle, *op. cit.*, pp. 191-192 ; J. -J. Chevallier, *op. cit.*, p. 371 ; J. Chastenet, *op. cit.*, vol. 2, pp. 196-197 ; J. Kayser, *op. cit.*, pp. 160-163.

（４）W. D. Irvine, *op. cit.*, pp. 42-46 ; J. -J. Chevallier, *op. cit.*, pp. 370-371.

（５）正統王朝派は、君主制にはいかなる民主的正統化も必要ないとしていたので、王党主義の放棄として非難した。非妥協的なボナパルティストは自分らの綱領を盗んだと非難したが、王党派との和解を望むカサニャックのようなソリュショニストは歓迎した。W. D. Irvine, *op. cit.*, pp. 46-47 ; F. H. Seager, *op. cit.*, pp. 81-82.

（６）O. Rudelle, *op. cit.*, p. 190 ; F. H. Seager, *op. cit.*, pp. 89-90.

（７）ナケは第二帝制期に共和派の闘士として活躍し、一五ヵ月間投獄された経験をもつ。一八七一年に急進派から議会に選出され、上院創設に反対し、累進課税、コミュナードの恩赦、労働組織権を支持した。七六年と八一年にも選出されたが、上院に立候補するために八三年に辞退した。上院では彼の作成した自由離婚法の成立をめざした。保守的な上院では唯一のブーランジストであった。レサンはナケの次に年長で、理工科学校出身の数学者であった。普仏戦争のときに工兵大尉として従軍し、レジオン・ドヌール勲章を受勲している。七五年に下院に選出されて軍役削減案を提案し、八一年・八五年にも選出されている。ブーランジェの左遷の直後に「ブーランジスト」を宣言するパンフを配っているが、それがその語のもっとも早期の使用例である。ラゲールは委員会の最年少成員で、八八年には三〇歳にすぎなかった。革命家の擁護を専門とする弁護士で、社会主義者のルイ・ブランの秘書を務めたこともある。クレマンソーの雑誌『正義』の法律専門家として、八二年のスト労働者を支持する論説で名声をかちとる。八三年にナケ辞任後の補選で下院に入り、八五年にも選ばれている。ミシュランはパリ第七区の区長と市評議会議長を務めた後に八五年に急進派の下院議員になった。大革命の主たる欠陥は貴族を皆ギロチンにかけなかったことだと議会で演説し、右翼を震撼させたことがあるほど過激な闘士である。ロールは鉱山技師の経歴をもつ協同主義的社会主義の主唱者で、下院議員になった後は一連の鉱山労働改良案を議会で提案していた。デカゼビル・ストのときブーランジェとストライカーとの間で仲介的役割をはたした。Adolphe Robert, Edgar Bourloton et Gaston Cougny, *Dictionnaire des parlementaires français*, Bourloton, 1890, vol. III, pp. 540-541, 585, 626-627, vol. IV, pp. 368, 480-481.

（8）ディヨン伯はブーランジェのサン＝シール陸軍士官学校時代の同級生であり、その貴族的血統は確かではない。一八七八年にフランス＝アメリカ電信会社の会長になり、アメリカの宣伝技術に精通していたので、その知識をもとにブーランジェ宣伝の近代化を進めた。彼の政治的信念は定かではなく、王党派だったかどうかも不明である。ティエボーはアルデンヌ県のジャーナリストであり、ジェローム派の成員である。八五年選挙に立候補したが落選している。彼はボナパルティスムの継承者に不満であったので、新しいナポレオンを求めていた。F. H. Seager, *op. cit.*, pp. 78-79; O. Rudelle, *op. cit.*, pp. 197-198; Charles Joly, "Un Nouveau Diogène: M. Georges Thiébaud," *La Nouvelle Revue*, 57, 15 mars 1889. デルレードについては、西海太郎『フランス第三共和政史研究――パリ＝コミューンから反戦＝反ファシズム運動まで』(中央大学出版部、一九八三年)、二八七頁、参照。

（9）O. Rudelle, *op. cit.*, pp. 196-197; J. Chastenet, *op. cit.*, vol. II, p. 199.

（10）O. Rudelle, *op. cit.*, p. 198; F. H. Seager, *op. cit.*, pp. 92-98.

(11) O. Rudelle, *op. cit.*, p. 199.

(12) 選挙結果については表1を参照。なお、諸選挙の投票結果は史家によって若干異なっており、本稿では主にシーガーの研究に依拠した。

(13) O. Rudelle, *op. cit.*, p. 203; J. Chastenet, *op. cit.*, vol. II, p. 202; J. Kayser, *op. cit.*, p. 164.

(14) F. H. Seager, *op. cit.*, p. 99.

(15) A. Siegfried, *op. cit.*, p. 485.

(16) ユゼス公爵夫人からの献金額は二万五〇〇〇フランだった。F. H. Seager, *op. cit.*, p. 108; W. D. Irvine, *op. cit.*, p. 79. ちなみに当時の選挙資金は共和派候補で約八〇〇〇フランで、王党派候補はそれより少なかった。John Edward Courtenay Bodley, *France*, Macmillan, 1902, p. 376.

(17) 三月一三日にブーランジストを自称する『ラ・コカルド』が登場する。この新聞への民衆の反応は熱狂的であり、発売初日に一五万部売れた。結局五万部から五万五〇〇〇部の安定した売れ行きを示した。F. H. Seager, *op. cit.*, p. 104.

(18) 選挙結果については表1を参照。

(19) O. Rudelle, *op. cit.*, pp. 210–212; W. D. Irvine, *op. cit.*, p. 79. 選挙結果については表1を参照。

(20) 総額は二〇万フランだった。F. H. Seager, *op. cit.*, p. 123.

(21) J. Néré, "Les Elections Boulanger dans le département du Nord," *op. cit.*, pp. 95–96. 選挙結果については表1を参照。

(22) この宣言はブーランジェが初めて署名したものであり、次のような文で終っている。「議会の無能に対してはたった一つの処方箋しかない。すなわち、議会解散、憲法改正である。フランス万歳。共和制万歳」。*La Cocarde*, 31 mars 1888.

(23) A. Naquet, *La République radicale*, Librairie Germer-Baillière, 1873; idem, *Questions constitutionnelles*, Éditions Dentu, 1883.

(24) F. H. Seager, *op. cit.*, pp. 119–121.

(25) *Ibid.*, pp. 132–133; W. D. Irvine, *op. cit.*, pp. 86–88.

(26) J. Kayser, *op. cit.*, p. 164.

(27) P. M. Rutkoff, "The Ligue des Patriotes," *op. cit.*, p. 586; Z. Sternhell, "Paul Déroulède and the Origines of Modern French Nationalism," *op. cit.*, pp. 56–59.

表1　ブーランジスム関係補選結果(1)

1888年2月26日

〈オートザルプ県〉	
オポルテュニスト	12,617(52.9%)
急進主義者	11,094(46.5%)
ブーランジェ	126(0.5%)

〈コート=ドール県〉	
急進主義者	33,691(48.5%)
オポルテュニスト	26,251(37.8%)
ブーランジェ	9,487(13.7%)

〈ロワール県〉	
オポルテュニスト	42,752(43.1%)
オポルテュニスト	42,421(42.7%)
ブーランジェ	14,083(14.2%)

〈メーヌ=エ=ロワール県〉	
保守主義者	61,782(59.8%)
オポルテュニスト	29,542(28.6%)
ブーランジェ	12,015(11.6%)

〈オート=マルヌ県〉	
急進主義者	23,344(41.8%)
オポルテュニスト	16,231(29.1%)
保守主義者	6,581(11.8%)
保守主義者	4,910(8.8%)
保守主義者	3,234(5.8%)
ブーランジェ	945(1.7%)
オポルテュニスト	543(1.0%)

〈ロワレ県〉	
オポルテュニスト	41,625(27.1%)
急進主義者	40,773(26.5%)
保守主義者	33,985(22.1%)
保守主義者	32,778(21.3%)
ブーランジェ	4,663(3.0%)

〈マルヌ県〉	
オポルテュニスト	48,018(74.7%)
ブーランジェ	16,240(25.3%)

1888年3月25日

〈エヌ県〉	
ブーランジェ	45,125(43.5%)
急進主義者	26,933(25.9%)
保守主義者	24,753(23.8%)
オポルテュニスト	4,576(4.4%)
不明(ラングラン)	2,411(2.3%)

〈ブーシュ=デュ=ローヌ県・第二回投票〉	
急進主義者	40,273(51.9%)
保守主義者	23,719(30.6%)
オポルテュニスト	12,496(16.1%)
ブーランジェ	1,071(1.4%)

1888年4月8日

〈ドルドーニュ県〉	
ブーランジェ	59,555(62.5%)
急進主義者	35,759(37.5%)

〈オード県〉	
急進派	24,363(47.2%)
オポルテュニスト	18,767(36.4%)
ブーランジェ	8,440(16.4%)

1888年4月15日

〈ノール県〉	
ブーランジェ	172,853(66.9%)
オポルテュニスト	75,901(29.4%)
急進主義者	9,047(3.7%)

出典：F. H. Seager, *op. cit.*, pp. 94-95, 110-112, 119, 129. ブーランジェが第一回投票(1888年3月11日)後に出馬表明したブーシュ=デュ=ローヌ県補選以外は、すべて第一回投票の結果である。

第三節　ブーランジスムへの抵抗とその崩壊

ブーランジスムの急速な台頭は、中道や左翼の諸勢力にも強い衝撃を与えた。もっとも深刻な危機感を抱いたのは共和主義者であった。オポルテュニストは言うまでもなく、急進派も国民抵抗共和主義委員会が形成されたときに、すでにブーランジェの反議会的意図を読み取り、八八年三月一八日に五〇人の急進派代議士の連名による「政治への軍事の侵入」を非難する宣言を出している。[1] その後、ブーランジェが憲法改正宣言をすると、急進派は彼を支持する世論を自らに引き戻そうとして、三月三一日に議会に改正の動議を提出した。その結果、改正に反対したティラールが首相を辞任し、四月三日に改正を掲げる急進派のフロケが首相に就任したが、この動きは逆にブーランジスム運動を正当化する役割をはたしただけだったと思われる。[2] ブーランジェが補選で勝利し右翼との結託が明らかになり、国民共和主義委員会による一八八九年総選挙に向けた運動が公然化すると、共和派はブーランジスム阻止に全精力を傾注せざるをえなくなった。八八年五月二三日、急進派を中心にオポルテュニストやポシビリストの一部も加わって、クレマンソーを指導者とする反ブーランジェ組織「人と市民の権利の会」(la Société des droits de l'homme et du citoyen)が結成された。[3] その目的は、ブーランジスムから左翼支持者を引き離すために、現共和制の無能を糺し、それに大革命の精神に基づく改革を実行させることにあった。「権利の会」はブーランジェを右翼独裁者と非難するパンフレットを配布するなどの反ブーランジェ運動を展開するとともに、労働者の待遇改善に向けた研究・宣伝・提言・援助などの幅広い活動を展開した。しかし、この試みは結局のところ、極左の賛同を得られず、さらにオポルテュニストとポシビリストの離反を招いて失敗することになる。

社会主義者にもブーランジスムは多大な影響を及ぼした。一八八〇年代のフランス社会主義は多くの対立する諸派に分裂し、それぞれに民衆に接触する方法を探求していた。(4) この時期にブーランジェが大衆を掌握したことは、社会主義指導者の間に少なからぬ関心と動揺を引き起した。ブーランジズムにもっとも敵対したのはポシビリストであった。彼らは、一八八八年三月二五日にブーランジェが最初に成功した直後に、ブーランジェはナポレオン三世になると労働者に警告し、それ以降集会等を通してそれへの反対行動を続けた。ポシビリストは国政レベルよりも地域レベルに関心をもち、パリにおける社会サービスの改善や労働者の生活向上に活動を限定していたので、ブーランジズムを「ロマン主義的冒険」として切り捨てることができたと思われる。(5) しかし、そうした厳しい態度は例外的であった。マルクス主義者の間では意見は分かれていた。エンゲルスはブーランジェを右翼独裁者とみなし、その成功を「ボナパルティスムの一形態」と断定した。フランスでは指導者のジュール・ゲードが最初からブーランジズム運動を敵視していたが、党員のなかには大衆政治運動構築の観点からブーランジズムに共鳴する者が多く、ゲードが権威的・威圧的にブーランジズムへの関心や共鳴を黙殺しようとする態度を取ったために、党内部では緊張関係が続いた。(6) ブーランジェの民衆動員力に魅了されたマルクス主義者のなかで、もっとも有名なのはポール・ラファルグである。彼は最初、ブーランジェがオポルテュニストと急進派を混乱させたことに満足の意を表明しただけだったが、次第にブーランジェは危険ではなく「人民の友」であると考えるようになり、一八八八年三月選挙の後は「純粋に民衆主義的な運動」が革命への道を開くことを期待して連帯行動を示唆するようになった。公式の同盟が実現したのはボルドーだけであったが、他の諸都市でも少なからぬマルクス主義者がブーランジズム運動に参加した。(7) 結局、こうした動きのなかで、ゲードはますます教条主義的になり党拘束を強化する方向に進むことになった。

ブーランジズムの影響をもっとも受けたのはブランキストである。ブランキストは社会主義諸党派のなかではもっともジャコバン的価値を体現した集団であり、階級闘争よりも人民闘争を指向し、愛国的な人民民主主義をイデオロギーの核にしていた。また、ブランキストは都市における陰謀やクーデターを手段として民衆暴動を喚起する職業革命家集団として知られているが、一八八〇年恩赦の翌年に「中央革命委員会」(la Comité révolutionnaire central)を設立してからブーランジスムまでの間、彼らは従来のスタイルに限界を覚え始め、大衆政治の時代における革命を具体化する可能性を模索していた。したがって、ブランキストがブーランジェに対する民衆の熱狂に深い感銘を覚えたとしても不思議ではない。ブランキストはブーランジスム運動が広範な革命的動乱の前奏になるという希望をもって、すでに一八八八年春からロシュフォールの仲介でそれに参加していた。(8)

極左から右翼まで含めたブーランジェの人気は、ノール県補選で勝利した直後に絶頂に達した。しかし、その後暫くの展開は彼にとって不利なものだった。四月二九日に『ラ・コカルド』(La Cocarde)紙はブーランジェが四月二二日に行われるイゼール県とオート＝サヴォワ県の補選に立候補すると報じた。(9) しかし、そのためにはノール県選出の代議士の地位を捨てねばならず、それは選挙公約に違反するものであることは明らかだった。ブーランジェは沈黙をとおした。投票の結果、ブーランジェは第一次・第二次投票とも惨めな最下位であった。(10) 続いてシャラント県で空席が出たとき、ブーランジェはすぐに立候補を断り、代わりにシャラント県出身のデルレードを推薦した。(11) しかし、デルレードはたんなる戦争屋とみられており、多数派であるボナパルティストはデルレードを嫌って自党候補をたてた。結果はボナパルティスト候補が当選し、デルレードは第一次・第二次投票とも最下位だった。(12)

ブーランジェは六月四日に初めて議会に出席し、すぐに憲法改正法案を提出した。彼はオポルテュニストの失政を非難した後、民衆意志にのみ従い議会に責任を負わない執行部、上院の改革、ならびに重要問題の人民投票型決定方式を骨子とする新憲法の概要を説明した。しかし、それは執行部が一人なのか複数なのか、上院は廃止されるのか民主化されるのか、人民投票はどれほどの範囲でどのような形態で行われるのかについてかなり曖昧であった。極左と保守派以外はそれに反対し、否決された。(13) 七月一二日に二度目の登院をしたとき、ブーランジェは議会主義者が共和制を殺す前に新しい「国民共和制」が確立される必要があるとして、議会に大統領の解散権行使を促す投票を求めた。

フロケとの激しい議論のすえに否決され、ブーランジェは即座に辞職した。[14] 七月一四日に二人はディヨン伯の庭で決闘し、勇名を馳せた元陸相のブーランジェは、惨めにも弁護士と政治家の経歴しかないフロケに首を刺し貫かれて負けた。[15]

この屈辱にもかかわらず、ブーランジェは七月二二日のアルデシュ県補選にすぐに立候補した。[16] アルデシュ県は保守系選挙民が有力であり、しかも王党主義政党によるそれの組織化が進んでいる地区であったので、共和派の勝利は高い投票率に頼る以外になかったが、補選でそれを望むことは難しかった。保守派は協約により候補をたてなかったが、しかし、完全に共和制を否定する地方王党派委員会はブーランジェの議会演説を聞いて支援を拒否した。さらにフロケとの決闘に負けて病床にあったこと、立候補から投票まで一〇日もなかったことが重なり、ブーランジェは予想外の大敗北を喫した。[17]

ブーランジェは次に、八月一九日にノール、ソム、シャラント＝アンフェリュルの三県で同時に行われる補選すべてに立候補した。シャラント県でのボナパルティストの拒否、議会での稚拙な議論、決闘の敗北、アルデシュ県での王党派の拒否により、ブーランジェの人気は最下点に達していた。ブーランジスムは終ったと思われ、それをみた政府は補選の同時開催に何の危険も感じていなかった。ブーランジェは四月に勝利していたノール県にはあまり注意を払わず、ソム県とシャラント＝アンフェリュル県に集中して選挙運動を展開した。彼はその二地区で初めての遊説を試み、一〇日間をそれに費やした。ユゼス公爵夫人から莫大な選挙資金が送られたので、運動を充分に展開することが可能だった。ソム県では始めから右翼の支持を得ていたが、シャラント＝アンフェリュル県ではボナパルティストの支持を得たものの王党派の支持を取りつけることはできなかった。ブーランジェにとって幸運だったのは、双方の地区の対立候補があまり有力な候補でなかったことだった。ソム県で立候補したアシル・ベルノ、シャラント＝アンフェリュル県で立候補したジョセフ・レルの両オポルテュニストは、ともに積極的なプログラムをもたず、ブーランジェを独裁者として非難することに終始した。ブーランジェは折りからのストライキを利用して労働者の支持を得たものの、経済問題には一切ふれずに議会腐敗と国家防衛と新共和国の建設のみを語った[18]。ノール県では空席が二つあったので、委員会はデルレードの先例に鑑みて、保守派に敵対しない無名の穏健共和主義者ケシュラン゠シュワルツを選んだ。対立候補はオポルテュニストのデスムーティエと急進派のモローの共和派連合であった。二人候補のために、ブーランジストは憲法改正問題に、共和派は共和制擁護に争点を限定せざるをえなかった。選挙の結果、ブーランジェは三地区すべてで勝利した[19]。この勝利によりブーランジスムは甦り、それとともに王党派との同盟関係も復活した。そしてパリ伯が認めたように、この関係は今や公然のものとなった[20]。

ブーランジストの次の目標はパリであった。先の選挙で保守派との連合が再確認されたので、あとは左翼の選挙民をいかに糾合できるかが「国民集中」の成功の鍵を握っていた。それを証明する理想的な地区は、いうまでもなく帝制時代から共和主義理念が深く浸透しているセーヌ県である。この意味で、そこはブーランジスムにとって試金石となる舞台であり、それゆえにそこで勝つことが委員会の目標になっていた。国民共和主義委員会はありうる補選に備え、一八八八年秋頃からパリの地区レベルで分派を組織し、規則的に会合を開かせて世論の形成に努めた。一二月二三日にオーギュスト・ユードという急進派代議士が死亡してセーヌ県に空席が生まれたことは、大きなチャンスの到来を意味した。ブーランジェは一二月二五日に出馬表明し、来る一八八九年一月二七日の補選に備えた。潤沢な資金をもとに、選挙運動は激しさをきわめた。パリでは保守派は少数派であったので、その動向はさして重要ではなかった。それは公式には中立を保ったが、実際にはブーランジェ支持であり、ブーランジェと右翼との紐帯は維持された。危機感を抱いていた共和主義陣営は候補を一人に絞るとともに、パリの左傾化に配慮してオポルテュニストを選ばないことで合意した。最終的に「権利の会」はセーヌ県会議長のアンドレ・ジャックを選んだ。共和主義陣営は積極的なプログラムをもたずに、またもやブーランジェを唯一の争点にした。ブーランジェは圧勝した。その得票数は一八八五年選挙時の急進派ロシュフォールと保守派エドゥアール・エルベの票数の合計を越えていた。[21]

選挙の行われた一月二七日の晩のクーデター伝説についてはよく知られている。ブーランジェがその側近と勝利を祝っているレストランの周りに約一〇万人の群衆が集まり、そのなかから午後一〇時近くに「エリゼへ」の声が上がり、一時間もたたないうちにそれが津波のように轟きわたった。警察は完全にブーランジストであったので、あとは熱狂した群衆とともにエリゼ宮に行ってカルノ大統領を追い出せばよかった。彼の取り巻きもそれを勧めた。しかし、臆病風に吹かれたブーランジェは隣室にいる情婦の助言を求めた後、エリゼ宮に向かうことを取り止めた。この千載一遇の機会を逸したブーランジェはその後民衆の支持を失った、というものである。[22] しかし、フレデリック・H・シーガーによれば、確かに民衆の暴徒化はあったが、民衆やブーランジストがクーデターを望んでいたことを裏づける証拠はないし、またそれが流布したのは一八八九年総選挙でブーランジストが敗北した後のことであった。[23] ブーランジェやその仲間はクーデターや暴力革命ではなく、選挙という民主的手段による体制変革を望んでいたことは明らかである。一月二九日、ブーランジェは「セーヌ県の有権者へ」という次のような声明を発表している。

日曜日の見事な示威運動をみて、私は未だに深き感動にとらわれている。ひじょうに勇敢にも、議会連合に反対してすきのない縦隊をとって突き進んだ感嘆すべき人々に対して、私は感謝の意の表明を延期したくはない。議会連合を構成するのは、大胆にも共和制に後ろ盾を求めるすべての連中であり、彼らの失態、彼らの無能、彼らの陰謀が共和制を由々しき危険に晒してきたのだ。……

役人の廉直と普通選挙の真正に基づく国民共和主義政党がこれから設立される。前代未聞の狂乱のなかでそれに抵抗してきた議会は、もはや解散するしかない。議会はそれを免れることができないだろう。……

共和制は今後、善良な意志をもつすべてのフランス人に開かれる。……

フランス万歳！
共和制万歳！[24]

この声明はまた、その年の九月に行われる総選挙に向けた国民運動の出発点を意味した。今や共和主義政府にとって、この選挙でブーランジストが勝利することの阻止が急務となった。憲法改正をちらつかせたり人格攻撃をするといった以前の手段では効果がないのは明らかだったので、政府は思い切った抑圧的手段に訴えざるをえなかった。フロケ政府はセーヌ県補選後、選挙制度の改革に素早く着手した。一八八九年一月三一日フロケは小選挙区制復活を検討する特別委員会の設立を議会に要請し、委員会は二月五日に発足した。三日間で作成された選挙制度改革法案は二月九日には議会で報告され、翌々日に二六八対二二二で可決された。[25]法案は直ちに上院に送付されて、二月一三日には可決された。これほど法制化を急いだ理由は、議会の会期中におけるすべての補欠選挙を禁ずという条項を、できるだけ早く発効させるためであった。言うまでもなく、これはブーランジェの人民投票戦略を封じ込めることに主眼があった。

憲法改正問題をめぐりフロケが辞任した後、二月二三日に誕生したティラール内閣は改正問題にはふれずに急進派と連帯し、内務大臣のエルネスト・コンスタンの指揮の下ですぐにブーランジェへの攻撃を始めた。まず最初に、政府はパリの政治的デモを禁止した。この措置はブーランジスムの大衆への浸透を抑止するとともに、大衆暴動を何よりも嫌悪する保守派から信頼をうることを狙ったものだった。次に、保守派を切り崩すためにオマール公の追放を解除した。これによって保守派とブーランジストの連帯は弱められた。さらに、露骨な抑圧的手段を用いて愛国者同盟の解体を謀った。かつて適用されたことのない法により、同盟は三月一〇日に秘密結社の嫌疑で告訴され、デルレードはラゲールやレサンとともに裁判にかけられた。[26]

デルレードの裁判には明らかに政治的な目的があったので、その矛先がブーランジェに向けられるのは時間の問題と思われた。逮捕を恐れたブーランジェは、ナケの助言で三月一三日にブリュッセルに逃亡したが、何もなかったので二日後にパリに戻った。しかし、ブーランジェ逮捕の非合法を唱える検察庁長官ブシェが四月一日に突然辞職したニュースが流れるや、ブーランジェは変装してボヌマン夫人とともにブリュッセル行きの夜行列車に飛び乗った[27]。政府はそれを知っていたが、彼を国外においておきたかったので何も手出ししなかった。四月八日にブーランジェの裁判が始まり、一週間後にブーランジェ、それにディヨン伯とロシュフォールは有罪とされ、フランスの犯罪者植民地への追放という判決が下された[28]。ブーランジェの逃亡後、ティエボーとミシュランが国民委員会を去った。ブーランジスム運動の統一は一時的に弱まったが、しかし、九月の総選挙が近づくにつれて再び運動は一体化した[29]。この時期になると、運動そのものが制度化され、ブーランジェの役割は前ほど重要ではなくなっていた。六月にミシュランが復帰し、献金を中断していたユゼス公爵夫人は五月に再開した。ディヨン伯も王党派から精力的に政治資金を調達し、ブーランジストと王党派との連帯は完全に維持された。さらに、運動には一定の進化がみられた。ブーランジストは社会主義的ともいえる社会改良の提案を彼らのプログラムに組み込むようになっていた。それは、ブーランジスト指導者がブーランジェの逃亡後にも民衆の熱狂を保持しようとしたためでもあるが、それ以上に、個々のブーランジストが運動を通じて民衆感情に敏感になり都市住民の悲嘆を認識するにつれて、社会改良のための実践的プログラムが必要なことを自覚するようになったからである。高齢者保険・事故保険・消費者協同組合・労働組織・公共事業企画・都市再生などに関する提案は、ほとんどのブーランジスト候補の選挙綱領に含まれていた[30]。運動の出自からすれば、この指向は自然なことであった。

九月二二日の総選挙第一次投票でブーランジストは大敗した。ブーランジェの当選者予測は共和派が一三八、ブーランジストと保守派が二二三であったが、結果は共和派二〇三、保守派一一一、ブーランジスト一七であった。ブーランジェとディヨン伯も当選したが、政府は追放者の立候補は違法であるとして投票箱を押収して無効とした。第二次投票でブーランジストは三八、保守派は一六七に伸びたが、共和派は三六三で支配的地位を確保した。[31] 八九年総選挙により共和制は信頼を回復した。保守派はブーランジストとの協同が目的に役立たないことを知ってすぐに関係を断ったものの、体制反対を続けるか体制内での利益追求に甘んじるか決めかねていた。ブーランジストは選挙で破れはしたが、当選した急進派ブーランジストはその後も議会で活発に左翼主義的な活動を続けた。[32] 彼らの議会行動を分析したC・スチュワート・ドティーは、彼らが社会改良プログラムを盛んに論じ、事実上、彼らと共闘した社会主義者との間に区別がつけられなくなっていたと論じている。[33] しかし、再起をかけた一八九〇年四月二七日と五月四日のパリ市議会選挙で大敗北を喫したことにより、もはやブーランジスムが終ったことは明白だった。[34] すでにこの選挙が始まる前に、国民共和主義委員会自体がナケの下にあった穏健派とデルレードが指導する過激派に分裂して組織としての統率力を失っており、それに符合して表面化した下部の諸委員会や個々の政治家の敵対的分裂が運動の一体性を破壊していた。ブーランジェはジャージー島にいてまだ権力獲得に希望をもっていたが、選挙後は完全に希望を失っていた。委員会は五月二二日に公式に解散した。[35] 五月に結核を患ったボヌマン夫人の療養のためにブリュッセルに移ったブーランジェは、彼女が六月に死ぬと家に籠りっきりになり、九月三〇日に彼女の墓前でピストル自殺して果てた。[36]

（1）F. H. Seager, *op. cit.*, p. 107.

（2）O. Rudelle, *op. cit.*, pp. 206–209 ; J. -J. Chevallier, *op. cit.*, p. 372.

（3）*Le Temps*, 25 mai 1888 ; J. Kayser, *op. cit.*, pp. 166-167. 「人と市民の権利同盟」(Ligue des droits de l'homme et du citoyen) という名称を使う史家もいるが真偽は不明である。G. Monod, "Contemporary Life and Thought in France," *The Contemporary Review*, 54, December 1888, p. 903 ; J. Chastenet, *op. cit.*, vol. II, p. 206.

(4) Georges Weil, *Histoire du mouvement social en France 1852-1910*, Librairie Félix Alcan, 1924, pp. 235-270 ; Claude Willard, *Les Guesdistes*, Éditions Sociales, 1965, pp. 11-26.

(5) Eugène Fournière, "Physiologie du boulangisme," *Revue socialiste*, 7, mai 1888, pp. 509-521 ; Michel Winock, "La Scission de Châtelleraut et la naissance du parti 'allemaniste' 1890-1891," *Le Mouvement social*, 75, 1971, pp. 53-58.

(6) Jean Dautry, "Lafargue et le boulangisme," *Pensée*, 120, février-juin 1965, p. 37 ; A. Zévaès, *Les Guesdistes*, Librairie Marcel Rivière et C, 1911, pp. 54-57.

(7) C. Willard, *op. cit.*, p. 37 ; J. Dautry, *op. cit.*, pp. 26-27 ; F. H. Seager, *op. cit.*, pp. 172-173.

(8) P. H. Hutton, *The Cult of the Revolutionary Tradition : The Blanquists in French Politics 1864-1893*, University of California Press, 1981, pp. 144-150 ; idem, "The Role of the Blanquist Party in Left-Wing Politics in France 1879-90," *Journal of Modern History*, 46, June 1974, pp. 277-292.

(9) *La Cocarde*, 24 avril 1888.

(10) 選挙結果については表2を参照。

(11) *La Cocarde*, 18 juin 1888.

(12) A. Daniel, *L'Année politique*, 15 (1888), cit., pp. 164 ; O. Rudelle, *op. cit.*, pp. 216-217 ; W. D. Irvine, *op. cit.*, p. 96. 選挙結果については表2を参照。

(13) *La Cocarde*, 6 juin 1888 ; O. Rudelle, *op. cit.*, pp. 213-216 ; J. -J. Chevallier, *op. cit.*, p. 373. ブーランジェが憲法改正を要求して、「フランスは何年にもわたって物質的・道徳的害悪を被っており、それが長引けばすべての人に損害を与えることになる。……共和制は個人的所有物であってはならない。すべてのフランス人は政府に対して同等の権利を持っている」と演説したとき、フロケは次のように答えた。「わたくしは、われわれの同輩がこの議会においてひじょうに傲慢な態度をとり、凱旋して五〇〇人の議員を前に語るナポレオンのように、「あなた方はフランスをどうしてしまったのか」と演説することを、何をもって許せるのか探しているところです。しかし、安心すべきです。ブーランジェ将軍、あなたの年齢のときにはナポレオンは死んでいたし、あなたは死産した憲法を作ったシェイエスでしかないでしょう」。A. Zévaès, *Histoire de la IIIe République*, cit., pp. 175-176.

表 2　ブーランジスム関係補選結果(2)

1888 年 4 月 29 日				
〈イゼール県〉			〈オート＝サヴォワ県〉	
急進主義者	40,488(43.6%)		オポルテュニスト	約 23,100
オポルテュニスト	37,923(40.9%)		急進主義者	約 14,600
ブーランジェ	14,374(15.5%)		ブーランジェ	833
1888 年 6 月 17 日			1888 年 7 月 22 日	
〈シャラント県〉			〈アルデシュ県〉	
ボナパルティスト	31,439(41.3%)		オポルテュニスト	43,295(61.2%)
オポルテュニスト	23,993(31.5%)		ブーランジェ	27,454(38.8%)
デルレード	20,674(27.2%)			
1888 年 8 月 19 日				
〈ノール県〉			〈ソム県〉	
ブーランジェ	130,303	(55.7%)	ブーランジェ	76,155(64.8%)
ケシュラン＝シュワルツ	126,639		オポルテュニスト	41,422(35.2%)
オポルテュニスト	97,409	(41.7%)	〈シャラント＝アンフェリュル県〉	
急進主義者	95,023		ブーランジェ	57,242(57.4%)
社会主義者	6,347	(2.6%)	オポルテュニスト	42,449(42.6%)
社会主義者	5,837			
1889 年 1 月 27 日				
〈セーヌ県〉				
ブーランジェ	245,236(57.7%)			
オポルテュニスト	162,875(38.3%)			
社会主義者	17,039(4.0%)			

出典：F. H. Seager, *op. cit.*, pp. 144, 146, 156-158, 202; O. Rudelle, *op. cit.*, pp. 216. すべて第一回投票結果である。オート＝サヴォワ県のオポルテュニストと急進主義者の票数はルデルの算出した有権者数に対する得票率から計算した。

(14) O. Rudelle, *op. cit.*, pp. 217-218 ; J. -J. Chevallier, *op. cit.*, p. 373 ; J. Chastenet, *op. cit.*, vol. II, p. 205.

(15) G. Monod, "Contemporary Life and Thought in France," *Contemporary Review*, 54, December 1888, p. 903 ; W. D. Irvine, *op. cit.*, p. 97.

(16) *La Cocarde*, 12 décembre 1888.

(17) W. D. Irvine, *op. cit.*, p. 98 ; O. Rudelle, *op. cit.*, pp. 218-219. 選挙結果については表2を参照。

(18) F. H. Seager, *op. cit.*, pp. 150-154.

(19) J. Néré, "Les Élections Boulanger dans le département du Nord," *op. cit.*, pp. 196-197 ; O. Rudelle, *op. cit.*, pp. 220-223 ; J. Chastenet, *op. cit.*, vol. II, p. 207 ; A. Zévaès, *Histoire de la IIIe République*, cit., p. 177 ; J. -J. Chevallier, *op. cit.*, p. 373 ; W. D. Irvine, *op. cit.*, pp. 99-107. 選挙結果については表2を参照。

(20) W. D. Irvine, *op. cit.*, p. 107.

(21) Raoul Frary, "Chronique politique," *La Nouvelle Revue*, 56, 1er février 1889, pp. 704-709 ; J. Chastenet, *op. cit.*, vol. II, p. 209 ; A. Zévaès, *Histoire de la IIIe République*, cit., pp. 178-179 ; W. D. Irvine, *op. cit.*, pp. 116-120 ; O. Rudelle, *op. cit.*, pp. 116-120. 選挙結果については表2を参照。

(22) A. Dansette, *op. cit.*, pp. 239-259 ; A. Zévaès, *Histoire de la IIIe République*, cit., pp. 180-182.

(23) F. H. Seager, *op. cit.*, pp. 203-210.

(24) O. Rudelle, *op. cit.*, p. 233.

(25) A. Zévaès, *Histoire de la IIIe République*, cit., pp. 183-184 ; W. D. Irvine, *op. cit.*, pp. 125-126 ; O. Rudelle, *op. cit.*, pp. 235-239 ; J. Kayser, *op. cit.*, pp. 170-171. ブーランジェはそれに対して「普通選挙への侵害である」と抗議した。F. H. Seager, *op. cit.*, p. 214.

(26) Ch. de Mazade, "Chronique de la quinzaine," *Revue des Deux Mondes*, 92, Livraison du 15 mars 1889, pp. 467-471 ; A. Zévaès, *Histoire de la IIIe République*, cit., p. 185 ; J. Chastenet, *op. cit.*, vol. II, p. 212.

(27) Ch. de Mazade, "Chronique de la quinzaine," *Revue des Deux Mondes*, 92, Livraison du 15 avril 1889, p. 947 ; A. Zévaès, *Histoire de la IIIe République*, cit., p. 185 ; O. Rudelle, *op. cit.*, pp. 248-249, 251.

(28) F. H. Seager, *op. cit.*, p. 226 ; A. Zévaès, *Histoire de la IIIe République*, cit., pp. 185-186.
(29) F. H. Seager, *op. cit.*, pp. 230-231.
(30) A. Naquet, *Socialisme collectiviste et socialisme libéral*, cit., pp. 175, 195.
(31) F. H. Seager, *op. cit.*, p. 236.
(32) *La Cocarde*, 9 octobre 1889.
(33) C. S. Doty, *From Cultural Rebellion to Counterrevolution : The Politics of Maurice Barrès*, Ohio University Press, 1976, pp. 70-116.
(34) R. Frary, "Chronique politique," *La Nouvelle Revue*, 64, 1er mai 1890, pp. 201.
(35) *La Press*, 23 mai 1890.
(36) A. Zévaès, *Histoire de la IIIe République*, cit., p. 184.

第四節　ブーランジスムの性格と影響

以上考察したように、ブーランジスムはジャコバン的諸価値を実現しようとする大衆の「民衆主義」的熱狂に始まり、そのエネルギーを常に基底としていた。しかしながら、ブーランジスムはその破壊的な力を暴発させ、一揆的暴動やクーデターに終ったわけではない。それは「憲法改正」の大義のもとに、国民共和主義委員会を中心に近代的な政治宣伝活動を展開し、フランス全土の諸都市で組織を形成する一大政治運動へと発展した。そしてそれは民主的な政治運動であった。一九世紀全体を通じて、政治的変動は諸セクト間の閉じた世界における競合がもたらすものであり、その政治過程の外にいる人々にとって、唯一の頼みの綱は陰謀的反対派の革命運動であった。第三共和制にしても、その議会政治の慣行は高度にエリート主義的なままであり、ボス支配・金権政治・恩顧主義が日常化していた。

ブーランジストは議会政治の裏をかく民主的な選挙戦術をとることにより、いかなる政党にも入れずに政治過程から除外された弱者に対し、政治過程に接近する機会を提供した。この意味で、ブーランジスムは「革命的伝統の拡大というよりも、それの衰退への応答」[1]であった。組織的運動、近代的宣伝、そして民衆の政治参加といった要素により、ブーランジスムは大衆政治の幕開けを告げる運動であったと言えよう。

こうした理解の仕方はこれまでのいくつかの説に反するものである。往々にしてそれは一人の野心家の冒険と言われてきた。しかしそれならば、ブーランジェが海外に逃亡した時点ですべては終っているはずである。また、右翼の陰謀と言われることもあるが、それも間違いである。一八八九年選挙の直後にメルメがブーランジストに対するオルレアニストの財政援助を劇的に暴露して以来、[2]それの急進主義が疑われ、この説も根強く語られている。しかし、それが暴露であったこと自体が、右翼の戦略が秘密のままであったことと、ブーランジスムの戦術が右翼の戦略と無関係であったことを示している。確かにブーランジスムは右翼と結託し、パリ伯はある時点からそれを公にしたが、その後も右翼が公然と運動に参加することはほとんどなかったし、ブーランジストの発言が右翼に合うように修正されたという記録もない。さらに、ボナパルティスムとの同一性ないし類似性がレモンなどによって主張されてきたが、[3]これも限定的なものである。ブーランジスムが権威主義的・反議会主義的な政治気質に依拠していたことは確かであり、思想的・政治文化的連続性に関しては否定できない側面があるが、まず支持基盤が異なる。ルイ・ナポレオンは「パリの急進左翼を恐れる農民、共和主義理論家に耐えられない兵士、安定と秩序を望む商人」から支持を引き出していた。[4]それに対してブーランジスムは農村部ではなく都市部の運動であり、農民ではなくプチ・ブルと労働者の運動であった。[5]さらに、ブーランジェにしても彼を取り巻く指導層にしても共和主義への忠誠を繰り返し強調しており、彼らがナポレオン型の独裁者を欲した形跡をみつけることはできない。

大衆政治に関連して、ギュスターヴ・ル・ボンの群衆論にふれておきたい。彼はブーランジスム運動の間、それに熱狂する人々の行動を体系的に分析し、議会制民主主義を覆す危険を孕みつつ現代政治の中心になりつつあるまったく新しい勢力を発見した。それが群衆である。その理論について詳説する必要はないだろう。彼によれば、群衆とは「生物体の細胞が集まって新たな実態を形づくる」のと同じように、一定の状況において個人的性質とはまったく異なった性質を具えるに至った人間集団である。個人は群衆になることにより、集団的陶酔の本能の世界に連れていかれる。そのなかでは、それに加わる者たちの如何にかかわらず意識的な個性は消えうせ、異質なものが同質的なもののなかに埋没する。こうして人々は無意識が支配する単一の集団精神に融解し、個人を解消した自動人形となり、そしてイメージ、とりわけ指導者が産みつけたイメージによって行動するようになる。ル・ボンはこうした群衆の行動を、指導者や主義のためにあらゆる精神力を捧げ、意志を服従させ、熱狂を傾け尽す点で宗教的だと言い、この意味でブーランジスムを「群衆の宗教的本能」の蘇りとも呼んだ(6)。

ル・ボンの群衆心理論については、二点ほど指摘しておきたい。一つは、それが後に大衆社会論に発展し、ファシズムの心理的・社会的基盤の解明に資したことは、ブーランジスムが幕を開けた大衆政治がファシズムの根にあることの一つの重大な証明になっているという点である。もう一つは、大衆政治についての心理的理解がひじょうに重要であることは確かだとしても、大衆政治ならびにファシズム・イデオロギーがそれによって言い尽されるわけではないという点である。それらの考察にあたっては、意識的・意図的な思想と行動にも配慮すべきだし、また世紀末の大衆政治からファシズム・イデオロギーに至る流れのなかにその脈絡は確実にあったと思われる。本節ではとりあえず、大衆政治がフランスで全面的に展開する一〇年後のドレフュス事件までの間に、種々の政治勢力の動向に窺えるブーランジスムの影響を確認しておきたい。

その一つは、ブーランジストの社会改良要求がもたらした間接的な影響である。オポルテュニストはブーランジスム危機の間、労働者の政治力の増大と国民統合における社会問題解決の重要性を認識し、その後数年間に社会保障法を次々に制定し、市民に経済的・社会的福祉を提供する政策に本格的に取り組むことになる。(7) 政府と離れたところでは、労働組合の組織化の進展にもブーランジスムの影響を窺うことができる。もともと民衆主義的な理念はコミューン型社会を理想とするので、独立と自立を重視する組合という組織形態にはなじみやすい。特に社会主義政党が不在ないし弱小で、かつ急速に産業化が進んでいた地域では、多くの場合ブーランジスム運動と組合組織化が連係して発展した。たとえばナンシーの場合、ブーランジストは織物労働者と冶金労働者の支持のうえに政治組織を形成し、それを母体にして一八八九年選挙でモーリス・バレスとアルフレッド・ガブリエルを当選させたが、運動終了後にその組織はそのまま労働組合に移行して成長を遂げた。こうした動きはニエーヴル、シェル、ボルドーなどの県でも記録されている。(8)

もう一つの影響は、既成政党の議会制指向が強まったことである。ブーランジストと手を組んだ王党派は、それが依拠してきた秩序とヒエラルヒーの観念に反したので支持者間のイメージを著しく歪め、君主制回復の見込みをほとんど失うことになった。それに加えて、パリの「過激主義」の復活可能性と社会主義の台頭への恐怖、バチカンの共和制是認、植民地獲得の野心の共有などの理由もあって、結局のところ、保守的共和制を平和と安定を保証する最善の手段として受諾することになる。急進派もまた憲法改正の要求を完全に放棄し、体制問題を取り上げることはなくなった。もっとも新しい政治勢力である社会主義者にも同様の傾向がみられる。それの先駆となったのは一八八〇年代において左翼の一大勢力であり、もっとも積極的にブーランジスムに参加したブランキストである。彼らは一年半にわたるブーランジスム運動での活動のなかで、民衆扇動的な戦術によって大革命の伝統を蘇生させようとする従来の活動方針は、都市暴動が効果的だった時代の産物であること、そして議会が寡頭制的支配を被らずに民主的な政治運動の要求に適応できることを社会主義者すべてに対して明らかにした。この経験は、ハットンが述べるように、大衆政治の時代における民衆暴動型抵抗スタイルの限界を暴くとともに、「左翼諸政党の議会過程への馴化モデル」となった[9]。

このようにブランキストは議会社会主義への道を開いたが、それよりも興味深いのは議会政治とは違う方向に進んだ多数派ブランキストのその後である。ブランキストはブーランジスムに参加した当初から根本的な内部対立を抱えていたが、それは一八八九年パリ選挙の後にグランジェ派とヴァイヤン派との分裂をもって顕在化した。双方とも以前の陰謀型の戦術が時代遅れであることについては合意していたが、エルネスト・グランジェはブーランジスムは純粋な民衆不満を表現するゆえに健全であり、ブランキストが追求してきた目的に合致すると捉えたうえで、それと共同戦線を張ることは自らの革命的領域を押し広げることになるとして、ブーランジスムへの参加を継続することを主張した。それに対して、ブーランジスムへの参加を保留していたエドゥアール・ヴァイヤンは、それのもつカエサリズム的危険、そして現代における民衆扇動型の戦術そのものの不適切性を公言するようになった。ヴァイヤンは五年間のパリ市政の経験から、広範で持続的な社会改良的実践に活路をみいだそうとしたが、結局のところ、以前の戦術と同時にブランキストの存在証明であったジャコバン・イデオロギーをも放棄し、彼が導く小集団は堅固な実践イデオロギーを求めるなかでゲード派に接近していった。他方、多数派であるグランジェ派はその後の選挙のなかでブーランジスムに吸収され、党派としての独自性をなくしつつ一八九〇年代に忘却された。そしてその後、グランジェ派の多くは民衆主義的イデオロギーに忠実であるという信念をもって、反ドレフュス派の右翼ナショナリズムへと移っていった[10]。

ブランキストの末路は、世紀末の民衆主義的左翼の運命を如実に物語っている。確かに民衆主義の諸要素のうち、平等主義は議会による社会改良と組合主義・社会主義の拡大のなかに組み込まれていったし、直接民主主義は議会民主主義の実現というかたちで漸次的に要求を満たされるようになった。また、愛国主義は体制イデオロギーであり続けた。しかし、ブーランジスムが終っても、そこに結集した不満やエネルギーが消散したわけではなかった。また、議会政治が完全にそれを吸収できたわけでもなかった。ブーランジスムの終焉にともなう議会政治の安定化は、むしろ民衆主義的な大衆エネルギーの抑圧を意味していた。保守派と急進派が議会政治に同化したとき、それの残滓を汲み取れるのは社会主義しかなかったが、その後の社会主義は多数に分裂しつつもその多くは議会制民主主義を指向するようになっていた。おそらく、ブーランジスム終焉後一〇年もたたないうちに、かつてない急進的な右翼が台頭した理由はそこにある。それの最大の母体は、グランジェ派ブランキストに代表されるような、議会主義を拒否し「革命的ロマン主義[11]」に染まった民衆主義的左翼である。彼らはジャコバン的理念のなかから、大衆エネルギーともっとも結合しやすい愛国主義だけを取り出し、それを核にしてかつてないイデオロギーを築いた。すなわち、ナショナリズムである。ヨーロッパ諸国が国民統合を達成し、文字通り国民間関係として国際社会が成立する時代にあって、抑圧的支配者への抵抗ではなく対外的な敵対感情に基づく愛国主義に根ざしたナショナリズムは、当然のこととして普遍的・人道的要素を脱落ないし稀薄化させ、国粋的要素を突出させる運命にある。こうしたナショナリズムがどのように形成されたかは、モーリス・バレスの作品のなかで跡づけられよう。

（1） P. H. Hutton, "Popular Boulangism and the Advent of Mass Politics in France 1886-90", *op. cit.*, p. 96.

（2） Mermeix [Gabliel Terrail], *Les Coulisses du boulangisme*, Cerf, 1890. 王党派からの財政援助については、ブーランジェ自身が手記のなかで六〇〇万フラン受領したことを認めているが、他にさまざまな証言や証拠書類があり、その総額は不明である。ユゼス公爵夫人が三〇〇万フラン、パリ伯が二五〇万フラン、他の王党主義者が合わせて二五〇万フラン、総額で八〇〇万フランという説が有力だが、パリ伯が四〇〇万フランという説もあれば、総額が五〇〇万フランという説もある。J. E. C. Bodley, *op. cit.*, p. 376 ; F. H. Seager, *op. cit.*, p. 258 ; W. D. Irvine, *op. cit.*, p. 141.

（3） René Rémond, *La Droite en France : De la première restauration à la Ve république*, Éditions Aubier, 1968.「ブーランジスム＝ボナパルティスム＝カエサリズム」という定式は当時から指摘されていた。E. Fourniére, *op. cit.*, p. 521 ; G. Monod, "The Political Situation in France," *The Contemporary Review*, 55, April 1889, p. 494.

(4) D. Thomson, *op. cit.*, p. 33.

(5) A. Siegfried, *op. cit.*, p. 489.

(6) ギュスターヴ・ル・ボン『群衆心理』桜井成夫訳(講談社、一九九三年)。

(7) F. H. Seager, *op. cit.*, p. 259 ; P. H. Hutton, "Popular Boulangism and the Advent of Mass Politics in France 1886-90," *op. cit.*, pp. 96-97.

(8) René Braque, "Aux origines du Syndicalisme dans les milieux ruraux du centre de la France," *Mouvement social*, 42, janvier-mars 1963, pp. 110-111.

(9) P. H. Hutton, *The Cult of the Revolutionary Tradition*, cit., p. 150. ゲーディストの議会指向については、Leslie Derfler, "Reformism and Jules Guesde 1891-1904," *International Review of Social History*, 12, 1967, pp. 67-71.

(10) P. H. Hutton, "The Role of the Blanquist Party in Left-Wing Politics in France 1879-90," *op. cit.*, pp. 293-294 ; idem, *The Cult of the Revolutionary Tradition*, cit., pp. 156-158.

(11) Z. Sternhell, "National Socialism and AntiSemitism : The Case of Maurice Barrès," *Journal of Contemporary History*, 8 (4), October 1973, p. 50.

第二章　モーリス・バレスのナショナリズム

はじめに

ブーランジスムから極右同盟への発展を考察するうえで、モーリス・バレスほど興味深い人物はいない。彼は政治的経歴の第一歩をブーランジストとして踏み出した後、右翼ナショナリズムの思想的基礎を築くとともにそれを奉じる様々な団体に関与し、その後の右翼の発展とファシズムの形成に多大な影響を及ぼしたからである。フランス・ファシズムの思想的原点に位置づけられるべき人物がいるとしたら、それはバレスをおいて他にはいないだろう。こうした観点からバレスの思想的営為を読み解くこと、それが本章の課題である。

今日、モーリス・バレスは政治思想史のなかであまり重きをおかれていないし、またその研究も決して多いとは言い難い。しかし、バレスと同時代に生きた人々の評価は異なる。アンドレ・ジードと並び称される有名な作家で、鋭利なジャーナリストで、下院議員にもなった政治家であるバレスは、同時代の多くの人々にとって知的指導者であった。フランスの知的世界における彼の重要性は、ルイ・アラゴンなどの敵対者によっても認められている。[1] もちろんナショナリストの間、とりわけ右翼諸同盟の間におけるバレスの評価は、他に比肩する者がないほど絶大である。「バレスはナショナリズムのあらゆる詩人の最高の代表である」という評は、[2] すべてのナショナリストが多かれ少なかれ抱いていた気持ちであろう。また、ユージン・ウェーバーは、バレスの演じた役割を次のように適切に述べている。「バレスはさまざまな考え方をもった〔ナショナリズムの〕信奉者の間で、橋渡しの役をはたすことができた。彼らは一つの共通の名を使うことによって、そしてそれが表す現象ないし政策の同一性を信じることによって、他のやり方ではもちえない統一性を手に入れた[3]」。要するに、バレスは当時のナショナリストの精神的支柱であった。

バレスがナショナリストの間で最高の評価を受けていたのは、『根なし草』が立場を異にするアクシオン・フランセーズでバイブル的扱いを受けていたことからも分かるように、極右勢力すべての思想的基盤となるナショナリズム理念を定式化したからである。バレスはまさに、二〇世紀的な意味での狭義のナショナリズムの「創案者[4]」であった。しかし、それと同時に、バレスはファシズム思想の先覚者ともみなされている。たとえば、フランスで最初のファシズム団体フェソーを創設したジョルジュ・ヴァロワは、「ファシズムを予感し、それを最初に表現した人物」はバレスであるとした[5]。また、一九七〇年代以降の研究のなかでも、バレスはヨーロッパ・ファシズムの教義・態度・価値の原型を形成しその台頭を促したという意味で、ファシズムの「予示者」と形容されている[6]。実は、国粋的ナショナリズムの定式化とファシズムの予示とは、一定程度重なるが同じではない。本章ではこの間隙に注目しながら、まず最初に彼のナショナリズム思想形成の足跡を辿り、次にナショナリズム思想を分析し、最後に彼の政治的主張となった国民社会主義について考察したい。

（1）一九一四年までにバレス型のナショナリズムは、フランス文学界において多数派の信条になっていたと指摘する研究者もいるが、少なくともモーリヤック、マルロー、コクトー、カミュ、モンテルラン等の現代文学に及ぼしたバレスの影響については、否定する者はいないであろう。ロマン・ロランやジュリアン・バンダでさえ、文学におけるバレスの重大な立場を認めている。Pierre de Boideffre, *Métamorphose de la littérature : De Barrès à Malraux*, Alsatia, 1950, p. 44 ; Pol Vandormme, "La Postérité de Barrès," *La Table ronde*, 111, mars 1957, pp. 168-169.

（2）Claude Digeon, *La Crise allemande de la pensée française 1870-1914*, Presses Universitaires de France, 1959, p. 403.

（3）Eugen Weber, *The Nationalist Revival in France 1905-1914*, University of Calfornia Press, 1959, p. 158.

（4）R. H. Soltau, *French Political Thought in the 19th Century*, Russell & Russell, 1931, p. 380.

(5)　George Valois, *Le Fascisme*, Nouvelle Librairie Nationale, 1924, p. 6.
(6)　Robert Soucy, *Fascism in France: The Cace of Maurice Barrès*, University of Calfornia Press, 1972, p. 22; Zeev Sternhell, "National Socialism and AntiSemitism: The Case of Maurice Barrès," *Journal of Contemporary History*, 8 (4), October 1973, pp. 47-48.

第一節　ナショナリストへの道程

モーリス・バレスは一八六二年、ロレーヌ地方の小さな町シャルメ゠シュール゠モゼルに生まれた[1]。この町は普仏戦争後八年間ドイツ軍に占領されていた。バレスは後に、八歳のとき彼の町をとおって「ベルリンへ」と勇ましく戦争に行った軍隊が次の日には退却し、じきにドイツ軍が町に入ってきた出来事を苦々しく思い出している[2]。バレスの復讐主義とナショナリズムの原イメージの一つは、明らかにここにある。こうした出来事はあったが、バレスの幼少期は裕福な中流家庭にあって幸せだったようだ。だが、一〇歳のときにナンシーのそばのラ・マルグランジェにあるカトリック寄宿学校に入って以降、バレスの学校生活は不幸であった。彼は教師と級友に責め苛まれ、脅しと屈辱に悩まされつつ独りぼっちで打ち拉がれていた。彼は慰めを求めて祈ったが、このことは宗教的な恐怖感を付加したにすぎなかった。結局、バレスは宗教は何ら救いを与えないばかりか苦悩の原因の一つになると確信し、「聖歌の句は汚辱であり、奴隷の約定である」と結論を下した。そして宗教を失った[3]。

一八七八年にバレスはナンシーにあるリセに入った。ここでは彼は他者との間に距離をおき、感情的な保護壁となる無関心を増しつつ自我の世界に入り込もうとする態度をとり続けた。バレスは意図的な自己疎外者だった。強い自意識をもったバレスにとって、個性を押し潰し、他の者と同じになるように圧力をかけるリセという集団は耐え難いものだった。こうした生活やそのなかでバレスが決めた生き方は、やや後になって書いた次の文に表されている。「私が若かった頃、私の自我には悪魔的なものがあった。……私は人に感謝することがなかった。そして人を軽蔑しながら、勉強と栄光のなかで生きていた。私の生は激烈なものだったので、他者の存在を信じることができなかった。重要なもの、それは自分である。自我に係らないことはすべて虚しく、すべて不毛である。高みに行き身を凝縮しなければならない。……さもないと、皆に足げにされて泥まみれになった犬になってしまう」[4]。バレスはリセで因習的な生活を送りつつ、読書に没頭していた。彼を魅了したのは、歴史的人物の英雄的行動や大作家の偉才であった。その中にはシャトー・ブリアン、ユゴー、スタンダール、ルソー、ミシュレ、ゲーテ、サント＝ブーヴ、パスカル、ナポレオンなどがいた[5]。

一八八二年二〇歳のバレスはパリ大学に入学するためにパリに発った。父親は法律家になることを望んでいたが、しかしバレスは文学で名をあげることを夢みていた。歓喜してパリに着いたバレスは、法律の勉強はせずにすぐに文学サロンに出入りし始め、一年のうちに文学雑誌『ジュンヌ・フランス』(Jeune France)に論文を載せるようになっていた。その雑誌の寄稿者には、アナトール・フランス、アルフォンス・ドーデ、ポール・ブールジェなども含まれていた。バレスはマラルメやユイスマンスと出会い、フランス象徴主義とデカダン派に魅せられるようになっていた。八四年に文学雑誌『レ・タシュ・ダンクル』(Les Taches d'encre)を自ら創刊したが、これは財政的な理由から四号で廃刊になった。八六年から数年間、バレスは共和主義的新聞『ル・ボルテール』(Le Voltaire)でも執筆活動を行い、ルナンについての作品を物している。

一八八八年二六歳のバレスはブーランジスムの渦中に飛び込んだ。それは突然のことであった。それ以前のバレスの著作には、ブーランジェについての記述はおろか政治的な発言もない。バレスはなぜブーランジスムに参加したのだろうか。バレスは確かに愛国主義的で、ドイツを憎むとともに恐れ、ロレーヌに愛着をもっていた。それが基礎にあることに間違いはない。だが、この心情はドイツの占領を受けたロレーヌでは一般的なものであり、それだけではブーランジスムに加わる理由にはならない。それだけではオポルテュニストにもなれるからだ。

バレスが最初にブーランジストを宣言したのは、象徴主義の拠点の一つである『ラ・ルヴュ・アンデパンダント』(La Revue independante) に掲載された論文においてである。バレスはそのなかで、「野蛮や俗悪さにより窒息させられ、人間がつくる監獄の壁を感じている」[6] 若者たちに対して、体制派に反抗するためにブーランジスムに加わるように訴えている。彼らはいわゆるデカダンであり、彼らの象徴主義はこのとき体制派批評家から、より一般的なムードとしては体制に属するすべての人々から攻撃されていた。彼らは「歪んだ精神をもち、気取り屋で、臆病にもエゴイスティックな繊細さに耽っている人間」と蔑まれ、「愚かな自由思想家、官僚、やぶ医者が操る不明瞭な輪にかこまれて、屈辱と孤立のなかで生きる」ことを余儀なくされていた。[7] 言うまでもなく、バレス自身がこうしたデカダンの一人であった。したがって、デカダンの体制への反抗という点に、バレスのブーランジスム参加の動機を解く鍵がある。

典型的なデカダンの様態は、バレスのように自然や伝統から隔絶された都市居住者で、高等教育を受けた若い知識人にみられる。そうした人間は無感動で受動的な態度をとるか、あるいは頽廃的な美を求めて享楽に溺れるかのどちらかであるが、どちらにしろ日常性を失い、反社会的な方向にしか向かえない。しかし、彼は自分の行為が作為的で、根がないことを知っているので、内心では「エネルギーの欠如に苦しみ、関心の対象が分からないことに困惑している」[8]。その精神は無気力と非現実の感覚に悩まされ、弱体化と意味喪失の恐怖に怯えている。だから彼は、本能的でエネルギーに満ちた生に嫉妬すると同時に憧れ、そしてそれと表裏の関係で死に魅せられている。バレスの日記に記された死の夢想は、こうしたデカダンスの精神状態を示している。

名を知る人から遠く隔たり、愛に固有の喜びや苦痛からかけ離れて、私の眼は見開き、太陽の乳を楽しむ。そこでは大地と森の音色が漂い、聴覚は沈黙を楽しみ、人は息づく。

この調和のなかには、無為な生と死に属する何か安楽なものがある。

私はつねにこの夢想のなかに引き込まれていく。私は自然のなかに陰鬱な諦観、不活発をみる。自然は私を無言にさせ、反復する音楽のように、そして「汝よ、汝は死ぬだろう」という主題で無限に繰り返される装飾モチーフのように、私を変奏する。(9)

バレスの陥ったデカダンスは、世紀末のヨーロッパに蔓延した知的ムードの一部であるが、フランスの場合、このペシミズムを醸成した要因として、普仏戦争の屈辱的敗北による威信の失墜と国際的地位の低下という特殊な事情もあった。(10)それについては自然主義者から象徴主義者に至るまで多くの思想家が論じているが、バレスの最初の三部作『自我崇拝』もまたそれをテーマにしている。ただし、この作品は悲観的な心情を綴る一般的なデカダンスの作品とは異なり、デカダンスの個人的危機を克服し、具体的で永久的な現実と活力に満ちた生を得るための探求が描かれている。バレスの作品はどれも自伝的要素が濃厚であり、とりわけ『自我崇拝』はそうである。後にバレスは、主人公であるロレーヌ地方の青年フィリップが自分自身であると認めているが、彼の日記と照合してみれば、少なくとも第一巻と第二巻はほとんどバレスの体験そのものであると言えよう。そこでブーランジスム参加の動機を解明し、併せて思想形成の源を知るために、この三部作を参照しながらバレスのデカダンス克服の内面的過程を読み取ってみたい。

第一巻『野蛮人の眼差しの下で』(以下『野蛮人』と略)のなかで、フィリップは「われわれの道徳、われわれの宗教、われわれの国民感情は崩れ去り、そこから生の規則を取り出すことはできない」ことを初めから認識している。(11)そこで彼は意味喪失を逃れ、独力で生の意味をみいだすために非現実的な世界における「唯一の現実、すなわち自我」に執着することを決意し、外部世界に適応する日常生活を送りながら、読書を通して内面世界で自我の確立を図る。[12] ジャン・ピエロによれば、およそ一般的にデカダンスの芸術家たちはフィリップにみられるように、物質世界は仮象にすぎず、意識は自分自身の表象しか把握できないことを確信しているので、内面の世界に己の身を閉じこめ、想像力を祭り上げることで、自分自身の世界をつくろうとする。[13] しかし、フィリップはそこにとどまることはなかった。彼は「単調な孤独」に恐怖を募らせ、読書による知識では生を真に知ることはできないと悟る。[14] 重要なことは、生について読むことではなく、生を生きることである。こうしてフィリップは、直接的・具体的に生を経験することを求めてパリに行く。フィリップの実存主義的で主観主義的な態度は、バレスがリセにいた頃に身につけていた態度でもある。人間ではなく自我に固執し、他者への無関心を発達させるなかで自我を育成しようとするこの自我中心主義的態度は、『野蛮人』が文学的センセーションを巻き起すとともに、一つの典型的な若者の姿として有名になった。

パリに着いたフィリップは、そこで「野蛮人の眼差しの下」にいることを認識する。「野蛮人」という表現もこの小説により有名になったが、それは自我に圧迫を加える人々、すなわち若者の夢を理解できない俗人や女、動物的な大衆、世俗的成功しか頭にないブルジョワジー、実証主義者などを意味する。[15] フィリップは、自我を育成するためには外部世界から隔絶したままでいることはできないが、しかし「野蛮人」に従えば自我が崩壊することも知る。かくしてこの小説は、「苦しい無気力」に苛まれるフィリップが「魂の躍動」を求める叫びで終っている。[16] その叫びはそのままこの時期のバレスの叫びであったと思われる。パリに出て数年がたち、最初の歓喜から醒めたバレスは自己の存在に拠り所がないことに苦しみ、象徴主義文学への攻撃に気を滅入らせていた。『野蛮人』を書いたのはこの危機が頂点に達してイタリアに逃避行したとき、つまり一八八七年頃であろう。

次の小説『自由人』のなかで、フィリップは「熱狂の実験室」に籠り、偉人についての分析と考察を行うことにより、彼の巻き起した熱狂に加わろうとしたり、「私の発達の法則」を求めて故郷ロレーヌに向かい、自分の過去について考察したりして、積極的に自我の探求を続ける。これらの試みは失敗するが、しかしここにみられる英雄主義と愛国主義は、バレスの思想にとって後に重要な要素になる。フィリップがそうであるように、バレスはまだこの時期「唯一重要なことは私の内面だ」[17]という自我中心主義にそまっていたので、これらを理念にまで昇華できていない。フィリップは最終的に、ベニスへの旅から「自由人」の在り方を学ぶ。自我には無意識的なものも含まれているから、それを充足させる人間、すなわち「自由人」とは、生が提供するさまざまな感情や生活を経験し、「自分自身のなかに宇宙を要約する」人間である。[18]こうしてフィリップは現実との直接的な交流を求め、自我の殻を破って行動を起すことを決意して次のように述べる。「私は孤独を放棄した。なぜならば、活動的な生のなかでしか満足しないいくつかの欲望があるからだ」[19]。

フィリップが政治行動を決意して終る小説を書くのと時を同じくして、バレスはブーランジスムに飛び込んだ。おそらくバレスの政治参加の動機は何よりもまず、フィリップに託して表現されたように、自己の衝動を満たし、失われしエネルギーを取り戻して自己を充足させることにあった。「私の人生の大事件の一つは、政治のなかに私の魂を滋養する何かをみいだしたことだ」[20]と後に書いたところから明らかなように、政治は活力を欲する衝動にとって理想的な場であった。もっとも、バレスは明確なビジョンをもって政治参加したわけではないので、それは感動追求型でエゴセントリックな冒険主義の域を出るものではなく、いわば欲望を宥めるための「おもちゃ」にすぎなかった。[21]自己充足が政治参加の根本的な動機であったとしても、なぜ他でもないブーランジスムに参加したかについては、さらに検討が必要である。

普仏戦争後のフランスの公的哲学は、コントの実証主義とカントが代表するドイツ観念論であった。リセにいた頃のバレスはそれらを受け入れていたが、大学に入る頃には否定するようになっていた。彼の目には、実証科学やカント的普遍主義は機械的な決定論にすぎず、平板で無感動で低俗なものとしか映らなかった。彼は事象の背後にある神秘への感情的な一体化を求めていた。バレスがパリに出て象徴主義文学を志すようになってから、この想いは明確な理念になっていく。「知性はわれわれの表面に現れるほんの僅かなことにすぎない」[22]。あまりに多くの自己分析や明晰さは行動を妨げるばかりか、自我を麻痺させてエネルギーを奪い取ることにより「虚無の感覚」しかもたらさない[23]。だから、理性ではなく「詩的魂」が生の導きになることを理解できない合理主義者は有害である、とバレスは論じる[24]。

こうしたバレスの非合理主義哲学から考えれば、彼が象徴主義者としてもっとも敵対した「体制派」ないし「野蛮人」が、実証主義的知性に依拠する合理主義者であることは容易に想像がつく。それは文学でいえば自然主義者であり、政治の場においては理性的議論を身上とする議会主義者である。そして彼らのつくる議会体制は現行体制の中心に位置している。この点にバレスが議会主義に反対し、ブーランジスムに加わった理由がある。バレスは前出論文のなかで、「生気のないおしゃべりなだけの議論で高邁な精神を蹂躙する」議会体制こそが、デカダンを蔑む雰囲気を永続化させていると主張する[25]。こうしてバレスの「野蛮人」に対する知的反乱は、それの拠点である議会体制と議会主義政党に対する政治的反乱に転化した。そして「野蛮人」とその体制を放逐し、フランスを息づかせる救世主こそブーランジェであった。「ブーランジェは議会体制への反対派を代表する。ブーランジェ――彼のみが今日この大胆なことをする能力がある――の力によって、全階級に及ぶ誠実なフランス人の間ではっきりと非難されている野蛮人は消え失せるだろう」[26]。

ブーランジスム参加を促したもう一つの要因として、やはり非合理主義哲学に由来する英雄主義的な心情をあげることができよう。当時のフランスでは名誉や偉業を指向する英雄崇拝の感情が濃厚にあり、ナポレオンの伝説が若者を感化していた。バレスもまた、一六歳のときにははっきりと天才を意識するようになったと言っている。彼は孤独のなかで英雄や天才に魅せられ、その資質を問い、自分が偉人になる日を情熱的に夢みていた。後にバレスは次のように書いている。「二〇歳のとき、私にとって生き生きとしたものは本しかなかった。私は詩人しか読まなかった。

私は栄光と美徳を愛していた。私は人生をそれらに捧げることに決めていた」[27]。ブーランジェは少なくとも初めのうちは、バレスの英雄崇拝を満足させる人間であった。ブーランジェこそは「窓を開け放ち、そこから饒舌家を投げ落とし、空気を刷新する強き人[28]」であり、フィリップ(バレス)が待ち望んだ彼自身の「公理、宗教ないし王[29]」であった。

ブーランジスムに参加したバレスは、その機関紙『ラ・プレス』(La Press)のスタッフに加わり文学批評を書いていたが、一八八八年一二月ブーランジスム運動を起すためにナンシーに帰った。そこでブーランジスムを指導していたのはアルフレッド・ガブリエルであり、彼はバレスが到着する数日前にブーランジスト国民委員会を組織していた。八九年一月二二日にバレスを編集長として『ル・クゥリエ・ド・レスト』(Le Courrier de l'Est)が発行され、それはすぐに週刊の新聞になった。だが、そのときブーランジスムはすでに衰退し始めていた。八九年秋の下院選挙でバレスは当選したが、しかしフランス全体ではブーランジスムは大敗を喫した[30]。

バレスはブーランジスムに加わった後、短期間で大きな変貌を遂げる。彼は最初に政治運動に参加したとき、「賛同と非難の激しい歓呼で身体が震える」のを感じながら、「群衆のなかにいることの本能的な喜びを深く味わった」と回顧している[31]。バレスは熱狂する「野蛮」な群衆と感情的に一体になることにより、大きなエネルギーと生の躍動を獲得できることを知った。そして彼は、そこで初めて無気力な現代社会と孤独な自我の世界を抜け出すことができた。この最初の政治体験はブーランジスムにおける経験、広くは生涯にわたる政治活動の土台を形成した。バレスはそれを『自我崇拝』三部作の最後の作品『ベレニスの園』のなかで、前二作に続いて自我探求の観点から取り上げている。その中で主人公フィリップは選挙運動に飛び込み、そこで大衆と行動をともにして自己を失うなかから真のエネルギーをみつけだす。「大衆だけが私を人間性の源に触れさせた。……民衆が私に人間性の実体を明らかにした[32]」とフィリップは述べる。こうして彼は長い間の孤独を終らすことができた。フィリップが大衆のなかにみいだした「人間性の源」とは、「想像的エネルギー、世界の生命力、無意識的なもの」である[33]。この無意識的な力は『自由人』

のなかで直感的に感じ取られていたが、『ベレニスの園』において「本能」としてはっきりと確認された。

無意識的なものに助けられることによってのみ、動物は生を繁栄させて高等になっていく。他方、永久的に彷徨うわれわれの理性は本質的に、われわれがなりつつあるが、気づくことさえできないところの高等な存在の実現を何一つ助けることができない。未来を形成するのは本能である。それのみが私の存在の探知されていない部分を支配し、それのみが私がこれから向かわんとする自我を直接に私が看取できる自我に置き換えるのである。[34]

バレスは大衆との接触のなかから本能の力とその絶対性を認識したが、まだそれに依拠して政治理論を構築するまでには至っていない。とはいえこの体験をもとに、バレスはブーランジスム運動のなかで、彼の将来の発展にとって重要な意味をもつ政治理念を主張するようになった。その一つは社会主義であり、もう一つは反セム主義である。もともとブーランジスムには明確なプログラムはなく、頽廃した議会への共通した怒りだけがあった。バレスは一九〇〇年になって、「ブーランジスムの根本理念は、祖国の権威をあらゆる政党の上におくこと」であり、それがめざしたのはあらゆる階級や政党を統合する「フランスの政党」の構築であったと書いている。[35] 運動に参加した頃のバレスはもとより他のブーランジストにしても、ブーランジェによるオポルテュニストが支配する議会体制の放逐という主張以外、さしたる政治意見はもっていなかった。だからそこには、バレスが自由に政治理念を形成できる余地があった。

バレスはナンシーで運動を進めるうちに次第に労働者階級に接近し、左翼主義的な主張をするようになる。そもそもナンシーのブーランジスト運動は労働者階級を基盤にしており、そのことはガブリエルの政治プログラムに明白に示されている。[36] したがって、バレスが集会やインタビューのなかで接触し働きかけた大衆とは、労働者階級の民衆であった。バレスは彼らの本能的な力を体得しただけでなく、政治活動を進めるうちに彼らの窮状を知り、連帯の感動を覚えるようになる。このことは『ベレニスの園』で示されたように、民衆の魂への同一化にバレスを導いていった。「民衆は私に魂を、つまり民衆の魂であり、人間の魂であるものを与える」[37]。それと同時に、選挙に勝利する鍵は、労働者階級のための社会改良にあると気づいたことが、バレスの左翼指向の重要な要因である。ただ一八八九年の選挙でブーランジスムが敗北するまで、バレスは民衆の困窮を癒そうとする要求に衝き動かされていただけで、社会主義についての明確なビジョンをもっていたわけではなかった。

一八八九年の選挙の直後、バレスは社会主義こそ「時代の言葉」であると宣言する。そして「民衆の深い関心は社会改良を要求することだけにある。社会主義とは現代フランスが希望を託す言葉である」[38]と述べ、社会主義を中心としてブーランジスムの再建を図ろうと画策した。バレスの社会主義は生産手段の公的所有を意味したわけではなく、当時の一般的な解釈がそうであるように、下級階層のための社会改良を意味していた。自由主義経済においては、虐げられた大衆と少数の搾取者の間の均衡はつねに一方的かつ不平等に生みだされるので、社会的平等を確立するためには前者を支持する改革的な力が介入しなければならない。「権力なき者に広き門戸を開くことができる」のは、大統領が強力なリーダーシップをとる共和制だけである。これがバレスの主張である[39]。

バレスは国民運動の担い手を大衆に定めたうえで、もっとも貧しい社会階層に満足のいく経済政策を約束する限りにおいて、ブーランジスムは単なる反抗者の連合を超える国民政党になりうると認識していた。ここにおいてバレスは、現代政治の主体が大衆であり、その視点が社会的次元にあることを、他のブーランジストよりも鋭敏に感じ取っていたと言えよう。バレスの社会主義的なプログラムは、じきにブーランジスム内で受け入れられた。一八九〇年になるとブーランジストの代議士たちは社会主義者を自認するようになり、バレスは代表的な論客になった[40]。そもそもブーランジストの三分の二以上は社会主義の出身であり、他は愛国者同盟からきた者と君主主義者であったが、後者にしてもほとんど労働者階級の地区から選ばれていた。八九年にブーランジスムが敗北を喫したとき、左翼主義的なプログラムに移行したとしても不思議ではない[41]。

もう一つの重要なイデオロギーは反ユダヤ主義である。運動期間中バレスは反ユダヤ主義的な発言をするようになる。だが、それ以前の彼の著作にはとりたてて反ユダヤ的といえる言葉はないし、また彼の文学的友人の中には、レオン・ブルムを含む多くのユダヤ人がいた。一八八〇年代における反セム主義の復活を背景として、それは左右双方の過激派の常套手段になっていた。さらに、ロレーヌ地方はとりわけ反ユダヤ的な風潮が強かったことを考えれば、バレスのこの時期の反ユダヤ主義は信仰や信念によるものではなく、選挙に勝利するための政治的便宜からくるものと思われる。

一八九〇年にブーランジストのなかで反ユダヤ主義が声高に主張されるようになってから、バレスは反ユダヤ主義の意義を認め、それに明白な言説を与えるようになる。バレスにとって反ユダヤ主義は、第一に、ブーランジスム的社会主義を補完する手段であった。バレスは「ユダヤ人を倒せ」という群衆の声は、「社会的不平等を倒せ」という意味だとする[42]。フランスにおける労働者の貧困と経済の後退をユダヤ人の財政力と陰謀の点から説明することは、社会改良を推し進めようとする大衆の社会主義的欲望を満たすとともに、彼らを既存の社会主義勢力から切り離して、ナショナリズム陣営に賛同させる作用を及ぼしたと思われる。第二に、反ユダヤ主義は大衆を行動に駆り立てるすぐれて民衆的な定式であった。バレスは反ユダヤ主義の根源的な力が憎しみのもつ非理性的な力であることを、次のように冷静に認識していた。「反ユダヤ的定式のなかに最初にみることができるのは、憎しみ、たんなる憎しみである……憎しみはわれわれの文明とその大都市が生みだすもっとも強力な感情の一つである。大富豪と大貧乏との厳しい対立はつねにそれを生みだし強化している。それを利用しようとする政党はつねにいるであろう[43]」。憎しみは情熱を湧出させ、自我にエネルギーを与え、行動を喚起させる力であり、同じ感情でも正義や愛よりも強い感情であることをバレスは教える。したがって、この時期のバレスにとって、反ユダヤ主義は社会主義や階級和解のための純粋なデマゴギーであったばかりか、集合的感覚に力と統一性をもたらし、自我を活性化する強壮剤でもあった。こうしたバレスの反ユダヤ主義は、その宗教的側面ではなく社会的側面に注目する「社会的反ユダヤ主義」と特性づけられよう。この時期にエドゥアール・ドリュモンの影響を受けていたかどうかは定かではないが、それは左翼主義的な反ユダヤ主義の伝統に入るであろう。[44]

一八八九年の選挙で選ばれたブーランジストの代議士たちは、ブーランジスト国民共和党を自称し、種々の議会連合を形成しながら独自の活動を展開した。[45] この年にはブーランジスムはまだ強力であるように思われたが、翌年になるとそれの失敗が明らかになる。バレスは全国組織から離れてナンシーで個人的な選挙組織をつくろうと試みた。ブーランジスト国民共和党は九三年まで続いたが、その成員の多くは社会主義政党に吸収されていった。しかし、バレスはそれを拒否し、独自の道を歩むことを選んだ。

一八九三年の下院選挙でバレスはノイイから社会主義の候補として立候補するが、落選する。そのときの政治主張は、ブーランジストのときに培った理念を要約していた。彼は「反ユダヤ主義、社会主義、愛国的潮流の合流点」としての経済的な保護政策を、選挙キャンペーンの柱にすると述べている。[46] バレスはフランスの社会主義運動をこの理念に転向させようと目論み、そのために社会主義の旗の下で議員になろうとしていた。[47] 九四年九月五日バレスはパリの日刊紙『ラ・コカルド』の編集長になり、それをバレス流の社会主義の新聞に変えた。バレスの指導は九五年三月六日までの短い期間であったが、その間に『ラ・コカルド』は社会主義系の新聞・雑誌の中でもっとも活発なものの一つになった。編集長になってからの最初の号で、バレスは社会主義者と知識人を糾合する共和主義的反対派の機関紙になること、愛国主義と社会的連帯を理念的支柱にすることを『ラ・コカルド』の方針として宣言する。[48] そして次号において、この時期の中心的主張となる連邦社会主義の理論を提示した。[49] そのなかでバレスは「自由で深遠な個人主義」と「社会的連帯」を理想として掲げる。これまでのバレスの知的遍歴をみれば、それの言わんとすることは明確である。すなわち、個人の解放ないし自己充足は、経済的・肉体的欲求を満足させても自分独りだけではたされない。他者と連帯して集団を結成し、社会的使命を自らのものとして引き受けることによって、それは初めて達成される。それゆえに社会集団への同一化が不可欠の条件となるが、それはあくまでも個人性を充足させるためのものでなければならない。要するに、バレスが二つの理想によって希求したのは、自由結社に基づく社会において、人が失われし他者との協同の能力を回復することである。このような理想の提示から明らかなように、この時期のバレスはまだナショナリズムを思想の中心に据えてはいない[50]。

一八九六年はバレスにとって転換点になる。その年の二月、ノイイの補欠選挙においてバレスはまたも落選した。敗北の最大の原因は、社会主義の指導者たちが対抗する社会主義候補の側につき、バレスを貶めるキャンペーンを行ったことだった。この怨念もさることながら、フランスの社会主義が連合してインターナショナリズムの立場を明確にしようとしたことが、バレスと社会主義の間に溝をつくる最大の原因になった。バレスにとって、労働者は祖国をもたないというマルクスの教えは、どこからみても悪いものだった[51]。動機の点から考えても、ナショナリズム的で英雄主義的な情熱を受け入れる枠組みとしては、社会主義は合理的すぎた。九六年の間にバレスはフランスの社会主義運動を拒絶するようになり、また共通のプログラムをもとうとする社会主義者も、バレスの連邦社会主義を認めないようになっていた。バレスは以後も社会主義を標榜し続けたが、このときを境にして極端なナショナリズムに傾斜していくことになる。

一八九七年に『国民エネルギー小説』三部作の第一巻『根なし草』を出版して以後、バレスの思想の中心にはナショナリズムが据えられるようになる。それ以前もバレスは確かにナショナリストであったが、彼のナショナリズムは個人主義・反議会主義的共和主義・連邦社会主義などに付随ないし融合するものであり、それ自体が教義として確立されることはなかった。しかし、『根なし草』の刊行とともにバレスは教義を掲げたナショナリズム絶対論者になり、同時にフランス保守主義の寵児になった。そしてそれと前後して、バレスはドレフュス事件の渦中に飛び込んだ。一八九四、五年にもバレスはそれについて発言しているが、この時期にはまだ議会主義共和制の不祥事とみていた[52]。九七年にドレフュスは無罪であるとピカール中佐が証言し、事件が再び高まりをみせ始めるとともに、バレスはナショナリズムの指導者として、反ドレフュス派の急先鋒に立った。その年の一一月、バレスはドレフュス事件の公表は軍隊の信仰を破壊するという恐れを表明し[53]、一二月になると、事件の間中もつことになる反ユダヤ主義的ナショナリズムの立場を明確にした[54]。すなわち、ドレフュスが有罪か無罪かはさして重要ではなく、問題はユダヤ人とプロテスタントの同盟であるドレフュス派が、国際的なユダヤ金融を護るためにドレフュス事件を利用して国民的な反ユダヤ主義の怨念を逸らし、もって国力の低下を招いているという主張である。

　ドレフュス事件が最高潮に達していた一八九八年五月一二日、バレスはナンシーから再び下院議員に立候補した。このときバレスは、彼の選挙委員会である国民社会主義的共和制委員会から、国民社会主義を掲げたプログラムを発表した[55]。それはバレスのナショナリズム思想の凝縮であるとともに、左翼と右翼を融合して統一されたナショナリズム運動を起そうとするバレスの努力の頂点を示している。そしてこのプログラムは、後のファシズム運動に受け継がれることになる多くのイデオロギー的遺産を残した。以下、この時期に確立されたバレスの政治思想を検討したい。

（1）　バレスの生い立ちや経歴については、バレスの日記の他にも参考になる文献が多い。Maurice Barrès, *Mes Cahiers*, in *L'Œuvre de Maurice Barrès*, Club de l'Honnête Homme, 1965-1968, tome XIII-XX; Albert Thibaudet, *La Vie de Maurice Barrès*, Éditions de La Nouvelle Revue Française, 1921; René Lalou, *Maurice Barrès*, Hachette, 1950; Jean Mariè Domenach, *Barrès par lui-même*, Éditions du Seuil, 1954; Pierre de Boisdeffre, *Maurice Barrès*, Éditions Universitaires, 1962; R. Soucy, *op. cit.*; Z. Sternhell, *Maurice Barrès et le nationalisme français*, Presses de la Fondation Nationale des Sciences Politiques, 1972; C. Stewart Doty,

From Cultural Rebellion to Counterrevolution: The Politics of Maurice Barrès, Ohio University Press, 1976.

(2) M. Barrès, *Les Amitiés françaises*, in *L'Œuvre de Maurice Barrès*, cit., tome V, p. 504.

(3) M. Barrès, *Mes Cahiers*, cit., tome XIX, p. 184.

(4) P. de Boisdeffre, *Barrès parmi nous*, Amiot-Dumont, 1952, p. 29.

(5) M. Barrès, *Mes Cahiers*, cit., tome XIII, p. 14.

(6) M. Barrès, "M.le général Boulanger et la nouvelle génération," *La Revue indépendante*, 7(18), avril 1888, p. 57.

(7) *Ibid.*, pp. 56, 59.

(8) M. Barrès, *Examen des trois romans idéologiques*, in *L'Œuvre de Maurice Barrès*, cit., tome I, p. 38.

(9) M. Barrès, *Mes Cahiers*, cit., tome XIII, pp. 210-211.

(10) Koenraad W. Steart, *The Sence of Decadence in Nineteenth-century France*, Martinus Nijhoff, 1964, p. 140.

(11) M. Barrès, *Examen des trois romans idéologiques*, cit., p. 28.

(12) *Ibid.*

(13) ジャン・ピエロ『デカダンスの想像力』渡辺義愛訳(白水社、一九八七年)、一七一一八頁。

(14) M. Barrès, *Sous l'œil des Barbares*, in *L'Œuvre de Maurice Barrès*, cit., tome I, p. 91.

(15) M. Barrès, *Examen des trois romans idéologiques*, cit., p. 30.

(16) M. Barrès, *Sous l'œil des Barbares*, cit., p. 132.

(17) M. Barrès, *Un Homme libre*, in *L'Œuvre de Maurice Barrès*, cit., tome I, p. 231.

(18) *Ibid.*, p. 241.

(19) *Ibid.*, p. 264.

(20) M. Barrès, *Mes Cahiers*, cit., tome XIII, p. 23.

(21) M. Barrès, *Un Homme libre*, cit., p. 264. バレスは後に、ブーランジスムのとき「偉大なる真理に傾注する精神」がともなう感情をまったくもっていなかったと述べている。M. Barrès, *Mes Cahiers*, cit., tome XIII, p. 24.

(22) M. Barrès, *Les Déracinés*, Nelson, 1897, p. 308.『根こぎにされた人々』吉江喬松訳(新潮社、一九三九年)、三九三頁。

(23) *Ibid.*, p. 20. 邦訳、二六頁。

(24) M. Barrès, *Mes Cahiers*, cit., tome XIII, p. 171 ; idem, *Sous l'œil des Barbares*, cit., p. 39.

(25) M. Barrès, "M. le général Boulanger et la nouvelle génération," *op. cit.*, pp. 60-62.

(26) *Ibid.*, p. 60.

(27) *Ibid.*, p. 205.

(28) M. Barrès, "M. le général Boulanger et la nouvelle génération," *op. cit.*, pp. 56.

(29) M. Barrès, *Sous l'œil des Barbares*, cit., p. 132.

(30) C. S. Doty, *op. cit.*, pp. 33-66 ; William D. Irvine, *The Boulanger Affair Reconsidered*, Oxford University Press, 1989, chap. 4, 5.

(31) M. Barrès, *Mes Cahiers*, cit., tome XIII, p. 14.

(32) M. Barrès, *Le Jardin de Bérénice*, in *L'Œuvre de Maurice Barrès*, cit., tome I, p. 340.

(33) *Ibid.*

(34) *Ibid.*, p. 339.

(35) M. Barrès, *L'Appel au soldat*, in *L'Œuvre de Maurice Barrès*, cit., tome III, pp. 181, 461.

(36) Alfred Gabriel, "La République nouvelle," *Le Courrier de l'Est*, 7 avril 1889 ; idem, "Les Caisses de retraite," *Le Courrier de l'Est*, 16 avril 1889.

(37) M. Barrès, *Le Jardin de Bérénice*, cit., p. 339.

(38) M. Barrès, "Notes d'un nouvel élu," *Le Figaro*, 27 octobre 1889.

(39) M. Barrès, "La Formule antijuive," *Le Figaro*, 22 février 1890.

(40) X., "La Politique socialiste," *Le Courrier de l'Est*, 16 février 1890.

(41) この傾向を促進したのは、一八九〇年代初期におけるフランス社会主義の多様性であった。第四章第一節を参照。

(42) M. Barrès, "La Formule antijuive," *op. cit.*

(43) *Ibid.*

(44) ステルネルはバレスの反セム主義の左翼的起源をテーマにした論文のなかで、ドリュモンの強い影響を論じている。Z. Sternhell, "National Socialism and AntiSemitism," *op. cit.*, pp. 64-65.

(45) ブーランジストは一八八九年に召集された議会の間、種々の議会連合を形成しながら独自の活動を展開した。彼らは社会改良を要求するときには決まって左翼と連合し、植民地問題や外交問題に関しては保守的な右翼と連合した。そしてブーランジスム独自の共和主義を実現しようとするときには左右どちらとも連合し、最終的に彼らの憲法をフランスに打ち立てることをめざしていた。Z. Sternhell, *Maurice Barrès et le nationalisme français*, cit., pp. 153-163.

(46) Jules Huret, "Les Littérateurs à la Chambre : M. Maurice Barrès," *Le Figaro*, 31 juillet 1893, quoted in C. S. Doty, *op. cit.*, p. 109.

(47) ドティーは「一八九〇年代の中頃において、バレスは政治的スペクトルの反対の極〔左翼社会主義者〕に落ち着くように思われた」と述べているが、実際バレスは一八九七年頃まで社会主義者としてとおっていた。C. S. Doty, *op. cit.*, p. 117.

(48) *La Cocarde*, 5 septembre 1894.

(49) M. Barrès, "Individualisme et solidarité," *La Cocarde*, 6 septembre 1894.

(50) M. Barrès, "Le Problème est double," *La Cocarde*, 8 septembre 1894 ; idem, "Opprimés et humilités," *La Cocarde*, 14 septembre 1894.

(51) M. Barrès, "Exploration du sentiment nationaliste," *La Cocarde*, 24 octobre 1894.

(52) M. Barrès, "Dreyfus sera décoré," *La Cocarde*, 1er décembre 1894 ; idem, "Le Motif de sa trahison," *La Cocarde*, 24 décembre 1894 ; idem, "La Parade de Judas," *La Cocarde*, 6 janvier 1895.

(53) M. Barrès, *Scènes et doctrines du nationalisme*, in *L'Œuvre de Maurice Barrès*, cit., tome V, pp. 37-42.

(54) M. Barrès, "L'Éducation nouvelle," *Le Journal*, 4 décembre 1897.

(55) M. Barrès, "Le Programme de Nancy," in *Scènes et doctrines du nationalisme*, cit.

第二節　二つのナショナリズム思想

一八九二年にバレスは「ナショナリストとコスモポリタンの争い」と題する論文を発表した。[1] 論文の主眼は、自国の伝統的文学よりもホイットマンやトルストイやニーチェなどの他国の文学に共鳴してその模倣をし、「フランスの魂をヨーロッパの魂に置き換える」作家を非難する点にあったが、それよりもナショナリズムの語法の転換にこの論文の重要性がある。ここで使われたナショナリストという語は、それが使われ始めた第二帝制の時代以来もっていた意味内容ではなく、一九世紀末から一般化した国粋主義的な意味内容をもっており、おそらくはその最初の事例だろう。[2] この考えが完結した理念となるのは、『根なし草』のなかで「大地と死者」(la terre et les morts) の教義が定式化されたときである。

なぜ「大地と死者」の教義は必要だったのだろうか。バレスの『ラ・コカルド』の時期までの政治生活には、明らかに重要な要素が欠けていた。すなわち永久性である。自我を活性化させて充実させることが、バレスの政治参加の根本的な動機であった。だが、そのための衝動的行動それ自体は、一時的なものであって永続性をもたない。バレス自身が認めるように、「激しい感動はしばらくすれば退屈になる」[3] からだ。自我が絶えず現実感とエネルギーをもつためには、その場の情熱に身を委ねる快楽主義を超え、永続的な何かに同一化しなければならない。バレスは最初の三部作のなかでかなりの進歩をしていたと言える。『自由人』におけるロレーヌの意識の発見、『ベレニスの園』における本能の確認は、重要な歩みであった。だが、本能そのものは不安定で無定形で刹那的であり、「魂の無秩序からいかにして逃れるか」、つまり本能的行動に統一性と永続性を与えるという問題は依然として残る。[4] そして最終的に、『根なし草』のなかでイポリット・テーヌの決定論に従うことにより、バレスは答えをみつけた。

テーヌ哲学が立脚するのは、人間を含む世界のすべての事象は厳密な因果関係に支配されており、そこにはいかなる自由もないという徹底的な決定論である。それによれば、人間とは、人種の世襲的特性、人種を形成する環境、同時代の精神という三つの要因によって行動が支配される自動装置にすぎない存在である。[5] バレスはテーヌに従って、人間は理性をとおして自由に人格を形成し発展させるという自由主義の理念を攻撃し、次のように主張する。自我は生まれ育った地域と先祖を意味する「大地と死者」により決定されるのであり、それに関して個人的な選択の余地はない。この決定論を意識するようになれば、人は本能により自己が同一化している環境を自我と考え、その理法に従うとともに、その保護を欲するはずである、と。この環境は家族に始まり、コミューン、地方へと拡大し、そして最終形態である国民に至る。こうしてナショナリズムの基本理論ができあがる。「ナショナリズムとは決定論の受諾である」[6]、これがバレスの到達した確信である。バレスは後にこの過程について、「私は詩人と小説家の唯一の方法である内面の観察により、「自我」の理念を深く掘り下げつつ抵抗のない砂地のなかを降り、底にあって支えとなっている集合体をみつけるまで下った」と述べている。[7]

バレスはこれの決定論を主張するにあたり、この現実を教えるだけでは十分ではないし、また、シャトーブリアン的な墓地への崇敬と愛着をもってしても不十分であるとする。それだけでは、現実はすぐに曖昧で浮遊する抽象物に転化するからだ。フランス人にとって必要なことは、「大地と死者」の前に平伏し、回心者の精神において決定論に情緒的に服従することである。それは「個人が家族・人種・国民のなかに自分を再発見するために自己を破壊するあらゆる興奮」として行われる宗教的な体験である。[8] かくしてバレスの「大地と死者」は、偶然的なものの必然的なものへの転化とそれへの盲従という経過を辿り、「俗なる宗教」[9] という意味で宗教になる。

バレスがもともと抱いていた自我中心主義との関係から言えば、「大地と死者」は非合理主義哲学の拠点である本能、とりわけ個人がもつ連帯という自然な本能的欲求の表現であり、それぞれの環境レベルで可変的に集合体を表象しながら自我を有機的に拡張していく観念である。「より大きな自我で個人的自我を倍加せよ」[10]というのが、そこに内在する要請である。したがって、「大地と死者」は個人主義の否定ではなく、その実現を意味する。もっとも、自我の拡張は何の契機もなしに漸次的に起るわけではない。バレスの場合、大衆のなかで生まれた感情的共有が国家レベルの政治に係るものであったことが、その決定的な契機となっている。ともかくこのように考えれば、二番目の三部作『国民エネルギー小説』は、最初の三部作『自我崇拝』における個人的自我中心主義の否定ではなく、その延長としての国民的自我の話として位置づけられよう。自我を国民に同一化することがバレスの探求の終点であった。

バレスは「大地と死者」の教義により、彼の思想のさまざまな要素を統一できただけでなく、これまでの思索のなかで感じていた不安の多くを解消して、自我にかなりの現実感とエネルギーを与えることができた。「大地」が含意する空間的な自我の有機的拡張は、地域から国民へと拡大する地理的集団＝共同体への同一化を意味する。これによって自己の存在は、それ自体無限に多様な世界のなかで経験をとおして確実に意味づけられる。それに加えて、同一化の意識作用は、集団の一要素としての自分と他の諸要素である成員との間に連帯を感じ取らせるので、他者からの孤独と疎外を終らせ、民衆の一員としての感情的な保証をもたらす。他方、「死者」が意味する時間的な自我の有機的拡張とは、諸々の共同体の連続性＝伝統のことである。それへの同一化は何よりも、自我ないし生が一時的で不確かな現象でしかないという恐れをなくし、死への誘いを断ち切った。歴史民族的な自我に融合すれば、短命で過渡的な個人の存在を超えて永続的存在の一部になり、こうして時間的無限性のなかに包摂される。バレスは不死を信じていなかったが、その代わりに死者は子孫のなかに刻印され続け、伝統のなかで生き続けるという「社会宗教的な絆」[11]を信じ、こうした意味合いで「父と子の絆」を繰り返し説いた。[12]このようにして、実在する伝統的集団への同一化は、宗教を失った時代における自己解体や虚無の不安を払拭し、生に現実感を与え、自我にエネルギーを与えることができた。

かくして共同体と伝統が「大地と死者」の決定論の柱となる。では、それらの形成因ないし存立根拠は何だろうか。人間の理性や意志でないことは明らかである。結局のところ、バレスは「仲介的な自然の力、そこにすべての源がある」と述べる。[13] この「自然の力」には本能も含まれるだろう。それは人間の作為を超える「無意識的なもの」だからだ。そうだとすれば、バレスが唱えたナショナリズムとは、この「自然の力」に服従することである。この場合、「自然」とは、歴史決定論で示されたような一定の「状態」を人間に課す法則的なものであり、そして「自然の力」とは、法則的なものがもつ強制力ならびにその法則に適うように人間を導く本能の力であると解釈できよう。ここにみられる自然観は、熱狂や熱情とはおよそ無縁の静態的なものと思われる。この法則は人間にとって、制度や慣習に収斂する行動規範の意味をもつからだ。

このようにして成立するバレスのナショナリズムは、「大地と死者」の自我拡張の論理に従って、二つの基本的な理念をもつ。一つは空間的拡張に対応する国民的凝集である。バレスのナショナリズムにおいて、国民はもはや一定の原則を核とする人間的集団ではなく、絶対的必然に基づく唯一無二の永久的実在と観念される。ひとたび形成された観念的実在は個人を疎外するが、バレスにおいてもそうである。彼は次のように述べる。「フランス人の真の根底をなすのは、社会的・歴史的所産である一つの共通的性質であり、われわれ各自はこの性質を分有し、これに参与しているにすぎない」[14]ので、個人は「一つの純粋に偶然的な産物」[15]でしかない、と。かくしてバレスのナショナリズムは他のいかなるナショナリズムにもまして、この「共通的性質」の具現である国民を絶対化し、その全一性を保守することを使命とする。こうした国民的凝集の要請は、「われわれの構成的諸力が分解され、互いに矛盾し合うようになった場合、われわれの生活の根底、われわれの真実の存在、われわれのエネルギーは深い傷を負わずにすむのであろうか」[16]という言葉のなかに看取できよう。

もう一つの理念は、時間的拡張に対応する伝統主義である。バレスはテーヌの決定論を受諾したとき、テーヌの伝統主義的な現代フランスの「診断」も承認していたと思われる。テーヌによれば、フランスの歴史が不安定なものになり、その力が衰退したのは、狭小で空虚な心しかもたない革命家が、抽象的理性ないし一般理念に依拠して斉一的な理想的共同体をつくろうと企て、それによって何世紀にもわたって成長を遂げてきた家族、コミューン、プロヴァンスなどの伝統的組織を破壊してきたからである[17]。このような伝統の絶対性を信条とする思想は、フランスではメストルやボナルドに発し、テーヌやルナンに引き継がれてきた系譜をもつ。バレスもこの系譜に属すが、しかし彼の場合、君主主義者でも剛直な教権主義者でもなかった。

ところで、バレスの用語法では、「大地と死者」は「祖国」(patrie)とほぼ同義である。「祖国、それはわれわれの死者の大地である」と彼は述べる[18]。愛国主義を素朴な感情から一般的宗教に高めるにあたり、その語が通俗化して宗教的な神秘性と普遍性をやや欠くことを懸念して、新たに「大地と死者」という語を使ったと思われる。バレスのナショナリズムが従来のものと異なり、時代を画すものになった最大の要因は、「大地と死者」の教義を提示することにより、祖国という観念をナショナリズムの核心に据えたことにある。バレスにおいて祖国は国民の唯一の存在証明になり、愛国主義はナショナリズムと完全に重なる。モーラスが「完全ナショナリズム」という語をつくった後、バレスのナショナリズムもそう呼ばれるようになったのは、以上論じた意味連関でナショナリズムの根拠を実在としての国民そのものにおく論理をもったからである。

言うまでもなく、祖国への愛に基づくナショナリズムは、政治の中心理念ではないにせよ、一九世紀を通じて左翼の側に存在していた。ただし、この場合、たとえば「自由あるところ、わが祖国」という言が示すように、祖国はたんなる郷土愛を超えて、自由・平等・博愛・人類愛・平和・法治主義などの普遍的理念を表象する観念でもあった。それゆえに、それに対応したナショナリズムもまた哲学的ないし理想的レベルで存在していた。たとえば、大革命の理念を提示したルソーのナショナリズムは、地域的な郷土愛を国民への忠誠感情に高めるにあたって、国民を意志の共同体として正当化し(民族自決の原理)、ナショナリズムを「一般意志」への共感的服従として聖別するという手続きを経た。こうなると国民は理性に基づく道徳的共同体の意味をもつので、ナショナリズムは国民を超えるコスモポリタン的要素をもつことになる。そして祖国という観念も同様にして、国民という祖国を超えてヨーロッパという祖国、人類という祖国に至る可能性をもつことになる。現にそうした方向への発展は多くの知識人のなかにみられた[19]。こうした形態のナショナリズムにおいて、祖国という観念は他の理念や宗教のナショナリズム化を促進する触媒の役割をはたしていたので、愛国的感情とナショナリズムの同一化は曖昧にならざるをえない。それゆえに、ナショナリズムは民衆にまで根を下ろした政治概念になることはほとんどなかった。愛国的感情には、日常的な有機的連帯のなかで感じとられる非理性的な神秘的一体感が確実に含まれるので、それを理念に向けることは、ましてや有機的連帯の範囲を越える普遍的理念に向けることは容易ではないからである。大革命の時代からナショナリズムと愛国主義はほぼ同じ使われ方をしてきたものの、ナショナリズムという語が一九世紀に知識人の手を離れて一般的な政治用語として用いられることがあまりなかったのは、こうした理由によると思われる。

それに対して「大地と死者」の教義では、祖国が表象するのは、郷土のなかに具体化されるところの調和と融合が実現した有機的統一体である。それを時間的に必然的に形成され、空間的に自然に構成されるものとして神聖化し、人間のもっとも根源的な愛の対象として絶対化するところに教義の核心がある。だから、それは論理的には郷土愛に始まる。祖国観念が拡大するに従って、郷土は概念の上で祖国の一部になり、そして郷土愛は「祖国愛＝愛国心」(patriotisme)に包摂されるようになる。祖国の範囲がさらに拡大して国民に行き着いても論理は同じである。ただし、国民という集団がその最大範囲であり、それを越えることはありえない。情緒的な有機的連帯を感じ取れる範囲内でしか祖国愛は成立しないからである。したがって、「大地と死者」の教義にコスモポリタニズムが成立する余地はまったくなかった。それどころか、コスモポリタニズムはナショナリズムの存立構成を完全に否定するので、バレスの立場からすればもっとも敵対すべき理念であった。おそらく一九世紀のナショナリズムと較べると、愛国主義と情緒的にも理論的にも同一化したバレス型のナショナリズムの方が、より民衆に浸透しやすかったと思われる。一九世紀末のナショナリズムがひじょうに強力な政治用語になった理由の一端はここにあるだろう。

「大地と死者」の教義に基づくナショナリズムは、いかなる政治に具体化されるであろうか。バレスの政治にはいくつかのポイントがあるが、以上の論理を直接に反映するのは体制論である。バレスが構想した政治体制は、連邦制をとる権威主義的な国家体制である。[20] 地方分権化はテーヌやルナンなどのフランスの伝統主義者が主張してきた制度であるが、バレスは独自の非合理主義的な立場からその理念を受け継いでいる。バレスによれば、自我拡張によって国民内部の諸集団が意味を失うわけではなく、それぞれの集団はそれぞれに有機的連帯をもって存続し、それぞれが祖国として愛着を受ける。彼にとってこの多元性は国民の分裂を意味するのではなく、まったく逆に、この分権化をもたらす有機的多元体こそが人間の本来的な自由と社会の揺るぎなき統合を生み出す形態であった。バレスはテーヌに依拠しつつ、「われわれの国が被った二つの最大の悪は、地方生活の欠如と自発的協同の不能である」[21] と述べる。この言に基づいて、バレスが連邦主義を選択する理由を次の二点にまとめることができよう。

第一の理由は、協同能力の回復である。個人意識のレベルにおける集団への同一化についてはすでに論じたが、それは他者と連帯して集団を形成し、社会的使命を自らのものと引き受けて社会行動を起すなかで実現するはずである。したがって、フランスのエネルギーと国民感情を高めるためには、他者と協同する能力が必要不可欠である。ただし、他者との協同はあくまでも自我を拡大しようとする自然の本能に基づかねばならないので、集団形成は法の圧力のような人為的・合理的な上からの強制によってではなく、自発的参加により行われねばならない。そこで失われし他者との協同の能力を回復するためには、成員が近しくて直接的な関係を結べるコミューンや地方の集団にこそ権力が与えられねばならない。[22] 第二の理由は、伝統に則った地方感情の育成にある。地方集団は共通の絆で結ばれた現実的な集団である。この絆を形成するのは、独自の長い経験の蓄積に由来し、無視することも消滅させることもできない絶対性をもつ伝統である。個人の集団への同一化には、この伝統への感情的な一体化が重要な要因になっている。個人はこの地方感情をもつことにより、その延長としての国民感情をもてるようになる。そこで地方感情を育むためには、集団の伝統的特性を活かさなければならず、そのためには集団に拘束を受けない自立性を与えなければならない。それを国民社会の次元でみれば「物理的・道徳的世界の多様性と多岐性」が常態となるが、それを尊重するためには分権化が必要である。[23]

バレスは分権化を主張し、「中央集権化は墓場だ[24]」と説く。しかし、政治における国民的凝集は一元的統合を意味するであろう。この政治的課題に応えて、バレスは反議会主義的な権威主義政治の確立を提唱した。バレスはブーランジストのときから、政党政治は「いかなる結果ももたらさない凡庸な議論[25]」でしかなく、党派的な敵対はフランスの「構成的諸力」を分解して、個人エネルギーと国民エネルギーの双方を阻害する元凶であると考えていた。それに代わる国民政治の在り方として提示されたのは、すべての政党を超越する「フランスの政党」の下にフランス人を糾合する政治である[26]。この政党は一人の権威主義的党首の指導の下に、安定した国家政治を行うとともに、分権化によって国民の分裂が生じないようにフランスの政治生活を調整する、とバレスは主張する。

バレスの統合論から予想される政治体制は、強権的なボナパルティスム型独裁体制である。だが、バレス自身は政治的論説ではこれについて公言することを避けている。彼はときとして、第三共和制の議会体制には反対するが議会制そのものには反対ではないと強調し、理想的な議会制として、「決して放棄しない決然とした政策をもつ同質的で連帯した内閣が、そのなかに自らの理想を認め、それに権力と責任を委ね、そしてそれに確固たる賛同を与える決意をした多数派に支えられる[27]」状態を述べる。この種の発言は多分に選挙を意識したものであり、議会制民主主義への賛同はバレスの本心ではないであろう。もっとも、彼が共和主義者であったことは確かである。ともかくバレスが望んでいた政治体制は、議会の拘束を受けない権威的指導者の下に、国民的分裂や党派主義を招くことなく統合がはたされる共和制であった。

バレスの政治体制論のなかに、国家主義的な求心性と地方主義的な遠心性の矛盾を指摘することは容易である。しかし、バレスはそこに何の矛盾もみていなかった。彼は自我拡張による個人主義の集合主義的進化と同じ論理にたって、完全ナショナリズムに基づく権威主義は個人的自由の進化であり、国民的価値を伝える権威主義国家は分権主義の進化であると考えていた。バレスはこうした考えのうえに、国民の魂に仕える権威的支配者と利己的目的のもとに国民的福祉を無視する独裁者、自発的集合主義を尊重する権威主義国家と国家主義的抑圧を加える中央集権国家を区別し、前者を栄光化するとともに、後者をジャコバン的独裁として非難した。しかし、この区別は国粋的なナショナリズムを奉じるかどうかの区別にすぎず、機能的な配慮に欠けていることは明らかである。「上に権威、下に自由」という議論は伝統主義的な論者により何度も試みられてきたが、バレスにしても複合的な現代社会で通用する議論になっているとは思えない。

これまでに論じたところから、「大地と死者」のナショナリズムは従来のいかなる保守主義とも異なってはいるものの、環境と世襲の絶対的な決定論に依拠するゆえに、基本的には伝統的保守主義と特徴づけることができよう。しかし、それはコインの片面にすぎない。バレスがブーランジスムのなかで感じ取った「本能的喜び」がそこに収まるわけはないからである。バレスのナショナリズムのもう片面は、英雄的指導者が導く熱狂的な大衆運動への指向である。バレスはブーランジスムに飛び込んだとき、大衆のエネルギーに融合することにより自己充足を味わったが、ナショナリズムを教条化するに際して、その大衆は国民的本能の主体になり、国民的エネルギーの源泉になった。バレスの考えでは、大衆は本能に生き、大地に根ざすゆえに伝統主義的なので、ナショナリズムの宗教的情動を感じ取る力をもつ。それに対して、社会を倫理に基づかせようとする「知識人」は、社会の非合理的な成立やナショナリズムの本能的な真理を理解できないというわけである。[28] こうして以前は「野蛮人」であった大衆は今やバレスの理想的存在になり、彼の完全ナショナリズムの担い手になった。バレスのナショナリズムは伝統主義的でありながら従来左翼に属していた大衆を基盤にもつという点でも、まったく新しいものだった。

バレスが大衆に魅せられたのは、それの躍動的なエネルギーの爆発のゆえにである。バレスにとって、ブーランジスムとは何よりも「民衆の大いなる潮流」「国民の生きている力」であった。ここに政治の真の動態をみいだすロマン主義的な政治観をとれば、大衆運動型の政治が当然追求されることになろう。バレスがこの型の活動主義的な政治を求め続けていたことは、一九一一年の『兵士への訴え』に明らかである。[29] バレスにおいてこの型の政治と英雄主義は不可分の関係にある。これはブーランジスムの体験によるところが大きい。ブーランジスムのとき、一人の英雄が彼に従うそれぞれの人間を活性化し、国民の精神的覚醒とエネルギー的高揚をもたらす現実を体験したことにより、バレスの英雄主義への信念は揺るぎないものになったと思われる。バレスは死ぬ間際になっても、次のようにこの信念を述べている。「われわれの偉大で高貴な精神の持ち主、激しい熱狂が生きている魂の持ち主を探し求める。われわれは情熱と美を必要とする。われわれは永久的精神と呼ぶに相応しい崇高で逞しい人間を待ち望む[30]」。

バレスの英雄主義はたんなる待望論ではない。それは第一に、英雄的情熱に支えられて活力と力の表出を求める行動信仰であり、この意味ではそれは一般的な行動の信条および心情である。バレスが若い頃からこの種の行動信仰をもっていたことはすでに述べたが、彼はそれが大衆運動を支える重要な要素であると考えるようになっていた。[31] 第二に、英雄主義は国民運動における英雄的指導者の必要性と役割を説明する理論である。その論理は次のようにまとめることができよう。国民運動は大衆の「国民的無意識」の表現運動であるので、それを導くのは理性的な政治議論ではなく、大衆の魂を具現するカリスマ的な人間でなければならない。また、大衆は一般論ではなく個人に関心をもっているので、カリスマ的指導者がいなければ、国民の無意識的衝動は政治場裡の表面下で目標をもたずに騒ぐだけになってしまう。生きている個人に焦点を合わせる具体的なイメージをもつことによってのみ、大衆の本能的なナショナリズムは運動として具体化し、そして英雄が喚起する疑似宗教的な感情により、それは統一した政治行動をとることができるようになるだろう、と。[32]

このような英雄的活動主義は、「大地と死者」の教義における決定論と明らかに矛盾する。前者は人間の力に依拠し、個人主義的・行動主義的・過激的・動態的であるのに対し、後者は人間を超える集合的な力に服従し、集合主義的・伝統主義的・穏健的・静態的である。[33] この対立はバレスの思想における主要な緊張の源になった。第二の三部作はこの相克を克服し、二つの思想の流れを調和した全体に融合させようとする試みでもある。この問題は、英雄主義を賛美して生の躍動感に生きるステュレルと、環境を受諾して内面的平穏に生きようとするレメルスパシェとの対立として提起される。『根なし草』のなかで、ステュレルはレメルスパシェの指摘に従い、彼の英雄主義が無責任で利己的であることを認め、そして故郷ロレーヌへの巡礼の後に「大地と死者」の教義を受諾する。しかし、その場合でも、ステュレルは決定論の受動性には批判的であり、行動指向を捨て去ることはなく「大地と死者」の積極的な擁護に活路を開いていく。

この矛盾の提示と融合の試みは、ファシズム・イデオロギーの形成という点で重要な意義をもつ。その一つは、この相克から直接現れた理念である。一九世紀末に誕生した右翼ナショナリズムないし完全ナショナリズムは、共産主義革命の恐怖、経済不安、諸外国への対抗などに衝き動かされて、英雄的な行動主義を先鋭化させると同時に、保守主義を急進化させていった。そこで解決を迫られたのは、革命的であると同時に伝統主義的であるのはどのようにしてか、右翼が活動主義的な若者に反マルクス主義的な方向をとらせるのはどのようにしてか、という問題である。右翼が提示した理論的解決は、活動主義を伝統的秩序の擁護に振り向け、そのダイナミズムを経済革命ではなく政治革命に方向づける保守革命ないし右翼革命の理念である。バレスはこの理念を提示したわけではない。しかし、『根なし草』のなかの融合の試みはそれを暗示していると言えよう。

もう一つは闘争ないし暴力のイデオロギーである。その母体となるのは冷淡なリアリズムである。三部作のなかでは、レメルスパシェのなかにこのリアリズムは明らかになる。レメルスパシェは、ステュレルがブーランジスム衰退後もブーランジェを擁護することについて、ブーランジェは目標を達成しなかったゆえに断罪されねばならないとして非難し、そして次のようにその理論を明らかにする。「われわれは自然が選別した結果である。われわれは毎日粗暴な死活の法則により生きる権利を勝ち取ってきたし、また今後もそうするであろう。……社会とは敗者が結局悪いところの実力の体系である」[34]。レメルスパシェのリアリズムはバレスが抱懐するものでもある。バレスは好んで生を醜きものや苛酷なものと考え、自分をこの現実に立ち向かう男らしく強靭なリアリストとみなし、そして理想主義者やロマン主義者やヒューマニストを臆病者として蔑んでいた。この性向はブーランジストのときからみられるが、『根なし草』を出版する頃には、力(force)の信奉者であることを明言するようになる。彼が若いときに愛していた美徳は強きことになり、栄光は成功することになる。力のみが成功をもたらすのであり、成功は常に正義と権利になる[35]。

この正義は力であるというリアリズムは本来、英雄的活動主義や大衆ナショナリズムと強い親和性をもつ。それは英雄主義に現実的な方向づけと正当化を与えるとともに、次のような理由で大衆ナショナリズムを促進する作用もする。第一に、国民エネルギーの母体である大衆の動物的本能にとって、最適な表出の場は闘争にあるので、そこで勝利すること、成功することがその本能を十分に発揮することになり、ひいては栄光ある充実した生を証明することになる。第二に、成功だけを問う単純明快なリアリズムは、道徳的・倫理的葛藤に苦しむ必要もなければ、理想と現実のギャップに悩む必要もないので、大衆の政治行動にとって都合のよいものである[36]。このリアリズムはバレスの「大地と死者」の教義に組み入れられてはいないが、決定論者のレメルスパシェによって提示されたことからも明らかなように、もう一つの決定論である。そして権力至上主義的なリアリズムは、ファシズムの生成過程において最終的に、人間の歴史とは強き者が弱き者を支配する無慈悲な闘争である、という闘争史観とでも呼ぶべき社会ダーウィニズム的な歴史決定論にいきつく。「事実の秩序のなかには権利とか正義とか呼ばれるものは存在しないのであり、歴史全体を通じて己れ以外の規則なしに発展した実力しかない[37]」と述べていることから理解できるように、バレスの思想のなかには闘争的な歴史決定論への発展が確実にあった。

バレスはある種の政治的ロマン主義が潜在する英雄主義や大衆運動主義に決定論的基礎を与えることにより、活動主義と「大地と死者」の教義との対立を緩和しようとしたのであろう。しかしながら、権力至上主義的リアリズムや闘争史観の決定論は、同じ決定論であっても「大地と死者」の決定論とはまったく別のものである。また、それらは人間の意志や理念が何一つ及ぶことのない権力状態を前提にしている点で「自然の力」に服従していると言えるが、この場合の自然も「大地と死者」の自然とはまったく別のものである。バレスが「われわれは自然が選別した結果である」と断言するとき、この自然は明らかに一方的に人間に押しつけられる弱肉強食の法則を意味していた。彼はこの自然についても、それに適合的に人間を仕向ける本能の作用を認めていた。たとえば、権力問題の直視を説く「自然なものへの進歩」というニーチェの言葉を引用しつつ、それは「人間に自然な本能の勇気を取り戻させる」と述べるとき、この本能は闘争を指向する行動主義的性格をもっていた[38]。ここにみられる自然観は、明らかに制度や慣習的行動を否定する動態的で闘争指向的なものである。

以上論じたように、バレスのナショナリズムには伝統主義的保守主義と大衆主義的過激主義という二つの要素があった。心理的レベルでいえば、デカダンのもつ孤独と恐怖が調和の希求となって現れたのが前者であり、躍動的情動の充足となって現れたのが後者であった。哲学的レベルでいえば、反合理主義的な自然決定論が保守的な方向に発展したのが前者であり、過激主義的な方向に発展したのが後者であった。バレスはこの緊張を意識し融合させようとしていたが、しかし結局のところ、融合はできなかったし、またどちらかを選択して一貫性を得ることもなかった。それゆえに、どちらの立場も完全なものではなかった。逆に考えれば、二つの立場が併存していたことは、バレスの独自の立場を物語っているとも言えよう。たとえば、「バレスは大地に近いとは感じていなかった」のであり、「彼はつねにかなりの程度都会人のままで、文学と政治の世界の貴族のままだった」というイヴ・シロンの言や、バレスは「情念に沈潜」し、「詩と雄弁に満ちた芸術家」であったというアルフォンス・V・ロシュの評は、バレスのそうした独特な個人主義的境地を示している。[39]

(1)　M. Barrès, "La Querelle des nationalistes et cosmopolites," *Le Figaro*, 4 juillet 1892.

(2)　シャルル・モーラスはこの論文について次のように評している。「ナショナリズムをそのヨーロッパ的な意味から方向転換させたのはモーリス・バレスである。彼は「ナショナリストとコスモポリタンの争い」という題で当時のフィガロ紙から出た論文のなかでそれを行った」。Charles Maurras, *Dictionnaire politique et critique*, établi par les soins de Pierre Chardon, A la Cité des Livres, 1932-1934, vol. III, p. 169.

(3)　M. Barrès, *Mes Cahiers*, cit., tome XIII, p. 175.

(4)　M. Barrès, *Les Maîtres*, in *Œuvre de Maurice Barrès*, cit., tome XIII, pp. 156-157.

(5)　W. C. Buthman, *op. cit.*, chap. V.

(6)　M. Barrès, *Scènes et doctrines du nationalisme*, cit., p. 25.『根なし草』のなかでバレスがテーヌ哲学を取り上げているのは、主に「テーヌ氏の樹」と題された第七章においてである。その中心はテーヌがプラタナスの樹を指差しながらレメルスパシェに語る箇所であるが、有田英也氏は「樹木は人間と郷土との結びつきの比喩」であり、そこには人間を「生得的特徴に照らして規定する志向がみられる」と指摘する。有田英也「フランス・ファシズム文学のレトリック——その主題と語り」(『成城文藝』第一三九号、一九九二年)、八七頁。

(7)　M. Barrès, *Scènes et doctrines du nationalisme*, cit., p. 30.

(8)　*Ibid.*, pp. 31-32.

(9)　セルジュ・モスコヴィッシ『群衆の時代』吉田幸男訳(法政大学出版局、一九八四年)、五五九—五六六頁。

(10) M. Barrès, *Scènes et doctrines du nationalisme*, cit., p. 446.

(11) M. Barrès, *Mes Cahiers*, cit., tome XIII, p. 83. バレスは社会宗教を天啓宗教に代置するとともに、それの提唱者としてコントの名をあげる。

(12) たとえば、M. Barrès, *Les Maitres*, cit., p. 52; idem, *Mes Cahiers*, cit., tome XIII, p. 221; *Un Homme libre*, cit., pp. 272-273.

(13) M. Barrès, *Scènes et doctrines du nationalisme*, cit., p. 435.

(14) M. Barrès, *Les Déracinés*, cit., p.234. 邦訳、二九四頁。

(15) *Ibid.*, p. 233. 邦訳、二九四頁。

(16) *Ibid.*, p. 234. 邦訳、二九四頁。

(17) W. C. Buthman, *op. cit.*, pp. 67-70.

(18) M. Barrès, *Mes Cahiers*, cit., tome XIII, p. 335.

(19) バレスと同時代に生きたデュルケームは、こうした意味での祖国の可変性を明確に自覚していた。エミール・デュルケーム『社会科学と行動』佐々木交賢・中嶋明勲訳(恒星社厚生閣、一九八八年)、二三二頁。

(20) バレスの連邦主義についての議論は主に『ラ・コカルド』の時期に行われた。その後ドレフュス事件の動乱のなかでその議論は影をひそめ、国家主義的な発言が目立つようになる。しかし、その場合でもバレスは分権主義者を自認していたことは確かである。なお、バレスの分権論は地域的なものに限定されていたわけではないことも確認しておきたい。バレスは地域集団に並んで道徳集団についても論じている。しかし、それについては主に職業を核とする集団という以外、明確な説明はない。

(21) M. Barrès, *Scènes et doctrines du nationalisme*, cit., p. 435.

(22) M. Barrès, "Fédération non uniformiste dans le socialisme," *La Cocarde*, 28 octobre 1894.

(23) M. Barrès, *Scènes et doctrines du nationalisme*, cit., p. 462.

(24) *Ibid.*, p. 444.

(25) M. Barrès, "Une Lettre," *Le Courrier de l'Est*, 25 août 1889.

(26) M. Barrès, *L'Appel au soldat*, cit., pp. 516-517.

(27) *Ibid.*, p. 508.

(28)　M. Barrès, *Scènes et doctrines du nationalisme*, cit., p. 56.

(29)　たとえば，M. Barrès, *L'Appel au soldat*, cit., pp. 415-416.

(30)　M. Barrès, *Les Maîtres*, cit., p. 164.

(31)　ここには大衆信仰とエリート主義の矛盾がある。バレスは大衆を理想化し，その本能を具現化するものとして英雄的指導者を提示する。しかし，ブーランジスムのとき大衆は結局その大義を捨て去ったという事実，あるいは大衆ナショナリズムを唱えるバレスが何度も落選したという事実は残る。バレス自身が，永久的精神に尽す自分と大衆との間に乖離を感じていた。「わたしを他者から区別するものは偉大さへの感情である」と彼は述べる。そうなれば，大衆はまだナショナリズムの精神や自分たちの潜在的な力を自覚していない，という議論にならざるをえない。そしてこの議論は，エリートによる大衆教育という周知のエリート主義にいきつく。M. Barrès, *Scènes et doctrines du nationalisme*, cit., p. 21 ; idem, *Mes Cahiers*, cit., tome XIII, p. 74.

(32)　M. Barrès, *Scènes et doctrines du nationalisme*, cit., p. 298 ; idem, *Les Déracinés*, cit., p. 305. 邦訳，三九〇頁。

(33)　この問題をバレスの政治に即して言い換えれば，次のような問いになるだろう。すなわち，バレスのナショナリズムは英雄に導かれた大衆を主体にし，「大地と死者」を源泉にするとしても，それは一体いかなる機制により高揚するのだろうか。「大地と死者」は国民の永久的原則であるとしても，それ自体には国民エネルギー発揚の起動装置は備わっていない。大衆が伝統主義的で大地に根ざしていればいるほど，愛国主義はナショナリズムに上昇するのではなく，郷土愛に下降する傾向になることは明らかである。たとえ英雄がナショナリズムを燃え上がらせ，国民に栄光を与えたとしても，それが一時的なものであり，決定論の枠内で制度化して日常化すれば，英雄はバレスが嫌う独裁者になってしまうだろう。とすれば，国民エネルギーの発展と国民の栄光化の恒常性は何によって保証されるのだろうか。

(34)　M. Barrès, *L'Appel au soldat*, cit., p. 395.

(35)　M. Barrès, *Mes Cahiers*, cit., tome XIII, p. 206.

(36)　*Ibid.*, pp. 89-90.

(37)　*Ibid.*, p. 206.

(38)　M. Barrès, *Mes Cahiers*, cit., tome XIX, pp. 88-89.

(39) Yve Chiron, *Barrès et la terre*, Éditions Sang de la Terre, 1987, p. 51 ; Alphonse V. Roche, *Les Idées traditionalistes en France : De Rivarol à Charles Maurras*, University of Illinois, 1937.

第三節　国民社会主義の理念

バレスは一八九三年に前年のストライキに触発されて、「ナショナリズムはフランス人労働者の保護を意味する」という表題の下に一連の論文を発表し[1]、フランス人労働者の外国人労働者からの保護を公衆に訴えると同時に、議会でそのための保護主義的立法を要求した。バレスはブーランジストのときから労働者の保護を要求していたが、この論文で初めてナショナリズムと社会主義を結びつける「国民社会主義」(le socialisme national) の論理を明示し、その結節点としての保護主義政策を提示した。後にファシストが国民社会主義という言葉を自らの教義を表現するために用いたことは周知の事実だが、この語を最初に使ったのはおそらくバレスであろう。その後一八九三年、一八九八年、一九〇三年の選挙において、ナショナリズム―社会主義―保護主義は選挙プログラムの骨組みを構成した。本節では主に一八九八年選挙におけるナンシー・プログラムに依拠しながら、バレスの国民社会主義について考察したい。

ナンシー・プログラムの第一章「われわれはナショナリストである」において、バレスは政治社会の不安を次のように説明する[2]。フランスの危機の元凶は、地域・職業・道徳の種々の領域に「居候」である外国人が侵入し、フランス人に競争を強いて圧迫感を与えていることであり、その原因は「ナポルテュニスト体制が二〇年にわたって、ユダヤ人・外国人・コスモポリタンを優遇してきた」ことにある。とりわけユダヤ人は、大革命によりフランス人に同化したものの彼らに固有の性格を保持し、「買い占め、投機、コスモポリタニズムという生活習慣」により得られる「腐敗した金」を使って、軍隊・官公庁・司法部・内閣などで要職を占めるに至っている。バレスはこのような認識のうえに、「新しいフランス政治の基本原則」として、外国人の「侵略」からフランス人を保護することを掲げる。ここでの保護主義は、通常その後が意味する国内産業の保護ではなく、フランス人の全生活領域にわたる保護である。[3]

続く第二章「われわれは経済不安からの保護を欲する」における経済不安の分析においても、同じ論法が使われる。[4]バレスによれば、フランス人労働者は外国人労働者の流入により、失業の不安に苛まれ、賃金を下げられ、生活水準の低下を余儀なくされている。さらに機械化は「軍事規律」で労働者を拘束する。小商人は労働者への信用売りに頼っているが、長期の失業は小商人も破滅させる。小商人と小実業家は共に投機家の意のままに仕入価格を変えられる。農民はアメリカとインドの収穫により価格を左右されるし、大仲介人に利益を吸い取られる。最後にブルジョワジーにしても、「国際的金融制」のなかで統制を受けて怯えている。こうした経済不安に対処するために、バレスは八つの提案をする。(1)保護貿易政策、ならびに外国人労働者に対する兵役の賦課と公的職務からの除外、(2)国家による退職年金公庫の設立、(3)貧者を苦しめる消費税の軽減、(4)貯蓄銀行基金による農業金融の組織化、(5)労働組合への貸付の拡大、(6)国家の権利に抵触しない範囲内でのコミューン自治権の拡大、(7)公的学校における職業教育の拡大、(8)普通選挙の効力拡大をめざす憲法改正、とりわけ国民投票の認可、である。

このプログラムは当然のことながら、前章で論じた伝統的保守主義に基づく保守的ナショナリズムと英雄的活動主義に基づく大衆ナショナリズムという二つのナショナリズムを基礎としている。そこでこのプログラムの意味をこれまでに論じた二つのナショナリズムをもとに考察を加えたい。まず純粋に経済的な側面だけをみた場合、バレスの経済構想は対外的競争から停滞した経済的慣行を擁護する点で、「反資本主義的で封建的」な社会経済秩序の観念に依拠している。[5]ここには、階級対立に基づく社会変動を確信する社会主義的ビジョンはない。また、フランスの農業と工業の近代化をはかり、対外的な競争力を高めようとする近代主義的なビジョンも稀薄である。そこにあるのはむしろ、調和が支配し、勤勉な農夫が働く、古きフランス人へのノスタルジーである。バレスが将来の異なる社会の構築を考えるユートピア的発想や、社会の合理的な編成をめざす社会工学的発想を嫌い、神秘的な真価の産物としての既成秩序を守り、調和を図ろうとする文化的伝統主義者であることは、経済においても明らかである。

バレスの経済政策に進歩的ビジョンはないが、彼にとってそれは二次的な問題である。その保護主義的な経済的提言の重点は、外国人労働者を排除することにより、労働者とプチ・ブルを経済不安から救うという点にあった。バレスは、外国人はフランスに「エネルギー的要素」をもたらすと主張する人々に対して、「エネルギー的要素はフランス社会そのもののなかにみいだす」べきであり、そのためには「もっとも恵まれない人々、貧しい人の財産取得を促進して、彼らの生活をより安定させ、職業教育をより多く受けさせる」ことが必要だと反論する。(6) 国民エネルギーの増大というナショナリズムの意図の点から考えると、下層階級のための政策提言の目的は、それの最大の源泉である大衆を保護すること、そしてそれ以上に彼らに政治的目標を与え、彼らのエネルギーがそれに向けて高揚していくところの筋道を設定することにあったと思われる。だが、目的はそれだけではない。

ナンシー・プログラムが以前のプログラムと違う点の一つとして、労働者だけではなくブルジョワジーについても外国からの保護を要求するようになったことがあげられる。バレスは一八九三年の段階では労働者の危機にのみ言及していたが、このプログラムではフランス人の保護がナショナリズムの立場から徹底された。彼は別のところで、「全フランス人の経済的安全を保証することを提案する」(7) と述べる。バレスの保護主義は、国家によってフランス人労働者の生活を保護し、同時にナショナリズムの立場からブルジョワジーに労働者と協力するように促すことによって、「経済的調和」、すなわち「単一国家内でのみ真でありうる社会のさまざまな部分での連帯」を確立する方策である。(8) この点から、ブーランジスム期には潜在的であった国民社会主義のもう一つの目的を読み取ることができる。すなわち、国民的凝集をめざす国内対立の解消である。

このことは、先に論じたバレスのナショナリズムの理論からすれば当然の帰結である。もともとそこには労働者階級を擁護する特別な理論はない。また、それの理論的支柱である分権主義と国家主義のバランスは、ドレフュス事件という国民的分裂の危機を前にすれば必然的に後者に傾くことからも分かるように、絶対的なものではなかった。それの根底にある国民統合こそが絶対的であった。したがって、フランス人の保護が全フランス人に及ぶのは必定であった。国民の全一性の保守という基準にたてば、保護の基底にある自民族中心主義は国民的凝集と表裏の関係にあるからだ。バレスは「われわれの地平に侵入できない壁をつくる」[9]ことによって他国との交流を断ち、「第一に重要なのはフランス人であり、外国人は二番目だ」[10]という原則を公言して憚らない。フランスのまわりにつくる壁とは、保護主義の壁である。

以上のことから、バレスの国民社会主義における「社会主義」の意味が明らかになる。バレスは社会主義を「最も人数が多く、最も貧しい階級の物質的・道徳的改善」[11]と定義するが、彼にとって社会主義は根本的な目的でも独立した理念でもなかった。「労働者を祖国の理念に結びつけること、これが私の労働者保護のための運動の要諦である」[12]と述べているところから明らかなように、バレスにおける社会主義の意図は、国民エネルギーの高揚と国民的凝集のために、その主役であるとともに国内対立を引き起す最大の要因でもある大衆を、ナショナリズム政治のなかに引き入れることにあった。もっとも、このような明白な意図があったからといって、社会主義をナショナリズムの都合のいいように利用したと解釈することは正しくない。当時のフランスの状況を考慮すれば、こうした意図のもとで社会主義を標榜しても、いまだ認められる余地はあったと思われる。だから「ナショナリズムは必然的に社会主義を生み出す」[13]というバレスの言は、決してはったりではなかった。だが、それだけではない。バレスの著作に明確には出てこないが、両者の間には結合を可能にする親和性がもともとあったことにも留意する必要がある。それは共同性である。とくにフランスの社会主義の伝統のなかには、個人の私的自由に基づく原子化された社会からの解放をめざす社会的共同の再構築という意味があった。

階級的にみれば、バレスの国民社会主義にもっともなじむのは、伝統的・保守的な経済態度をとり、産業化の波に揺さぶられながら調和を求める階級であるとともに、ジャコバン的愛国主義の本来の担い手であるプチ・ブルである。それにもかかわらず、バレスが社会主義という言葉に固執したのは、一つには何よりも大衆全体を意識していたからであり、もう一つには労働者階級の獲得をめぐってマルクス主義的社会主義に対抗しなければならなかったからである。バレスにとって、階級対立に労働者の意義を認めるマルクス主義的社会主義は、「祖国の防衛を弱める、あまりにコスモポリタン的ないしあまりにドイツ的な社会主義[14]」であり、絶対に受諾することのできない思想であった。

国民社会主義は確かに政治理念としては成立するが、しかし、現行体制に対抗する大衆動員を可能にする条件という点から考えれば、それだけではイデオロギーとして機能できないだろう。そのために必要なのは、民衆の日常生活と結びつき、国民社会主義諸要素を集約できる「神話」的な創造物である。国民社会主義においてこの役割をはたしたのは、保護主義政策の中心にある反ユダヤ主義である。ルイ・デュモンが言うように、人種は階級に較べて日常的連帯の基礎になりづらいが、反ユダヤ主義だけが大衆レベルで基礎をもつ[15]。国民社会主義のイデオロギー的効果という観点から言えば、反ユダヤ主義は第一に、国民社会内部の矛盾から人々の目を逸らし、国民全体の統合と国民的伝統の自覚を促し、そして国民の絶対性と純粋性を保護する役割をはたす。それは下層階級をナショナリズム化するのみならず、ユダヤ人の大財産に嫉妬しているブルジョワジーや保守主義者にも社会的改良と労働者への同胞意識を認めさせることにより、社会的分裂を克服ないし隠蔽し、左右の社会的諸勢力をナショナリズムの名の下に統合するように作用するからである。反ユダヤ主義は第二に、英雄的活動主義に目標を与え、暴力というもっとも適合的なかたちで大衆のエネルギーを動員する役割をはたす。相互敵対状態にあって分散化した暴力を、社会分裂を回避しつつ一つの大きな国民エネルギーにまとめあげる方法は、社会外的な第三の対象に暴力を集中させる他ないが、他国との戦争以外にそれが可能なのは反ユダヤ主義の闘争だけだからである。

こうした展開を促進する方法は、第一に、バレスのプログラムにみられるようにユダヤ人中心の支配体制を想定し、それに対抗する国民社会主義の革命性を強調することである。第二のおそらくはもっとも有効な手段は、ユダヤ人を妥協の余地のない完全な悪とみなす人種主義的決定論に依拠することである。バレスはブーランジストのときから反ユダヤ主義を唱えていたが、その時の社会的反ユダヤ主義は文化的伝統主義に基づくものであった。『ベレニスの園』のなかでバレスが「民衆の魂」について書いたとき、その魂とは血や人種ではなく、文化的伝統の累積的結果であった。「大地と死者」の宗教にしても、環境の決定論であって人種の決定論ではなかった。個人を形成するのは文化的価値であり、それは肉体にではなく、社会的に伝達され、教育により植えつけられるとされていた。ユダヤ人はそれ固有の文化によりフランス文化を危機に晒しているが、しかし、ユダヤ人は結局のところフランス文化に同化し、文化的脅威は消え去るだろうとバレスは考えていた。一八九八年の選挙の時点でも、バレスの反ユダヤ主義はまだ文化的伝統主義の枠内にあり、精神的質と肉体的質を同一視する人種主義的なものではなかった。また、ユダヤ人がフランスに同化する可能性についても否定していなかった。すなわち、「ユダヤ人を滅ぼす必要はない。彼らを同化すること、それは可能である」[16]と。しかし、選挙後にバレスの反ユダヤ主義はその意味を変える。

バレスは一八九八年の選挙が終ってから、人種主義を公言するようになった[17]。おそらくその理由の一つは、この選挙で同じナショナリストのリュドヴィ・ジェルヴェーズに敗北したことにある。ドレフュス事件の勃発とともに人種主義はすばやくナショナリスト陣営に広まった。そしてそれを唱えるジェルヴェーズは、バレスの反ユダヤ主義が表面的であると非難した。第一回の投票でバレスはジェルヴェーズを若干上回ったが、決戦投票でバレスは負けた。これが原因となってバレスが負けたとしても、バレスの決定論的ナショナリズムが人種主義にかなり接近していたことは確かである。「大地と死者」の信仰において先祖から子孫への同族意識が強まれば、そこに血統的観念を媒介にして人種的観念が挿入されても不思議ではないからだ。また、大衆の動物的エネルギーの信奉は、肉体的な質を伝達する方向に向かうので、血の伝達になじみやすいことも確かである。さらに、血と人種という自然決定論的観念が加われば、この宗教はより多くの現実性と具体性をもてることになるだろう。ドレフュス事件の間、バレスは激しい人種主義的反ユダヤ主義者になった。「血は政治的信条や宗教的命令よりも強い[18]」とバレスは述べる。大衆ナショナリズムのイデオロギーで唱導された疑似ダーウィニズム的な生存闘争の理念は、人種闘争の理論で武装され、優越した人種が勝利するためには、人種汚染を避けねばならないという主張に変った。バレスはユダヤ人を劣等人種と特性づけ、フランスの血が毒されることを阻止する闘争として、反ドレフュス闘争を正当化した[19]。ドレフュス事件が治まるとともに、バレスはナショナリズムと人種主義の焦点をユダヤ人からドイツ人に変えた。彼は人種闘争の名のもとに、アルザス＝ロレーヌをめぐる復讐戦争の雄叫びを蘇らせ、「フランスの血は復讐を叫び求める[20]」と唱えた。

バレスの人生のなかで、国民社会主義を政治主張に掲げ、人種主義的反ユダヤ主義を唱えた一八九八年から一九〇三年の間が、もっともファシズム的であったと思われる。この間の活動もそれを物語っている。一八九八年の選挙で敗北してから六ヵ月後、バレスはフランス祖国同盟(la Ligue de la Patrie française)の設立に加わり、中央委員会のメンバーになった。彼は同盟の精神的かつ思想的な指導者であったが、しかし実践面においては、結局のところ、バレスやガブリエル・シーヴトンの過激主義は、ジュール・ルメートルやルイ・ドーセの反与党主義の前に指導権をとることができなかった。翌年になると、バレスの関心は愛国者同盟にも向けられるようになる。それはブーランジスム以後沈滞していたが、一八九八年七月にポール・デルレードにより復活され、一八九九年には四万人以上の成員を有していた。もともとフランス祖国同盟の設立は、暴力的な愛国者同盟への反発を一つの動機にしていたが、バレスは二つの同盟の相互補完的な役割を強調していた。愛国者同盟が街頭行動や政治闘争で必要とあれば武力を用いて行動する集団であるのに対し、フランス祖国同盟はフランスの力と情熱を回復させるための知的な役割をはたすというわけである[21]。

一八九九年二月、共和国大統領で愛国者同盟の設立者の一人であるフェリックス・フォールが死に、ドレフュスに有利な選択をすると目されていたエミール・ルーベが後を継ぐことが決まると、デルレードは二月二三日のフォーレの葬式を利用してクーデターを起し、軍隊と公衆を味方につけて共和制を打倒することを決意した。将校団はひじょうにナショナリズム的で反ドレフュス派であったので、デルレードの期待は馬鹿げたものではなかった。愛国者同盟はフランス祖国同盟やフランス反ユダヤ主義同盟と連合し、葬式のパレードを大統領官邸への行進に変える作戦をとった。しかし最終的に、パレードを先導したロジェ将軍はデルレードの説得に応じなかったので、クーデターは失敗し、デルレードは逮捕された。一八九九年五月バレスはクーデターの裁判でデルレードを弁護する証言をし、無罪になった後に祝勝会に参加して彼を称賛した。八月に陰謀罪でデルレードが再逮捕されたときも、バレスは弁護の証言をしている。[22]

バレスは愛国者同盟と並んで、フランス祖国同盟の内部から生まれたアクシオン・フランセーズ（l'Action française）にも期待していた。[23] しかし、一九〇〇年の終り頃に君主主義者のシャルル・モーラスが指導権を握るようになると、バレスは迷いながらも徐々にそこから離れていった。一九〇一年にバレスはあらゆる同盟を放棄し、一時政治から身を引いていたが、翌年四月の下院選挙においてフランス祖国同盟が勝利したとき、再び政治に戻った。そのときまでにフランス祖国同盟の指導権はシーヴトンのグループに移り、それはバレス主義的な色彩を強めるとともに、愛国者同盟と連合して街頭行動に乗り出すようになっていた。[24] こうした状況を背景として、バレスは一九〇三年の下院選挙にナショナリスト陣営の統一候補として出馬した。今やバレスはフランス・ナショナリズムの代表的な指導者になり、主要な諸同盟に発言力をもつ唯一の人物になっていた。

過激な活動を行っていたこの時期においても、バレスはやはり「大地と死者」の唱道者であることに違いはない。伝統主義的・保守主義的ナショナリズムと大衆主義的・過激主義的ナショナリズムは併存したままであった。おそらくこの曖昧さがフランス・ナショナリズムを幅広く糾合した一因でもあったろう。彼の国民社会主義にしても、いわば二つのナショナリズムの諸要素を組み合わせたモザイクであり、重心の取り方によってどちらにも傾くものだった。それゆえに、一九〇三年の選挙で敗北した後、バレスは過激な態度が選挙に不利なことを悟り、選挙直後に簡単にそれを放棄して伝統主義的な保守主義に移行したのである。一九〇六年バレスは保守的なパリ一区から下院議員に当選するとともに、アカデミー・フランセーズの会員に選ばれた。これ以後バレスは、共和制打倒のいかなる暴力的な企てにも関与せず、現行体制の擁護者として一九二三年一二月に死ぬまでこの議席を守った。[25]

(1) M. Barrès, "Le Nationalisme implique la protection des ouvriers français," in *Scènes et doctrines du nationalisme*, cit., pp. 407-414.

(2) M. Barrès, "Le Programme de Nancy," *op. cit.*, pp. 385-387.

(3) この排外主義はほとんど国内にとどまっていたが、それはこの時期のバレスにとって外国の脅威はもっぱら「ドレフュスの陰謀」にあったからであり、対外的関心の欠如によるものではない。

(4) M. Barrès, "Le Programme de Nancy," *op. cit.*, pp. 387-389.

(5) R. Soucy, *Fascism in France*, cit., p. 266.

(6) M. Barrès, "Le Programme de Nancy," *op. cit.*, p. 387.

(7) M. Barrès, "Socialisme et nationalisme," *La Patrie*, 27 février 1903.

(8) M. Barrès, "Qu'on soumette les étrangers aux lois françaises," *La Cocarde*, 29 novembre 1894 ; "L'Idéal dans les doctrines économiques," *La Cocarde*, 14 novembre 1894.

(9) M. Barrès, *Le Courrier de l'Est*, 8 mai 1898.

(10) M. Barrès, "Qu'on soumette les étrangers aux lois françaises," *op. cit.*

(11) M. Barrès, "Le Programme de Nancy," *op. cit.*, p. 387.

(12) M. Barrès, *Mes Cahiers*, cit., tome XIII, p. 299.

(13) M. Barrès, "Le Programme de Nancy," *op. cit.*, p. 387.

(14) *Ibid.*, p. 386.

(15) ルイ・デュモン『個人主義論考――近代イデオロギーについての人類学的展望』渡辺公三・浅野房一訳（言叢社、一九九三年）、第六章。

(16) M. Barrès, *Mes Cahiers*, cit., tome XIII, p. 226.

(17) M. Barrès, *Scènes et doctrines du nationalisme*, cit., p. 72 ; idem, *Mes Cahiers*, cit., tome XIII, pp. 50-57.

(18) M. Barrès, *Les Amitiés françaises*, cit., p. 541.

(19) M. Barrès, *Scènes et doctrines du nationalisme*, cit., pp. 148-149.

(20) *Ibid.*, p. 298.

(21) *Ibid.*, pp. 103-105.

(22) R. Soucy, *Fascism in France*, cit., pp. 5-9 ; M. Barrès, "Une Œuvre de haine," *Le Journal*, 18 septembre 1899.

(23) Eugen Weber, *Action française : Royalism and Reaction in Twentieth-Century France*, Stanford University Press, 1962, pp. 18-32.

(24) C. S. Doty, *op. cit.*, pp. 202-205.

(25) R. Soucy, *Fascism in France*, cit., p. 35.

第三章　シャルル・モーラスの君主主義とアクシオン・フランセーズ

はじめに

世紀末の極右同盟が一般に認知されたのは、ブーランジスムの一〇年後に起ったドレフュス事件においてである。レモンの言を借りれば、「ブーランジスムはナショナリズムの誕生証明書を作成し、ドレフュス事件はそれの洗礼証明書を作成した」[1]というわけである。そこで登場した極右団体の特徴は序章で論じたが、それをもっとも明確に示しているのがアクシオン・フランセーズである。とりわけナショナリズム思想においてそれは透徹していた。たとえば、カールトン・J・H・ヘイズは総裁シャルル・モーラスの「完全ナショナリズム」が二〇世紀のナショナリズムを最初に特徴づけたと述べ、エルンスト・ノルテは、「祖国が神的なものとして究極的絶対物になる」ことをモーラスほど明確にした人はそれまでいなかったと述べた[2]。少なくともナショナリズム思想の一面においては、これらの評は的を射ている。ノルテは続いて、そのような「祖国の人類からの分離」を「ファシズム的ナショナリズムの嚮導原理」であるとして、「ファシズムの三つの顔」の一つにアクシオン・フランセーズをあげている[3]。そうしたナショナリズムがファシズム以外に向かう可能性を考えると、この主張に全面的に賛同するわけにはいかないが、それがファシズム化に資するところがあったのは確かである。また、実際の影響力という点でも、アクシオン・フランセーズは一九四四年のヴィシー政権の崩壊のときまで存続し、二〇世紀前半のフランスではもっとも長きにわたって強い影響を他の諸同盟に及ぼし続けた。その影響は第二次世界大戦後も何らかのかたちでフランスの政治に及んでいると言って差支えなかろう。[4]この種の団体として最初に設立されたのは愛国者同盟であるが、以上のことやモーラスの思想的な豊かさを考慮して、世紀末の極右同盟のなかでアクシオン・フランセーズだけを取り上げることにする。

アクシオン・フランセーズは一見矛盾する多様な相貌をもっている。それは伝統主義的であると同時に過激主義的で、保守的であると同時に暴力的で、情動的であると同時に合理的で、全体主義的であると同時に分権主義的な理念をもった運動である。序章で論じたようにそれの評価が真っ二つに分かれたのは、こうした複雑な性格にも起因したと思われる。本書ではアクシオン・フランセーズをファシズムの母体と考えているが、だからといってそれ以前のフランス右翼とそれが完全に断絶しているとは思っていない。むしろさまざまな伝統的右翼の諸要素をナショナリズムの要請に合わせて合成するなかから、[5]独自の教義が形成されたと言えよう。本章の課題は、このような意味でファシズムへの「媒介者」となった「不思議な運命」[6]を直接に問題とすること、つまりアクシオン・フランセーズが時代の問題をどのように引き受け、その解決をどのようにめざし、そしてそのことがどのように未来につながったのかを究明することにある。最初にアクシオン・フランセーズを設立するまでのモーラスの経歴を辿り、次に彼の「完全ナショナリズム」の思想を考察し、最後に彼の政治教義の中核にある君主主義の思想的意味を検討したい。

（1）René Rémond, *La Droite en France : De la première restauration à la Vᵉ république*, Éditions Aubier, 1968, p. 208.
（2）Carlton J. H. Hayes, *The Historical Evolution of Modern Nationalism*, Russell & Russell, 1931, chap. VI ; Ernst Nolte, *Three Faces of Fascism*, translated from the German by Leila Vennewitz, Holt, Rinehart, and Winston, 1966, pp. 143-144.
（3）*Ibid.*
（4）アクシオン・フランセーズを継承する右翼団体が存在するほかに、モーラスの政治理念がド・ゴールに受け継がれていたことを指摘する者もいる。Raoul Girardet, "L'Héritage de l'Action française," *Revue française de science politique*, octobre-décembre 1957 ; William R. Tucker, "The Legacy of Charles Maurras," *Journal of Politics*, November 1955, pp. 588-589 ; Jacques

Paugam, *L'Âge d'or du Maurrassisme*, Éditions Denoël, 1971, pp. 419-424; Anthony Hartley, "Maurras and His Heirs," *Encounter*, November 1964, pp. 41-43.

（5）　レモン以外にアクシオン・フランセーズの伝統的要素とのつながりを論じたものとしては、たとえば反革命学派、実証主義と科学主義、地域主義的連邦主義および文学的ネオ古典主義の合成と捉えたラウル・ジラルデ、実証主義とカトリシズムの合流と考えたＥ・ボー・ド・ロメニー、伝統主義の種々の系譜を辿ったアルフォンス・Ｖ・ロシュなどの作品がある。Raoul Girardet, *Le Nationalisme français 1871-1914*, Armand Colin, 1960, p. 196; Emmanuel Beau de Loménie, *Maurras et son système*, Centre d'Études Nationales, 1953; Alphonse V. Roche, *Les Idées traditionalistes en France: De Rivarol à Charles Maurras*, University of Illinois, 1937.

（6）　R. Rémond, *op. cit.*, p. 189.

第一節　君主主義的ナショナリストへの道程

シャルル・モーラスは、一八六八年四月二〇日にプロヴァンス地方のマルティグという小さな町で生まれた。[1] 父は文学と音楽を愛する陽気な人物で、典型的な一九世紀の唯物論者であった。母は対照的に物静かで真面目なカトリック教徒であった。モーラスは後に詩への情熱や活発さを父に、執着心や決断力を母に負っていると述べている。普仏戦争に負けたときモーラスはまだ二歳だったが、子供時代は他のフランス人と同じようにドイツへの復讐心に駆られていた。父は第二帝制と第三共和制で収税吏を務めていたが、モーラスが六歳になる前に亡くなっている。教育熱心な母はモーラスをマルティグとロケヴェールの公立小学校に通わせた後、エクサン＝プロヴァンスの中等学校に入れるために彼が八歳になると家族とともにそこに移住した。エクサンの雰囲気はカトリック的で王党主義的であり、モーラスもまた熱心なカトリック教徒であった。中等学校でのモーラスは多読であった。彼はホーマー、ラマルティーヌ、ミストラル、シェイクスピア、ダンテ、ラシーヌ、ボードレールなど、気の向くままに乱読していたようだ。そのなかでとくに没頭していたのがルクレティウスであった。ウィリアム・C・ブスマンによれば、それはモーラスに芸術と詩の嗜好規準、社会と政治の秩序規準、そしてナショナリズムへの指針を与えた[(2)]。

彼の少年時代は幸福であり、一四歳で難聴になるまですべてがうまくいっていた。これはモーラスの人生の最大の危機の一つだった。彼はそのために希望していた海軍学校への進学を断念したばかりか、通常の学校生活も続行できなくなっていた。モーラスと母は中等学校を退学することを決意したが、そのときに援助を申し出たのが「私の最初で最後の師[(3)]」とモーラスが呼ぶペノン神父であった。ペノン神父は二年以上にわたってモーラスにフランス語・ラテン語・ギリシア語・歴史の特別授業を施した。もう一つの危機は一六歳のときに信仰を失ったことである。その頃のフランスではほとんどすべての人はカトリック教徒であり、少なくともモーラスのまわりにそうでない者はいなかった。モーラスは宗教を意識するようになったとき、この意識がいかに他の人と異なるかを認識し、自分の自我を維持することを選択した。その結果、彼はすべての権威に懐疑的になり、社会や政治に対しては精一杯距離をおく無関心な態度をとることになった。この態度は二〇歳くらいまで続いたが、エクサンでの勉学により彼は「もっとも古くつくられたものがもっとも美しい[(4)]」という価値観を獲得し、それによって彼の懐疑論はかなり緩和されたようだ。もっとも、後述するように神を信ずることをやめた後も、モーラスは通常とは違う意味で自分自身をカトリック教徒とみなし続けたことは確かである。

一八八五年ペノン神父の尽力が功を奏し、モーラスはバカロレアに合格した。モーラスは文芸関係に職を求めることを決心し、また彼の文学的才能を高く評価する神父の助言もあって、その年の一二月に一家はパリに移住した。モーラスはパリに着くとすぐに図書館通いを始めた。ソルボンヌの歴史コースに登録していたが、難聴のため講義には出なかった。パリに来てから一八九〇年頃までの間、モーラスは哲学に没頭し、コント、テーヌ、ルナン、ル・プレなどの経験的・科学的方法の研究に基づいて道徳科学と社会理論を探求するなかで、独自の哲学体系の骨格を形成した。また、プロヴァンスの詩人ミストラルやバレスとの出会いを通じてナショナリズムを自覚するようになったのもこの時期である。モーラスがバレスと初めて会ったのは一八八八年である。モーラスが書いた『野蛮人の眼差しの下で』の書評を目にしたバレスの誘いで二人はバレスのアパートで初めて会い、その後親交を深めることになる。とはいえ、モーラスは依然として政治活動に軽蔑の感情しかもっておらず、ブーランジスムに対しても最初はそのデマゴギー的側面への嫌悪以外には何も感じていなかった。また、この時期においても、彼の根本的な関心が詩と芸術にあったことは疑いなく、一八九一年になるとモレアスとともにロマーヌ派を創設し、新古典主義運動を展開している。

モーラスはパリに行く前に、すでに最初の論文を『キリスト教哲学年報』(Les Annales de philosophie chrétienne)に発表しており、その後一八八八年まで主に哲学関係の論文をそこに載せている。それ以外に、『ラ・レフォルム・ソシアル』(La Réforme sociale)、『ランストリュクシオン・ピュビュリク』(L'Instruction publique)、『オプセルヴァトゥル・フランセ』(Observateur français)、『ラ・ルヴュ・イリュストレ』(La Revue illustrée)、『ラ・ルヴュ・アンデパンダント』(La Revue indépendante)といった雑誌にも一八九一年頃まで寄稿しているが、文学関係の書評が中心であった。一八九二年から王党派日刊紙『ラ・ガゼット・ド・フランス』(La Gazette de France)に論文を掲載するようになり、アクシオン・フランセーズの設立までにその数は二〇〇本以上に達した。そのなかには政治的なものもあったが、政治的な論文が多く書かれたのは『ル・ソレイユ』(Le Soleil)紙上においてである。そこに論文を送り始めた一八九五年頃、モーラスはまだ君主主義者ではなかった。彼が論じた政治問題はほとんど分権化に集中しており、統治体制をテーマに取り上げることはなかった。また、政治活動家でもなかった。彼の行動は「美的情熱に燃える批評家の文学的・知的運動」[5]の域を出るものではなかった。

一八九六年、モーラスは最初のオリンピックの取材のため、『ラ・ガゼット・ド・フランス』紙からアテネに派遣された。彼はそこで国民感情の高揚を経験しただけではなかった。より重要なことは、ギリシアの裁判所へのドイツの影響や地中海におけるイギリスの覇権に較べ、フランスは何の影響力も行使していないという事実に愕然としたことだった。フランスは大革命以降多くの戦争を行ってきたが、結果的に失う一方だったことから明らかなように、フランスの威信と富は国王の下で増大し、共和制や帝制の下で減少したと彼は考えた。もう一つの重要なことは、ギリシアの王制の観察から得られた知見である。諸政党によって分断された国では国王だけが調停役になりうるが、ギリシアでは国家の弱体と王の権威のなさにより適切に対処できていないと彼は批判した。かくして、フランスが再生するためには過去にあったような王制が復活しなければならないというのが、アテネ訪問から得られた結論だった。しかしながら、この結論は翌年の諸論文で暗示されてはいるものの、すぐには明らかにされなかった。モーラスが君主主義を最初に表明したのは、レオン・S・ルディエによれば一八九七年四月一三日であり、ブスマンによれば六月三日であるが、どちらにしろさほど明確ではない[6]。完全に明確と言える君主主義の公表は一〇月一四日と一五日に発表された『ラ・ガゼット・ド・フランス』紙上の論文においてであり、そのなかでモーラスはフランスの愛国主義は王のなかにだけみいだされる永久的表現を必要とすることを説いた[7]。正確な日時はともかくとして、モーラスの君主主義への転向がドレフュス事件について発言する前であることには留意しておきたい。

モーラスの政治的経歴はドレフュス事件のなかで始まった。フランス全土を揺るがせたこの大事件については数多くの書物が出され、その真相が完全に明らかになっているとは言えないまでも概要については知れわたっている[8]。そこで歴史的経過についてはモーラスの政治的立場を知るうえで必要なことのみの確認にとどめるが、その前にそれの意義にふれておきたい。ドレフュス事件の政治的意義は、何よりも大革命から一九世紀末に至るまでさまざまなかたちで対立を形成してきた二つの社会観が顕在化し、単純な選択肢に還元されたことにある。ロジャー・H・ソルトーの言を借りれば、その社会観の一つは、社会や文明を「一定の基本的な個人の権利」に基づかせようとするものであり、もう一つはそれらを「一人ひとりの市民に優先する永久的な権威」に基づかせようとするものである。[9] この二つが先鋭化することで、フランスの政治は日和見主義の時代から急進主義の時代へと転換することになった。この急進主義的な政治を右翼の側で主導したのが、ドレフュス事件をきっかけに台頭した極右団体であった。それは序章で論じたように、ナショナリズムを思想と行動の核に据え、軍国主義・教権主義・反議会主義といった理念をもち、近代的な大衆運動を一過的なものからより強固で持続的なものへと発展させうる同盟という組織形態をとり、街頭での直接行動に政治活動の舞台をもとめた点で、かつてない右翼勢力だった。

ドレフュス事件が始まったのは一八九四年であり、何度かの高揚と忘却を繰り返したが、知識人主導のもとでフランスの国論が明確に二分され、体制のあり方そのものが問われる事件へと発展したのは、一八九八年一月一三日に共和国大統領宛のエミール・ゾラの書簡「私は弾劾する」が『ローロール』(L'Aurore) 紙に発表されてからであろう。二月にドレフュスの人権と市民の自然権の擁護を目的として人権同盟が発足したが、ゾラ裁判におけるゾラの有罪判決により反ドレフュス派は勢いを増し、ドレフュス派は劣勢に追い込まれる。陸相ゴッドフロワ・カヴェニャックが議会においてドレフュス有罪の証拠を披露し、ゾラが亡命した後、大多数の国民はドレフュスの再審は行われず、この事件は決着したと思うようになっていた。しかし、八月に事件の中心にあったアンリ中佐が証拠資料の偽造を認め、その翌日に自殺すると、世論は一転し再審へと動きだした。反ドレフュス派が窮地に追い詰められたこのときに、アンリ中佐を弁護する論文を発表し、反ドレフュス派再生のきっかけをつくったのがモーラスであった。彼がこの事件について最初に発言したのは、一八九七年一〇月二三日『ル・ソレイユ』紙上に掲載された「彼のことは忘れるべきだ」という題の論文においてである。[10] そのなかでモーラスは、一人の人間の冤罪よりも軍隊が傷つき解体することの方が重大であるという立場を鮮明に打ち出していた。一八九八年九月六日と七日に発表された「最初の血」と題すアンリ中佐弁護論では、その立場から「個人を超えたところに厳存する国家の真実と正義のため、個人の次元の真実と正義をあえて切り捨てた殉教者」というアンリのイメージをつくりだすことにより、反ドレフュス派にその正当性を提示することができた。[11] かくしてこれ以降、左右両翼の闘争が繰り広げられることになった。

九月のうちに復活したポール・デルレードの愛国者同盟が、ジュール・ゲランのフランス反ユダヤ主義同盟とともに暴力的な示威行動を敢行していた。一〇月にドレフュス夫人リュシーの再審請求を破棄院が受理すると、闘争はますます激しさを増すようになった。こうしたなかで、右翼ナショナリスト陣営は一二月末に反ドレフュス派の統一組織としてフランス祖国同盟を創設することを報じ、翌年一月一九日に創立大会を開いて正式に発足させた。発起人はルイ・ドーセ、ガブリエル・シーヴトン、アンリ・ヴォージョワの三教授であったが、同盟の真の創始者はモーラスであり、その精神的指導者はモーリス・バレスであった。

モーラスはこの時期、すでに自分の政治理論を確立しており、それを伝達し実践するための媒体を探していた。従来発言の場としてきた『ル・ソレイユ』と『ラ・ガゼット・ド・フランス』の影響力は比較的小さかったうえに、前者はナショナリスト陣営から徐々に離れており、後者の保守的な読者はモーラスの攻撃性に警戒するようになっていた。[12] また、それらの新聞は実践的活動と連携しているわけでもなかった。モーラスの希望は伝達と実践の双方を可能にする君主主義的な組織の結成であったろう。だが、当時の有力なナショナリストはほとんど共和主義者であったので、反ドレフュスで高揚している時期にそれを提言することは、ナショナリズムの立場からすれば生産的ではなかった。こうした要因がフランス祖国同盟の創設につながったと思われる。一方、バレスはこの時期、すでにフランス・ナショナリズムの最高の代表としての地位を築いていた。バレスは以前からこの事件について発言していたが、渡辺一民氏によると、保守的な反ドレフュス陣営内ではさほど反響を呼んでいたわけではなかった。しかし、モーラスの「最初の血」が出ると、その理論的後ろ盾という意味で「新しい戦場に事実上総帥として君臨する」ことになった。[13]

フランス祖国同盟設立の直接的な目的はドレフュス再審の阻止にあったが、実際の意図はそれを超えて、バレスの理念を核にナショナリズムに賛同する知識人を糾合し、幅広く大衆を動員し、国民の世論を高揚させる点にあった。その加盟者数は人権同盟の八〇〇〇人をはるかに凌ぐ一〇万人に上り、そのなかにはアカデミー・フランセーズや学士院の会員から労働者や商人に至るまでさまざまな人々が含まれていた。その意味では同盟は成功であったが、しかし、これだけの加盟者を集めたことにそもそも問題が伏在していた。というのも、フランス祖国同盟は多様な思想的立場にたつナショナリストの集まりの域を出ることはなかったからだ。前章で述べたデルレードのクーデター事件やシーヴトンの陸相殴打事件などのように、個々の同盟員の活動には確かに活発なものがあった。だが、結局のところ、同盟は有効な統一行動を起すことができないばかりか、共通した政治理念をもつこともできなかった。[14] バレスを筆頭とする一九世紀末のナショナリズムの先駆者たちは、個人的な感情の湧出だけを拠り所にしていたから、政治的な方向づけと行動の指針を具体的かつ効果的に与える組織を形成することができなかったのである。[15]

クーデター未遂事件後、実権が過激な行動を怖れるフランソワ・コペーやジュール・ルメートルらに握られ、選挙のための集団といった様相を呈してくると、同盟の魅力はなくなり、半年もたたないうちに離脱者が相次ぐようになった。こうした状況のなかで、創設者でありながら若さゆえに執行部からはずされていたヴォージョワとモーリス・ピュジョーは、一八九九年四月頃、フランス祖国同盟の創設前に自分らがつくっていたアクシオン・フランセーズ委員会(le Comité d'Action française)を復活させることを決め、そこにモーラスらも加わったグループは組織の方針について会合を重ねた。彼らの考えでは、フランス祖国同盟の欠陥は、ナショナリズムの政治理念の貧困とナショナリストの政治教育の不足によるものだった。そこで教義を確立してそれを教育すること、モーラスの言葉では「ナショナリズムの感情を厳密な学に従わせること」が新しい組織の目的となった。[16] アクシオン・フランセーズは六月二〇日に創立大会を開催し、八月一日から月刊誌『ラ・ルヴュ・ダクシオン・フランセーズ』(La Revue d'Action française)の刊行を開始した。そして一一月一五日の『ラ・ルヴュ・ダクシオン・フランセーズ』において、組織の綱領となる

「アクシオン・フランセーズ宣言」を発表した。[17] 実は、この号のなかにモーラスは君主主義を宣言する論文を載せている。このときモーラス以外の成員はすべて共和主義者であったが、モーラスの熱心な説得により成員は次々に君主主義に転向するようになった。

一九〇一年から一九〇二年までの間に、アクシオン・フランセーズは君主主義を奉じる集団であるとみなされるようになっていた。これ以降アクシオン・フランセーズは急速に発展した。それは当初、雑誌の刊行を中心とする研究集団にすぎなかったが、一九〇三年にアクシオン・フランセーズ学生団が結成され、一九〇五年にアクシオン・フランセーズ同盟(la Ligue d'Action française)が設立され、さらに同年に新綱領を発表したことで、政治運動団体としての性格を明確にした。この段階において、アクシオン・フランセーズの政治的主張はほとんどすべてモーラスの君主主義理論に基づくようになっていた。その後、アクシオン・フランセーズは地方支部を次々に設け、アクシオン・フランセーズ研究所を一九〇六年に設立し、半月刊誌となっていた『ラ・ルヴュ・ダクシオン・フランセーズ』を『アクシオン・フランセーズ』(L'Action française)の名で一九〇八年に日刊化し、戦闘組織として名を馳せることになるカムロ・デュ・ロワ(les Camelots du roi)を同年に結成した。こうしてこの君主主義団体は、第一次大戦前の極右団体のなかで中心的存在になっていった。

(1) ドレフュス事件までのモーラスの経歴については以下のモーラスの作品を典拠とした。Charles Maurras, *Au signe de Flore : La Fondation de l'Action française 1898-1900*, Grasset, 1931 ; idem, *Quatre nuits de Provence*, Flammarion, 1930 ; idem, *La Musique intérieure*, Grasset, 1925. なお、以下の伝記も参考にした。William Curt Buthman, *The Rise of Integral Nationalism in France*, Octagon Books, 1970, pp. 114-131 ; Yves Chiron, *la Vie de Maurras*, Perrin, 1991, pp. 13-144 ; Leon S. Roudiez, "Charles Maurras : The Formative Years," Ph. D. diss., Columbia University, 1949.

(2) W. C. Buthman, *op. cit.*, p. 120

（3）Y. Chiron, *op. cit.*, p. 44.
（4）W. C. Buthman, *op. cit.*, p. 121.
（5）*Ibid.*, p. 127.
（6）L. S. Roudiez, *op. cit.*, p. 226. ; W. C. Buthman, *op. cit.*, p. 128.
（7）Ch. Maurras, "Les Intérêts, ou les royalistes et la rue du sentier," *La Gazette de France*, 14 et 15 octobre, 1897.
（8）ドレフュス事件の記述については以下の文献に負うところが大きい。ピエール・ミケル『ドレーフュス事件』渡辺一民訳（白水社、一九六〇年）、渡辺一民『ドレーフュス事件――政治体験から文学創造への道程』（筑摩書房、一九七二年）、川上源太郎『ソレルのドレフュス事件――危険の思想家、民主主義の危機』（中公文庫、一九九六年）。
（9）Roger Henry Soltau, *French Political Thought in the 19th Century*, Russell & Russell, 1931, p. 357.
（10）L. S. Roudiez, *op. cit.*, p. 224.
（11）Ch. Maurras, "Le Premier sang," *La Gazette de France*, 6 et 7 septembre 1898.
（12）L. S. Roudiez, *op. cit.*, p. 232.
（13）渡辺一民、前掲書、八七―八八頁。
（14）フランス祖国同盟の欠陥の詳細については以下を参照。Jean-Pierre Rioux, *Nationalisme et conservatisme : La Ligue de la Patrie française 1899-1904*, Éditions Beauchesne, 1977, pp. 69-87.
（15）R. H. Soltau, *op. cit.*, pp. 385-386.
（16）Ch. Maurras, *Dictionnaire politique et critique*, établi par les soins de Pierre Chardon, 5 vol. A la Cité des Livres, 1932-1934, vol. I, p. 6.
（17）渡辺一民、前掲書、二八〇頁、に全文が訳出されている。

第二節　「完全ナショナリズム」の思想

モーラスは政治思想面における主著『私の政治理念』のなかで、彼の政治理念を包括して「自然の政治」と呼んだ。その意味を明らかにすることから始めたい。モーラスはまず「政治の秩序と意識の秩序とは別個である」ことを確認したうえで、「自然の政治」の目的を「非人為的秩序を貫徹させること」と説明する。それは理想や道徳といった「無意味な抽象物」ではなく、人間生活に内在し「統一を与える不可視的関係」を探求し、それに従って政治を行うべきだという政治学の主張である。(1) この「不可視的関係」はモーラスにおいて「本質」や「法則」、そしてそれらの体系である「秩序」と同義である。図形における輪郭のように、存在を構成するのはそれを限定する「秩序」であり、「秩序が弱まるとき存在は弱体化し、秩序が存在を少しでも統御しなくなれば存在は解体する」と彼は述べる。(2) この「現実主義」(3)的論理にたてば、政治は道徳とは無関係になる。モーラスは「私は道徳主義や理想主義を信じない」と断言する。したがって、彼にとって政治の結果としての法も意志の表現ではなく、必然性の表現でなければならなかった。(4)

「自然の政治」の議論を展開するにあたって彼がとった方法は、人類の歴史的経験の観察のなかから社会の「自然的事実」を確定し、そこから社会の「自然法則」を帰納することにより共同体の繁栄に適した条件をみつけだし、そしてそれに基づいて社会的諸関係の秩序を導出するという方法である。モーラスはこの方法を「組織的経験論」と名づけた。(5) それの主眼は、超越的な真理基準をもって既成の秩序を否定し破壊するのではなく、経験的認識によって社会の諸関係を「組織化」して堅固にしようとする点にある。モーラス自身が喧伝していることだが、この方法は、人間を科学的に指導するために、「他の科学と同様に人間の意志に先行し優越するところの、生物学の娘たる政治学」の構築をめざす、コントに始まるフランス実証主義政治学の系譜に入るものであろう。[6] コントが神学や形而上学から切り離した政治・社会理論はルナンやテーヌに受け継がれ、啓蒙主義の理性哲学に対抗して反個人主義的な決定論や有機的社会論を唱える、フランス保守主義の一つの潮流をつくっていた。超越的理性に現実を従属させる啓蒙の合理主義は、思惟主体の自由な合理的認識に基づいて人間の実践を方向づけ、社会制度を改革しようとする革命的欲求につながったのに対して、社会的現実は自然・必然的に作用する法則に支配されると主張して「経験の学」を標榜する実証主義は、人間の受動性の強調と現行秩序の保守に結びついたのである。この経験論の核心にあるのは、モーラスの説明では、「どのような仕方で獲得されたものであろうとも、社会の秩序は諸個人の自由よりも重要であり、それは前者が後者の基礎であるからだ」という理念である。[7]

こうしたナショナリズムの論じ方をバレスの場合と比較してみると、まず指摘できることは、第一に方法論的自覚に基づいて立論したことである。このことは、より洗練されより一貫した理論展開をモーラスにもたらしたと思われる。第二に、この方法のモデルを古代ギリシアの理性概念にみいだしていたことである。「古代のスコラ的なアリストテレスの弟子たちが形式と呼んだもの、すなわち秩序と管理の原理がフランスには欠けている」と彼は言う。[8] このことは、実証的なものや理性的なもののすべてに拒否反応を示すバレスと較べ、超越的基準から社会の構成原理を導出する啓蒙的理性に対抗する理性を対置した点で、理論的な説得力を与えたと言えよう。さらに、方法と内容の一貫性も与えた。というのも、後述するように、モーラスはフランスの伝統を古代ギリシアに始まるラテン文明と考えていたからである。

モーラスは「自然の政治」の立論を、社会の始まりとしての人間の出生から始める。その議論を要約すると次のようになる。子はある特定の家族に生まれるにあたって、何の相談も同意も契約もなかったし、他方、父母が子をもつことを望んだとしても、子の身体的・精神的特性に関してほとんど選択の余地はなかった。したがって、両親と子は

「必然性の三人の農奴」である。さらに、こうしてできた家族の間には相互性や平等性はまったくなく、その関係は完全な保護と受動性あるいは完全な奉仕と必要性として成立する「純粋権威の状態」ないし「絶対的ヒエラルヒー」である。だが、そこに敵対的なものはまったくない。そこにあるのは純粋な受動性と「穏やかで温和で寛大で優しい」保護の本能である。子の受動性がなくなるに従って、子には努力が要求され、時には強制が行われる。この教化の過程で、子はより広い集合が何世紀にもわたって伝達してきた無形の財産を身につけ、それに本能的に同化していく。[9]

次にモーラスが取り上げるのは祖国であり、それは次のように説明された。祖国とは、第一次的に、言語・歴史・風景・建造物などすべてのものを含み込む大地を意味する。祖国についても、ある人がドイツではなくフランスに、パリではなくプロヴァンスに生まれたのは、これも要求や選択によるものではなく偶然にすぎない。そしてこの場合も、人間は生まれた大地が内包する種々の要素と一定の社会関係を必然的に取り結び、そして本能によって誰もがそれへの深く満足のいく愛情を感じている。このように祖国と家族は構成原理において共通点は多いが、存在様態はまったく異なっている。祖国とは同質的な意味と文化を保ちつつ同心円的な広がりをもち、家族を始めとする多くの社会集団を包括する土台である。[10]

モーラスにとって、家族と祖国はもっとも基本的な「自然的事実」である。この二つの事実から、彼は社会の「自然法則」の意味をもつ三つの結論を引き出した。第一に、人間社会は個人ではなく祖国に内包される家族に始まるのであり、したがって、個人ではなく家族が「社会生活の真の細胞」であり「唯一の社会単位」である。[11] 第二に、人間社会における自由なものと強制されたもの、意志的なものと自然なものとの割合は「一対一〇万の関係と同じ」であり、自由で平等な諸個人による契約によって社会が形成されるという考えほど誤ったものはない。社会は常に人間の生存に先行する「自然な集合」として存在し、「われわれに課せられている」からである。社会の自然的広がりを個人的意志に基づく契約に押し込めようとすることは、「小さなグラスに樽の水を入れようとするに等しい」というわけである。[12] そして第三に、「人間社会の基礎は最初の特性に一致する」ので、家族にみられる「保護的不平等」という関係、ならびに祖国の自然性ないし必然性を持続させる「世襲」という現象は、社会の構成原理、すなわち「秩序」である。[13] 三つの結論では言及されていないが、家族と祖国という「自然的事実」に内包される重要な「自然」として、それらに共感的に調和する「本能」があることを確認しておきたい。実際のところ、本能の積極的な評価があるゆえに、人間の「自然的事実」への服従は説得力をもつのであり、必然性の論理だけではそうはならないだろう。だからモーラスは、「本能についての深い意識は人間の名に値する人々を尊敬する」として、本能に最上の価値を与えていた。[14]

モーラスは家族と祖国に続く第三の「自然的事実」として国民をあげ、それを「世俗社会の最終的サークル」と定義する。[15] この定義は第一に、国民は世俗のなかにある共同体のなかでもっとも広大なもの、つまり祖国が形成するサークルの最大のものであるゆえに、国民は他の自然な共同体と同様に、諸個人の選択によってではなく、「出生」によって与えられるという所与性と本能的欲求の結びつきのうえに成立していることを意味する。そして第二に、国民は他のすべての社会集団を有機的に統合する最終的集団であり、人間に係るすべてのものを条件づけ、その生を保証する「完成された社会」であるから、もっとも肝要なのは国民の存在そのものであること、それどころか国民の存在そのものが「正義」であって、それ以外の正義はそれに付随するにすぎないことを意味する。かくして、国民は道徳的にも政治的にも内包する諸社会的存在に先行し、「政治理念のヒエラルヒーの頂点を占める」ことになる。[16] モーラスはこのような論旨で国民の自然性と絶対性を論じ、フランスの右翼にあって初めてこの論理過程を明らかにした。

国民に較べれば、モーラスの議論のなかで国家が占める割合は少ない。社会は家族に始まり、コミューン、職業団体、宗教的結社など多様な団体に拡大し、最終的に国民に至るという自然な社会形成論からすれば、それぞれの「自然的諸集団」がそれぞれに自律することは必然であり、国家が社会に関与して強力な権力を行使する中央集権国家はこの「自然の政治」に反することになる。だから「社会生活から国家的要素を排除しなければならない」のは当然である。こうしてモーラスは分権化を主張するが、彼にとってそれは必ずしも国家の弱体化を意味するわけではない。モーラスの理論において、国家は国民の一般的利害を代弁する絶対的存在として、「社会の官吏」として社会的諸集団の仲裁にあたるとともに、それらの保護者として外交、軍事、高レベルの正義と治安を担当するとされる。ここで生じる矛盾については後にふれるが、それはともかくとして、モーラスはこれまで述べてきたような意味での国民の生を保持するために、その「殻」の役目をなす国家を構築することが社会的問題や宗教的問題に優越すると論じ、「政治第一」を唱えた。これは彼自身が言うように、時間的順序としてであって重要度の順序ではなかった。つまり、国民を保守するうえで現行の共和制国家は不適切であり、それを君主制国家に置き換えることが緊急の課題とされたわけである。[17]

「自然の政治」の結論として、モーラスは一方で民主主義的・議会主義的な共和制を批判し、他方であるべき政治的秩序として君主制を提示する。彼の共和制批判はまず最初に、議会制度が招く「無責任」に向けられる。政党が何年かあるいは何ヵ月かの単位で交替して政権をとる政治体制では、統治者に一般的計画や一般的利害に基づく指導方針や理念の下で一貫した統治を行うという責任意識を期待することはできない。彼らは特殊な利害を追求するか、さもなければ「統治する必然」に従った受身の態度をとることしかできないからだ。さらに、議会政治の「集合的統治」は統制力を分散させ、その匿名性は責任の忘却を許す。このようであるから、共和制には真に集中し安定した統治責任はありえないし、それゆえに「物事の自然(本性)のなかにある国家理性」を発揮することも到底できない、とモーラスは論ずる。[18]

次に、モーラスの批判は「数の統治原理」である選挙制度が招く様々な弊害に向けられる。第一に中央集権化である。統治者は再選をめざし、彼と選挙人を媒介する官吏を地方の隅々に至るまでできるだけ多く掌握しようとするため、統治は中央集権化されていく。第二に「国家の麻痺」である。官吏はこの立場を利用して諸々の特権を獲得し保持することに執着するから、ここに官吏の権力が増大して国家権力の肥大化が進むとともに、腐敗と汚職が蔓延することになる。第三に国民の無力化である。「数の統治原理」はそれに反するもの、すなわち個人を生き生きした実体にする家族、伝統、宗教、各種の団体の政治的能力を破壊するので、国民一人一人は孤立化し、さらに誰もが判断能力をもつにはあまりに複雑な一般的利害の判定を迫られて無気力になる。第四に専制である。「真の自由の最後の避難所」が破壊されたために、少なくとも多数派に属さないあらゆる人にとって統治は確実に専制的となる。「無能者」にされて「無邪気な信頼」にたよる人民は存在するものに同意する傾向にあるので、普通選挙はおのずと「慣性的」になり、こうして専制政治は常態化する。最後にモーラスは、共和主義体制は道徳的野心で飾られた「民主主義の宗教」を学校を中心に教えることにより、その根深い不道徳性を覆い隠していると批判し、共和制では真に国民的なものを護れないと結論する。(19)

このような経験的法則の名における自由主義的な共和制への攻撃は、当然その根底にイデオロギー的対決を孕んでいる。これまでの文脈から、モーラスの非難が反国民的なもの、つまり「生と多様性」および「自然な秩序」を破壊するものすべてに向けられていることは容易に理解できる。モーラスはそれに対し、「感情のアナーキー」「主観主義」「魂の反乱」「戯言」「夢想」「狂気」などさまざまな罵詈を浴びせかける。そのなかでモーラスがとくに敵対したのが自由意思を人間の根本的特性とみなし、平等や契約といった「抽象的理念」に基づいて社会を想定する理性信仰であることから考えると、彼の思想の根本的な敵は近代個人主義である。そのことは彼自身もよく自覚していた。共和主義であれ、社会主義であれ、啓蒙的合理主義であれ、そこに個人主義的要素とそれに緊密に結びついた自由主義的要素がある限り、モーラスは批判の眼を向けた。まさにそれこそが、宗教的にはプロテスタント、政治的にはデモクラシーという二つの「革命信仰」の中核であり、歴史的にはこの「革命信仰」が、フランスの「伝統」を覆す宗教改革と大革命を引き起した思想的母体であったことを彼は明確に認識していた。

反ナショナルなものへの攻撃が現行体制に向けられるとき、それをフランスの伝統に属すと考えるわけにはいかないから、ここにその体制はプロテスタント、ユダヤ人、フリー・メイソンおよびメティックの「四身分同盟」がフランスを占領し、支配した結果であるという論法が生まれる。[20] メティックとはフランスに定住した外国人を意味する。[21] 反国民的で反教権的な彼らは、真のフランスの伝統とは異質な「外国の理念」をフランス人に教え込み、それによってフランスが解体したときに国民が彼らに救いを求めるように仕向けた、というわけである。ほとんどのナショナリズムの外国嫌いがそうであるように、「四つの敵」は、対照法によって国民的なものを際立たせ、ナショナリズムの感情を維持するための象徴という役割をはたしている。この象徴作用において、モーラスは国民の維持以外に正当化の根拠をもっておらず、反ユダヤ主義にしても、ナチズムのように疑似生物学的な人種主義を用いて正当化することはなく、国家理性だけに依拠している。

モーラスは共和制の対抗原理として、次の根拠に基づいて君主制を提示する。すなわち、「重要なこと、それは主権者が主権の重荷に緊密に結びつけられ、それに強く絡まれ、それと直接に利害関係をもち、そして誰よりもこの重荷の善を護り発展させることに気を配って、この偉大な善が被りうる悪を排除する傾向にあることだ」。国王は生まれたときから王位を約束されているので、無益な拘束や競争を免れ、自分の家への配慮という「自然な感情」が国民の永久的な繁栄と直接に結びついている。国王が統治に関してすぐれた能力をもっていない場合でも、有能な人びとに取り巻かれる「最善の場所」にいるので、自分の「痛手の意識」から助けを求めればよいわけである。したがって、国民を無限に維持するための最善の策は、責任ある決定を下すための権威を永続的にもつ、国王に代表される家族に主権を委ねることである。かくしてモーラスは、「世襲的君主制がフランスにおいては自然で合理的な国の構成原理である」と結論を下した。[22]

君主制は、通常の統治において「下に自由、上に権威」をおく「秩序の体制」をとるとされる。「上に権威」とは国王が行う権威的統治のことであるが、モーラスは完全な絶対君主制ではなく、地方議会と職能代表議会を設置し、その有能な議員が補助する体制を考えていた。「下に自由」とは、バレス以来のフランス・ナショナリズムの基本原理である分権化が保証されるという意味である。家族や地方共同体のような自然的集合、職業的・宗教的・道徳的などの自発的結社が、内的秩序を自由に保つ自律性をもち、国家の介入を受けずに「真の共和制」を行うとモーラスは論じた。[23] 政治形態としては、君主とそれを戴く諸共和国から構成される連邦君主制である。ところで、ここで述べられる「自由」とは、内的な原理に相応する成長法則に自由の制限をみいだすと定義された「質的自由概念」（マンハイム）であるから、自由の担い手たる諸共同体の対立が当然予想される。だが、モーラスはこの問題に明確に答えてはいない。その理由はおそらく、フランスが大革命以来、理性一元論に基づく中央集権国家を形成し、反理性主義的な保守派がそれに対抗して分権化を主張してきたという経緯から考えて、中央集権化は理性主義で分権化は伝統主義という図式を当然と思っていたからであろう。また、モーラスの「自然の政治」の理論からすれば、堅固な秩序さえ構築されればそうした対立は生じないか、あるいは生じても「予定調和」的に秩序の有機的連関が保証されることになるからであろう。しかしながら、モーラスの議論のなかには分権化を完全に否定するようなものもある。彼は『独裁者と国王』のなかで、フランスの国王は「国王が正当であるのと同じほど必要な独裁者」であり、その統治は「最初の独裁行為において必ずや抑圧的で復讐的である」と断言する。[24] この王党主義の宣言書のなかに、国家宗教としてのカトリシズム、宗教的精神と一致した科学、国家主義的な経済統制等、全体主義のさまざまな要素を読み取ることは容易である。

以上、モーラスの「自然の政治」の理論を検討してきた。それが「直接に現存する具体的なものへの執着[25]」という保守主義的思考の本質的特徴によって刻印されていることは明らかであり、非人為的な自然の論理的必然として諸集団と諸制度を説き明かした彼の政治理論は、それをより堅牢な理念に仕立て上げる試みと言える。ここにおける決定的な関心事は政治的秩序であり、国民の存在にとって不可欠な制度を構築することが目的であった。その根底にあるのは、「無限に持続する制度のみがわれわれのなかの最善のものを持続させるのであり、人間は制度によって永遠のものとなる」という哲学である。[26] それが徹底したものであることは、モーラス自身が述べるように、「組織する」よりも「秩序づける」という動詞を優先させ、社会の「動態的法則」ではなく「静態的法則」を問題とし、「生成の法則」ではなく「状態の法則」を探求し、「伝統」よりもさらに保守的な「世襲」を好んだことからも分かる。[27] モーラスはこの理論に則り、国民は自然なものとしてもっとも絶対的であるゆえに、ナショナリズムは「自然法則」としての必然的命令であると論じ、さらに、君主制は国民の完全性と永久性を保護するというナショナリズムの課題にもっともうまく応えるのであるから、君主主義と結びついたナショナリズムは「完全ナショナリズム」(le nationalisme intégral) であると主張した。[28]「完全ナショナリズム」については、一二点ほど指摘しておきたい。第一に、「王党主義はナショナリズムの多様な公準に対応している」のであって、逆ではない。[29] つまり、封建時代に王への忠誠から愛国心が生まれたとしたら、[30] 現代の初めに生きたモーラスは愛国心から君主主義を選択したのである。第二に、バレスとの比較で言えば、モーラスのナショナリズム理論はバレスの「大地と死者」の教義の保守的自然観を貫徹させたものであり、それゆえに論理的一貫性という点でバレスの理論を凌ぐものだった。ブスマンが言うように、「「完全」という語に完全性の程度の余地があるならば、モーラスのナショナリズムはいくつかの点で、バレスのナショナリズムと較べてより完全ナショナリズム的であった」。[31]

モーラスのナショナリズムは、確かに自ら主張するように「合理的・数学的な責務の見方と行使」として成立する。[32] また、こうした論理的省察に導かれた王党主義には、かつての王党主義者たちが抱いていた国王に対する愛着も何らかの宗教的帰依もない。その意味で、アクシオン・フランセーズの忠誠は「頭から生じ、制度へ移った」というルネ・レモンの言は完全に正しい[33]。これらの立論が、生の思想と反合理主義を掲げ、フランスに「エネルギー」や「国民的な生の意志」を取り戻させようと意図する点で、基本的に「教育的で道徳的」であったバレスと大きく異なることは言うまでもない[34]。しかし、他方において、理論として明示されてはいないにしても、モーラスの「完全ナショナリズム」が情緒的なものや宗教的なものによって支えられていることも確かである。それがなければイデオロギーとして機能することはできないだろう。その意味でナショナリズムの基礎をなすのは祖国愛＝愛国主義であることに間違いない。その表象様態はバレスの場合とほぼ同じである。モーラスは祖国愛の感情を次のように述べる。

祖国、それは畑、壁、塔、家である。それは祭壇と墓である。それは父、母、兄弟といった生きている人間、庭で遊ぶ子供、小麦を作る農夫、バラを作る園芸家、商人、職人、労働者、兵士である。世の中でこれよりも具体的なものはない[35]。

ここで論じられているのは、時間的・空間的な共有感覚である。このすべての事実は有意な関係にあると意識される有機的連帯の感覚こそが、具体的個物と自分との間に「優しい交流」を感じさせる情緒的同一化の源である。それがあるがゆえに、祖国は「すべてのものを宿し連結する」とされた「大地」によって象徴されることが可能になる。さらに、大地は「もっとも美しい上昇的な生命力」を与えるという言からも推測できるように、大地という表現には何らかの根源的な力の存在が想定されていると思われる[36]。モーラスの議論では、祖国愛が野原から村、村から町、町から地方へ、地方から国へという「内在的な漸次的推移」によってナショナリズムと重なり合うとされるが、それを可能にするのはこの「大地」という観念の空間的可変性である。バレスと異なるのは、この国民への有機的拡大過程において国王も重要な媒介になっていることである。「フランスの諸王は祖国の父であった」と述べられているように、国王は過去の思い出を介して国民としての祖国を象徴する存在となり、同時に愛国主義だけでなく、祖国のなかで編み上げられてきた伝統的な価値や規範を象徴する存在となっている。[37] 国民のイメージはその分だけ鮮明になり、国民とは「一六世紀におけるキリスト教共和国の終了以来、他の人間共同体がしがみつくことのできる」[38] 唯一の共同体であるという認識が、より宗教的で情緒的な輝きを得ることができた。モーラスの「ただフランスのみ」という結論には、経験的理論だけでなくこうした感情も含まれていた。

（1） Ch. Maurras, *Mes idées politiques*, Éditions Albatros, 1937, pp. 82, 179 ; idem, *De la politique naturelle au nationalisme intégral*, textes choisis par F. Natter et C. Rousseau, Librairie Philosophique J. Vrin, 1972, p. 129.

（2） Ch. Maurras, *Enquête sur la monarchie*, Librairie Arthème Fayard, 1924, pp. 506-508.

（3） コレット・カピタン＝ペテルは「現実主義」に関して、「存在は本性において思考とは別のものであり、思考から引き出されることも、徹底的な論理的表現を用いて表現されることもできないとする教義」というA・ラランドの定義を引き合いに出しつつ、モーラスとアクシオン・フランセーズの「現実主義」は疑いないと述べるが、それは間違いなかろう。Collette Capitan-Peter, *Charles Maurras et l'idéologie d'Action française*, Éditons du Seuil, 1972, p. 15.

（4） Michael Curtis, *Three Against the Third Republic : Sorel, Barrès, and Maurras*, Greenwood Press, 1976, p. 234.

（5） モーラスは、「組織化」(organisation)という言葉は政治科学が形成されたばかりだから使ったのであり、後には「秩序」(ordre)、「秩序立てる」(ordonner)、「秩序づける」(mettre en ordre)といった言葉が優先されるだろうと述べている。Ch. Maurras, *Mes idées politiques*, cit., p. 163.

（6） Ch. Maurras, *Dictionnaire politique et critique*, cit., vol. IV, p. 81.

（7） Ch. Maurras, "Trois idées politiques," in *Œuvres capitales : Essais politiques*, Flammarion, 1954, p. 82.

（8） C. C.-Peter, *op. cit.*, p. 28.

（9） Ch. Maurras, *Mes idées politiques*, cit., pp. 17-22.

（10） Ch. Maurras, *De la politique naturelle au nationalisme intégral*, cit., pp. 157-166.

(11) Ch. Maurras, *Mes idées politiques*, cit., p. 163.
(12) Ch. Maurras, *De la politique naturelle au nationalisme intégral*, cit., pp. 146-147.
(13) Ch. Maurras, *Mes idées politiques*, cit., pp. 18, 278.
(14) *Ibid.*, p. 82.
(15) Ch. Maurras, *De la politique naturelle au nationalisme intégral*, cit., p. 168.
(16) Ch. Maurras, *Mes idées politiques*, cit., pp. 281-282 ; idem, *De la politique naturelle au nationalisme intégral*, cit., pp. 166-168.
(17) Ch. Maurras, *Mes idées politiques*, cit., pp. 155, 176-181 ; idem, *La Démocratie religieuse*, Nouvelle Éditions Latines, 1921, pp. 310-320. なお、ワイマール期「保守革命」の代表的人物ハンス・ツェーラーは、反自由主義理論の構築のために保守主義の国家理論と社会主義の経済理論を結合する必要を説いたが、その際前者を形成した功績をアクシオン・フランセーズに帰している。Hans Zehrer, "Rechs oder Links ?," *Die Tat*, Oktober 1931, p. 529.
(18) Ch. Maurras, *Kiel et Tanger 1895-1905 : La République française devant l'Europe*, Nouvelle Librairie Nationale, 1913, pp. 209-220.
(19) Ch. Maurras, *Enquête sur la monarchie*, cit., pp. 195-199 ; idem, *La Démocratie religieuse*, cit., pp. 397-401.
(20) Ch. Maurras, *La Démocratie religieuse*, cit., p. 90.
(21) モーラスはこの語をギリシア語から借用して、一八九四年に『ラ・コカルド』で初めて用いた。それ以来、それはフランスで一般に使用されるようになっている。L. S. Roudiez, *op. cit.*, p. 215.
(22) Ch. Maurras, *Enquête sur la monarchie*, cit., p. xc ; idem, *Mes idées politiques*, cit., pp. 296-309. モーラスは、終身の独裁者は正確には国王(roi)ではなく、君主(monarque)と呼ぶべきだとしているが、彼自身この使い分けにさほど気を配ってはいないようだ。*Enquête sur la monarchie*, cit., p. lxxxiv.
(23) Ch. Maurras, "Dictature et Roi," in *Enquête sur la monarchie*, cit.
(24) *Ibid.*, p. 448.
(25) カール・マンハイム『歴史主義・保守主義』森博訳(恒星社厚生閣、一九六八年)、九三頁。
(26) J. Paugam, *op. cit.*, p. 416.

(27) Ch. Maurras, *Mes idées politiques*, cit., pp. 160, 163.

(28) モーラスが「完全」という形容詞を採用したのは一九〇〇年三月二日付『ル・ソレイユ』紙上であった。ルディエによれば、一八九四年八月一四日にアヴィニョンで開かれたフェリブリージェの宴会で「完全フェリブリージェ」という乾杯の言葉を聞き、「言葉にできないほどの成功」を感じたことがそのきっかけだったようだ。L. S. Roudiez, *op. cit.*, p. 213.

(29) Ch. Maurras, "Le Nationalisme intégral," *Le Soleil*, 2 mars 1900, cited in W. C. Buthman, *op. cit.*, p. 183.

(30) エルンスト・H・カントーロヴィッチ『王の二つの身体――中世政治神学研究』小林公訳(平凡社、一九九二年)、同『祖国のために死ぬこと』甚野尚志訳(みすず書房、一九九三年)、参照。

(31) W. C. Buthman, *op. cit.*, p. 113.

(32) Ch. Maurras, *De la politique naturelle au nationalisme intégral*, cit., p. 167.

(33) R. Rémond, *op. cit.*, p. 181.

(34) R. Girardet, *Le Nationalisme français 1871-1914*, Armand Colin, 1960, p. 216.

(35) Ch. Maurras, *De la politique naturelle au nationalisme intégral*, cit., p. 157.

(36) *Ibid.*, pp. 158-160.

(37) *Ibid.*; *Mes idées politiques*, cit., p. 281-282.

(38) Ch. Maurras, *De la politique naturelle au nationalisme intégral*, cit., p. 162.

第三節　神話としての君主制

確かにモーラスの政治理論は透徹したものであった。しかし、世紀転換期の大衆社会の時代に合理的な「自然の政治」はどこまで有効であったろうか。ボナルドやメストルといった一九世紀初期の伝統主義者のように、教会を受託者とする原初的天啓に制度の拠り所を求める宗教的態度をとることは、ニヒリズムをくぐり抜けた一九世紀末の世代にはできない。また，情動に衝き動かされる大衆にそれが受け入れられるはずもない。バレスが当時のナショナリズムの精神的代表であったことから明らかなように，この時代のナショナリストは生と力を賛美し，国民への自己同一化に生のエネルギーの源をみいだし，大衆を基盤とする国民の再生にその湧出の場を求めていた。モーラスも例外ではないことは，フランス祖国同盟やアクシオン・フランセーズの創設にみられるように，バレスなどのナショナリストと手を組み，大衆の運動エネルギーに依拠する同盟という形態の政治活動を思想実現の手段にしたことからも明らかである。そうだとすれば，生と力との思想を何らかのかたちで取り込むことができなければ，政治的イデオロギーとしては成立しない。確かにモーラスのナショナリズム思想には情緒的感情やエネルギーの希求も組み込まれていたが，それは行動を求める生の叫びというよりは，むしろ「自然法則」ないし制度への信従を促す本能として定位されていた。そこにナショナリズムそのものの生の発揚が収まるはずはない。これまで多くの論者がアクシオン・フランセーズのイデオロギーが孕むさまざまな矛盾を指摘してきたが[1]，その核心は，教養としては現実主義的で合理的な制度論を展開し，秩序維持を指向する伝統主義的保守主義に染まりつつも，急進主義的行動を指向し運動を活性化させる生の衝動がそれを内面で支えるという，危ういイデオロギー構造にあった。

この政治的イデオロギーの自己矛盾はそのままアクシオン・フランセーズの政治的実践に表れている。アクシオン・フランセーズの歴史を一瞥すれば，それが数限りない議会制の罵倒，特定人物への中傷や侮辱，街頭における乱闘，激しい示威運動に満ちていることが分かる。しかし，一度でもアクシオン・フランセーズが，自らの理想とする国民の再興をめざして，ナチスのように暴力的な政治行動に訴えたことがあるだろうか。それどころか，現実的な権力奪取の方途を探ったことすらないであろう。この問題は，モーラスが実力行動についての論説のなかで，「王党主義的な精神状態をつくりだす」ことが先決であり，それができたあとに「君主制を確立するための実力行動がとられる」と述べていることにすでに胚胎している[2]。モーラスは共和制の打倒を企てずに，それの没落をせいぜい騒々しく体制を告発しながら待っているのである。ここにイデオロギーの矛盾に由来する実践上の自家撞着をみることができる。

このような矛盾の指摘は、それだけでは教皇による否認や王位継承権主張者による非難といった、言行不一致を招くイデオロギーの破産的帰結を示唆するにすぎない。(3) モーラスの教義がアクシオン・フランセーズを支配し、アクシオン・フランセーズが戦前の過激な極右ナショナリズムを代表したのであれば、ファシズム化の一段階としての時代の課す問題を理解するために、モーラスの思想のなかでその矛盾を理解する必要があろう。以下においては、政治的教義として抽象化される以前の次元を含めたモーラスの思想のなかで、君主制はいかなる意味をもって成立していたのかを検討したい。君主制を取り上げたのは、それが「完全ナショナリズム」の核心であり、そこに矛盾がもっとも鮮烈に表れ出るからである。このようなアプローチをとれば、矛盾の意味と同時に、政治的教義の思想的広がりや完全ナショナリズムの意義をも照射しうるであろう。出発点はモーラスの審美観におかれる。モーラスは後に彼自身を含めた一八九〇年の文学青年の世代について、「美学の秩序がわれわれに政治の秩序を考えさせた」と回顧しているが、彼の政治思想は審美的思考を基礎にして生まれたものだからである。(4)

信仰を失った後のモーラスは、文学と哲学の研究に没頭するなかで、フランスの「神聖な伝統」に深刻な懐疑論からの突破口をみつけだし、それをもとに「人間は本能によって保守主義者・貯蓄家・蓄財家・伝統主義者である」という人間の本性を導きだした。(5) モーラスによれば、伝統の基礎は「伝えられる物質的・道徳的資本」と定義される文明である。(6) 世界の多くの文明がかたちづくる階層的秩序のなかで、ギリシア・ローマ文明はその頂点に位置する。本来的な意味での文明はこれだけで、他は「野蛮」である。だが、古代ギリシアはその知的発見を政治形態に反映させることができず、貴族制から民主制へと辿ったために、文明の灯火は古代ローマへと移ることになった。ローマ人はギリシア思想の神秘的な魂にふれることは遂にできなかったが、しかしキリスト教の体系化と制度化を仲介として、ギリシアの知的秩序を保持するための社会制度と政治制度を構築した。フランスはローマ文明の影響の下に、ローマ教会によって形成された国だから、ギリシア・ローマ文明の正当にして偉大な受遺者であるとモーラスは主張する。「私はローマ人である」と彼は述べた。[7] この時代の右翼は一般に文学的指向が強いが、モーラスが参加した「ロマーヌ派」は、直接には象徴主義への反動からロマン主義を批判し、古典主義を範としていた。ユゴーらが唱えたロマン主義は、芸術的な作法だけでなく社会全般においても人間を束縛から解き放ち、感性や情熱や想像性に基づく個性の発現をめざす思想運動である。モーラスはそれをドイツやイギリスといった感情に身を委ねる劣等文化が生んだ思想と断罪し、それに対し永遠の文明としての古典古代に回帰することを主張した。

モーラスが古代ギリシアに惹かれたのは、その文明の「完成された美」に魅せられたからである。彼はそれについて次のように論じた。「完成された美」とは、秩序づけられた生のもつ調和と統一の美である。情熱・感情・運動といった生の要素が無規律のカオスの状態にある生存ではなく、理性によって生が秩序を保ち、ほとんど本能的に感性的諸力が理性と調和するところに美が創造される。[8] 本能的な調和とはたんなる諸要素の均衡でなく、「存在とその運命のあらゆる要素との一致」のことである。[9] 感性的諸要素が欲求の赴くままに拡大していけば、苦痛や幻滅にしかいきつかないから、個々の存在はそれ固有の被制約性に従った「制限」のなかで初めて生を充実できる。ギリシア人が輝かしい文明を形成したのは、「制限というすぐれた観念を芸術ばかりか思想や道徳学にも導入した」からである。理性とは、そうした自然に内在する「制限」をどこにでも読み取って、それに適合する能力であり、この意味で感性を規律して秩序を創出する源泉となる。モーラスが「ミューズ神の三女神のコーラス」に従う「省察的感受性」と名づけた批評の基準は、同時に美と真理を追求する思考の根幹をなした。[10]

モーラスがナショナリズムと同時にフランス実証主義に与したのは、この古代ギリシアについての知識から得られた審美観が基礎になっている。秩序・自然法則・制度という概念は、基本的に「制限」という概念と同義である。だがこのことは、思想的脈絡のないたんなる一致ではなく、モーラスにあっては、フランスの「伝統」という大きな潮流のなかで把握されていた。道徳と法を自然の法則にみいだすという、モーラスがコントから学んだ「真の実証主義」は、ギリシア人が形成し、フランス人が引き継いだ伝統に属していると考えられていたのである。[11] もちろん実証主義はその伝統のほんの一部にすぎない。モーラスにとって、ラテン文明の知的・政治的「資本」のなかでもっとも重要なのはカトリシズムと君主制である。モーラスは神を信ずることをやめた後でさえ自分自身をカトリック教徒と考えていたが、それはカトリック信仰そのものを受け入れるということではなく、「何世紀にもわたる制度によって組織された精密な儀礼に基づく慣習と公論の共同体」に同意するということ、要するに「秩序の原理」である伝統に同意するということであった。同じ意味でより重要な伝統が君主制である。モーラスはそれをフランスの伝統を擁護する制度であるばかりか、政治的伝統そのものであり、さらに「祖国のあらゆる歴史的伝統を表現する」伝統の精髄であると考えていた。[12] 確かに「外国人」の引き起した宗教改革と大革命が君主制を倒して近代をつくり、その思想である「ロマン主義」がフランスに浸透しているが、しかし「われわれの伝統は中断されたにすぎないのであり、われわれの資本は存続している」とモーラスは主張した。[13] デニス・W・ブローガンが指摘するように、モーラスにとって、フランス人であることは血や人種の問題ではなく、この伝統に基づくナショナリティを「世襲」することである。だから次の一文が示すように、君主制が国民の統合原理となるのである。[14]

ローマの記憶はイタリアの統一をつくった。シャルルマーニュと神聖ローマ帝国の伝統に結びついたゲルマンの人種と言語の現実性はドイツの統一をつくった。イギリスの統一は島国の条件から生じた。しかし、フランスの統一はもっとも柔軟で、長期で、力強い権威主義政治の成果なのであり、もっぱらフランスの王家によって千年の間続けられてきた計画から生じたし、また生じているのである。[15]

ここで再びモーラスの審美観に戻ろう。モーラスによれば、芸術的には最大限の活力をもつ「完成」がある。完成した作品は、カオスを拒絶して秩序のなかの個となりうるために、明確な境界線をつくりだす「形式」をもつ。しかし完成それ自体は、それを示す「完成点」に限定され、その点を越えたら消滅していく運命にある。完成点における作品がもっとも自然で普遍的であり、さらにもっとも美しい。この事情は人間にあっても同じである。とすれば、人間は完成点における死によって最高の美を獲得することができる。死は個人の衰退を止め、形式や純粋性に支えられてもっとも美しい実在性を持続させるからだ。このようにモーラスは考えていた。「生の本質的性格は死のうとすることだ」という彼の言葉は、人間の最終目標を「完成」という自然との最高度の一致におく、審美的思考から発せられたものである。[16]

フィリップ・アリエスはモーラス研究会において、『天国への道』(一八九五年)の真のテーマは死であり、作者は「死を愛している」と報告したが、[17] 文学的・哲学的問題に没頭していた青年時代に、モーラスが死の魅惑にとりつかれていたことは間違いなかろう。このことは信仰を失ったという個人的理由だけでなく、デカダンスの時代状況とも無関係ではない。「われわれにとって問題であったのは、すべてのものにノンと言うことだった」とモーラスは回顧している。[18] バレスにしてもモーラスにしてもそうであるように、力に満ちた国民の復興と保守を唱える世紀末の保守主義的ナショナリストは、一九世紀の合理主義への反動に由来する「デカダンスについての沈思黙考」を基底にしていた。[19] ともあれ宗教的とも言える一つの美学をもったモーラスは、完成点において「永久の休息」をもたらす自然と調和した死か、それとも醜く苦しい堕落かの選択をしなければならないと思っていた。だが同じアリエスは、『プロヴァンスの四夜』(一九三〇年)の作者は死を忘れたわけではないが、ずっと前から死を愛していないと論じた。またモーラスの高弟アンリ・マシスは、モーラスの著作を貫通する底流は「死についての瞑想」と「死の拒絶」であると述べている。[20] マシスの著述にみる限り、モーラスの死生観が転換したのはきわめて早期、おそらく『天国への道』の直後あたりだと思われる。

死の拒絶とナショナリズムを媒介として、君主主義がモーラスの思想において成立したとすれば、それの意味はどのように理解できるであろうか。この点で有益な研究を行ったのはコレット・カピタン＝ペテルである。彼は時間についての考え方を軸にして、次のようにモーラスの思想の意味を解明する。国民を人間の生を保証できる唯一の実在と考えたモーラスは、フランスの生存を確保するために、君主制の成立によって国民が完成点に達し、統一性と完全性をもちえた「瞬間」を理解し、不動にし、永久化しようと試みた。つまり、モーラスは「完成の時間を延長させる欲求」に貫かれているのである。だがその欲求は、衰退の不安や破壊の脅威と表裏一体をなす。大革命は千年の君主制の「持続」を中断し、分裂と破壊を招き、変動と時間を解放した。だからモーラスは、一方においてこの一掃された過去の「持続」を再構築し、他方において、国民の衰退と虚無に導く「解放された時間」を否定しなければならない。持続と時間はまったく反する概念である。モーラスは「時間は死と同義である」ゆえに時間を拒み、生を保証するために君主制の意味する「持続」に一体化した。かくして君主主義は、「生きる意志と死への恐怖という二つの情動を満足させる試み」として成立し、モーラスは「君主制が意味する保守の直観の純粋な時間のなかに止められ、不動化されることで、時刻も過去も未来もない静かな時間を生きていた」とカピタン＝ペテルは結論を下した。[21]

このような「持続」という概念を用いたカピタン＝ペテルの議論は、モーラスの政治思想の奥底を知るうえできわめて有効である。最後に、モーラスの思想とアクシオン・フランセーズのイデオロギーを「持続」がもたらす結果の点から考えてみたい。[22] 君主制が歴史なき「持続」のなかに凝結されていくことは、それが破壊に向かう現在的事実関係の外側で、国民の完全無欠さを表現する理想的実体として神話化されていくことを意味する。この神話化には内面的な要因と同時に、近代資本主義社会の成立と、君主制が失われてから百年以上も経つ時間の隔たりという外面的な要因が働いている。確かに君主制は体験された過去であり、このことによって「完全ナショナリズム」はある程度の信憑性を得ることができた。しかし資本主義が社会的に構造化されてしまった以上、現在の社会構造のプログラムとして、過去の君主制をそのまま提示することはできない。それと合わさった「失われた楽園」という想いと百年以上の空白期間は、「歴史としての過去の撥無」をとおして「過去を純化し、歴史を神話として構成する」作用を生み出し、君主制の過去と現在とを「暗喩的同一性」の関係で結ぶ。[23] だから君主制の過去は、死の現象を一掃して、国民と自己のなかに現在的な生の意味を蘇らそうとする情動の象徴的客体、すなわち「神話的過去」として、現在のリアリティをかたちづくっている。君主制はそうした論理でフランスの「国民神話」となる。モーラスの「持続」への一体化とは、究極的には、現実の国民ではなく「国民神話」への神秘的な同一化である。

実際のところ、アクシオン・フランセーズは、この神話化の過程を行きつ戻りつしながら進んでいった。アクシオン・フランセーズが経験的に感知できる具体的な存在から引き離され、保守主義の政治的基盤を喪失するにつれ、換言すれば、君主制の「伝統」が感知できる伝統的残余との結びつきを失うにつれ、神話化は進んだ。また逆に、国民の神話を結合基盤として国民の再生をめざすにつれ、アクシオン・フランセーズのナショナリズムは、伝統的秩序のみならず現実の政治的諸関係からも離脱した。神話のリアリティと保守政治のそれは異なる次元で成立しているからである。そして結局、モーラスとアクシオン・フランセーズの生は、思想的にも実践的にも「持続」の殻のなかに閉じ込もった。国民の完全を求める要求は、伝統的秩序の擁護から、「保守の直観」によって保守主義的起源を保ちつつも、神話化されて具体性を失った君主制の擁護へとすり替えられた。また、アクシオン・フランセーズの暴力的行動は、黙示録的な展望のもとに神話的君主制の「持続」を脅かすと思われるものに向けられた。彼らの起源となったナショナリズムの生き生きとした意志は、このようにして静態的な「持続」に内面化され、同時に現実の国民から抜け出ていった。

こうした神話化の進展はアクシオン・フランセーズの歴史にそのまま反映されている。今世紀初めの一〇年間において、アクシオン・フランセーズは確かに急進的であり、明確な君主主義的ビジョンのもとに共和制を打倒する態勢をとっていた。しかし、先に論じたように、時間の経過とともにそれは現在的事実関係の変革をめざす実践に移ることができず、突発的で効果のない活動しかできないことが明らかになってきた。第一次世界大戦後になると共和制の打倒は言葉だけとなり、暴力的活動は続いたものの当初の急進的な機能は完全に失われ、たんなる保守反動に堕落していった。そしてその結末は、傀儡政権への参加とその崩壊であった。[24]

（1） たとえば、R. Rémond, *op. cit.*, pp. 245-253 ; R. Girardet, *Le Nationalisme français*, cit., p. 197 ; E. Weber, *op. cit.*, p. 516 ; C. C.Peter, *op. cit.*, p. 41 ; J. Pangam, *op. cit.*, p. 412.

（2） Ch. Maurras, "Si le coup de force est possible," in *Enquête sur la monarchie*, cit., p. 541.

（3） 一九二六年のピウス一一世による否認は、アンドリュー枢機卿がアクシオン・フランセーズに対して無神論、不可知論を告発したことに始まった。モーラスは最初の警告に対しては服従の表明で応えたが、一九二六年の秋に状況が悪化すると攻撃に転じ、そして教皇による否認を受けた。一九三七年におけるギーズ公の非難はナショナリズムの暴力性に向けられたものであり、教皇の否認以後、弱体化していたアクシオン・フランセーズは最後の打撃を被った。E. Weber, *op. cit.*, chap. 12, 22.

（4） Ch. Maurras, *Le Chemin de Paradis*, E. de Boccard, 1895, pp. xxxix-xl. モーラスの審美的・芸術的思考に関して、ジャック・J・ロスは、モーラスは「ナショナリストである以前に審美家」であり、彼のナショナリズムは「政治的である以前に文化的」であると言った。またハンス・ナウマンは、モーラスの「哲学」は「芸術的存在論的思考方法」(künstlerish-ontologischen Denkweise)をとっており、それは包括的調和を把握しようとする秩序指向によって特性づけられると論じた。Jack J. Roth, *The Cult of Violence : Sorel and the Sorelians*, University of California Press, 1980, p. 87 ; Hans Naumann, *Charles Maurras und die Weltanschauung der Action français*, Verlag von S. Hirzel, 1935, pp. 48-49.

（5） Ch. Maurras, *Mes idées politiques*, cit., p. 138.

（6） *Ibid.*

(7) Ch. Maurras, *La Démocratie religieuse*, cit., p. 26.
(8) Ch. Maurras, *Anthinea : De Athènes à Florence*, Librairie Honoré et Edouard Champion, 1920, pp. 64-87.
(9) Ch. Maurras, *Prologue d'un essai sur la Critique*, La Porte Etroite, 1932, p. 52.
(10) Ch. Maurras, *Mes idées politiques*, cit., p. 167 ; idem, *Prologue d'un essai sur la Critique*, cit., p. 55.
(11) Ch. Maurras, "August Conte," in *L'Avenir de l'intelligence française*, Flannarion, 1927.
(12) Ch. Maurras, *Dictionnaire politique et critique*, cit., vol. IV, p. 170.
(13) Ch. Maurras, *Mes idées politiques*, cit., p. 83. モーラスはしばしば敵対する思想を「ロマン主義」と誇る。モーラスによれば、「ロマン主義」とはドイツを中心とする「北方諸国」に起源をもつ思想であり、感情に身を委ねて伝統的なフランスの理性に反抗する「野蛮人」の思想である。Ch. Maurras, *Romantisme et révolution*, in *Œuvres capitales*, cit., pp. 31-59.
(14) Denis W. Brogan, "The Nationalist Doctrine of M. Ch. Maurras," *Politica*, February 1935, p. 295.
(15) Ch. Maurras, "Dictature et Roi," *op. cit.*, p. 462.
(16) Ch. Maurras, *Le Chemin de Paradis*, cit., p. lxxviii ; W. C. Buthman, *op. cit.*, pp. 139-141.
(17) Philippe Ariès, "Le Thème de la mort dans 'Le Chemin de Paradis'," *Études maurrassiennes*, 1972.
(18) Henri Massis, *Jugement*, l, quated in Jacques P. d'Assac, *Doctrines du nationalisme*, Éditions de Chiré, 1978, p. 55.
(19) R. Girardet, *Le Nationalisme français*, cit., p. 17.
(20) Henri Massis, *Maurras et notre temps*, La Palatine, 1951, p. 13.
(21) C. C.-Peter, *op. cit.*, pp. 43-45.
(22) エレン・ケネディの研究によれば、モーラスはベルグソン哲学をロマン主義として拒絶していたようである。二〇世紀初頭のフランスにおける「持続」や「生の跳躍」(élan vital)の知識社会学的分析は、すでに七〇年以上前にマンハイムがその必要性を指摘しているものの依然として研究課題である。Ellen Kennedy, "Bergson's Philisophy and French Political Doctrines : Sorel, Péguy and de Gaulle," *Government and Opposition*, Winter 1980, pp. 80-84. カール・マンハイム、前掲書、一九〇頁。
(23) 真木悠介『時間の比較社会学』(岩波書店、一九八一年)、二二三―二二八頁。
(24) リーダーシップの腐敗、実践の軽視と理論の偏重、未熟な活動、教義の内在的矛盾といった要因により、アクシオン・フランセーズは急進主義から保守反動に堕したというユージン・ウェーバーの定式は、今日通説になっている。Eugen Weber, *Action française : Royalism and Reaction in Twentieth-Century France*, Stanford University Press, 1962.

第四章　ジョルジュ・ソレルの社会主義

はじめに

ジョルジュ・ソレルは不思議な思想家である。孤高の独学者で、ムッソリーニのファシズムからレーニンの共産主義まで左右を問わず様々な政治勢力に影響を及ぼした。ソレル自身にしても、イタリアでファシズム運動が台頭したときにそれに賛意を示したが、同時にボリシェヴィズムにも新しい時代を切り開く期待を寄せていた。[1]ソレルの評価はフランスよりもむしろ外国の方が高かった。ソレルの「独創的な歴史的および哲学的着想」に魅了されたカール・シュミットは、その核心である「神話の理論は、議会主義的思考の相対的合理主義がその明証性を失ったことの、最も強い表現である」とその意義を論じた。[2]また、ホセ・オルテガ・イ・ガセットは「いつの日か、われわれの時代の起源が再検討されるとき、現代特有のメロディーの調べが、一九〇〇年ごろにフランスのサンディカリストとレアリストの間で鳴りだしたことに気づくだろう」と述べ、[3]ソレルは大衆が政治介入するときの行動方法を明らかにしたことを示唆した。そしてウィンドハム・ルイスは「ソレルは現代政治思想すべての鍵であり」「匹敵する者なき予示的人物であった」と述べた。[4]要するに、ソレルは自由民主主義に疑念ないし不安をもった戦間期ヨーロッパの思想家から、現代政治の預言者と思われていた。

ソレルは革命的サンディカリズムの思想家として有名であるが、一時期ナショナリズムに傾倒したこともある。もちろん思想的にバレスやモーラスと直接のつながりがあるわけではないし、右翼団体に属したこともないが、しかし後述するように、アクシオン・フランセーズにおけるモーラスの次の世代と僅かな期間であれ活動を共にしたことがあるだけでなく、彼らに対して思想的にきわめて大きな影響を及ぼした。たとえば、ジョルジュ・ヴァロワは「ファシズムの真の知的・感情的起源はソレルの社会主義である」と述べている。[5] したがって、フランス・ファシズムの知的脈絡を解明するうえでソレルを論じることは、後の人々が考えた理論的連関以上の実質的な意味ももっている。ただし、ソレルはこの脈絡だけに収まる思想家ではないことには予め注意しておきたい。本章では、もっとも強い衝撃を与えたサンディカリズムの神話と暴力の理論を中心にしてソレルの思想を検討したい。最初にそれを主張したときの背景となったフランス社会主義の状況とそこにおける彼の立場を確認し、次に思想的基礎をなしている哲学と倫理、続いてサンディカリズム理論の思想的意味を探究し、最後にナショナリズムに対する思想的態度について考察を加えておきたい。

(1) Jack J. Roth, *The Cult of Violence : Sorel and Sorelians*, University of Calfornia Press, 1980, pp. 141-211.
(2) カール・シュミット「現代議会主義の精神史的状況」樋口陽一訳(『危機の政治理論』ダイヤモンド社、一九七三年、所収)、一〇〇・一一〇頁。
(3) ホセ・オルテガ・イ・ガセット『大衆の反逆』桑名一博訳(白水社、一九九一年)、一二〇頁。
(4) Wyndham Lewis, *The Art of Being Ruled*, Chatto and Windus, 1926, p. 128.
(5) Georges Valois, *Le Fascisme*, Nouvelle Librairie Nationale, 1924, p. 6.

第一節　ソレルとフランス社会主義

一八八六年に著作活動を始めるまでのソレルの人生については、あまり明らかになってはいない。最初にソレルの伝記を著したピエール・アンドルーの研究以降[1]、それについてふれた作品のほとんどは具体的な事実の多くをアンドルーの研究に依存している。簡単にソレルの経歴を辿っておくと、彼は一八四七年にシェルブールの裕福なブルジョワ家庭に生まれた。父親の事業失敗により辛酸を嘗めたこともあったようだが、経歴をみる限り順調にエリート・コースを歩んだようだ。一八六四年にバカロレアに合格し、翌年一〇月にエコール・ポリテクニークに入学した。その頃ソレルはシャンボール伯を奉じる熱心な王党派であった。一八六七年に土木局に入り、一八七〇年に教育が終了した後、短期間の任務を経てコルシカ島勤務を命ぜられた。ソレルがパリを発ったのは普仏戦争勃発の数日後だった。第二帝制の崩壊、パリ・コミューン、第三共和制の樹立といった歴史の大変動が彼にどのような影響を与えたかは明らかではない。フランス各地やアルジェリアで勤務した後、最後の勤務地となったペルピニャン市から推薦状を受け取り、叙勲されている。その後パリに戻り、数ヵ月後にブローニュ＝シュル＝セーヌに移り住み、一九二二年に死ぬまでそこで暮らした。土木局の優秀な技術官僚としてのソレルの経歴のなかに、後の彼の思想、とりわけ社会主義革命理論を形成する要因をみつけることはできない。アンドルーは彼の生涯の伴侶であったマリ・ユフラジ・ダヴィの影響を指摘している。貧しい農家で育ち文盲であった彼女は、弱き者への憐憫の情と献身的態度、そして宗教的な厳格さと奉仕活動により、確かにソレルの発想に影響を及ぼした。また、彼女との結婚を許さなかった社会的因習への反発もあったかもしれない。だが、それらはたんなる推測の域を出ない。結局、アンドルーも明確な答を探すことはできないとしている。したがって、ソレルの思想は彼の著作のなかから直接に読み取っていく他ない。

退職の六年前から始まったソレルの著作活動はきわめて旺盛であるが、その主張や研究対象はかなりの変化をみせている。このような変遷の段階づけの代表的な例して、ミシェル・シャルザとジョン・スタンレーの二人の見解をあげておこう[2]。シャルザによれば、(1)一八九二年以前＝独学者、(2)一八九三―九七年＝正統派マルクス主義者、(3)一八九八―一九〇三年＝修正主義者、(4)一九〇四―〇八年＝革命的サンディカリスト、(5)一九〇九―一三年＝右翼ナショナリストに左袒した過激主義者、(6)それ以後＝ファシズムとボリシェヴィズムに共鳴した「新しい時代の族長」、である。スタンレーによれば、(1)一八八六―九二年＝道徳研究、(2)一八九三―九七年＝マルクスの科学的方向の研究、(3)一八九八―一九〇一年＝マルクスとマルクス主義をめぐる広範囲の研究、(4)一九〇二―〇八年＝革命的階級の心理の研究、(5)一九〇九―一三年＝プラグマティズムと非社会主義的な政治の研究（一九一四―一七年＝深い幻滅と失望の期間）、(6)一九一八―二二年＝共産主義の研究、である。本章が対象とするのは、主にソレルが革命的サンディカリズムに専心し代表作の『暴力論』が書かれた時期、すなわち二人の論者が述べる第四段階である。この時期はフランス社会主義の転換期でもあった。

一八七〇年代に沈滞していた社会主義は、一八八〇年代に俄然活況を呈するようになる[3]。この発展の時代の幕を開けたのは、マルクス主義をフランスに浸透させたジュール・ゲードである。ゲードはパリ・コミューンのあと亡命してスイスにいたが、そこで多くの社会主義者たちと会う機会をえて、ドイツ社会民主党の発展に強い印象をもつとともにマルクス主義に傾斜していった。彼は帰国後、マルクスの女婿であるポール・ラファルグとガブリエル・ドゥヴィルとともに、フランスにおける最初のマルクス主義的な階級政党である労働党を一八八〇年に結成した。労働党ないしゲード派は科学的社会主義を標榜し、ドイツをモデルとする統一的で中央集権的な党指導権の確立をめざしていた。近代的な組織と思想で優位に立つゲード派は、マルセイユ（一八七九年）とル・アーヴル（一八八〇年）において開催された全国労働者会議を支配し、フランス社会主義労働党連合を結成した。

これらの会議にはさまざまな種類の労働者団体からの代表が集まっていた。そこでは右派の相互主義者と極左のアナーキストが排斥されたが、しかし会議を支持した多数派も多くの傾向に分かれていた。G・D・H・コールによれば[4]、ゲード派の他に、革命的暴動のみを強調するブランキスト、産業における組合運動を重視する労働組合主義者、政治的・産業的なあらゆる方法を結びつけようとする統合主義者がいた。このような分裂は、一八八一年にポール・ブルースが現行体制下で可能な限りの改良をめざす所謂ポシビリストを形成したことにより、ゲード派とポシビリストの対立に集約されていく。ブルースは労働者の実践的要求に応えることが最重要であるとして、直接的改良を地方レベルの産業のなかで押し進めることを主張するとともに、政党はそのためのものであって政治権力の掌握は二次的であるという立場をとっていた。この対立は一八八二年のサン・テチエンヌの全国労働者会議で頂点に達し、そこで多数派となったポシビリストはフランス社会主義労働者連合を形成し、一方敗れたゲード派はフランス労働党をあらためて結成した。ソレルによれば、ポシビリストの成功はひとえに「具象化の便宜」[5]にあった。

このポシビリストも一八九〇年のシャテルロー大会で二派に分裂する。ジャン・アルマーヌを中心とするミリタン（アルマニスト）は、選挙活動に没入していくブルースの日和見主義的な態度に飽き足らずに、一八九一年に革命的社会主義労働党を結成する。この党はポシビリストの主張をさらに労働組合主義的に徹底させる立場をとっており、議会主義に背を向けて、日常的な改良闘争を進めるなかでゼネストをみすえていた。ソレルは科学的な社会主義と対比して、アルマニストのもつ倫理性を高く評価していた[6]。こうした潮流の他にアナーキスト、ヴァイヤン派ブランキスト、そしてジャン・ジョレスの独立派などがおり、一八九〇年代のフランス社会主義は多数の派に分裂していたが、大きく分けるならば、議会主義に傾斜したゲード派を中心とするグループと労働組合運動を重視する反ゲード派に分かれていた。

こうした分裂を背景として、労働組合運動も流動的であった。当時の労働組合運動の組織は、労働組合連盟と労働取引所連盟に分かれていた。組合連盟は一八九四年までゲード派の指揮下にあったが、ゲード派にとって労働組合は党による政治活動に完全に従属すべき存在であり、ゼネスト戦術や組合主導の改良闘争は断固否定されるべきロマン主義であった。他方、取引所連盟はアナーキストやアルマニストといった反ゲード派の社会主義諸分派の支援のもとに、組合連盟に対抗する労働組合活動家によって一八九二年に創設された組織である。一八九二年頃から組合連盟はゼネスト問題をめぐってゲード派と対立するようになり、一八九四年ナントで取引所連盟と合同で開かれた労働組合全国大会において、ゼネストを支持するアリスティード・ブリアンの率いる組合連盟の多数派は、主要取引所とともに労働総同盟を結成した。それ以後組合連盟は衰退の一途をたどり、一八九八年の大会を最後に壊滅する。このためゲード派はサンディカリズムに激しい敵意をもつようになった。労働総同盟は暫くの間さしたる発展をみなかったが、その間自立性を保っていた取引所連盟は、書記長フェルナン・ペルーティエの下で一八九五年から一九〇二年までの間最盛期を迎える。一九〇一年のペルーティエの死後は、取引所連盟に代わって労働総同盟が飛躍的な発展をとげ、革命的サンディカリズムの旗印のもとにフランスの労働組合運動を一手に糾合していくことになる。

一八九二年にドレフュス事件が公然化すると、それをめぐって世論が沸騰していった。ドレフュス事件は社会主義に対して二つの影響をもった。その一つは、右翼に対抗するために、社会主義的な諸団体が接近するとともに、社会主義的な政治家が協同するようになり、さらに彼らが共和派勢力に協力するようになったことである。社会主義諸政党は労働党の主導により一八九八年に会合をもち、共通の目的と統一行動を確認する合同自警委員会を形成した。この委員会には、ゲード、ブルース、ジョレス、アレクサンドル・ミルラン、エドゥアール・ヴァイヤンなどが参加していた。彼らは選挙活動においても意思の疎通をはかるようになり、この関係は一九〇五年におけるフランス社会党の結成につながっていく。もう一つの影響は間接的であるが、労働組合が反政治的・反国家的な方向に急進し、サンディカリズムの革命的な性格を強めていったことである。労働総同盟は議会へと走る社会主義諸政党からますます離れ、第一次大戦前におけるフランス最大の革命勢力となっていった。こうしてフランスの社会主義は、世紀末以降、議会的社会主義と革命的労働者運動に分裂していく。

ソレルは一八九八年に『労働組合の社会主義的将来』(7)を書いたとき、すでにサンディカリズムへの関心を示していたが、まだ議会的改良主義に希望をもっていた。しかし、一九〇二年にペルーティエの主著に序文を呈したときには、はっきりと議会的社会主義と訣別し、サンディカリズムを真の社会主義と断じていた。次に、ソレルと彼の依拠したペルーティエが論ずるサンディカリズムの理念を検討したい[8]。

ゲードやジョレスに指導された当時のフランスの社会主義者の間では、歴史全体が単一の自然法則に従って発展するという進化論の社会主義的な型として、マルクス主義を信じる傾向が濃厚にあった。このような態度において、社会主義と実証主義は原則的に同一の信条を共有すると理解され、両者の差異は結局のところマルクスとコントの人格的・政治的対立という単純な問題に還元された[9]。社会思想における実証主義の系譜をさらに辿れば、コントはユートピア的社会主義を唱えたサン＝シモンの後継者であるし、サン＝シモンは大革命の偉業を科学的に完成させようとしたのであるから、最終的に一八世紀の啓蒙合理主義にいきつく。もちろんそれぞれの思想家はさまざまな要素を含む独自の思想体系を築いたのであるが、基本原則の点からこの系譜を考えた場合、それを貫く縦糸は、人間と社会は理性により認識される法則に従うのであり、したがって人間は実践の指針を感情や神秘ではなくて理性に求めるべきだという合理主義、ならびにそれに依拠して「人間精神の永久的進歩」や「合理的な歴史進化」を唱える進歩論である。この意味でソレルの思想は、アーヴィング・L・ホロヴィッツが述べるように、「一八世紀の啓蒙合理主義と一九世紀のフランス・ユートピア主義からの決定的な逸脱」によって特徴づけられる[10]。

ソレルによれば、実証主義的な科学を標榜するマルクス主義は、政治において二重の有害な結果をもたらす。その一つは、歴史的決定論に陥ることにより、政治的な非行動を招くことである。これについては説明する必要はないであろう。もう一つは、必然的に国家主義に結びつくユートピア的思考を生みだすことである[11]。理性により抽象的な善を設定するユートピア的思考は、政治的領域でも正しいとされる固定的で統一的な理論をつくりだし、それに盲目的に従う。そうした固定的な理論はたえざる社会的・経済的変化に対応できないので、理論家はたとえ最初は進歩的であるとしても、具体的な現実との接触過程において常に反動的となっていく。したがって、変動する社会のなかでユートピア的思考をとれば、二つの行動様態しかありえない。一つは完全に現実との接触を断った教条主義であるが、このような行動様態はさほど問題にはならない。当時のフランス社会主義を検討するにあたってはるかに重大なのは、「古い公式集をまとめて保守しながら、同時に日和見主義的なやり方に従う」という第二の行動様態である。これこそが議会的マルクス主義者ないし改良主義者の態度である。彼らは「緻密（そして簡単）な詭弁によって、もっとも絶対的な非妥協性と直接的な政治的利益への当を得た配慮とを両立させる」[12]。つまり、現実に適応できない固定的理論を国家の権威をかりて護ろうとするわけである。ユートピア的思考をもった理論家が現実政治の渦中に入ると、必ずや国家主義者になるとソレルは主張する。

ソレルはフランス・マルクス主義を弾劾するが、マルクスについては別の見方をしている。ソレルによれば、マルクスの政治理論には二つの別個な傾向が混在している[13]。一方において、マルクスは直接行動や自主管理を鼓吹しているようであるが（『ゴーダ綱領批判』）、他方において、彼は国家の中央集権化を支持している（『共産党宣言』）。このように政治制度の見方に両義性が生まれたのは、彼が究極的に政治を経済に従属させたことに由来する。マルクスは資本主義時代がそうであったように、革命後も国家やその政治家は支配階級の召使いになると考えていた。ソレルはそれに対して、国家および政治的階級のもつ抑圧的性格の独立性をはっきりと主張し、それらを介在させないことを革命の原則とした[14]。

ソレルがマルクスに読み取った政治理論の二面性は、サンディカリズムがフランスの歴史のなかにみいだす二つの伝統でもある。ペルーティエによれば、その一つは絶対王制下で形成された中央集権化と国民主権の伝統であり、もう一つは分権化された経済の結果としての地方共同体的精神の伝統である。ソレルやペルーティエの用語法では、前者が政治的伝統であり、後者が経済的伝統である。この相反する二つの伝統が社会主義にもちこまれると、一方では

「社会組織の単純な用具である国家をそれの製作者であると信じて、国家を社会の改善に不可欠と考える」立場が生じる。[15] このような社会主義勢力が支配権をもつとき、それは素朴なデモクラシー理念で粉飾しながら全体主義的独裁を生み出すということは、フランスの歴史によって例証される。第二の伝統に立脚する社会主義は、「社会的諸機能はあらゆる種類の人間的欲求の満足に限定できるし、またそうしなければならない」という考えを前提にして、「国家は不必要ないし有害な政治的利益の保護にしか存在理由をもたない」から、「国家を生産者の自由結社によって置き換えること」が必要であるという立場をとる。[16]

ソレルやペルーティエにとって、労働取引所は後者の社会主義のなかで最善のものを具体化する。労働取引所とは、もともと労働者による自由な労働の選択と公正な賃金決定のために、一定の地域内でつくられた労働交換機関ないし雇用機関である。労働取引所連盟ができる頃には、それはさまざまな職業の労働組合を単位とする地域的な統合体として発展していた。労働取引所や労働組合による活動には、職業的な援助の他に教育や闘争なども含まれていた。全国レベルの連盟は、取引所間の連絡をつける行政機関にすぎなかった。取引所連盟に代わって労働総同盟が全国の労働者組織をまとめていったときにも、全国組織の権限は高まったものの、労働組合―労働取引所―労働総同盟の基本的関係は同じままであった。労働取引所がフランスの第二の伝統を体現していると言えるのは、それが同一地域内での生活という点を基礎にして、経済的関係を中心に形成された組織だからである。[17]

サンディカリズム運動はこの点に立脚する。それは、資本主義のなかで生み出された「良き仕事場の習慣」ないし「協同の手続き」[18] を労働者の手によって維持しながら、それを唯一の組織原理とする分権的社会を構築しようとする運動である。それがとる手段は、国家や政党の介入を拒否する「経済的」な闘争手段、すなわちゼネストである。労働組合とはこの運動の中核となる機関であり、また同時に将来の社会の基礎単位である。それによって生産の連続性が保証されるとともに、労働者は国家の影響力から逃れることができる。サンディカリズムとは、要するに、国家のなかにあって国家を離脱し、資本主義のなかにあって資本主義を発展的に解消させた社会主義社会を構築しようとする運動である。したがって、サンディカリズムは破局的な大破壊にも議会主義的な改良にも期待する必要はない。なぜならば、労働取引所の設立とともに社会革命はすでに始まっていたからである。当時のサンディカリズム運動は、以上述べたような理念に支えられていた。

（1） Pierre Andreu, *Notre maître Georges Sorel*, Grasset, 1953.

（2） Michel Charzat, *Georges Sorel et la révolution au XXe siècle*, Hachette, 1977, pp. 23-86; John Stanley, *The Sociology of Virtue: The Political and Social Theories of Georges Sorel*, University of Calfornia Press, 1981, pp. 16-21.

（3） P&M・ファーブル『マルクス以後のマルクス主義』竹内良知訳(白水社、一九七一年)、ジョルジュ・ルフラン『フランス労働組合運動史』谷川稔訳(白水社、一九七四年)、中木康夫『フランス政治史』上(未来社、一九七五年)、アンリ・デュビエフ『サンディカリズムの思想像』谷川稔他訳(鹿砦社、一九七八年)、喜安朗『革命的サンディカリズム』(五月社、一九八二年)、谷川稔『フランス社会運動史』(山川出版社、一九八三年)。G. D. H. Cole, *A History of Socialist Thought*, vol. III, part I, Macmillan, 1956; George Lichtheim, *Marxism in Modern France*, Colombia University Press, 1966; Paul Louis, *Histoire du mouvement syndical en France*, Félix-Alcan, 1920.

（4） G. D. H. Cole, *op. cit.*, p. 325.

（5） Georges Sorel, *Critical Essays on Marxism*, in J. Staley (transl. and ed. with Introduction), *From Georges Sorel*, Oxford University Press, 1976, p. 136.

（6） G. Sorel, "L'Éthique du socialisme," *Revue de métaphysique et de morale*, mai 1989, p. 110.

（7） G. Sorel, "L'Avenir socialiste des syndicats," *Humanité novelle*, mars-mai 1989 (reprinted in *Matériaux d'une théorie du prolétariat*, Marcel Rivière, 1921.)

（8） Fernand Pelloutier, *Histoire des bourses du travail*, Ancienne Librairie Schleicher, 1921. 以下の論述は、J. Staley, *The Sociology of Virtue*, cit., chap. VI, V. に負うところが多い。

（9） G. Lichtheim, *op. cit.*, pp. 152-153.

(10) Irving Louis Horowitz, *Radicalism and the Revolt against Reason*, Routledge and Kegan Paul, 1961, p. 2.
(11) G. Sorel, *La Décomposition du marxisme*, Marcel Rivière, 1908.「マルクス主義の解体」(『進歩の幻想』川上源太郎訳、ダイヤモンド社、一九七四年、所収)。
(12) G. Sorel's Preface to F. Pelloutier, *op. cit.*, p. 47.
(13) G. Sorel, "L'Avenir socialiste des syndicats," *op. cit.*, pp. 99-102; idem, *La Décomposition du marxisme*, cit., pp. 30-48. 邦訳、二四二―二五六頁。
(14) G. Sorel, *Les Illusions du progrès*, Slatkine, 1981. 前掲『進歩の幻想』。
(15) F. Pelloutier, *op. cit.*, p. 99.
(16) *Ibid.*
(17) G. Sorel's Preface to F. Pelloutier, *op. cit.*, pp. 59-62; idem, "Dissensions de la social-démocratie allemande à propos des écrits de M. Bernstein," *Revue politique et parlementaire*, juillet 1900, p. 63.
(18) G. Sorel, "Le Syndicalisme révolutionnaire," *Le Mouvement socialiste*, novembre 1905, pp. 276-277; idem, "L'Éthique du socialisme," *op. cit.*, p. 95.

第二節　倫理と運動の論理

ソレルはクローチェへの手紙のなかで、「私が生涯にわたって寄せてきた関心を要約するとしたら、それは道徳の歴史的生成を探究することでしょう」と述べている[1]。ソレルの優れた知的発展史を物したスタンレーはこの言葉を引用しつつ、ソレルの研究は最初の著作である『聖書の世俗的研究試論』と『ソクラテスの裁判』以来、倫理体系という観点から歴史的に条件づけられた思想を読み取ろうとした点で一貫しており、さらにこうした研究姿勢は彼の実践的思想に直接に反映されていると論じた。この命題は今日多くの研究者によって共有されていると言ってよかろう。

本節ではそれを前提としたうえで、ベルグソン哲学を参照しつつ、ソレルが行ったゼネストとサンディカリズムの意味づけの基盤を解明したい。往々にして言われるように、ソレルはマルクスとヘーゲルの関係のようにベルグソン哲学を基盤にして思想を形成したわけではないし、また、その摂取は「ひじょうに選択的なフィルター」をとおしてなされている。[2]だが、ソレルの根本思想のいくつかは、ベルグソンによって確信を得ることができたと思われる。ベルグソンと照らし合わせれば、ソレルの思想を論理的に明晰化できるであろう。ソレルとベルグソンの共通性を述べることは、彼が一九〇〇年代のフランスで圧倒的な支持を得ていたことである。ソレルとベルグソンに論及するもう一つの理由は、ソレルのもつ言わば精神的雰囲気が決して孤立したものではないことの例証になるだろう。

ベルグソン哲学の中心概念は「持続」である。持続とは、メロディーを聞くときのように、互いに浸透し合い有機的に組織化された意識事実が、この連帯性の効果によって過去を現在に結びつけるときに生じるところの、われわれの意識状態の継起である。持続する意識においては、過去は一つの実在として流れる時間のなかでつねに現在にあり、現在は過去によりつねに膨張しながら質的変化を起すので、二つの異なった瞬間を構成する意識事実は根本的に異質であり、反復されることはない。[3]持続は意識の特性であるが、しかし意識はつねに存在するわけではない。心身的存在である人間において意識が現れるのは、可能な行動のなかから身体が一定の行動を選択するときである。この選択は過去の経験から着想を得るが、そのためには知覚されたイマージュが記憶の状態で沈澱していなければならない。われわれは記憶のなかから現在の状況に挿入されるイマージュを呼び起し、現在の知覚のなかでそれらを統合・収縮することにより、未来に働きかける創造的行動を遂行するのである。[4]それに対して物質の場合、過去と現在との緊密な結びつきを保証するものは何もないから、それは過去をたえず反復する現在のうちにあり、また外から受ける作用に対しては、同一の直接的な反作用で応える。ここに物質の基本法則があり、この点において必然性が成立する。[5]

ベルグソンは最初、流れる意識のなかに持続を据えていたが、後には壮大な生の哲学の体系において、宇宙全体の進化として把握するようになる。『創造的進化』で提示される進化論によれば、宇宙全体は、生の躍動によりたえず新しいものが創出されて進化を遂げる、生命の運動・生成状態にある。持続とはこのような運動の表出としての生の実在のことである。持続はすべての存在の中心にある。この持続の一元論において、持続が純粋なかたちで現れうる生体と、生の躍動が麻痺した物質とは持続の両極をなす。人間は行動の必要からこの両極に働きかけねばならないが、双方を指向する能力は全く別個なものである。その能力とは知性と本能である。(6)

知性とは物質に適合していく能力であり、本能とは生命の流れに従って生命のもつ有機化の仕事を継続していく能力である。双方の能力のうちには生得的な認識が含まれる。知性の場合、その認識は関係をめざして形式を把握するので無限な対象に適用されるが、外面的で空虚な認識しかできない。知性が物質を認識する方法は、物質の流れにおいて幅にあたる空間と長さにあたる時間について、等質で無差別で空虚な環境、すなわち等質空間と等質時間を想定し、物質をそこに投影して固定化し、分割することである。(7)ベルグソンによれば、決定論の誤りはこのような知性に自然に備わっている概念をあまりにも広く適用し、すべてのものは空間のなかに幾何学的に広がり、未来と過去は現在の関数として計算できると考えた点にある。生物的・心理学的事実の認識までも知性に委ねる実証主義は、この決定論的誤りを犯している。それは知識に抽象的な統一を課し、自然に人工的な統一を課す教条主義である。知性が明晰に認識できるのは、不動なもの・非連続なものだけであるから、実証科学は生きている実在の純粋な理解に到達できない。(8)

ソレルはベルグソンの科学主義＝決定論批判を受け継ぐ。すなわち「科学的なやり方で将来を予測できたり、あるいはある仮説が他の仮説に対してもちうる優越性を論じたりする方法は一つもない」(9)と。とはいえ、ソレルは科学そのものをすべて否定していたわけではない。ソレルが科学論を展開するのはずっと後になってからであるが、この時代においてもソレルは、対象の意味はわれわれの行動に及ぼす実際的効果にあるというプラグマティックな科学観を、かなり徹底したかたちでもっていた。かれは真の科学は人間の行動に奉仕するという見地にたって、「科学が決定しなければならないことは、特定の歴史条件のもとで人間がその意志を行使する結果として、現実世界に変動が起るときの人間のメカニズムである」と論じていた。[10] このような科学の課題は、ベルグソン哲学において生の実在の認識方法として提示される理論に直結する。

ベルグソンは、知性を超えて「真の、内的な、生きている自然の統一」をみいだす役割を、本能に含まれる直観に与える。本能の場合、生得的な認識は事物をめざして素材を把握する。本能的な認識は特殊な対象の一部にしか適用されないが、生の躍動そのものに注意を集中し、内的で充実した認識を行う。このような本能の充実は、自分自身を対象の内部におくことによって対象の内面を生きることであり、この意味では本能は共感である。共感において人は対象に同一化し、対象は自分自身の意識に浸透して記憶になる。ベルグソンは、このようにして局限的な共感の対象を限りなく拡げることのできる本能を直観とよぶ。直観は本能によるコミュニケーションを打ち立てることによって、相互浸透であり、限りなく続く創造である生命固有の領域、すなわち持続にわれわれを導く。[11]

ソレルは直観と記憶による持続の発見というベルグソンの考え方を知ったことにより、初期の頃より行っていた宗教と道徳の心理と歴史発展の研究に、方法論的基礎を与えることができた。もっとも、確実な理論的土台を与えたのはベルグソンであるが、直観によって「生の現実の根源」にまで遡り、純粋主観的に対象を把握する方法は、すでにルナンやヴィーコの研究のなかで発見されていた。[12] 社会史の理解は形而上学的な構築物ではなく、個人の意識的な活動に焦点を合わせるべきだという主意主義的な理念を、ソレルはヴィーコから受け継いでいた。この方法のモチーフは、行為者の歴史的経験を再生することによって歴史を現在の価値へと変換する点にあった。ここで注意しておかねばならない重要なことは、この方法が単なる心理・歴史研究の技法ではなく、ソレルの全思想活動の中心にあるということである。つまり、この方法はベルグソンがそうであったように、ソレルのもっとも根本的な意思を展開するための基本的な考え方を意味するのである。では、その意志とは何か。

ソレルはヴィーコを読解するなかで、崇高感を人間の生のもっとも純粋な発揚と捉え、何らかの行動的内容をともなった崇高感は道徳となって個人の生活の規準となると主張した。ソレルやヴィーコにとって、このような崇高感を再生することがもっとも根本的な問題であった。ヴィーコはこの理想モデルを、自然との直接的接触のなかで自然を解体せずに全体として活性化させ、そうした自然と一体化するなかに崇高感を感じた古代人にみていた。彼らが創造した詩や神話はその感情を表現し、伝える最善の方法であった[13]。ソレルの考えでは、崇高感の基礎は「魂が畏怖の領域に属す感動を感じること」[14]、つまり、自分の外部にあって圧迫する巨大な事物から人間を解放しようとする闘争のなかに現れる感情にある。したがって、もっとも純粋な崇高感は戦争における英雄主義的倫理であり、もっとも美しい詩は英雄的な叙事詩であるということになる。ソレルはニーチェとともに、「無分別で非常識で率直な大胆さ……あらゆる肉体の安全に対する、生と安楽に対する無関心と軽蔑」といった特徴をもつホーマー的英雄を賛美する[15]。ベルグソン哲学では、このような心理は「純粋持続」という理念のなかに表現される。ベルグソンによれば、「生命はその場で足踏みする」傾向をもつが、それに抗する意志的行為によって意識に緊張状態をつくりだすとき、われわれは純粋持続に突入することができる。それは生命の創造力と一致する真に自由な瞬間である。ベルグソンはそれを次のように述べる。

われわれ自身のもっとも深いところにおいて、われわれが自分自身の生のもっとも内的と感じる点を探究しよう。そのときわれわれが没入するのは純粋持続のなかへである。この持続においては、過去がつねに前進しながら、絶対的に新しい現在によってたえず増大する。しかしそれと同時に、われわれは自分の意志のバネがその極限まで緊張するのを感じる。われわれは人格の激しい自己収縮によって、逃れゆく過去を取り集め、これを緻密で不可分のまま現在のなかに押し込まねばならない。こうして過去は現在のなかに入り込み、現在を創造するであろう。われわれがこの点において自分自身を取り戻す瞬間は、きわめて稀である。このような瞬間こそわれわれの真に自由な行動である。[16]

われわれが純粋持続におけるわれわれの進行を意識すればするほど、われわれは自分の存在のさまざまな部分が互いに入り込み、そして自分の人格全体が一つの点に、というよりはむしろ一つの先端に集中するのを感じる。この先端はたえず未来を切り裂きながら未来へ突入する。そこにこそ、自由な生と自由な行動がある。[17]

ソレルによれば、純粋持続に突入するとき、あるいは英雄的行動に突入するとき、「精神が優越的な諸力により支配されていると感じる恍惚状態」が生まれる。[18] そこでは将来の予見は消え去って確信だけが意識を支配し、現在において行動することだけが問題になる。そのとき人間はもっとも自由である。ソレルはこの英雄的な行動を大衆の歴史的な革命運動のなかにみいだす。彼にとって自由を取り戻すときとは、「われわれを締めつけている歴史的な枠を打ち破るために、われわれのなかに新しい人間を創造すべく努力するとき」である。[19] それはヴィーコの言う「回帰」(ricorso)、すなわち「民衆の魂が原始状態に戻るとき、すべてが直観的で創造的で詩的であるときに起る」人間の自由と発展のときである。[20] こうした運動において人間の崇高感が湧出し、個人的心理が歴史の進歩に結びつく。ソレルは「運動が感情生活の本質であり、したがって運動という言葉においてこそ、創造的意識について語ることが適当である」と述べ、[21] 彼の思想の具体化を歴史的な意味をもつ運動に託した。

こうした運動が起るうえで、近代という時代には大きな障害が存在することをソレルは明白に認識していた。ベルグソンの理論では、持続の緊張の度合いが自由を決定する。緊張を緩めていった場合、われわれは記憶も意志もなく、再開される現在だけを感じる夢想状態に向かって行く。こうして人格は自動性に堕落し、持続の弛緩が極限に達した惰性的物質に近づく。[22] 知性はこの方向に指向するから、精神の自動化・人間の不自由化・非行動を促進する。ソレルはこの理論を敷衍し、近代精神の核にある合理主義や主知主義を完膚なきまでに攻撃する。ソレルによれば、知性のみに依拠する科学主義や歴史的決定論は現存するものの受諾を促し、行動と歴史発展の責任を人間の手から逃れさせる。それは堕した運命論にすぎない。さらに、「邪魔になる心理的諸力を排除することが合理主義の本性のなかにある」ことも重大な問題である。[23] それは生が織り成す無限に多様な具体的現実を把捉できないばかりか、把捉できない現実、とくに宗教的・道徳的現実を必ずや矮小化して圧殺するからである。

ソレルはこのように合理主義を批判するが、それ以上に合理主義の根底にあるオプティミズムを激しく攻撃した。それこそが道徳的頽廃、すなわちデカダンスを招いた元凶であると考えていたからである。理性的存在である人間は無限に進歩するという近代合理主義のオプティミズムは、ソレルにとって人間を理性化するどころか欲望の放縦を許し、道徳的観念を霧散させてしまう最悪の観念だった。それに対して彼の思想は、人間の本性は悪に向かう弱きものであり、歴史の自然な流れは頽廃に向かっているというペシミズムに支えられていた。ソレルのペシミズムは無気力や無関心にそまった世紀末のデカダンのそれとは異なり、内向的なものではなく積極的な「解放への進軍」を要求する「行動哲学」であった。ソレルの説く道徳や倫理は、まさにこの「解放への進軍」を行う意志からしか生まれないものだった。だから彼にとって、ペシミズムこそがもっとも強力な倫理的駆動力であり、悪と頽廃を克服するための闘争こそがもっとも優れた道徳発揚の場であった。[24]

ヴィーコは詩的世界は古代や中世に固有なものであるから、デカルト的＝分析的な「哲学の論理」が支配する近代世界では、崇高感が再生されることはないと考えていた。また、ソレルに倫理観を教えたもう一人の人物であるルナンにしても、中世の宗教的観念が壊滅したことにより、それについて悲観的な見方をしていた。しかし、ソレルは自然的神話や宗教とは別な方法で崇高感を取り戻すことができると確信していた。

(1) Georges Sorel, "Letter to Croce," 6 May 1907, cited in J. Stanley, *The Sociology of Virtue*, cit, p. 1.
(2) Richard Vernon, *Commitment and Change: Georges Sorel and the Idea of Revolution*, University of Toronto Press, 1978, p. 56.
(3) Henri Bergson, *Essai sur les données immédiates de la conscience*, P.U.F., 1889, pp. 56-104, 137-164.『ベルグソン全集 1』平井啓之訳(白水社、一九六五年)、七五―一三〇・一六九―二〇〇頁。H. Bergson, *L'Évolution créatrice*, P.U.F., 1907, pp. 1-7.『ベルグソン全集 4』松浪信三郎・高橋允昭訳(白水社、一九六六年)、一七―二五頁。
(4) H. Bergson, *Matière et Mémoire*, P.U.F., 1896, pp. 11-80.『ベルグソン全集 2』田島節夫訳(白水社、一九六五年)、一九―八九頁。H. Bergson, *L'Évolution créatrice*, cit., pp. 258-265. 邦訳、二九二―三〇〇頁。
(5) H. Bergson, *Matière et Mémoire*, cit., pp. 205-251. 邦訳、二〇六―二四九頁。
(6) H. Bergson, *L'Évolution créatrice*, cit., pp. 1-136. 邦訳、一七―一五九頁。
(7) *Ibid.*, pp. 136-166. 邦訳、一五九―一九二頁。
(8) H. Bergson, *Essai sur les données immédiates de la conscience*, cit., pp. 105-124. 邦訳、一三一―一五二頁。H. Bergson, *L'Évolution créatrice*, cit., pp. 145-166. 邦訳、一六九―一九二頁。
(9) G. Sorel, *Réflexions sur la violence*, Marcel Rivière, 1921. p. 176.『暴力論』上、木下半治訳(岩波書店、一九三三年)、一九九頁。
(10) G. Sorel's Preface to Serverio Merlino, *Formes et essence du socialisme*, 1898, translated into English in R. Vernon, *op. cit.*, p. 83.
(11) H. Bergson, *L'Évolution créatrice*, cit., pp. 166-186. 邦訳、一九二―二一三頁。
(12) G. Sorel, *Le Système historique de Renan*, Slatkine, 1971, pp. 5-9.
(13) G. Sorel, "Étude sur Vico," *Le Devenir social*, octobre-décembre 1896, pp. 1020, 1032-1034.
(14) *Ibid.*, p. 1034.
(15) G. Sorel, *Réflexions sur la violence*, cit., pp. 356-357. 邦訳、下、一四八頁。

（16）　H. Bergson, *L'Évolution créatrice*, cit., p. 201. 邦訳、二二九頁。
（17）　*Ibid.*, p. 202. 邦訳、二三一頁。
（18）　G. Sorel, *Le Procès de Socrate : Examen critique des thèses socratiques*, 1889, p. 120; cited in I. L. Horowitz, *op. cit.*, p. 138.
（19）　G. Sorel, *Réflexions sur la violence*, cit., pp. 42-43. 邦訳、上、五九頁。
（20）　G. Sorel, "Le Syndicalisme révolutionnaire," *op. cit.*, p. 273 ; idem, "L'Avenir socialiste des syndicats," *op. cit.*, p. 66.
（21）　G. Sorel, *Réflexions sur la violence*, cit., p. 43. 邦訳、上、五九—六〇頁。
（22）　H. Bergson, *Essai sur les données immédiates de la conscience*, cit., pp. 74-77. 邦訳、九六—一〇〇頁。H. Bergson, *L'Évolution créatrice*, cit., pp. 201-203. 邦訳、二二九—二三一頁。
（23）　G. Sorel, *Matériaux d'une théorie du prolétariat*, cit., p. 35.
（24）　G. Sorel, "Étude sur Vico," *op. cit.*, pp. 1020, 1032-4 ; idem, *Réflexions sur la violence*, cit., pp. 12-24. 邦訳、上、二七—三九頁。

第三節　革命的サンディカリズムの思想

崇高な英雄的行動はどのようにして喚起されるだろうか。それについてソレルは、「現在を超越することなしには、つまりわれわれの理性から必ず逸脱すると定まっているようにみえる未来に関して推論することなしには行動できない」から、人間が行動するためには「現在の前方におかれ、われわれに依存する運動によって形成されるまったく人為的な世界」を創造しなければならないと述べる。(1) なんらかの種類の将来のビジョンが必要であるとしても、それが科学的に計算された計画でもユートピア的な未来像でもないとしたら、それは一体どのようなものであろうか。それへの答えが神話である。神話は行動の結果をドラマティックにする想像と直観に訴えかける「手段」である。その基本論理は、『ヴィーコ研究』のなかでは「想像の論理」として提示されていた。たとえば聖像信仰は次のように説明される。

宗教は純粋に知的な状態よりも、むしろ感情的な状態を呼び起す。想像は常に同一の法則に従う。マドンナは一つの実在である。しかし、信者は単純な神義論的考察によっては決して気持ちを動かされない。彼が聖像に訴えるならば、それはこの像が彼を想い出の全体に立ち帰らせるということである。それぞれの像は、造形的象徴が呼び起す奇跡的な伝説をもつ。特定のマドンナを礼拝することは、その信仰と結びつく奇跡の想い出のすべてを呼び起すことである。まさにここにおいて、それは象徴によって現れる分離できない諸関係の全体である。[2]

神話の例としては、原始キリスト教、フランス革命、宗教改革、マルクスの破局的革命などがあげられている。神話は聖像信仰と同じ論理に支えられるが、その機能は個人的自由を社会運動に転換することにある。つまり、それは英雄主義的な倫理によって濃厚に彩られた歴史的大運動を引き起す壮大な叙事詩である。たとえばフランス革命の意義は、「自由を渇望し、もっとも高貴な情熱に駆られた民衆が、抑圧的で錯誤したあらゆる強国の連合に対抗し続けた一連の栄光ある戦争と考えられていた」点に求められる。[3] 大革命後の自由戦争はこのような感情に支えられていた。それは兵士の一人ひとりが栄光の感情に支えられ、戦争そのものに目的をみいだす英雄主義的な戦争であった。自由兵士は「自己の情熱のうちから自己の行為の動機を汲み出す個人」であり、勝利のための客観的条件を考慮しない。ソレルは王党派軍の「機械人形」の兵士に対比して、自らを「一つの人格」とみなす共和派軍の兵士を賛美した。[4]

現代の神話、すなわちゼネストの神話は、ストライキ運動がゼネストまで拡大すれば資本主義は崩壊するという絶対的な社会主義を表象する神話である。ルナンが宗教的観念の壊滅により崇高感がなくなることを危惧し、「われわれの後の人々は何によって生きるのであろうか」と自問したのに対して、ソレルは崇高感の再生を革命的な労働者に求めた。[5] それがソレルにおける社会主義の意味である。ゼネストの神話は「われわれの意識状態と真の社会主義的な意図との同一性」を理解させ、「われわれの生に社会主義的な意義づけを与える」。[6] このような表象によって、労働者の革命的努力は英雄主義的な行動になり、歴史的地平に立てば「回帰」になる。現実の運動のなかでは、「回帰」が各ストライキのなかに起り、過去の想い出が現実へと収縮するそれの累積的な行動のなかで、社会主義の理念がたえず若返り、そこから生き生きとしたゼネストへの展望が開かれることをソレルは期待していた。[7]

ゼネストの神話は、「社会主義が近代社会に対して企てる戦争の多様な発現に照応する多数の感情を、いかなる反省的な分析にも先んじて、一まとめにして直観のみによって喚起できるイマージュの全体」と定義される。[8] 神話としてのゼネストのもっとも重要な点は、一人ひとりの人間が想像によってプロレタリア運動の全体を生き生きと心に描くことができるようにすることにある。これによって運動に参加する各人は彼らの曖昧な感情や思想を信念に変え、「自らの主張の勝利を保証する闘争」という確信をもつことができる。こうしてゼネストは自由戦争とまったく同様に、「蜂起した大衆における個人主義的な力のもっとも輝かしい表明」になる。[9] ソレルはゼネストの神話の核心をこのように説明した。

神話が個人の「意志の表現」であるならば、重要なのは現在の精神に「現実性」を与えることだけであり、実現可能性は問題とはならない。この意味でゼネストは「社会詩」でもあるとソレルは言う。[10] 彼はそれを次のように説明する。「詩の本来的で永遠の性格は、不可能だが信じられるものを表象することである」。[11] したがって、神話は「不可分の全体」として把握されねばならないのであり、それを部分に分解して分析的に理解したり、現実に適用する目的で予測のための事実比較をしたりしてはいけない。なぜならば、行動を惹起する感情の力強さは全体を包括する一点に精神を凝結させることによって生まれるからであり、また、想像を容易にするためには、構図は知性の操作を超える不明瞭で証明できない「神秘」に包まれていなければならないからである。「ひとり重要なのは神秘の全体である」。[12]

こうしてゼネストは「社会詩」であることにより個人の感情的強さを生み出すが、それは同時に統合的な作用ももつ。すなわち、それは一方で、あらゆるレベルで個人の経験と記憶に結びつきながら一人ひとりに内容を異にする革命的衝動と創造的意思を湧出させつつ、他方で、すべての人に社会主義への一体感と共属意識をもたせることを可能にする。ソレルはそのことを次のように述べる。

ストライキは、プロレタリアートのうちに、彼のもつ感情のうちでもっとも高貴で、もっとも深遠で、もっとも動的な感情を引き起した。ゼネストは、そうした感情のすべてを全体的な図表のなかに結集し、そしてそれらを結びつけることによって、その各々に対して最大限の強度を与える。ゼネストはさらに、個々の闘争のひじょうに痛烈な想い出に訴えながら、意識に現れる構成のすべての細部を強烈な生によって彩る。われわれはこのようにして、言語によっては完全に明確にはもちえない社会主義の直観を獲得する——しかもわれわれは、瞬間的に知覚される全体のなかでこれを獲得する。(13)

ソレルの神話論を同時代の思潮のなかで考察することは興味深いが、ここではその特徴を示すうえで有益と思われる二点を指摘しておきたい。第一に、ソレルの思想と同時期の社会主義運動との違いについてである。それに関しては後にも述べるが、前者の後者への衝撃という点からすれば、もっとも重要なのは非合理的で情動的な大衆に決定的な役割を与えたことである。当時の社会主義の党や運動は、人間の行動は自己の利益を合理的に追求するものだという合理主義哲学を基礎にしていた。したがって、大衆を運動に取り込まなければならないとしても、彼らはそれへの不信感を払拭することができなかったので、前衛や指導者といったかたちで啓蒙的要素を運動に賦与せざるをえなかったと思われる。第二に、ソレルとル・ボンとの異同についてである。現代社会においてイマージュが大衆行動を喚起する動機になるという見解は、同時期に「群衆心理」を分析したギュスターヴ・ル・ボンもまた述べており、ソレルがそれに影響を受けたことは確かである。しかし、ル・ボンはそれを「集団的陶酔」の世界に連れて行かれて「意識的個性」が消滅し、無意識が支配する「自動人形」と化した群衆の心理として論じたのに対し、ソレルはあくまでもイマージュ＝神話を個人の直接的経験のレベルで捉え、個人主義的な英雄主義を惹起する手段とみなしていた。もっとも、ル・ボンは大衆を完全に否定的な眼差しでみていたわけではない。大衆はときとして自己犠牲と正義の精神の下に、いかなる個人よりも英雄的で寛大な姿を示すときがあり、歴史は実際にはこうした大衆の無意識的な英雄的行為によってつくられてきた、とル・ボンは言う(14)。

ゼネストの神話が招来する英雄的な闘争により、大衆である労働者は労働組合を基盤にして、現代において人間に課せられたさまざまな拘束を打ち壊し、それと同時に「自由人」の創造へと向かうとソレルは主張する。したがって、労働者は現在の抑圧体制の破壊者であると同時に、新しい社会の担い手でもある。これに照応して、労働者の闘争にも二つの形態が考えられる。一つは国家とそれを支配するブルジョワジーに対するプロレタリアートとしての闘争であり、もう一つは自然に対する生産者としての闘争である。後者は、人間が自由になるために、本性上引き受けねばならない闘争の現代的な型である。「革命運動の推進力は生産者の倫理の推進力でもある」から、ゼネスト神話は双方の闘争を喚起する(15)。神話によって階級闘争と労働過程が結びつけられ、かくして革命が不断の進歩と結びつくことをソレルは期待していた。

まず第一の闘争形態であるが、ソレルは国家に関して詳細な理論を展開してはいない。しかし、近代国家の本性は領土の拡大をめざす「征服戦争の組織者」、ならびに統一的支配をめざす「抑圧の組織者」という点にしかないという明確な理念をもっていた(16)。国家はそれ自体で独立した機関であり、いかなる経済的ないし社会的階級が支配権を握ろうと、それは独立した支配階級として国家の本性に従った行動しかとれない。それゆえに支配権の競合が起るのであり、この競合が続く限り国家は強化されるとソレルは考えていた。[17] さらに、現代国家に冠せられているデモクラシーにしても、ソレルによれば、国家の支配と抑圧という事実を隠蔽するイデオロギー的詐欺でしかなかった。それの主たる機能は、社会闘争を最小化することによって国家の統制を保証することにある。民主主義国家において、議会と選挙は政治を「妥協と恩恵の売買」という欲望の調整に矮小化して倫理的配慮を忘れさせるし、また教育や新聞は、善・連帯性・ヒューマニズムといった「ブルジョワ道徳」を宣伝することにより、民衆に斉一的な規律を課す。こうしてデモクラシーはかつてなかった有効性をもって、あらゆる生活領域に国家の統一的なヒエラルヒー的権威が浸透することを容易にするというわけである。[18]

デモクラシーに毒された議会的社会主義者ないし改良主義者は無色で公平な国家を考える。彼らのもつ幻想は、「資本主義社会の理想は弁護士政治家の庇護の下での諸欲望の調整であるべきだ」と考える点にあるとソレルは言う。ソレルによれば、こうした幻想の下でプロレタリアートの反乱の直観は経済的利益の獲得に矮小化され、その革命的要素を抜き取られる。社会主義のデマゴーグは、「富の分配の不公平を改善する手段」として国家権力を利用する。彼らは虚しい身振りや言葉で貧困な人々の嫉妬の感情を巧みに利用し、国家権力を行使して富裕な人々に嫌がらせをする。被指導者大衆は、自分たちの取るべき手段に関してはきわめて漠然とした観念しかもっていないので、その反逆的感情は容易に嫉妬で彩られ、それは次に復讐という力強い感情に転化する。嫉妬心は崇高な感情とは正反対のものであり、それは人々を愚鈍化し受動的存在にする。[19]

ソレルは国家に対するプロレタリアートの闘争を概念化するために、「暴力」と「権力」という言葉を用いる。[20] 権力とは「少数者によって支配される一定の社会秩序の組織を押しつける」ことを目的として、人々に「機械人形的な服従」を強いる「権威者の行為」である。暴力とは、そうした恣意的な国家権力の直接的な拒否であり、それに対する逆転としての「反逆的行為」である。現代のプロレタリア暴力は、国家からの解放を目的として国家を直接に廃絶することだけをめざす英雄的行動である。こうしたソレルの考え方は、当時の正統派マルクス主義とは反対である。後者は国家の死滅を宣言するもののそれを遠い将来におき、この目的のために現在の国家機構を強化しようとする。このことはソレルにとって「雨に濡れないために水中に飛び込む」ことに等しい。目標は何であれ、国家政治に参入することは実際のところ、国家という独立した権威と抑圧の機関を支持することでしかないからである。

ゼネスト神話は、労働者の意識のなかに単一のイマージュをもたせることによって、中央集権的な組織にたよらずに運動を統一的なものにする。そしてゼネストを確信する労働者は、国家に対する暴力行為において、自由戦争の兵士と同じように個人主義的で英雄主義的になる。彼らは「できるかぎりの熱意をもって突進し、自己の責任において行動し、自分の行為を巧みに組み合わされた全体的な大計画に従属させることをほとんど考慮しない」[21]。ここで注意しておかねばならないことは、ソレルは暴力という言葉によって残虐な流血事件を思い描いているわけではないことである。憎しみによる革命は何一つ生み出せない、とソレルは述べる[22]。ソレルは暴力を「イデオロギー的結果」という視点から考えているのであり、その際重要なことは階級分裂を明確に表示することであった。

ソレルの階級闘争論はひじょうにユニークなものであり、通常の社会主義のそれとはかなり意味を異にしている。現代の体制では国家に対する闘争とブルジョワジーに対する闘争はほとんど同一であるが、ソレルは国家の干渉を払いのけて、闘争をブルジョワジーとプロレタリアートの生産をめぐる階級闘争に純化することを望んでいた。彼は強固な革命的概念をもつプロレタリアートの暴力行為によって、ブルジョワジーに以前もっていたエネルギーと階級意識を取り戻させることが必要である、と主張する。ブルジョワジーがデモクラシーや人道主義を捨て去り、自己の階級的利害だけを考慮しながら資本主義的進歩の途上を精力的に突進するようになれば、それに応じて階級闘争はますます先鋭化する。闘争が経済的なものに限定され、政治的な妥協や和解に終ることなくどこまでも激化していけば、ブルジョワジーとプロレタリアートの双方にそれら本来の倫理的責務を自覚させることができ、かくして生産と文明の進歩が保証されるというのがソレルの意見である。(23) 彼が経済的自由を妨げるすべての立法は社会主義にとって致命的な危険を招くという一見不思議な議論を展開したのも、資本主義経済の競合的性格が社会主義の道徳を促進すると考えたからであった。こうした議論から明らかなように、ソレルにとって資本主義は自明の前提であり、それなしに社会の進歩はありえなかった。それどころか、彼は自由経済のメカニズムに対するいかなる介入にも反対であった。ソレルはおそらく市場経済も私的所有も問うことを拒否した最初の社会主義革命家であろう。彼には歴史法則的な資本主義の崩壊といった理念も、資本主義社会に代わるものとしての社会主義社会というビジョンもまったくなかった。(24)

第二の闘争形態は独特の生産者労働論に根拠をもつ。ソレルが生産者と言うとき、それは芸術家をモデルとするホモ・ファーベル(制作人)をイメージしていた。ちなみに、彼は合理的知性はここで発揮されると考えており、バレスのように知性をすべて否定し、本能や直感を絶対化したわけではなかった。ソレルによれば、この生産者が行う労働の本質は、労働対象の外的抵抗と人間本性の内的抵抗という、「われわれのあらゆる仕事の破滅のためにたえず働く」二種類の自然に対して行われるやむことなき闘争にある。外的自然の受動的抵抗は、「われわれが現象を数学的法則、すなわち知性に従わせることは決して完全にはできない」ために生ずる。(25) したがって、外的対象に全面的かつ直接に働きかける労働は、生の直観と知性が神秘的に融合するなかで生まれる創造性をもって物に立ち向かわねばならない。他方、内的自然の抵抗は、ベルグソンの用語を使えば、本来的に弛緩ないし自動作用に向かう人間精神の特性から生じる。そこで労働者は、その怠惰に向かう性向を不断の緊張によって克服する強い意志をもたねばならない。ソレルにとって真の労働者とは、芸術家や英雄的兵士と同じように、困難を克服する創造性に喜びをみいだし、その緊張状態に崇高感と自由を感じることのできる生産者である。(26)

ソレルはこのような労働が現代において実現されつつあると考えるが、それに対してはマルクス主義の側から、分業の拡大と発展により労働は疎外される一方であると直ちに反駁されよう。だが、ソレルはマルクスの経済理論を一九世紀の産業観を反映する時代遅れの考え方として斥ける。[27]ソレルによれば、以前の産業組織の基礎は保守的な技術と安定した生産手段の享受であり、その特徴は分業にあった。分業の目的は、生産過程の各操作を選択の余地を残さないところまで細分化することで労働者の仕事を自動化し、彼らの疑いや情動を抑制することで時間の短縮化と疲労の減少を図り、こうして不払い労働と同じ余剰利益を生み出すことにある。この経済システムはかつての職人がもっていた努力や創造の意志、さらには美的感情や崇高感を一掃し、その代わりに労働者に慣性的ルーティーンによる疲労と倦怠しか与えない。ソレルはこの経済過程について、「工業化は労働者のなかであらゆる精神性が失われるような意志の弛緩を生み出し、さらに工業過程の原則を通して、幾何学的決定論の条件に近づくように労働者を導いた」と説明し、マルクスが描いた極端な分業とそれが必然的にともなう労働疎外は、まさにこうした前世紀の状況を前提にしているという。ソレルはさらに、この議論の延長線上でベルグソンにも批判の目を向けた。ソレルによれば、知性を空間的思考をする幾何学的領域に集約させ、「生の躍動」に対比する意味でそれに従った機械論的世界や意識の物質性を論じたベルグソンの哲学もまた、一九世紀の産業観から脱してはいなかった。[28]

現代産業の必要条件は以前とはまったく異なっているとソレルは言う。[29]そもそも近代文明はたえざる技術的革新を続ける経済に依拠しているが、日毎に改善されてますます高度化する機械を用いる現代産業は「観察・比較・決定の質を必要とする」からである。ソレルは現代の労働者は自動化されるのではなく、複雑な機械の作用について考えることに注目する。この作用には、数学的法則や科学的知性によっては決して支配できないところの、まさに物質的抵抗と呼ぶべき要因が含まれている。そこで労働者はかつての徒弟制のように先達の教えや経験を踏まえ、具体的で複合的な推論を駆使しつつ発明性や創造性をもってそれに対処していくことになる。「科学的になるほど休戦なしに働き……労働は強化される」というわけである。[30]ソレルはこの新しい環境を指示するために「人工的自然」という概念を用いる。それは人間の本性や惑星の運動や天候のような非人為的な「自然的自然」ではなく、水力を得るために何千年も水が流れてきた谷を塞いでつくったダムや実験室の装置のような人為的現象である。「人工的自然」にしても「自然的自然」にしても、「巧妙な鈍さでわれわれの仕事を破滅させるように作用する」ところの「自然」であることに変りはない。[31] したがって、現代の産業条件は「人工的自然」をたえず生み出すことによって労働者に自然克服の闘争と努力を要求し、それによって彼に美的感情と労働の尊厳を取り戻させる契機を与えることになる。したがって、現代産業における労働は反復や自動作用からますます離れ、本来的な生産者の姿を取り戻しているとソレルは言う。

ゼネストの神話が喚起する感情は、このような真の生産者の生活を確立ないし促進する基盤になる。それは生産に必要な緊張感・神秘感・創造性を呼び起す。さらに、労働者が自らの手で労働条件を変えようとして行うストライキは、個人的努力の価値・責任感・将来への自信などを労働者に教える。こうして生産者は、労働の外的規準や眼前の報酬に惑わされることなく、自分の努力と情熱を以前のすべての業績を凌駕することに向け、ここに生産の質的・量的向上が保証されるとソレルは考えた。労働組合はこのような生産者がつくる生産組織でもある。ソレルによれば、「現代の生産は労働者の相互行為・自発的調整・体系的関係を必要とするのであり、それらは偶然的集りを人間が類として現れる集団へと変える」。[32] したがって、労働組合は国家権力の介入を必要とせずに自律した生活単位になりうるのであり、分業の進行に並行するトラストと独占、それに呼応して進む国家の中央集権化、そしてその直線的な延長上に社会主義を考える国家社会主義はすべて、この点からも過去の遺物にすぎない。こうした意味で「社会主義の将来は労働組合の自律的発展に依拠する」とソレルは主張した。[33]

これまでに論じてきたように、誕生しつつある労働組合は、一方において国家とブルジョワジーに対する闘争を組織し、他方において自然に対する闘争を組織する「抵抗の社会」として構想された。闘争は倫理と道徳の母体であり、それの組織化ないし制度化は「倫理的発展」を意味する。[34] ソレルにとって死活の問題はこの倫理性にある。それだからこそ「われわれは形成されつつある制度の心理内容を検討し、われわれがその真っ只中で生きているところの運動を理解しなければならない」と彼は述べる[35]。ソレルの思想において、労働組合とは純粋にプロレタリア的倫理をもって創造された社会主義社会であり、現代にあって崇高な英雄主義を高め、活力ある創意と責任の精神を生み、自由を鼓吹することのできる唯一の制度、要するに唯一の「道徳の発達を保証できる機構」である[36]。だから労働組合を基盤とするサンディカリズム運動を推進することが倫理を実現することになる。したがって、その運動の結果としての社会主義社会は、現在の運動のなかでビジョンとして展望される構図であって、二次的重要性しかもたない。コールが述べるように、「ソレルを魅了したのは闘争であって勝利への見込みではない」[37]。それだからこそ、労働組合は「抵抗の社会」としてリアリティをもつ。サンディカリズム運動を現在において活性化し、そのことによって現在において倫理を実現することが、ソレルにとっての社会主義の核心である。次の文章はこのことを明確に語る。

> 共産主義が早く来るか、その前に多くの段階があるのか少しの段階しかないかは、ほとんど重要ではない。本質的なことは、われわれがわれわれ自身の行動を理解できることである。最終目標と呼ばれるものは、われわれの内面的生にしかない……社会主義者が想像する最終的体制は、社会学的な予測によって決められる日に定められることはできない。それは現在のなかにある——それはわれわれの外部にあるのではなく、われわれ自身の心のなかにある。社会主義は、われわれが社会主義的行動であるものを理解するようになる程度に応じて、われわれが制度を管理する術を知るようになる程度に応じて、そしてその結果として、社会主義的倫理がわれわれの意識と生のなかに形成される程度に応じて、毎日目の前で実現されている[38]。

（1） G. Sorel, *Réflexions sur la violence*, cit., pp. 177, 43. 邦訳、上、六〇・一九九頁。
（2） G. Sorel, "Étude sur Vico," *op. cit.*, pp. 1022-1023.

(3) G. Sorel, *Réflexions sur la violence*, cit., p. 135. 邦訳、上、一三五頁。

(4) *Ibid*., p. 371. 邦訳、下、一六四頁。

(5) *Ibid*., p. 353. 邦訳、下、一四四頁。

(6) G. Sorel, "Morale et socialisme," *Le Mouvement socialiste*, mars 1899, p. 213.

(7) G. Sorel, "Le Syndicalisme révolutionnaire," *op. cit*., p. 276.

(8) G. Sorel, *Réflexions sur la violence*, cit., p. 173. 邦訳、上、一九五頁。

(9) *Ibid*., p. 376. 邦訳、下、一六八頁。

(10) *Ibid*., pp. 32, 46, 176. 邦訳、上、四八・六三・一九九頁。G. Sorel, *Matériaux d'une théorie du prolétariat*, cit., p. 189.

(11) G. Sorel, "Étude sur Vico," *op. cit*., p. 1025.

(12) G. Sorel, *Réflexions sur la violence*, cit., p. 180. 邦訳、上、二〇二頁。

(13) *Ibid*., p. 182. 邦訳、上、二〇四頁。

(14) ギュスターヴ・ル・ボン『群衆心理』櫻井成夫訳(講談社、一九九三年)。

(15) G. Sorel, *Réflexions sur la violence*, cit., p. 371. 邦訳、下、一六三頁。

(16) *Ibid*., p. 249. 邦訳、下、三六頁。

(17) G. Sorel, "L'Avenir socialiste des syndicats," *op. cit*., pp. 118-119 ; idem, *Réflexions sur la violence*, cit., p. 23. 邦訳、上、四四頁。

(18) G. Sorel, *Matériaux d'une théorie du prolétariat*, cit., pp. 72-73 ; idem, *Réflexions sur la violence*, cit., pp. 341-342. 邦訳、下、三六頁。G. Sorel, *La Décomposition du marxisme*, cit., p. 25. 邦訳、二八八—二八九頁。

(19) G. Sorel, *Réflexions sur la violence*, cit., p. 311. 邦訳、下、一〇一頁。

(20) *Ibid*., pp. 163, 170-171, 256-257, 263. 邦訳、上、一八五・一九二、下、四四・五一頁。

(21) *Ibid*., p. 375. 邦訳、下、一六三頁。

(22) G. Sorel, "L'Éthique du socialisme," *op. cit*., p. 288.

(23) G. Sorel, *Réflexions sur la violence*, cit., pp. 109-120. 邦訳、上、一三〇—一四二頁。

(24)　G. Sorel, *Introduction à l'économie moderne*, deuxième édition, Marcel Rivière, 1922, pp. 386-394; idem, *Réflexions sur la violence*, cit. 邦訳、上、一三〇―一四二頁。
(25)　G. Sorel, *De l'utilité du pragmatisme*, Marcel Rivière, 1921, p. 426.
(26)　G. Sorel, "La Valeur sociale de l'art," *Revue de métaphysique et de morale*, 1901.
(27)　G. Sorel, *De l'utilité du pragmatisme*, cit., pp. 415-421.
(28)　*Ibid.*, pp. 411-429.
(29)　*Ibid.*, pp. 419-420; idem, *Matériaux d'une théorie du prolétariat*, cit., p. 43.
(30)　G. Sorel, *De l'utilité du pragmatisme*, cit., p. 429.
(31)　*Ibid.*, p. 426.
(32)　G. Sorel, *Matériaux d'une théorie du prolétariat*, cit., p. 162.
(33)　G. Sorel, "L'Avenir socialiste des syndicats," *op. cit.*, p. 133.
(34)　*Ibid.*, pp. 110-111.
(35)　G. Sorel's, Preface to S. Merlino, *op. cit.*, p. 92.
(36)　G. Sorel, "L'Avenir socialiste des syndicats," *op. cit.*, p. 28.
(37)　G. D. H. Cole, *op. cit.*, p. 383.
(38)　G. Sorel, "L'Éthique du socialisme," *op. cit.*, p. 298.

第四節　ナショナリズムへの接近

一九〇六年頃からソレルは、サンディカリズム運動の内部に道徳的頽廃を認め始める。その頃、労働総同盟は隆盛期にあったにもかかわらず、ソレルの目に映ったのは社会主義者と同盟を結んで民主主義的な議会主義と闘う意志を失った指導者、闘争を捨てて妥協により生活を改善しようとする労働者であった。ソレルは彼らのなかに、もはや将来の社会のための英雄主義的行動を期待することができなくなったのである。[1] ソレルはサンディカリズムの運動から離れ始めるとともに、ナショナリズムの動きに注目するようになる。彼の若い友人であるジャン・ヴァリオによれば、一九〇八年の後半にソレルと知合いになったとき、彼はすでにアクシオン・フランセーズの完全ナショナリズムに傾斜していると言われていた。ソレルはそれを「愛国主義の科学的形態」と呼び、ヴァリオに向かって「アクシオン・フランセーズを綿密に研究しなければならない」と述べている。[2]

ソレルがサンディカリズムへの失望からすぐに、極右のアクシオン・フランセーズに関心を移行させたことは、一見唐突に思われるかもしれないが、そこにいくつかの思想的脈絡をみつけることはできる。ソレルの階級論のなかでひじょうに独創的なのは、諸階級の自立と強化による階級闘争の進展が社会の進化に貢献するという理念である。[3] プロレタリアートだけでなく、ブルジョワジーもまた自己の階級意識を鮮明にもち、別の階級に対する妥協と譲歩を拒み、平和主義的な知識人や政治家の言葉に惑わされることなく暴力を行使すれば、道徳的進歩がはたされるというわけである。ソレルがプロレタリアートの民主主義に失望したとき、彼がブルジョワジーの運動とみなすアクシオン・フランセーズに注目したとしても不思議ではない。ソレルは「私の関心を惹くことは、モーラスが精彩のない反動的なブルジョワジーを前にして立ち上がり、それに向かって打ち負かされたことの恥を知らせるとともに、それに教義を与えようと試みたことである」と述べている。[4] アクシオン・フランセーズによってブルジョワジーが平和主義的で議会主義的なプロレタリアートに戦いを挑むことを、ソレルは期待したのである。

しかしながら、ソレルのナショナリズム運動に関する議論のなかでは、このような階級闘争の見地がとられることは比較的少なく、むしろデモクラシーや頽廃に対する国民的闘争という、まさにナショナリズムの立場がとられることが多い。前節までに論じたように、ソレルの社会主義は「社会のたえざる倫理化のビジョン」[5] に基づくといえるが、重要なことはその倫理が大衆を主体とする闘争そのものに内在することである。階級闘争や反国家闘争はこうした理念を具体化する手段であると考えれば、それらだけが道徳的進歩のための英雄主義的行動と結びつく必然性はない。ソレルがナショナリズムに好意的な立場をとったのは、彼が『進歩の幻想』(一九〇八年)以後、闘争の場を国民に求めたからであろう。つまり、これまでソレルが敵対してきた怯懦なブルジョワジー、議会主義的な社会主義者、日和見主義的なサンディカリスト、それに一八世紀の楽観主義的な進歩観、デモクラシーは、すべてヨーロッパ諸国民の頽廃という点から捉え返されたのである。こうしてソレルは、「ヨーロッパのあらゆる国民は不幸な状態を生きており、永久的な脅迫状態にある」という認識のうえに、そこから生まれる「ナショナリズムの激怒」に注目した。(6)

ソレルがナショナリズムを説明する論理は、サンディカリズムのときとは違う。彼のナショナリズムに関する議論のなかで、サンディカリズムにおけるゼネストに正確に符合する神話はない。ソレルはナショナリズムを「保守の本能」によって論じた。(7) 人間や集団は、脅威に怯えるときに突然現れるこの本能によって知性と力を呼び起し、不幸に立ち向かうエネルギーを生み出すとソレルは考えた。では、フランスにおいて、ナショナリストが「保守の本能」によって保守するものは何であろうか。ソレルは「秩序」と答える。(8) この場合の秩序とは、古典文明とキリスト教がフランス人と融合した一七世紀にみられるような、フランスに歴史的起源をもつ「秩序」である。フランス・ナショナリズムの本質はこの秩序の純粋性と活力が一八世紀と一九世紀を通して不純物に汚されてきたという確信にある、とソレルは言う。(9) もし彼のナショナリズムの議論のなかに神話を求めるとすれば、それは「秩序」であろう。もちろんソレルの言う「神話」とは、それが行動に及ぼす実際の結果から構成されたプラグマティックな観念であり、「秩序」の観念そのものに闘争的行動の契機はない。しかし「秩序」の観念は、秩序の保守という確信に結びつけば犠牲的で英雄的な行動を惹起するイマージュになる可能性をもつという点で、神話と同じ機能をはたすと言えるであろう。ただし十全な意味での神話になるためには、ソレルの議論からして、愛国主義的感情と宗教的神秘観で彩られた使命感、ならびに明確な闘争の理念と契機がさらに必要とされるであろう。[10]

ソレルはナショナリズムに傾倒し、次章で論じるように若いナショナリストたちと一緒に活動することもあったが、しかしアクシオン・フランセーズとの間には終始距離をおき、傍観者の態度をできるだけ保とうとしていた。モーラスに対する評価も観察者としてのそれであった。ソレルはモーラスを卓越した知的能力をもつ君主制の理論家だと認めていたが、「私は君主制の理念が文筆家の理論ではないかと懸念する」と述べている。[11] つまり、ソレルは次のように思っていた。ナショナリズムは愛国主義という「エネルギーの梃」となる「すばらしい切り札」をもっているが、ブーランジスムとドレフュス事件をとおしてナショナリズムの指導者が示したのは、それを使う術を知らない「驚くべき知的脆弱」である。モーラスはそれを役立てる優れた教義をつくりあげたが、しかしモーラスは「行動的な人間」であるかどうか疑わしい。確かにアクシオン・フランセーズは、行動の必要性を自覚し道徳的勇気をもつカムュロ・ドゥ・ロワを有しているが、その規模は制限されているようである。さらに、モーラスはコントの弟子と宣言することによって、ナショナリズムに内在する「神秘的なもの」を否定している。モーラスの成功は、共和制の打倒に必要な暴力をもつことにかかっている。以上がソレルのモーラスとアクシオン・フランセーズに対する評価である。ソレルはアクシオン・フランセーズが理論から行動に移らないことを憂慮し、「直接行動だけが有効である」と警告していた。[12]

一九一〇年頃のソレルの判断では、フランスを無秩序から救えるのは君主主義かマルクス主義であるが、双方とも成功の見込みはほとんどなかった。彼は次のように述べる。「フランスではおそらくマルクス主義は立ち直らないであろう。そして、議会主義は一層積りゆく泥のなかで生き続けるであろう。アクシオン・フランセーズはそれと同様に確信を抱いて孤立するマルクス主義者と向かい合って、砂漠のなかで説教するであろう[13]」と。

（1） M. Charzat, *op. cit.*, pp. 61-68.

(2) Jean Variot, *Propos de Georges Sorel*, Gallimard, 1935, pp. 24, 27.

(3) G. Sorel, *Réflexions sur la violence*, cit., chap. 1, 6. 邦訳、第一章・第六章。

(4) J. Variot, *op. cit.*, p. 27.

(5) I. L. Horowitz, *op. cit.*, p. 219.

(6) J. Variot, *op. cit.*, p. 25.

(7) *Ibid.*, pp. 25-27.

(8) *Ibid.*, p. 113.

(9) ソレルはとくにユダヤ人を攻撃する。G. Sorel, "Quelques prétentions juves," *L'Indépendance*, mai-juin 1912, pp. 333-336; idem, "Aux temps dreyfusiens," *L'Indépendance*, octobre 1912, pp. 29-31; idem, "Urban Gohier," *L'Indépendance*, septembre 1911-février 1912, pp. 317-320.

(10) G. Sorel, "Aux temps dreyfusiens," *op. cit.*, p. 55. ステファン・ウィルソンは君主制の必然性についてのモーラスの説明がソレルのゼネスト神話と類似の機能をはたすと述べているが、そうとは思えない。Stephen Wilson, "The 'Action Française' in French Intellectual life," in John C. Cairns (ed.), *Contemporary France: Illusion, Conflict, and Regeneration*, New Viewpoint, 1978, p. 141.

(11) J. Variot, *op. cit.*, p. 123.

(12) *Ibid.*, pp. 25, 124, 139-140.

(13) *Ibid.*, p. 127.

第五章　セルクル・プルードンのプレファシズム

はじめに

ジョルジュ・ヴァロワはフェソーがイタリア・ファシズムの模倣ではなくフランスの伝統に属すことを強調したとき、「セルクル・プルードン」(le Cercle Proudhon)を「フランスにおける最初のファシズム的企て[1]」と呼んだ。一九一一年に結成されたセルクルはきわめて小規模であるうえに数年間しか存在しなかったが、すでにファシズム的性質をもち、後のフェソー運動の理念を萌芽的なかたちであれ形成していた。ところが、ヴァロワがそうであるように、セルクルの成員の大半はアクシオン・フランセーズに属す若者たちであった。したがって、セルクルはアクシオン・フランセーズとフェソーの中間に位置し、いわば保守主義からファシズムへの過渡的性格をもっていたと言える。

セルクルについてはこれまで論じられることはほとんどなかった。それがフランス・ファシズム形成史にもつ意義を明らかにした点で、ゼーフ・ステルネルの功績は大である。ちなみに、ステルネルはフェソーの理念以上に、モーラスとともにソレルを奉じたこの団体を発見したことにより、ソレルが代表する革命的サンディカリズムとモーラスが代表するナショナリズムの合成によりファシズムが形成されたとする説を構築し、フランス・ファシズムの「イデオロギー的連続性」ないし「特殊フランス的な知的系統[2]」に確信を得ることができたと思われる。本章では、第一次世界大戦前のフランスにおいて、保守主義的なアクシオン・フランセーズからファシズム的性格をもったセルクルはどのようにして生まれてきたか、そしてそれはいかなる思想をもっていたのかを探求したい。セルクルはアクシオン・フランセーズの内部から労働者の補充をめぐって台頭してきた「第二世代」に属す若者を中心に結成されたので、まず最初にアクシオン・フランセーズの社会・経済イデオロギーを確認し、次にそれを実行に移すなかでいかにして「第二世代」が台頭し、そこからいかにしてセルクルが結成されたかを検証する。そして最後にセルクルの思想を考察したい。

(1) George Valois, *Basile : Ou, la politique de la colommie*, Librairie Valois, 1927, p. xiii.
(2) Zeev Sternhell, *La Droite révolutionnaire 1885–1914 : Les Origines françaises du fascisme*, Éditions du Seuil, 1978, p. 397.

第一節　アクシオン・フランセーズの社会・経済思想

アクシオン・フランセーズが当初の研究集団から政治団体へと変貌してくれば、支持者の獲得とそのためのプログラムの提示が必須の課題となる。この場合、同盟という組織の性格からして、支持者は主に労働者大衆に求められていくことになる。したがって、そのプログラムは君主制の必要を説くだけでなく、彼らの関心の主たる対象となっている社会や経済にも及ぶものでなければならないし、また、それは反発するにせよ融合するにせよ、何らかのかたちで労働者に根を張っていた社会主義に言及しなければならなかった。まずは、モーラスの社会主義に対する態度から検討したい。

モーラスは政治的領域において個人主義と自由主義に激しく敵対したが、このことはそのまま社会・経済領域にもちこされる。人間の生は集団の存在によってのみありうるのであり、諸個人に委ねられる社会は、アナーキーと専制に向かう野蛮な社会であるという論理は、当然のこととして、個人的利害の自由な作用やレセ＝フェールの原理を排除する。モーラスによれば、個人的な自由競争を原則とする経済秩序は、国家の介入を拒否し、労働と賃金の自由な交換の障碍となる組合や共同体の確立に反対する。こうなれば「真の自由」を保証する結社の自由は抑圧され、裕福な「労働の商人」が労働者の選択に絶対的な力を発揮し、自由主義的なブルジョワジーの支配の下でプロレタリアートの隷属と荒廃が生じる。「自由主義は専制に等しい」とモーラスは論じた。(1)

このように、人間の尊厳のためにブルジョワジーによるプロレタリアートの搾取を非難し、集産主義の名において個人主義的な資本主義社会を告発する点で、モーラスと社会主義は一致するはずである。だが、あらゆる社会的なヒエラルヒーを破壊する平等主義、国民を解体するインターナショナリズム、革命的大衆の権力奪取などの民主主義的思想は、モーラスのナショナリズムとは絶対に相容れないものである。次の一文はモーラスが社会主義に対してとった態度を示している。

> 社会主義と呼ばないほうがよい一定の社会主義組織は、一定の社会保護主義(生産の保護と結びついた生産者の保護)との親和性により、ナショナリズムの自然で論理的な補完になる。平等主義的でインターナショナルなマルクス主義と、国民ならびに祖国の保護との間には決定的な対立と矛盾がある。しかし、民主主義的でコスモポリタニズム的な要素から解放された社会主義は、美しい手に合う手袋のようにナショナリズムに調和する。(2)

この引用から理解できるように、モーラスにとって、社会主義はナショナリズムに適合するならば認められる理念であり、プロレタリアートは国民的秩序のなかに統合されるべき存在である。というよりはむしろ、「社会主義という言葉はそのもっとも一般的な意味において、全国民労働の組織化を示す」(3)という言から明らかなように、モーラスにとって社会主義は国民を一元的かつ階層的に編成することを意味しており、彼が階級的搾取を非難するにしても、それはあくまでも国民的統合の観点にたって行われたものであった。ただモーラスの場合、社会主義をナショナリズムに都合がいいように利用したわけではなく、むしろ社会主義思想や労働者運動に対しては消極的な態度しか示さなかったと言うべきであろう。実際のところ、モーラスの教義のなかに積極的な社会・経済理論の展開はないし、またその次元からの変革を考えてもいない。モーラスは「政治第一」という主張で表現されるように、国民の再生は何よりも君主制の再興という政治的次元での問題に係るのであって、経済や社会の問題は政治的解決にともなって解決されると考えていた。[4] むしろ「経済問題を政治の領域から排除する」[5] ことを望んでいたと言った方が正しいかもしれない。そもそも彼の思想を特徴づける審美的思考は、本来的に社会や経済の現実的問題になじまない性質のものだった。

もちろん、モーラスは社会問題をまったく論じなかったというわけではないが、その場合の社会的プログラムは、彼が「私の直接の先生」[6] と認めるラ・トゥール・ドゥ・パンにほとんど依存していた。モーラスはラ・トゥールを「社会主義的君主主義者」や「君主主義的社会主義者」と呼び、その理論が自らの君主制教義の社会面をなすと認めていた。[7] そこでアクシオン・フランセーズの教義の社会的側面を理解するためには、ラ・トゥールの理論を考察しておかねばならないであろう。ラ・トゥールは、キリスト教的連帯という理想のもとにコーポラティズムの理論を体系化した社会派カトリック教徒である。[8] マシュー・H・エルボウが述べるように、彼は「一九世紀最大のフランス・コーポラティスト」であり、その影響はモーラスに限らず、二〇世紀前半のフランス右翼やファシストまで広範に及んでいる。[9] まずは彼の理論を素描してみよう。

ラ・トゥールの考える社会生活は、「家庭」と「仕事場」という二つの極を中心にして展開される。[10] 家庭とは組織された家族の場であり、仕事場とは組織された労働の場である。双方ともそれぞれの機能に適応した秩序・安全・安定を必要とするが、構成原則は異なる。家庭においては、家族を養うための所有を保守することが基本原則となり、ここに所有権が形成される。また仕事場においては、労働の責務と要求を満たすために、仕事場を保護し組織する規制的な法が基本原則となる。二つの原則は別個であるが、所有の基礎となるのは仕事場の労働であり、仕事場に人間を供給して彼らに満足を与えるのは家庭であるという関係によって、仕事場と家庭は結びついて調和する。ラ・トゥールのコーポラティズム論では、多様な所有権の保護が最重要の課題であり、所有権の実体をなす権利と利益がもっとも基本的な理論的要素になっている。また、ラ・トゥールは、一方では家庭を核とする「コミューン」とよばれる地域的共同体が、他方では仕事場を核とする職業的共同体が形成されるとするが、[11]彼がもっとも理論化に力を注ぎ、そして独創的なのは後者の利益代表と社会構成である。ラ・トゥールが行った「職能団体制」(le régime corporatif)の研究は、主として専門職業的な権利・利益代表の制度を対象にしている。

ラ・トゥールの定義によれば、一定の地域内において同一の専門的職業が行われている仕事場の全体は「職業集団」と呼ばれる。[12]職業集団は「純粋に数的な集合」[13]であり、そのなかに本質的に自発的な「専門職業的結社」が形成される。専門職業的結社は一般に同一の職業と条件の人々の間で形成されるので、「労働組合」(syndicat)とも呼ばれる。そして、たとえば大工場における経営者・事務員・労働者のように、同一の専門職業に就いている条件の異なる諸要素を統一した、専門職業的結社の「より複合的で完全な特殊形態」が「職能団体」(corporation)である。ラ・トゥールによれば、国民社会における職能団体の組織化と制度化である職能団体制は、個人と職能団体のそれぞれに固有の権利を保証することを原則とする。[14]職能団体の成員の権利は結社のなかの多様な機能に由来するので、個人的な権利の保証とは、各人に固有で多様な権利を平等に保証することである。また職能団体は、コミューンからも国家からもかなり独立した立場をとり、本質的に自由な結社として国家に先行するが、しかし公的な関係をもたない純粋な私的結社ではない。職能団体はコミューンと同様に、「国家内国家」として公的作用を害さない範囲で自治を行う権利をもち、その際、公権力は職能団体の物理的困難や外部からの抑圧に対してそれを保護する役割をはたす。

職能団体の内部機能に関して、ラ・トゥールは、共通した権利の保護以外に自由で抑制のない競争からの保護を行わない「自由型職能団体」も、細部にまで命令がいきとどき官僚的メカニズムによってしか機能できない「強制型職能団体」も、ともに成功の見込みがないとする。同じ職能団体内の人々が自発的な協同によって、諸階級の利益を調和させ、団体の安定した統治と独立の権利を保証する必要があるというわけである。[15] このような保証を確かなものにする基本的要件として、次の三つがあげられている。[16] すなわち、(1)産業の繁栄に係る職能団体資産の存在、(2)労働者と企業家の専門職業能力の確認、(3)全体の統治における各関係者の代表、である。これらの基本的要件を満たしながら職能団体全体を運営するのは、それの各要素が均等に出席する職能団体会議である。その役割は、(1)労働・報酬様式および報酬率に関する慣行の決定、(2)裁判の執行と治安の維持、(3)公庫・消費組合・災害保証などの集合的利益に関する制度の創出と管理、(3)専門職業的利益の研究・擁護・代表、である。[17]

次に、ラ・トゥールは国家の政治機構をどのように構想していたかを考えてみたい。彼は「代表制度」という観点から政治機構を構想していたが、その際「代表が社会集団の適切な還元である」こと、そのために「社会集団の有機的要素をなす諸社会集合体に道を開ける」ことを前提にしている。[18] この考え方の基底をなすのは、社会集団＝国民に含まれる多くの集合体は、それぞれに固有の生活をすることによって活気づくことができ、同時にそのことによって国民の生全体に活力を与えることができるという理念である。この分権論はフランス右翼の基本理念である。次頁の図は、ラ・トゥールの一八九六年の論文をもとにしてエルボウが作成した政治機構の図に、[19] 若干の修正を施したものである。この図をみれば多くを説明する必要はないであろうから、いくつかの点についてラ・トゥールの政治機構論の特徴を考察しておきたい。

第一に、下院と職能議会ないし上院とを区別する根拠は、ラ・トゥールによれば、前者が「時代の世論を代表」し、後者が「永久的な権利と利益を代表」する点にある。だが「国家機構は、国務院にいる君主と職業についている民衆の結合により構成される」として、ほとんど職能議会しか顧慮されていない。[20] これは、ラ・トゥールが「永久的団体である国民」を構成するのは、なによりも専門職業労働という「永久的要素」であると考えているためである。[21] この

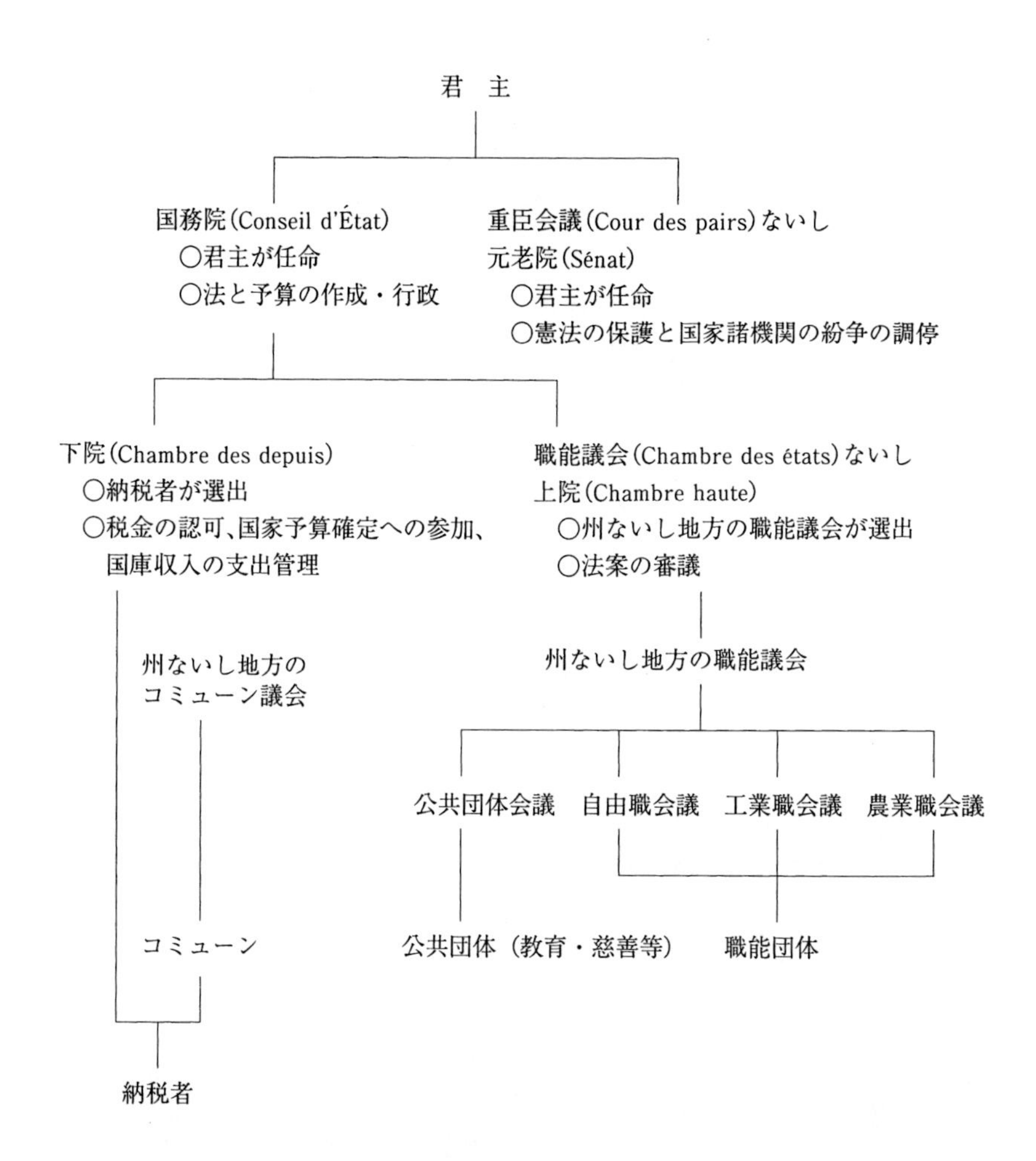
君主
国務院(Conseil d'État)
○君主が任命
○法と予算の作成・行政
重臣会議(Cour des pairs)ないし
元老院(Sénat)
○君主が任命
○憲法の保護と国家諸機関の紛争の調停
下院(Chambre des depuis)
○納税者が選出
○税金の認可、国家予算確定への参加、
国庫収入の支出管理
職能議会(Chambre des états)ないし
上院(Chambre haute)
○州ないし地方の職能議会が選出
○法案の審議
州ないし地方の
コミューン議会
州ないし地方の職能議会
公共団体会議
自由職会議
工業職会議
農業職会議
コミューン
公共団体（教育・慈善等）
職能団体
納税者

点からさらに、彼の労働観が身分制と年季によって得られる労働の質を重視した中世型の労働観であることが窺える。モーラスもまた、この種の労働とその制度を「労働の貴族制」と呼んで理想としている。[22]

第二に、この代表制は、公権力の行使の権限が政府にあり、税と法に同意する権限が代表者にあるから「自由の体制」であるが、それに対して民主主義国家では、双方の権限が同一の手中にあるので「人民の名における専制」しかありえない、とラ・トゥールは論じる。[23] この論法は、民主主義的な議会制を攻撃するアクシオン・フランセーズの論法とまったく同一である。

第三に、ラ・トゥールは、国家を「国益と呼ばれる共通善の点から組織された国民の力と権力の全体[24]」と定義しているが、国家の統合はフランスに独自の仕方で行われると考えている。ラ・トゥールによれば、もっとも異質な諸要素の混ざり合った「フランスの統一という行為は、ひとえにフランス王家の行為である」[25]。フランス王家は「フランス国家に主権をもって仕える職業」をつくり、それ固有の継承権によって支配した点で、他の王朝とは決定的に違う。フランス王家は、家庭と仕事場という社会的有機体の二つの原則を体現した「専門職業的家庭」であり、そしてフランスはそれによって連邦ではなく国民として形成された「有機体」である。このようなフランスの構成原則には「永続力」があり、それゆえにフランスの統一が達成されたのであり、また国民に固有の仕事が遂行されえたとラ・トゥールは論じた。このような君主制の擁護論はモーラスと同じであり、両者とも、国王と民衆が同じ「国民の生の法則[26]」に貫かれるという有機的国家観に基づいている。

第四に、国家論の点からみれば、ラ・トゥールの政治機構論は一種の身分制国家論と言えるであろう。ラ・トゥールによれば、専門職業的結社における代表者の選出は自由選挙によるが、他方、国家団体を構成する諸集合体の代表者の間ではヒエラルヒー的原則が貫かれる。[27] このことは、国家団体が分権化を行いつつ、君主を最高身分とするヒエラルヒー的構成をとることを意味する。モーラスの主張する「下に自由、上に権威」という「秩序の体制」も同様に、国家のヒエラルヒー的秩序を強調するものであり、モーラスもまた身分制国家論者と言えるであろう。ただ、モーラスのほうが国王の権威を重視する度合いが高いことは留意しておく必要がある。ラ・トゥールの場合は、国王への国家権力の集中を述べているものの、国民の闘争的契機にふれることはないのに対して、モーラスは国王を「独裁者」と呼び、秩序を与えるためにそれが抑圧的性格をもつことを明言している。[28] この点からすれば、モーラスの君主制国家のほうが強権的である。

最後に、ラ・トゥールのコーポラティズム論の基礎をなす思想に言及しておきたい。もともとキリスト教的「社会保守主義」を自認していたラ・トゥールは、コーポラティズム体制を「キリスト教的社会秩序にもっとも一致し、平和と全体的繁栄の世にもっとも好ましい労働組織」[29] として構想していた。彼の言う「キリスト教的社会秩序」とは、生きている人々だけでなく祖先とも一体化した家、そして同一の「社会職業」を軸に統一された職能的組織のように、連帯と絆によって「社会的」という人間の本性が十全に実現された社会にみいだされる秩序のことである。[30] したがって、ラ・トゥールの思想の核心は、キリスト教に裏づけられた「平和」と「調和」と「連帯」である。そしてそれらに敵対するものとして批判の矛先が向けられたのは、経済・宗教・政治のあらゆる面でそうした紐帯を破壊する、個人主義に基づく自由主義である。たとえば経済的領域では、自由主義経済は「諸階級の憎しみを引き起し、諸利益を調和させずに敵対させることによって混乱を準備する」ために、労働者にとっても経営者にとっても、ひいては社会にとっても有害であるとラ・トゥールは論じた。[31] ラ・トゥールが求めていたものは「生のための闘争に代わる生のための協調」[32] である。そして、モーラスの「社会調和」や「社会均衡」の理念も同じ基調をもっていた。

（1）　Charles Maurras, *Dictionnaire politique et critique*, établi par les soins de Pierre Chardon, A la Cité des Livres, 1932-1934, vol. III, pp. 260-262 ; idem, "Libéralisme et liberté : démocratie et peuple," *L'Action française*, 1er février 1906, pp. 168-170.

（2）　Ch. Maurras, *Dictionnaire politique et critique*, cit., vol. V, p. 213.

(3) Ch. Maurras, "Sur la nom de socialiste," *L'Action française*, 15 novembre 1900, p. 863.

(4) Thierry Maulnier, "Charles Maurras et le socialisme," *La Revue universelle*, 68(19), 1937, p. 170.

(5) William R. Tucker, "The Legacy of Charles Maurras," *Journal of Politics*, november 1955, p. 578.

(6) Ch. Maurras, *Enquête sur la monarchie*, Librairie Arthèm Fayard, 1924, p. 7.

(7) Ch. Maurras, "Introduction aux 《Aphorismes de politique sociale》," *L'Action française*, 15 octobre 1900, p. 627 ; idem, "Sur le nom de socialiste," *op. cit.*, p. 860.

(8) Mathew H. Elbow, *French Corporative Theory 1789-1948*, Octagon Books Inc., 1966, pp. 55-63.

(9) *Ibid.*, pp. 79-80.

(10) La Tour de Pin, "La Réfection sociale," in *Vers un ordre social chrétien : Jalons de route 1882-1907*, Nouvelle Librairie Nationale, 1907, pp. 491-497.

(11) *Ibid.*, pp. 497-501.

(12) *Ibid.*

(13) La Tour de Pin, "De l'essence des et de l'organisation des intérêts économiques," in *Vers un ordre social chrétien*, cit., pp. 140-141.

(14) La Tour de Pin, "Du régime corporatif," in *Vers un ordre social chrétien*, cit., pp. 23-24.

(15) La Tour de Pin, "Politique sociale," in *Vers un ordre social chrétien*, cit., pp. 171-192.

(16) La Tour de Pin, "Du régime corporatif," *op. cit.*, p. 27.

(17) La Tour de Pin, "De l'essence des et de l'organisation des intérêts économiques," *op. cit.*, pp. 145-146.

(18) La Tour de Pin, "Des institutions représentatives," in *Vers un ordre social chrétien*, cit., pp. 255, 253.

(19) M. H. Elbow, *op. cit.*, p. 77.

(20) La Tour de Pin, "Des institutions représentatives," *op. cit.*, p. 263.

(21) La Tour de Pin, "La Réfection sociale," *op. cit.*, p. 504.

(22) Ch. Maurras, *Dictionnaire politique et critique*, cit., vol. III, p. 260.

(23) La Tour de Pin, "Des institutions représentatives," *op. cit.*, pp. 257-258.
(24) La Tour de Pin, "La Réfection sociale," *op. cit.*, p. 503.
(25) *Ibid.*, pp. 503-506.
(26) La Tour de Pin, "La Constitution nationale," in *Vers un ordre social chrétien*, cit., pp. 459-460 ; Ch. Maurras, *Enquête sur la monarchie*, cit., p. xc.
(27) La Tour de Pin, "Des institutions représentatives," *op. cit.*, p. 255.
(28) Ch. Maurras, "Dictature et Roi," in *Enquête sur la monarchie*, cit.
(29) La Tour de Pin, "Du régime corporatif," *op. cit.*, p. 16.
(30) La Tour de Pin, "De l'esprit d'une législation chrétienne du travail," in *Vers un ordre social chrétien*, cit., pp. 116-117.
(31) La Tour de Pin, "Introduction aux études sociales," in *Vers un ordre social chrétien*, cit., p. 209.
(32) *Ibid.*, p. 9.

第二節　「第二世代」とセルクル・プルードン

モーラスに社会・経済政策への積極的な関心はなかったが、アクシオン・フランセーズにおいては、労働者に働きかけようとする動きが一九〇〇年代の中頃から出てくる。最初にアクシオン・フランセーズの関心を惹いたのは、フランス黄色組合連合の指導者ピエール・ビエトリである。(1) 初めに接近したのはビエトリのほうだったが、ともかくビエトリは一九〇五年頃にアクシオン・フランセーズ内である程度の信頼を得て、アクシオン・フランセーズ研究所で講義をしていた。とはいえ、もともとビエトリに対するアクシオン・フランセーズの関心は、彼のイデオロギーにではなく、彼が君主主義のために多数の労働者を組織できるという見込みにあった。一九〇七年の終り頃になるとその見込みも薄れ、また人格的な理由もあって、アクシオン・フランセーズはビエトリを信用しなくなっていた。

ビエトリに続いてアクシオン・フランセーズが接近したのは、フィルマン・バコニエである。[2] バコニエはラ・トゥールの弟子を自認するコーポラティストであり、伝統主義的な君主主義者であったが、「社会王党主義」の運動を推し進めた活動的な人間である。彼は一九〇四—〇六年の間、労働者向けの君主主義の雑誌『ラヴァンギャルド・ロワイヤリスト』(L'Avant-garde royaliste)の主幹を務め、一九〇七年にはオルレアン公の後押しで君主主義的な労働者団体を再組織し、『ラコール・ソシアル』(L'Accord social)という雑誌を発刊した。ステルネルによれば、バコニエはコーポラティズムを近代化して産業社会に適応させようと試みるとともに、労働総同盟と革命的サンディカリズムを擁護して活発に労働者への浸透を企てた。しかし、バコニエの意図は「社会伝統主義」の精神の下で、すべての人間集団を協同体(corporation)として意味づけ、それを基礎にして国家を政治的に再編成することにあったので、労働組合にしても、国家のヒエラルヒーのなかに位置づけられるべき一単位とみなされていた。アクシオン・フランセーズの幹部は、労働者を獲得するためにバコニエを利用していたが、彼に民衆的基盤をつくる力量がないことが分かると徐々に手を引いた。

二人の運動がともに見込みのないことが分かった頃、アクシオン・フランセーズの内部から新しい力が台頭してきた。それは『理念と本の批判誌』(La Revue critique des idées et des livres〔以下、『批判誌』と略〕)に拠った若者たちであり、モーラスは彼らのことを「アクシオン・フランセーズの第二世代」と呼ぶ。[3] 彼らは君主主義と革命的サンディカリズムの合体、ないしはアクシオン・フランセーズと労働総同盟との連合をめざしていた。前章で論じたように、革命的サンディカリズムとは、フランスにおける社会主義運動が一八九〇年代に「改良主義的ないし議会主義的傾向」をもち始めた状況下で、一八九四年に成立した労働総同盟を基盤に台頭してきた思想と運動であり、その主眼は労働組合に基づいた純粋な生産者の社会を確立するために、政党の援助も議会主義的な改良も拒否し、ゼネストを手段として労働組合によって革命を遂行しようとする点にあった。一九〇六年の労働総同盟アミアン大会で採択されたアミアン憲章では、その理念が労働総同盟の路線としてはっきりと確認された。実践面では、ユージン・ウェーバーが述べるように「右翼が政治秩序を受け入れなかったとすれば、左翼は社会秩序を受け入れなかった」[(4)]ことに、理念的にはフランス・ナショナリズムの集団主義と分権主義に、アクシオン・フランセーズが革命的サンディカリズムと同盟する可能性があった。

『批判誌』以前に、革命的サンディカリズムに関心を示した君主主義者がいなかったわけではない。バコニエについては先にふれたが、アクシオン・フランセーズの内部でも、ジャック・バァンヴィルはすでに一九〇二年に、ジョルジュ・ソレルとユベール・ラガルデルが始めたサンディカリズムの雑誌『ル・ムヴマン・ソシアリスト』(Le Mouvement socialiste) の研究をしていた。また、君主主義のカトリック教徒ルネ・ド・マランはソレルのゼネストと暴力の理論を称賛し、革命的サンディカリズム運動を高く評価していた。マランによれば、別個の社会主義理念に従った二種類のゼネストを区別することができる。一つは、革命的社会主義者ないし革命的サンディカリストの主張するような、暴力的な直接行動によってブルジョワ社会の変革をめざすゼネストであり、もう一つは、選挙や議会といった「ブルジョワの合法的領土」で行われる政治行動によって変革をめざす、改良主義的社会主義や「正統派」社会主義の指導するゼネストである[(5)]。マランは次の理由により前者を支持する。すなわち、「観客にすぎないわれわれにとって、ゼネストの理念のあらゆる利益は実際のところ、それが暴くかあるいは生ぜしめる分離にある。それが惹起する議論は、民主主義的な考え方から社会主義的な考え方を日を追うごとにより一層明確に分離していくという利点をもつ[(6)]」。マランは自分を「観客」に位置づけ、労働者運動が反民主主義的になって、社会からデモクラシーの基盤が失われていくことを期待しているのである。彼がとくにソレルの新学派 (la nouvelle école) に敬意を払うのも、彼のサンディカリズム論がもっとも先鋭に反民主主義的で反議会主義的だからである。バァンヴィルにしてもマランにしても、労働者階級の運動に目を向けてはいるものの、結局のところ、モーラスやラ・トゥールといった君主主義者の理念を実現するためにそれを利用するという域を出ていない。(7)

アクシオン・フランセーズと革命的サンディカリズム運動との同盟を最初に公言したのは、モーラスとラ・トゥールを崇敬するアクシオン・フランセーズの若き活動家ジャン・リヴァンである。(8) リヴァンは、王党主義とサンディカリズムの一致というテーマを研究するために「セルクル・ジョセフ・ド・メストル」(le Cercle Joseph de Maistre)という研究団体を組織していたが、そこでの理念を公表するとともに具体化するために、一九〇八年四月二五日に『批判誌』を創刊した。リヴァンによれば、旧体制の破壊と自由主義社会によるそれの代替は労働者の苦悩とその革命的衝動を引き起した。したがって、プロレタリアートはデモクラシーと経済的自由主義の犠牲であり、この点を認識している革命的サンディカリズムの前衛は、大革命の原理に基づくブルジョワ社会に対する暴力的でエリート主義的な闘争において、アクシオン・フランセーズと共同戦線を張ることができる、と。(9) このようなリヴァンの理念は『批判誌』に依拠した若者たちの出発点となり、そして彼らは二つの運動の同盟の先鋒をなすと自負していた。

『批判誌』グループは、労働者運動の反民主主義的傾向に着目する点で、それ以前のバァンヴィルやマランらの君主主義者と軌を一にするが、しかし実践をめざしてプロレタリアートの状況を汲み取ろうとする点で、サンディカリストとの連帯に向けて一歩進んだ態度を示していることに留意しておく必要がある。編集にあたったエミール・パラがこの雑誌の任務と考えていたのは、「革命的サンディカリズム運動が議会主義、デモクラシーおよび共和制から離脱する動機を研究し、それ以上にその運動がそれらから離脱するための新しい根拠をその運動に提示すること」(10)であった。リヴァンにおいて、この場合の「動機」とは愛国主義であり、「根拠」とはコーポラティズム体制である。彼によれば、根なし草になったプロレタリアートが苦痛をなくそうとすれば、失われし所有・労働・有機的社会を回復しなければならないが、その意思はそれらを保守しようとする愛国主義の精神に支えられるはずである。しかしながら、所有するものを失い、日常労働以外の存在方法をもたないプロレタリアートは保守の観念を失い、祖国への献身を忘却してしまっている。したがって、プロレタリアートに愛国主義の精神を説くとともに、「愛国主義に根拠を与えるために、さまざまな努力を対立させずに調整し、同一の生産に従事している職人を闘わせずに団結させ、もっとも貧しい者に彼らの資産を返還する社会経済的体制を再確立しなければならない」。こうしてリヴァンは「祖国の生」を復活させるために、労働組合を組み込んだコーポラティズム体制を構想し、それを実現するために、既成の政党や国際的団体に依存しない国家権力の確立を説く。だが、リヴァンのプログラムは、従来の君主主義的コーポラティズムとほとんど同じであり、そこにサンディカリズムを批判的に摂取した形跡はない。(11)

ところで、『批判誌』の創刊号は、革命的サンディカリズムとの接触を図る一大企画を載せていた。その企画を担当したのがヴァロワである。「君主制と労働者階級に関する調査」と題されたそのアンケートは、ヴァロワが一九〇五年九月から一二月にかけて『ラクシオン・フランセーズ』に発表した「社会革命か国王か」という論文をもとに、サンディカリズムの理論家とミリタン(活動家)に手紙を送って、サンディカリストと君主主義者とが合同する可能性を問うものであった。(12) 返ってきた答は、どれもが君主主義者にとって好ましいものではなかった。たとえばソレルは、労働者は「コミューンの伝説」によって君主主義が自分たちの敵だと信じ続けているので、労働者が君主主義者と同盟することは難しいと答えた。(13) この企画は両者の合同に展望が開かれないままに、一九〇九年五月に終った。しかし、完全に失敗だったというわけではないだろう。というのも、ここで確立されたコミュニケーションは、その後新学派とヴァロワ一派が共同する基礎を築いたからである。

ヴァロワはアクシオン・フランセーズの「第二世代」と接触するようになると、すぐに理論家としての才能を発揮し始め、一九〇九年からはアクシオン・フランセーズの年次会議において労働者問題の報告を担当するようになったが、彼にはリヴァンを始めとする『批判誌』の他の若者たちにはみられない側面があった。「社会革命か国王か」のなかで、ヴァロワはリヴァンと同様に、サンディカリズム運動は反議会主義的・反共和主義的であり、議会社会主義者に真っ向から敵対すると主張する。また、サンディカリストの抱く社会革命の理念を斥け、国王の必要性を説く点でもリヴァンと同じである。しかしながら、リヴァンとヴァロワとの間には決定的な差異があることが、次の文から理解できる。「労働組合組織とは秩序である。労働組合的行動とは、王党主義的労働者であるわれわれの目からみれば、労働者階級の搾取を妨げる確実な方法であり、そしてジョルジュ・ソレル氏が考えるように、資本家に対して資本主義的エネルギーをすべて発揮するように強制する確実な方法である。王党主義者であるわれわれはサンディカリストである」[14]。リヴァンは伝統主義的なコーポラティストとして社会調和を求めるから、階級対立を是認するわけにはいかないのに対して、ヴァロワは新学派の社会主義者を真のサンディカリストと呼び、彼らの反デモクラシーを称えるだけでなく、彼らの階級対立の理論を導入しようとする。それは階級対立は労働者と資本家の双方に自立的なエネルギーを与えるという議論である。詳しい内容については後述するが、ヴァロワはこの理念に基づくサンディカリズムが君主主義と合成されることにより、国民のエネルギーの保守というナショナリズムの課題がはたされると考えていた。彼はこの運動を「職能団体的サンディカリズム運動」と呼ぶ。ここにおいて、ナショナリズムのための社会主義的改革が、アクシオン・フランセーズにおいて初めて具体的な構想として俎上に載せられたのである。

『批判誌』の推し進める君主主義とサンディカリズムの合同というテーマは、すぐにアクシオン・フランセーズの政策に反映され、一九〇八年以降、アクシオン・フランセーズが革命的サンディカリズム運動と同盟して労働者を獲得しようとする動きはひじょうに活発になる。当時の社会情勢もその動きにとって好ましいものであった。一九〇六年一〇月に成立したクレマンソー内閣は、労働総同盟を中心とする革命的な労働者運動に対して激しい弾圧を加え、フランスは内戦の様相を呈していた。この闘争は一九〇八年七月のヴィランヌーヴ゠サン゠ジョルジュのデモにおいて頂点に達したが、これをめぐる事件の間、アクシオン・フランセーズは一貫して労働者の側にたち、労働者のために激しいキャンペーンを展開した。それ以後もアクシオン・フランセーズは労働者を支持していたが、しかし一九一一年頃から労働総同盟が反軍事的な闘争を始めると、徐々に労働者運動から離れていった。アクシオン・フランセーズはまた、労働者のミリタンを通してサンディカリズム運動の内部に君主主義の拠点を築くという戦略もとった。そのもっとも著しい成果は、一九〇九一一月一五日に創刊された『テル・リーブル』(Terre libre)に依拠したエミール・ジャンヴィオンを中心とするサンディカリスト・ミリタンとの同盟であった[15]。

以上のように労働政策をめぐって台頭してきた「第二世代」は、創設期の世代と較べてどのような特色をもっていると言えるだろうか。「第二世代」を特徴づける精神態度は、すでに何人もの研究者が利用しているアガトン(アンリ・マシスとアルフレッド・ド・タルドのペンネーム)の『今日の若者』[16]がもっとも適切に示している。この本は、一八九〇年頃に生まれ一九一二年に一八―二五歳に達したエリートの男性――「一九一二年の世代」と呼ばれる――を対象にして行った調査をまとめたものである。マシスもタルドもアクシオン・フランセーズの成員であるからある程度の偏向はあるだろうが、「第二世代」の特性を知るためにはそれもかえって有益であろう。

アガトンがあげる「一九一二年の世代」の諸特徴は「行動への意欲」に要約できる。アガトンによれば、この世代にとって、思想はよりよく行動するための内面的エネルギーであり、それゆえこの世代はプラグマティックで反主知主義的である。アガトンはこの精神を「活動的理想主義」とも、あるいは「ディレッタンティズムへの憎しみ」とも呼ぶ。それは「行動と思想を結びつけ、一方を他方によって確認しようとする欲求、そしてまた、あらゆる熱望に対して状況下の事物、つまり対象をみつけだそうとする意志」である。その世代の別の特徴とされた「愛国主義的信仰」や「カトリックの再興」は、行動に必要なエネルギーや感興を呼び起す「文化の活動的美徳」であり、また「品性の清潔」という特徴は、活動的な魂を本能によって直接に捉えようとする「真面目」な精神態度から生まれるものである。もう一つの重要な特徴とされた「政治的現実主義」は、事実を受諾し、その責任を全面的に引き受け、可能なものや有効なものを行動によって確認していく態度である。

アガトンは「一九一二年の世代」に対比して、一八八五年頃に成人に達した世代についても論じている。この「一八八五年の世代」は、一八七〇年の敗北の重荷を背負いこみ、第二帝制時代の「物質主義的自惚れ」と「科学信仰」の反動を直接に感じている世代である。アガトンによれば、この世代は「生きることへの致命的な疲労、あらゆる努力が虚しいことの陰鬱な自覚」、要するに「悲観主義」によって刻印される。[17] 現実に対する無力と落胆は生きることと行動することへの不快感を招く。そうなった人間は想像の世界で自由に描く理想だけに慰めをみいだし、ここに力を犠牲にして純粋知性を称える理想主義、すなわち「絶対的主知主義」が生じる。ニヒリズムから生まれたこの主知主義は、いかなる信仰や信条にも疑いの目を向け、自分自身のなかにある現実だけを信じるので「エゴイズム」と結びつく。アガトンは「一九一二年の世代」と比較しながら、「一八八五年の世代」にとりついた問題は「いわゆる思想と行動の二律背反」にあるとした。

この二つの世代間の分裂は、アクシオン・フランセーズにおけるモーラスらの世代と「第二世代」との関係にそのまま当てはまる。次のアガトンの言は、おそらくアクシオン・フランセーズのことを念頭において述べられている。「一九一二年の若者を年長者のなかの最良の人から区別するのは、内面の分析に基づいて伝統をもちだす逆説的で深遠なテーゼに、若者がますます関心をなくしているということである。……それは彼らにとって行動する時間を遅らせる虚しい黙考の主題である」[18]。実際のところ、アクシオン・フランセーズの「第二世代」は、モーラスがつくりあげた知的教義を受け入れ、大前提としていながらも、現実主義的な観点からモーラスの戦術を批判し、行動の契機となる理論を求めていた[19]。その急先鋒にたったのがヴァロワである。

『批判誌』におけるアンケートの後、ヴァロワは新学派のなかに自分の理念を展開するための仲間をみいだし、ソレルと彼の若い弟子であるエドゥアール・ベルト[20]に急速に接近した。他方、ソレルは一九〇八年の秋に、それまで依擲していた『ル・ムヴマン・ソシアリスト』が民主主義化したことに不満を覚えてそれと絶交し、ベルトも翌年の一月にそれに倣った。先に述べたように、ソレルはこの頃からアクシオン・フランセーズに強い関心をもつようになるとともに、彼の新しい考えを表現し、右翼と左翼の反民主主義者が合同する機会を求めていた。実際、ソレルは『批判誌』の若者の要請を断りきれずに、一九〇九年八月に『ラクシオン・フランセーズ』に論文を載せ、九月にはインタビューに応じている。[21]とはいえ、ソレルは公に君主主義者と合同することには依然強い不安をもっていた。このような経緯の後、一九一〇年夏にヴァロワはベルトと一緒に新しい雑誌をつくることを決め、すぐにソレルに参加を頼んだ。ヴァロワはソレルの不安を解くために、編集委員会が君主主義者によって占められることはないとソレルに伝えた。ソレルはベルトを評論家にしたいという希望もあって、ヴァロワの申し出を受諾した。[22]新しい雑誌は『ラ・シテ・フランセーズ』(La Cité française)と名づけられ、一九一〇年一月一日に創刊号を出すことになった。編集委員会を構成したのは、ベルト、ソレル、ジャン・ヴァリオ、ピエール・ジルベール、ヴァロワであり、このうち君主主義者はヴァロワと『批判誌』の編集者であったジルベールだけであった。

『ラ・シテ・フランセーズ』の発刊趣意書に含まれる宣言文は、次のような文句で始まっていた。「この雑誌の設立者は、フランス国の自由な組織化に参加するために団結している。組織化の仕事は、今日、前世紀にフランスで流布していたイデオロギーによって妨げられ、しばしば不可能にされている」。[23]この文のなかに、後の「セルクル・プルードン」まで持ち越されるナショナリズム＝サンディカリズム合同の基本理念をみてとることができる。まず、ここで述べられているイデオロギーとはデモクラシーのことである。宣言文では、民主主義的理念を正当化する科学、労働者階級を愚鈍にする経済理論、歴史をデモクラシーの形成過程と捉える歴史家、文学的アナーキストを告発し、「フランスの知性」をこのイデオロギーから解放することが『ラ・シテ・フランセーズ』の第一の仕事だとされている。[24]次の仕事は「フランス国の自由な組織化」である。「フランス国」(la Cité française)とはフランスの文明ないし伝統に基づくフランス社会のことであり、「自由な組織化」とは現在における合理的な方向づけのことである。したがって、この仕事は伝統的なフランス社会を合理的に再建することである。

『ラ・シテ・フランセーズ』は出版されなかった。ソレルは寄稿者の凡庸な質と出版社について当初から不満であったし、また自分の名前が代表者のなかに出ることも欲しなかった。彼はベルトのために一年だけその雑誌に寄稿するつもりであった。もっと重要なことは、ヴァロワがヴァリオと仲違いし、彼を編集委員会から追い払おうとしたことである。ヴァリオは自分が辞めることで問題を解決しようとしたが、ソレルは編集委員会で君主主義者が多数派になることを恐れ、そのことに同意しなかった。ソレルはヴァロワを責めながら去って行き、出版は中止になった。[25]

『ラ・シテ・フランセーズ』の理念は、出版の中止によって立ち消えになったわけではない。すぐにヴァリオは資金を用意して、ソレルに都合のよい雑誌をつくることを提案した。ソレルは少したってからヴァリオの提案を受け入れ、『ランデパンダンス』(L'Indépendance)という雑誌名を選んだ。ヴァリオはベルトにも参加することを申し入れたが、ベルトはヴァロワに惹かれていたので応じなかった。[26] この雑誌は一九一一年三月一日に創刊号を出し、その後一九一三年の終りまで全部で四八巻を出版した。宣言文には、『ランデパンダンス』は政党や文学集団の道具になるつもりはまったくなく、それがめざすのはギリシアとローマの古典的伝統を継承し、豊かにすることであると明記されている。[27] ソレルは、基本的に政治的問題よりも文学や芸術を取り上げるつもりであった。寄稿者の多くは左翼の文学者であり、それも当時かなり高い名声を博していた人物ばかりであったが、アクシオン・フランセーズの人間も寄稿していた。ソレルはイデオロギーに縛られずに、ナショナリズムの見地から幅広くフランスの伝統を再興することを意図していた。

他方、ヴァロワは『ラ・シテ・フランセーズ』を企てた頃から、『批判誌』の内部で指導者のリヴァンと対立するようになっていた。その理由は、ヴァロワがソレルと近づきすぎて、アクシオン・フランセーズのコーポラティズム論を代弁するラ・トゥールにあまり注意を払わないことにあった。[28] この対立が顕在化し、ヴァロワが自由に意見を述べられなくなっていた一九一一年五月、『批判誌』に参加していたカムュロであるアンリ・ラグランジュがヴァロワに接近し、経済を研究するナショナリストのサークルの設立を促した。[29] ラグランジュは「社会君主制」の問題はほとんど解決されていないと考えていた。二人は新しいサークルの企画を始め、一九一一年の夏の間に、そのサークルはナショナリストと反民主主義的な左翼に共通したものになることが決まった。ヴァロワはすぐにベルトを誘い、快諾を得た。かくして一九一一年一二月六日にセルクル・プルードン(le Cercle Proudhon〔以下、セルクルと略〕)は最初の会合をもち、その後規則的に毎週会合を開いた。そして翌年の一月から『カイエ・ドゥ・セルクル・プルードン』(Cahiers du Cercle Proudhon)の刊行が始まり、それは第一次世界大戦の開始される一九一四年まで続いた。セルクルはその構成人員が二〇—三〇人、雑誌の定期購読者が二〇〇人というきわめて小規模な集団であった。[30] しかしながら、セルクルはフランスの右翼からファシズムへの思想史において重大な意味をもっている。

宣言文に、セルクルにいるのは「多様な起源、相異なる条件をもった人間」であり、彼らは「共通した政治的願望をもたずに、自由に意見を述べるだろう」とあるように、[31] セルクルは表面上は開かれた研究集団を意図していた。しかしながら、宣言文に署名した八人のうち五人がアクシオン・フランセーズに入っており、また他の成員の多くもアクシオン・フランセーズ研究所の学生であった。しかも、非君主主義者のほとんどはすぐに君主主義者に転向していた。このような事情、ならびにセルクルにおける活発な議論とそこから生まれた諸論文の内容を考え合わせると、セルクルの思想には一定の共通性があり、したがってそれを一括して論じて構わないと思われる。

セルクルの研究目標について、宣言文には「全員が等しく熱中しているのは、プルードンの作品と現代のサンディカリズム運動のなかに再発見されるフランスの伝統から取り出した原則に従って、フランス国を組織化することである」[32]と述べられている。いうまでもなく、これは『ラ・シテ・フランセーズ』におけるナショナリズムとサンディカリズムの結合という理念の踏襲である。ただし、セルクルにおいては、君主主義的ナショナリズムとサンディカリズムの結合と言い換えることができる。ここでめざされているのは、一方を他方に組み入れることでも、たんに両者をはめ絵のように組み合わせることでもなく、ナショナリズムの立場からする社会改革のために両者を「合成」することである。セルクルの存在を重大ならしめているのは、この合成が既成の有力な政治理念を超え出たこと、少なくともその可能性をもっていたことである。

セルクルの活動は一九一四年まで続いた。その間、アクシオン・フランセーズとの間にはつねに緊張関係が存在していた。セルクルの活動はモーラスにとって疎ましいものだったからである。モーラスはもともとソレルの直感主義に嫌悪感をもっていたし、また、それをアクシオン・フランセーズに持ち込もうとするヴァロワにも好意を持っていなかった[33]。モーラスはヴァロワをかなり自由にさせていたが、それはおそらく左翼に開かれた態度を示しておきたかったからであろう。とはいえ、ヴァロワをアクシオン・フランセーズの中枢におくことは断じてしなかった。一九一一年頃からモーラスは組織と教義の両面において独裁的性格を明らかにし始め、以後アクシオン・フランセーズはモーラスの独裁体制に向かっていくとともに、セルクルへの圧力を日増しに強めていった[34]。カトリック系の君主主義者によるセルクルの非難、およびラ・トゥールの支援の中止とリヴァンの脱退を機に、アクシオン・フランセーズは一九一四年にセルクルを公に攻撃した。この攻撃は、セルクルにとってアクシオン・フランセーズの支持を得るための重要人物であったラグランジュに向けて行われた。ラグランジュはモーリス・ピュジョーとの争いに関して内輪の裁判にかけられ、彼を取り巻く学生とともに排除された。第一次世界大戦が始まるとセルクルの若者の多くは出征し、セルクルが再開されることはなかった。

（1） Eugen Weber, *Action française : Royalism and Reaction in Twentieth-Century France*, Stanford University Press, 1962, p. 70 ; Z. Sternhell, *op. cit.*, pp. 263-283 ; Paul Mazgaj, *The Action Française and Revolutionary Syndicalism*, University of North Carolina

Press, 1979, pp. 57-59.

(2) E. Weber, *op. cit.*, p. 70 ; Z. Sternhell, *op. cit.*, pp. 372-384 ; P. Mazgaj, *op. cit.*, pp. 55-58 ; Firmin Bacconnier, "Les Bienfaits du régime corporatif," *L'Accrd social*, 17 décembre 1908 ; idem, "Conclusion de l'ABC du royalisme social," *L'Accrd social*, 20 juin 1909 ; idem, "La Monarchie de demain : L'Organisation du travail," *L'Action française*, 15 septembre 1902.

(3) G. Valois, "Pourquoi nous rattachons nos travaux à l'esprit proudhonien," *Cahiers du Cercle Proudhon*, 1, 1912, p. 40.

(4) E. Weber, *op. cit.*, p. 43.

(5) René de Marans, "La Grève générale et les deux socialismes," *L'Association catholique*, 59, 1905, pp. 320-323.

(6) *Ibid.*, pp. 323-324.

(7) R. de Marans, "Les 'Réflexions sur la violence' de M. Georges Sorel," *L'Association catholique*, 62, 1906, pp. 536-537 ; Jacques Bainville, "Anti-démocrates d'extrême-gauche," *L'Action française*, 15 juillet 1902, pp. 121-122.

(8) E. Weber, *op. cit.*, pp. 38-39, 79.

(9) Jean Rivain, "L'Avenir du syndicalism," *Revue de l'Action française*, 32, 1908, pp. 468-471 ; idem, "Les Socialistes antidémocrates," *Revue de l'Action française*, 25, 1907, p. 413.

(10) Emile Para, "Le Mouvement syndicaliste," *La Revue critique des idées et des livres*, 1, 1908, p. 85.

(11) J. Rivain, "La Patrie des prolétaires," *Revue de l'Action française*, 21, 1906, pp. 193-194 ; idem, "L'Avenir du syndicalism," *op. cit.*, p. 477.

(12) G. Valois, "La Révolution sociale ou le Roi," *L'Action française*, 15 septembre, 15 octobre, 15 novembre, et 1er décembre, 1907. このアンケートは、一九〇九年に、G. Valois, *La Monarchie et la classe ouvrière*, Nouvelle Librairie Nationale. として出版された。本稿で用いるのは、"Les Enseignements de cinq ans" という題の長い序文をつけた第二版(一九一四年)である。

(13) *Ibid.*, pp. 69-71.

(14) *Ibid.*, p. 24.

(15) 『テル・リーブル』は、一九〇九年一一月一五日から一九一二年三月一五日まで五六巻、一九一三年一一月一日から一九一四年五月一日まで一一巻発刊された。

(16) Agaton, *Les Jeunes gens d'aujourd'hui*, douzième édition, Librairie Plon, 1919.

(17) *Ibid.*, pp. 2-11.

(18) *Ibid.*, p. 15.

(19) E. Weber, *op. cit.*, p. 80.

(20) Pierre Andrew, "Bibliographie d'Edouard Berth," *Bulletin of the International Institude for Sorel History*, 7-8, 1952-1953; Jean Variot, *Propos de Georges Sorel*, Gallimard, 1935, p. 162.

(21) G. Sorel, "Socialistes antiparlementaires," *L'Action française*, 22 août 1909.

(22) Jules Levey, "The Sorelian Syndicalists: Edouard Berth, Geroges Valois, and Hubert Lagardelle," Ph. D. dissertation, Columbia University, 1967, pp. 131-133; G. Valois, *D'un siècle à l'autre: Chronique d'une génération*, in *L'Œuvre de Georges Valois*, Nouvelle Librairie Nationale, 1924, tome V, p. 256.

(23) "Déclaration de la《Cité française》," in Pierre Andrew, *Notre Maître: M. Sorel*, Bernard Grasset, 1953, p. 327.

(24) *Ibid.*, p. 328.

(25) J. Levey, *op. cit.*, pp. 134-136.

(26) J. Variot, *op. cit.*, p. 262.『ランデパンダンス』の最初の編集委員会を構成したのは、エミール・ボーマン、ルネ・バンジャマン、ヴァンサン・ダンディ、ポール・ジャモ、エルネスト・ローレ、エミール・モゼリー、ジョルジュ・ソレル、ジェローム・タロー、ジャン・ヴァリオである。

(27) "Manifeste de l'《Indépendance》," in P. Andrew, *op. cit.*, p. 332.

(28) P, Mazgaj, *op. cit.*, p. 171-172.

(29) G. Valois, "Notre première année," *Cahiers du Cercle Proudhon*, 3-4, 1912, p. 157.

(30) P, Mazgaj, *op. cit.*, p. 178.

(31) "Déclaration," *Cahiers du Cercle Proudhon*, 1, 1912. 宣言者の名は、ジャン・ダルヴィル、アンリ・ラグランジュ、ジルベール・メール、ルネ・ド・マラン、マリウス・リキエル、ジョルジュ・ヴァロワ、アルベール・ヴァンサンである。なお、ジャン・ダルヴィルとはエドゥアール・ベルトがソレルの勧めで使ったペンネームである。

(32) *Ibid.*
(33) G, Valois, *D'un siècle à l'autre*, cit., pp. 244-245.
(34) G, Valois, *Basile*, cit., pp. vii-xc ; E. Weber, *op. cit.*, pp. 75-76 ; P. Mazgaj, *op. cit.*, p. 192.

第三節　プレファシズムの思想

セルクルにおけるナショナリズムは、基本的にアクシオン・フランセーズと変るところはない。フランス国民の伝統を確定し、愛国主義の感情を基礎にして成立するその伝統への自己同一化のなかで、疑似宗教に感じられる伝統的諸力から生きる力を得ようとすること、そして伝統によって規定された国民の維持を唯一の目的とみなすことにおいて、セルクルとモーラスは軌を一にする。しかし、セルクルがナショナリズムの原動力としたフランスの国民的伝統はモーラスの場合とやや異なる。この差異を、なぜセルクルはプルードンを引き合いに出したかという問題を手がかりにして考察したい。

プルードンは色分けして理解することが難しい思想家である。戦争を賛美する愛国主義者であると同時に反軍国主義者であり、「財産とは窃盗である」という有名な文句を残す一方で、私的所有を擁護して共産主義的平等を非難し、アナーキズムという言葉をつくったと言われている反国家的なアナーキストでありながら、古典文化や地方文化を愛する伝統主義者で、家族愛をすべての制度的基礎とみなす家族主義者で、そしてフランスの優越性を説くナショナリストであった。おそらく彼の理論の基軸は社会的諸力のバランスを形成することにあった。だが、これは単なる利害調和ではない。彼は自由放任型の市場経済が有産階級の政治的専制を招くことを明確に認識していた。プルードンが言うバランスは利己主義と利他主義、贅沢と貧困、家庭内の夫婦、農業と工業、社会・経済集団間、国家権力と自警集団など、精神・社会・経済・政治のあらゆる領域に及んでおり、それは経済論としては相互主義、政治論としては連合主義の提唱となって表れた。その際、彼はつねに自由・平等・正義・愛といった倫理を規準にしてバランスを構成した。この倫理こそがプルードンの哲学の核心にあった。彼がこのバランス理論を展開したのは、バランスから生まれる創造的緊張のなかでのみ倫理が実現すると考えていたからである。

セルクルがプルードンを援用する理由の一つは、容易に察しがつくように、ナショナリストとサンディカリストの同盟のために、双方の運動家に評価されている人物をセルクルの出発点におく必要があった点にある。プルードンはアクシオン・フランセーズにおいて、その「師」の一人とみなされていた。この「特権的地位」は、反大革命・反共和主義・反民主主義・反議会主義・反ユダヤ主義・伝統主義・愛国主義に負うものであった。[1] 他方、前章ではふれなかったが、ソレルが早期のフランス社会主義を支配したプルードンの多大な影響下にあったことは言うまでもない。倫理に基づく制度の構想、バランスから生まれる倫理、反国家権力、暴力と直接行動の称賛などにそれは容易に窺える。だが、プルードンの援用にはより積極的な理由があったと思われる。まずはプルードン研究の基本姿勢を示しているピエール・ガランの言を取り上げてみよう。

われわれはプルードンの作品を全面的かつ排他的に利用しようとは、決して考えていない。……われわれがわが国の再構築のために、プルードンがひじょうに豊かにもたらした素材を利用する場合、彼を尊敬するからといって、彼が示したに違いない方向で彼の思想を完成させること、より正確にいえば延長することが、われわれに禁じられているわけではない。[2]

この文章から理解できるように、セルクルはプルードンの客観的な研究よりも、むしろプルードンのもたらす「素材」を利用して「国の再構築」をめざすという実践的な研究を意図していた。その「素材」とはナショナリズム的なものとサンディカリズム的なものであり、「国の再構築」とはそれらの合成であることは明らかである。プルードンには双方の要素があったうえに、啓蒙主義と大革命の遺産への反対という連結器もあった。ただし、セルクルはプルードンのなかにこれらの論理を読み取ろうとする意図がないわけではないにせよ、その恣意的な用い方からすればそこに重きが置かれていたとは思えない。より重要なことはプルードンの援用をとおしてそれらを「フランスの二つの伝統」[3]に定め、これによってセルクルの理念を正当化することにあった。ナショナリズムについては言うまでもないが、サンディカリズムについてもプルードンを引き合いに出すことによって、強力な秩序意識をもった「ゴール的社会主義」、デモクラシーによって損なわれていない「真の社会主義」の系譜に位置づけることが可能になった。それに関してベルトは、「プルードンはフランスの社会主義であり、フランスの国民的伝統であり、一八七〇年以来のドイツの支配、とくにマルクス主義の支配によって没収されたフランスの資質である」と述べる[4]。このようにプルードンはフランスの伝統を体現する人間として象徴化されていた。

プルードンの援用によってナショナリズムと社会主義の二つを国民的伝統に据えたことには、いくつかの重大な意味がある。もっとも重要なことは、保守主義的なナショナリズムが信奉する国民的伝統から実質的な内容を脱落させ、それを抽象的な観念に昇華させたことである。ガランが「プルードンには「フランスの理論」が欠けている」[5]と平然と言うことができたのは、そのことを示している。抽象化がなされたのは、具体的レベルにおいてナショナリズムと社会主義の対立点があまりに多いためである。しかし、このことはナショナリズムからの逸脱ではなく、むしろ逆にそれの将来に向けた再生に道を開くことになるだろう。というのも、原点的な理念を保持したまま改革的行動に訴えることが可能だからである。もう一つの意味は、社会主義への対応の変化である。セルクルの意図は理念的にも実践的にも明らかにナショナリズムと社会主義を合体し、双方のエネルギーを総合する点にあった。それに対して、リヴァンらの『批判誌』グループが左翼に接近したとしても、その意図は労働者のもつ社会主義的なエネルギーを右翼のナショナリズムに引き入れることだけにあり、基本的に彼らはモーラスの完全ナショナリズムをそっくり受け継いでいた。このようにセルクルの理念がアクシオン・フランセーズのそれと意味内容を異にする以上、ここにアクシオン・フランセーズの拘束を逃れ、自らの理念を自由に展開するための基盤を獲得する必要が生じる。プルードンの援用にはこのような意識も働いていたと思われる。以下において、デモクラシー批判、国民社会主義理念、闘争思想、革命理念の順でセルクルの思想を具体的に検討したい。

「ナショナリズムはサンディカリズムと同様に、デモクラシーと民主主義的イデオロギーの完全な追放を通してのみ勝利しうる」[6]というベルトの言から分かるように、二つの力の収斂は何よりもデモクラシーへの敵対を根拠にしていた。ラグランジュが要約したように[7]、セルクルにおけるデモクラシー批判は「反リアリズム」と「資本主義体制」という二つの論点を中心にしている。まず前者から考察したい。

ベルトは以前からソレルに倣って反デモクラシーを主張していたが、彼の関心は主に哲学的批判にあった。ベルトによれば、デモクラシーは「唯名論的・主観主義的・個人主義的・原子論的」であり、要するに反集合的である。実質的な実在を形成するのは、家族・職業・地域・教会・国民といった有機的集合体であって個人ではない。これらの集合体は「血、伝統、個人外的で超合理的な力」に基づく「神秘的な実在」であり、個人の同意に依拠することはない普遍性をもつ。個人はこうした集合的諸力に躾けられることによって初めて動物的水準から引き上げられ、人格をもつことができる。しかし、デモクラシーの「抽象的合理主義」は、個人という「虚構」を社会の基礎におくことで真の存在を否定し、世界のすべてのものを抽象化する。また、理念に関しても民主主義者は形而上学を憎み、「現世欲の一形態」にすぎない理想だけを信じる。デモクラシーは「天使をつくろうとして獣をつくった」とベルトは論じた[8]。

この種のリアリズムは目新しいものではないが、ベルトはこのような文脈から、同一のリアリズムの精神に貫かれたナショナリストとサンディカリストは同盟できると主張する。すなわち、ナショナリストは領土による拘束を受け入れ、領土的実在とみなされる祖国についてのリアリズムに依拠し、他方、サンディカリストは生産による拘束を受け入れ、組織的ないし専門職業的実在とみなされる労働についてのリアリズムに依拠する、と。[9] このようなリアリズムの精神は、セルクルの理念としては、国民とその内部の諸集団に固有の存在様式と機能の維持、およびそれらの集団の有機的連関の維持という主張になる。自立した媒介集団が多元的構成をとる国家において、初めて個人と国民のエネルギーが保守できるというわけである。基本理念としてはフランスの右翼の分権主義と同じである。さらに、セルクルのリアリズムの精神は「強制の体制としての文明」という理念にも表れる。

ベルトはサンディカリストであった時代から、社会主義は資本主義と同様に「生産という絶対命令」に従うこと、文明は資本主義の特性である強制と規律のヒエラルヒー的体系をとおして形成されたことを認めていた。[10] もちろん彼はサンディカリストとして、あるいはマルクス主義を受け継ぐ革命的社会主義者として、完全な服従を要求する受動的な規律から義務感に基づく自発的な規律へ、主人の権威と命令が支配する仕事場から主人なき仕事場へ、要するに強制の体制から自由の体制へ移行できること、そうすべきであることを主張していた。だが、この移行が可能であるのは、資本主義が物質的豊かさや技術的進歩をもたらしたからであり、それ以上に、資本主義の「鉄の規律」が推し進めた道徳的進化によって、人間が原始的怠惰を克服して自己規律ができるようになったからである、とベルトは明確に認識していた。つまり、労働者は自由な結社の感覚、率先の精神、責任感をもつことにより、生産集団を自発的に構成して、「後見や監督を必要とせずに資本主義の作業を続けることができる」というわけである。さらにベルトは、この移行が完全に達成されるとは考えていなかった。彼は「サンディカリズムはたんに、資本主義的な経済進化の宿命的な過程に自発的な過程を付け加えるだけである」と述べる。ベルトはソレルと同様に、道徳的発展という見地から、社会主義社会の実現よりもそれをめざす資本主義との闘争にサンディカリズムの意義をみつけていた。

こうしてベルトはサンディカリストのときから「サンディカリズムは資本主義の正当な子である」として、それを資本主義の「強制体制」の発展形態と考えていた。この立場からすれば、ベルトがアナーキズムに激しく敵対していたことはもっともなことである。というのも、ベルトの擁護するサンディカリズムは「アナーキズムの否定する自由の社会的性格」をもつのに、当時のサンディカリズム運動には、アナーキズムの要素がかなり流れ込んでいたからである。ベルトによれば「アナーキズムは強制の体制に対する永久的抗議であり……文明をたえず恨み……労働規律に従わせようとする鉄の体制に反抗し、放浪や原始的自由を懐かしむ」。要するに、アナーキズムの根本的な誤りは「無邪気で牧歌的な楽観主義、人間の善良な本能への無邪気な信頼」である。[11]

ヴァロワが「サンディカリズム的アナーキズムはデモクラシーによって説明される」と述べていることからも分かるように、セルクルにおいてアナーキズムはデモクラシーの一形態として捉えられていた。[12] こうしてベルトなどの新学派のアナーキズム批判は、デモクラシーの根本的批判、ヴァロワの言葉では「形而上学的」批判というかたちで展開された。この批判のなかで、あらゆる種類のデモクラシーを基礎づけるのは、楽観主義的な「進歩観」であるとされた。その教条とは、人間は無限に道徳的完成に向かい、その過程において獣性を抑圧するための強制の制度は次々に取り除かれ、最終的な完成段階ではアナーキーな社会になるというものである。[13] 根本的にセルクルのリアリズムの精神に反するのは、このような啓蒙思想である。ヴァロワはこの一八世紀の「進歩の信仰」に、一七世紀のキリスト教的な悲観主義に彩られた「現実主義的認識」ないし次のような「世界認識」を対置する。すなわち、「人間は原罪の諸結果を被っていること、あるいはその本性の不完全性によって制限されていることを示し、さらにまた、人間が救いと現世における最高善をみいだす秩序を人間社会で維持するための政治的・社会的制度を基礎づけるところの、科学的であると同時に宗教的な世界認識」である。[14] 以上のような批判において、自由に向かう進化は完全に否定される。もちろんベルトにしても、現実のサンディカリズム運動の民主主義化に失望してナショナリストになってからは、「自由の体制への移行」という理念を完全に捨て去っていた。

次に「資本主義体制」についてである。セルクルは資本主義を攻撃したが、この攻撃は資本主義的な生産様式に対してではない。資本主義のメカニズム自体は生産の自明の前提とされる。セルクルが攻撃の対象としたのは、資本主義的原則が企業の経済という制限を逸脱し、政治的・社会的領域に侵入して「国民内部の人間関係」を決定することである。資本主義的原則とは、資本に最高度の生産性を保証するための自由放任の原則のことである。この原則に社会全体が支配される体制が「資本主義体制」と呼ばれる。(15) ヴァロワによれば、このような体制において、「企業の諸長は、彼らの自然なエゴイズムと同じほどその原則の力によって、国益という優越的利益のために資本の生産性と土地利用の直接的可能性を制限するところの、あらゆる制度を破壊するように導かれる」のであり、そして企業の長ばかりか、政治家や一般民衆までもが私欲の追求だけに没頭し、金の力に依存する「金権政治」を行う。(16) セルクルでは「資本主義体制」と「金権政治」はほぼ同じ意味で使われており、そしてそれの最たる害悪は国益を損なうことであった。

ヴァロワは「資本主義体制」に浸り切ったブルジョワジーの責任をとくに重くみる。すなわち、かつてのフランスのブルジョワジーは、その本来的機能である生産と公益の組織化を十全にはたし、一定の公共行政を引き受けるとともにそれに物質的手段を提供し、軍務に就き、そして貴族階級を財政的に援助してその連続性を保証した。彼らは国民の内部におけるその階級に固有の立場と機能をはっきりと自覚し、階級の誇りと名誉感をもっていた。ヴァロワは、これは「驚くべき秩序」だと述べる。ところが、大革命によってこの秩序を支えていた政治的・社会的枠組みが壊されると、かつてのブルジョワ「団体」は消え、代わって「群衆」にすぎないブルジョワジーが台頭した。この新しいブルジョワジーは「資本の所有と利用」以外に関心をもたず、「金の情熱」のみに生きる享楽者である。彼らの社会的・国民的性格は、愛国心・宗教的感情・隣人愛の欠如である。このようなヴァロワのブルジョワジーに対する批判と軽蔑は、具体的にはとくに国際的な金融資本家を対象にしていた[17]。

セルクルの「資本主義体制」の批判は、金権政治だけでなく国家の肥大化にも向けられる。経済が政治に侵入する現代の「資本主義体制」では、産業資本家・金融資本家・大商人が独占体をつくって国家を所有するか、あるいは自らの利益のために国家に圧力をかけるので、国家政治が経済的領域まで及ぶようになる。かくして現代フランス国家は「爆発するまでに膨らんでいる巨大で息切れのしている怪物である」と主張された。ベルトの国家に関する議論は、このような理念のもとに現代民主主義国家を批判し、君主制国家へのサンディカリズムの適合を説く。ベルトはサンディカリズムの主張する「国家の消滅」について、サンディカリズムの本質は生産者有機体のなかから国家政治を取り除くことにあると解釈することにより、サンディカリズムの反国家主義は、現代民主主義国家の肥大化だけに反抗すると説明する。また他方では、国家の肥大化は国家の弱体化を招くという理論によって、アクシオン・フランセーズの現代民主主義国家への反抗を解説する。つまりそこでは、肥大化することで国益を擁護するための戦争などの機能が鈍化するというわけである。アクシオン・フランセーズは国家から贅肉を取り除き、それに新しい活力を与えるために分権化を求める。こうして純粋な生産者団体をめざすサンディカリズムの理念は、制限された範囲内の強力な国家というアクシオン・フランセーズの理念に適合する、とベルトは論じた[18]。

セルクルは「資本主義体制」が台頭する原因を、経済的領域にではなく、デモクラシーが準備する政治的条件に求める。すなわち、「デモクラシーは政治と経済の双方において資本主義体制の確立を可能にした」と[19]。ヴァロワによれば、「力の本能に反社会的方向を与える民主主義的生活」は、抑制なき物質主義を招来し、欲求のみに生きる人間を生み出した。また、このような人間の誕生と個人主義に基づく民主主義的な制度化は、国民を構成し、それを支える国民内部の多様な専門職業的・地域的な団体、および宗教・家族・労働等の国民生活の諸価値を破壊した。かくして、デモクラシーが「資本主義体制」を可能にしたとヴァロワは主張した。[20]したがって、ここで述べている「資本主義体制」の批判は、先に論じた反リアリズム批判を前提にしており、結局のところ、楽観主義的な進歩観に基づく個人主義の批判、換言すれば啓蒙思想の批判にいきつく。この点でセルクルは、モーラスとアクシオン・フランセーズのデモクラシー批判を踏襲していると言える。

セルクルはデモクラシー体制を非難するが、まだそれに代わる明確なプログラムを準備する段階にまで達してはいない。とはいえ、ナショナリズムとサンディカリズムの合成を企てる過程で、セルクルに独自の国民社会主義的理念が提示されていることは確かである。その理念は、もっとも基本的なレベルでは次のラグランジュの言葉に要約されている。「われわれの意志は、異なる諸階級を維持しながら、われわれの家族・地域・階級の利益の名において、国際的な金権政治が課す資本主義体制に対してフランスの国民的連帯の存在を肯定し、その発現を引き起すことにある」。[21]以下において、このことの内容を少し詳しくみておきたい。

ヴァロワの評価する現代サンディカリズムの基本理念は、労働者階級にそれ固有の階級意識を回復させて、それを一つの階級として強固に組織すると同時に、資本家に「生産の組織者」というそれ本来の役割をはたさせることである。生産の領域において、両者は共通した職業的利害をもちながらも、被雇用者は労働時間の短縮を獲得しようとするし、雇用者は効果的な労働によって生産率を上げようとするという対立関係でお互いに監視しあう。このような関係において、労働者は階級的に団結して、資本主義的搾取による労働条件と労働エネルギーの低下を阻止する。他方、経営者は生産を効率的に組織するとともに技術的進歩をはたすように強制される。こうして両者の意志を超えたところで、国民生産の上昇と国民的エネルギーの保守が結果するとヴァロワは論じた。[22]ここにみられる労働者階級と資本家の対抗関係は、後に「相互強制」(la contrainte mutuelle)という言葉によって概念化されることになる。

サンディカリズムの意義は、生産の領域だけにあるわけではない。ヴァロワはさらに二つの意義を付け加える。一つは、諸階級に固有の名誉感と好戦的感情を再生させることである。これについてはすぐ後で論じるつもりである。もう一つは、資本家をそれ固有の仕事に就かせることによって、国家の社会からの絶対的独立を保証することである。アクシオン・フランセーズと同様セルクルにおいても、国家と社会・経済領域の分離は分権主義の第一の原則である。国家への資本家の侵入を拒み、そして対立する諸階級が祖国において連合して「国の力と偉大さに奉仕する」ためには、国家権威の独立が不可欠であり、そのためには強力な労働者組織の力で資本家を本来の役割にとどめておかねばならないというわけである。[23]

セルクルは国家政体として君主制を選ぶ。その理由としては、国家の絶対的権威の保証や国事に仕える専門職業の必要などがあげられており、この点ではモーラスの理論を踏襲している。[24] 君主制の政治制度に関しては、モーリス・マイレがセルクル内の議論で提出し、ヴァロワが論文に引用している定義がうまく要約されている。[25] それによれば、国王は、国民の防御・一般的治安・対外的政治行為、金権政治からの国家の独立、地域・サンディカ・コミューン等の諸共和国の設立と持続、の三つの要件を保証するというわけである。この国王の役割についてのセルクルの考え方もまた、モーラスの論じる君主制とほとんど同じと言ってよい。両者の考え方が異なるのは、国家内の諸共和国の存立様式と、それらと国家との関係についてである。セルクルは新学派の理念を発展させて、そうした共和国は自由と自立を守るために武装すべきだとする。そうなれば、諸共和国間および共和国と国家との間に対立が生じるが、セルクルは前者の場合だけでなく、後者の場合も敵対関係を是認する。すなわち、「国家の役割は混乱した秩序を再確立することである。しかし、それが労働者共和国にとって必要な暴力であるとしても、共和国は可能な限り王制国家を超え出て、あらゆる力をもってそれに対抗する」と。このように、一方において国家が介入しようと欲し、他方において共和国がそれを拒絶しようとするところに生じる「必然的対立」は、「均衡は敵対から生まれる」という理念によって正当化された。[26]

マイレの定義には出てこないが、国王の役割と思えるものがもう一つある。これまで考察したところから理解できるように、セルクルの理論のなかには、ファシズムの特徴をなす、強力な国家統制と階級協調に基づく一元的な国民組織の確立という理念はない。そこでは、右翼ナショナリズムの伝統である分権主義が、サンディカリズムを取り入れたことにより一層推し進められていた。しかし、ヴァロワの考えのなかには、明白に提示されてはいないものの「国民経済」の形成のための統合理論があった。(27)もともとヴァロワは、産業構造の近代化とそのための国家による生産の組織化が必要だと考えていたが、それに関して彼には、「極端な分業を要する現代の高度生産の条件」のもとでは、「労働配分のセンター、つまり生産を組織し、前もってその質と量を決定し、仕事を配分し、さまざまな生産者集団との関係を維持する責任をもった一人ないし数人」が必要とされるという認識があった。(28)国民生産を組織する責任者が国家の頂点にあるとすれば、それは専門家の助言を受けた君主か、あるいは君主の直轄にあるなんらかの専門的集団である。だが、このようなテクノクラシー的な計画化は、伝統的な身分制をともなう君主制とは別の独裁体制をとった方がうまくはたされるであろう。そのためかこの時期のヴァロワには、積極的にこの理論を展開する姿勢はない。

国民社会主義の理念と並んで闘争指向ないし好戦性もセルクルに特徴的なものである。ベルトはソレルの弟子として、セルクルのなかで英雄的美徳をもっとも尊重していたので、人道主義や平和主義に対しては誰よりも鋭い非難を浴びせかけた。このことは、リビアとバルカンとの戦争に際して、革命的サンディカリズムがジョレスの議会社会主義に与してとった平和主義的態度を、ベルトが語調激しく糾弾する論文のなかにみてとることができる。(29)ベルトは次のように論じる。俗物的で功利的な金権政治にそまったブルジョワジーは、「好戦的で革命的な感情の覚醒と英雄的価値の再浮上は自らの支配を妨げる」と感じているので、「本能と利害から平和主義的」である。ブルジョワジーが対外戦争に参加するにしても、それは階級闘争を避け、権威を強め、労働運動を骨抜きにするためであり、そこに

「好戦的国家」という観念はない。サンディカリストは戦争への抗議において、「真に労働者的な性格をもった感情よりも、はるかにブルジョワ的な性格をもった感情」に動かされている。彼らは「戦争が第一級の革命的出来事である」ことを忘れ、頽廃したブルジョワジーと同様に「単純な物理的恐怖の叫び」をあげる。彼らは「老人のような生のための生への愛」しか感知できない。彼らの戦争批判は「純粋に感情的・トルストイ的・ブルジョワ平和主義的な観点」からなされている。サンディカリズム運動は、プロレタリアートとブルジョワジーを再生させるためにブルジョワジーと闘うことよりも、「ブルジョワジーのもっとも頽廃的なイデオロギーを取り入れることに熱心である」とベルトは論難した。[30]

ベルトにとって、戦争は国家のもっとも基本的な行為である。すなわち「国家、それは戦争である」と。[31] 彼は一八七〇年以後のドイツとフランスをみれば、力強い経済発展の基礎にあるのは戦争であることが分かると述べる。だが、ベルトの戦争への評価はそれにとどまらない。むしろ彼にとって、生産者としての人間よりも、国民的伝統と宗教的伝統に則って「もっとも神秘的な魂の力」にふれながら生きる人間のほうが重要である。そしてここでもまた、崇高・英雄主義・犠牲・理想・詩といった「人間の魂のなかで神聖なものは、すべて戦争に源泉をもつ」とされた。[32] かくしてベルトは、戦争が「道徳的崇高の源」だと主張する。[33] つまり、人類が愛と優しさに浸り切った時代において、戦争は「人間の沼地の腐った水を新しくするためにやってくる、強くて荒々しくて健康的な風」のように、人類に「男性的な感情」を思い出させるというわけである。[34]

セルクルにおいて、道徳的見地にたった好戦的主張は、国家のみならず社会的領域でも行われる。そこでは、国家の戦争行為がはたす役割はサンディカリズムの暴力がはたすと期待された。ヴァロワは次のように述べる。「純粋状態において、サンディカリズムはもっとも高貴な感情、すなわち名誉の感情と闘争の感情を呼び覚ます。それは反平和主義である。それは平和主義的なデモクラシーが窒息させている好戦的感情を蘇生させる」。[35] ベルトはもっと直截に、サンディカリストという「新しい社会的エリート」が、「戦争の代理である労働と、好戦的美徳と同じほど高い労働者の美徳」を喚起することを述べる[36]。セルクルの人間にとって、労働の意味は「敵と戦う兵士」と同じ名誉感と崇高感をもつことにある。「戦いながら死ぬときと同じように、名誉感に満足して働きながら生きる」ことが彼らのめざす生き方である[37]。彼らはつねに「戦争によって栄光と不死の夢をみる」ことだけを夢みる[38]。

セルクルの人間が好戦的価値によって刻印された道徳主義を抱懐していることは明白である。彼らがこの見地から敵対したのは、国民的観点にたった「ヒューマニズム」と社会的観点にたった「連帯主義」という、現代世界における二つの平和主義的な思想である[39]。この点からも、サンディカリズムとナショナリズムの同盟は当然主張された。すなわち、二つの運動は「金に対する力と血の覚醒」によって、金権政治とそれに由来する平和主義を打倒し、英雄的美徳の勝利へと導かねばならない、と[40]。

これまで論じてきたことから明らかなように、セルクルにおける正しい行動の理念も来るべき社会の理念も、すべて闘争思想に支配されている。セルクルとモーラスの根本的な違いはこの点にある。セルクルの人間は英雄的で好戦的な闘争的行動を賛美し、ブルジョワジーとプロレタリアートが自律的な発展を遂げるとともに闘争しあう社会を構想する。個人的な差異はあるにせよ、このような闘争思想が生まれたのは、アクシオン・フランセーズの「第二世代」の行動主義的指向が、ソレルの英雄主義的美徳の観念によって方向づけられ、同時に正当化されたことによる。セルクルの人間にとって、調和と平和を希求し、調和の美を称えるような秩序思想は、眠りと無気力に浸った頽廃のしるしである。したがって、ラ・トゥールが唱え、モーラスが支持するような伝統的秩序の復古を受諾するわけにはいかない。モーラスの指導するアクシオン・フランセーズは、確かに多くの騒乱を起しているが、それはモーラスの言う「秩序」を守るための手段にすぎない。それに対して、セルクルにとっての暴力はそれ自体が内在的美徳をもつ目的である。このようにして、セルクルは温和な秩序思想や伝統的秩序を否定するが、しかし全面的に秩序を否定するわけではない。それではセルクルにとって秩序とは何であろうか。
ベルトはニーチェの用語を使って次のように論じる。「モーラスによってアポロン型精神を新たに肉化したアクシオン・フランセーズは、ソレルによってディオニュソス型精神を表現したサンディカリズムと結合することによって、新しく偉大な世紀を創出することができるであろう」と。[41] モーラスのアポロン型精神とは、秩序と美を求める静態的・調和的な精神であり、ソレルのディオニュソス型精神とは、暴力と崇高を求める動態的・破壊的な精神である。なぜモーラスの「秩序」とソレルの「暴力」の結合が必要かについて、ベルトは「アポロンがいなければディオニュソスは不条理と狂気のなかに落ち込み、ディオニュソスがいなければアポロンは形式主義に落ち込む」と述べる。[42] ベルトの言から察するに、秩序とは暴力ないし闘争に付与される形式である。とすれば、闘争思想が貫徹するセルクルの政治・社会・経済の理論は、このような意味で「秩序」である。したがって、セルクルの構想する秩序は、現在にも過去にもなく、未来にのみありうる秩序である。セルクルにおける闘争思想の帰結はこの点にあった。次の引用から理解できるように、セルクルの人間は現状を根本的に変革し、新しい秩序を創造する意志を明確にもっていた。

われわれの運動は必然的に、フランス秩序の中心部である君主制を再興しようとする点において反革命的であると同時に、われわれに課せられている外国の社会秩序を破壊し、フランスの伝統に基づくが新しい形式をとる制度を創造しようとする点で革命的である。[43]

伝統と革命との間には矛盾ではなく共同がある。革命は破壊するために破壊しようとするのではなく、歴史に忠実なるものと文化の永久的枠組みとみなしうるものを保守しながら、人間の資本に何かを付け加えようとするのである。[44]

セルクルがプルードンから読み取ったものは、何よりもこの革命への意志だろう。ヴァロワは「プルードンの革命的情熱」を賛美し、「プルードン、それは一九世紀において一八世紀の知的アナーキーを被った永久的フランスであり……何世紀にもわたって規律されてきたこの永久的フランスの知性は、もはや無秩序しか知覚できない新しい世界において秩序を探求する」と述べる。[45] 肯定的に「革命」を主張していることは重要である。この時期まで、革命とはもっぱら大革命のこと、ないしその理念に基づく革命を意味していた。ナショナリズム運動が自ら「革命」を宣言したのは、バレス以来初めてのことであろう。モーラスのナショナリズムにおいては、国民的伝統が愛国主義の感情と結びつくことによって生の力が獲得されると同時に、それの具体的慣行の保守ないし再興がめざされた。他方、セルクルにおいては、プルードンの象徴化にもみられるとおり、国民的伝統を「永久的」な観念に抽象化することによって、愛国主義と結びついたナショナリズムを現時点での活力の源泉に限定している。このことによって初めて、セルクルは「愛国主義の革命的正当化」を語ることができた。[46]

以上論じてきたことをもとにしてセルクルの思想を要約すると次のようになる。すなわち、セルクルは、フランスの伝統の保守というナショナリズムの観念によって活力をえながら、闘争思想をもった国民社会主義的な秩序を創造するために、現在における革命的闘争を鼓吹する、と。ステルネルは「最初のフランス・ファシズム〔フェソー〕は、事実上セルクル・プルードンの仕事を後追いした」と論じるが、少なくともミシェル・ヴィノックが言うように、セルクルを「プレファシズム」と形容することはできるだろう。[47] この意味で、セルクルに参加し、後に「文学的ファシズム」を代表する作家となったドリュ・ラ・ロシェルの有名な一文を引用して、セルクルの意義を確認しておこう。

ファシズム的雰囲気のいくつかの要素が、他のところに先駆けて、一九一三年頃のフランスにおいて合流していた。そこには、英雄主義と暴力への愛によって活気づけられた……若者たちがいた。……すでにナショナリズムと社会主義の結婚は企画されていた。そうだ、フランスにおいては、アクシオン・フランセーズのまわりに……一種のファシズムの星雲が存在した。それは困難も矛盾も恐れない若いファシズムだった。(48)

(1) Z. Sternhell, *Ni Droite ni gauche*, cit., p. 91.
(2) Pierre Galland, "Proudhon et l'ordre," *Cahiers du Cercle Proudhon*, 1, 1912, p. 31.
(3) G. Valois, "Sorel et l'architecture sociale," *Cahiers du Cercle Proudhon*, 3-4, 1912, p. 11.
(4) Jean Darville, "Proudhon," *Cahiers du Cercle Proudhon*, 1, 1912, p. 10.
(5) P. Galland, *op. cit.*, p. 32.
(6) J. Darville, "La Monarchie et la classe ouvrière," *Cahiers du Cercle Proudhon*, deuxième série, 1, 1914, pp. 15.
(7) Henri Lagrange, "L'Œuvre de Sorel et le Cercle Proudhon : Précisions et prévisions," *Cahiers du Cercle Proudhon*, 3-4, 1912, p. 128.
(8) Edouard Berth, "Le Procès de la démocratie," *La Revue critique des idées et des livres*, 13, 1912, pp. 22-27.
(9) *Ibid.*, p. 28.
(10) E. Berth, *Les Nouveaux aspects du socialisme*, Marcel Rivière, 1908, pp. 32-35.
(11) *Ibid.*, pp. 35-38.
(12) G. Valois, "Nationalisme et syndicalisme," rapport présenté au IVe Congrès d'Action française (7 décembre 1911), in *L'Œuvre de Georges Valois*, cit., tome III, p. 551.
(13) G. Valois, *La Monarchie et la classe ouvrière*, cit., p. 255.
(14) *Ibid.*, pp. 255-256.
(15) G. Valois, "Notre première année," *op. cit.*, pp. 158-159.
(16) *Ibid.*, p. 159 (n. 1).

(17) G. Valois, "La Bourgeoisie capitaliste," *Cahiers du Cercle Proudhon*, 5–6, n.d., pp. 215–217.
(18) J. Darville, "La Monarchie et la classe ouvrière," *op. cit.*, pp. 16–18.
(19) "Déclaration," *op. cit.*, p. 1.
(20) G. Valois, "La Bourgeoisie capitaliste," *op. cit.*, p. 219.
(21) H. Lagrange, *op. cit.*, p. 131.
(22) G. Valois, "Nationalisme et syndicalisme," *op. cit.*, pp. 548–551 ; idem, "Patriotes et révolutionnaires," rapport présenté au Vᵉ Congrès d'Action française (28 novembre 1912), in *L'Œuvre de Georges Valois*, cit., tome III, pp. 559–569.
(23) G. Valois, "Nationalisme et syndicalisme," *op. cit.*, pp. 550–551 ; idem, "Patriotes et révolutionnaires," *op. cit.*, pp. 565–568.
(24) P. Galland, *op. cit.*, pp. 32–33 ; G. Valois, "Patriotes et révolutionnaires," *op. cit.*, p. 565.
(25) G. Valois, "Notre prmière année," *op. cit.*, pp. 161–163.
(26) *Ibid.*, p. 163.
(27) G. Valois, "Sorel et l'architecture sociale," *op. cit.*, p. 111.
(28) G. Valois, "La Révolution sociale ou le Roi," *op. cit.*, p. 30.
(29) J. Darville, "Satellites de la ploutocratie," *Cahiers du Cercle Proudhon*, 5–6, n.d., pp. 177–209.
(30) *Ibid.*, pp. 179, 189, 190, 206.
(31) *Ibid.*, p. 203.
(32) *Ibid.*, pp. 202–204.
(33) J. Darville, "La Monarchie et la classe ouvrière," *op. cit.*, p. 14.
(34) E. Berth, *Les Méfaits des intellectuels*, Marcel Rivière, 1914, pp. 316, 329.
(35) G. Valois, "Nationalisme et syndicalisme," *op. cit.*, p. 551.
(36) E. Berth, *Les Nouveaux aspects du socialisme*, cit., p. 4.
(37) "Déclaration," *op. cit.*, p. 2.
(38) G. Valois, "Pourquoi nous rattachons nos travaux à l'esprit proudhonien," *op. cit.*, p. 45.

(39) J. Darville, "La Monarchie et la classe ouvrière," *op. cit.*, pp. 14-15.
(40) J. Darville, "Satellites de la ploutocratie," *op. cit.*, p.209.
(41) E. Berth, *Les Méfaits des intellectuels*, cit., p. 327.
(42) *Ibid.*, p. 55.
(43) G. Valois, "Pourquoi nous rattachons nos travaux à l'esprit proudhonien," *op. cit.*, p. 42.
(44) E. Berth, *Les Méfaits des intellectuels*, cit., p. 83.
(45) G. Valois, "L'Esprit proudhonien," *Cahiers du Cercle Proudhon*, 1, 1912, p. 34 ; idem, "Pourquoi nous rattachons nos travaux à l'esprit proudhonien," *op. cit.*, p. 39.
(46) J. Darville, "Satellites de la ploutocratie," *op. cit.*, pp. 192-193.
(47) Z. Sternhell, "Anatomie d'un mouvement fasciste en France," *op. cit.*, p. 8. ミシェル・ヴィノック『ナショナリズム・反ユダヤ主義・ファシズム』川上勉・中谷猛訳（藤原書店、一九九五年）、三〇九頁。
(48) cité in Michel Winock, "Une Parabole fasciste : Gilles de Drieu La Rochelle," *La Mouvement social*, 80, 1972, p. 29.

第六章　ピエール・テータンジェの極右主義と愛国青年同盟

はじめに

ロバート・スウシーが論じるように、戦間期のフランスにおいてファシズム運動ないし極右ナショナリズム運動が高揚した時期は二回ある。第一回は左翼連合成立後の一九二六年をピークとする時期であり、第二回は一九三四年二月六日のパリ騒擾事件をピークとする時期である。この二度の高揚期の両方で中心的役割をはたした同盟は、アクシオン・フランセーズと愛国青年同盟(les Jeunesses patriotes)の二つだけである。これら以外では、第一回の高揚期でフェソー(le Faisceau)、第二回の高揚期では、ソリダリテ・フランセーズ(la Solidarité française)、クロワ・ド・フゥ(les Croix de Feu)、フランシスム(le Francisme)、ネオ・ソシアリスム(le Néo-socialisme)、フランス人民党(le Parti populaire français)などが活躍した。[1] 本書では第一回の高揚期までを対象としているが、本章では愛国青年同盟を論じ、次章でフェソーを扱うことにする。

愛国青年同盟はフランス最古の極右同盟である愛国者同盟を母体として、下院議員で愛国者同盟副総裁のピエール・テータンジェによって一九二四年に設立された同盟である。それはおよそ戦間期の全体にわたって活躍し、他の右翼同盟の組織モデルになり、一九二九年までに一〇万人以上の会員を有するようになった同盟である。アクシオン・フランセーズの「君主主義的ナショナリズム」に対して、愛国青年同盟は「非君主主義的ナショナリズム」を代表するとする見解もあるが[2]、持続的な活動力という点では確かにアクシオン・フランセーズに比肩するところがあった。本章ではこれまでの議論に基づいて愛国青年同盟のファシズム性を検討する。ただし、愛国青年同盟の活動の全史を対象とするわけではない。対象となるのは、それがもっとも過激であった一回目の高揚期、つまり左翼連合が成立し愛国青年同盟が設立された一九二四年から左翼連合が崩壊する一九二六年までの二年間だけである。最初に総裁テータンジェの経歴を簡単に説明した後に愛国青年同盟の活動史を辿り、次に彼のナショナリズム思想と戦争体験の受けとめ方を論じ、最後に彼の政治理論を検討することにしたい。

(1) Robert Soucy, *French Fascism : The First Wave 1924-1933*, Yale Uiversity Press, 1986 ; idem, *French Fascism : The Second Wave 1933-1939*, Yale Uiversity Press, 1995.

(2) G. Bourgin, J. Carrère et A. Guérin, *Manuel des partis politiques en France*, Éditions Rieder, 1928, p. 57.

第一節　愛国青年同盟の誕生と活動

テータンジェは一八八七年一〇月四日パリで生まれた。彼の父はロレーヌの出身であったが、ドイツ占領に反発して一八八一年にパリに移住していた。彼の家庭はナショナリズムとカトリックを深く信仰しており、その影響は成人後も続いた。彼は後に、ジャンヌ・ダルク、ルイ一四世、ナポレオン一世の三人を少年時代からずっと信奉していると語っている。テータンジェがまだ年少の頃に父が死んだので、彼は早くから百貨店の店員やセールスマンとして働いていた。その傍ら、彼は若い頃から政治に関心を示し、愛国者同盟総裁ポール・デルレードに共鳴していた。その同盟の傘下にあったセーヌ県の青年国民投票連盟(les Jeunesses plébiscitaires)の副会長を務めたこともあった。一九一四年にボナパルティストの友人の要請に応え、下院議員選挙に立候補して敗れたが、この選挙はボナパルティストとして復員した。一九一七年に県議会議員で有数の実業家ジュール・ギィユの娘と結婚している。

戦後のテータンジェの活動は、かなり幅広く精力的だった。一九一九年一一月、テータンジェはボナパルティストの本拠地シャラント＝アンフェリユール県から下院議員に選出され、ブロック・ナショナルの成員になった。義父がボナパルティスト貴族と親交が深かったことも、この選挙への出馬と勝利に資するものがあった。議会においてテータンジェは、急進党への対抗から右翼－中道が団結した院内集団で、ルネ・マランが率いる共和連盟に属した。彼は一九二四年に左翼連合が勝利した選挙でも再選をはたしたが、今度はモーリス・バレスの跡を継ぎパリ一区から選ばれた。下院議員以外に、彼は一九一九年にシャラント＝アンフェリユール県議会議員に選出され、サン＝ジェルマン＝デ＝コトーという小さな町の町長にも選ばれ、さらに同県農業協議会会長にも就任している。この他にも彼は一九一〇年代末以降、酪農協同組合の設立、日刊紙一紙と週刊誌三誌の出版、幼児結核予防診療所の設立などを行っている。彼は妻の援助のもとに、ビジネスにおいてもかなりの成功をおさめ、四〇歳になる頃にはかなりの資産家になっていた。一九六五年に死んだとき、彼が経営する企業は約二〇社あったし、彼が所有する土地等の資産もかなりのものであった。テータンジェが愛国青年同盟を設立したのは、彼が三六歳のときであった(1)。

愛国者同盟の機関誌『ル・ドラポー』(Le Drapeau)は一九二四年三月二五日、次のようなコミュニケを発表した。「われわれは幸運にも同盟員に対して、愛国者同盟に研究集団とスポーツ集団からなる青年部が形成されつつあることを公表する。次の公式の会合は、われらが副総裁テータンジェ氏の主催でラテン区において開催される予定である(2)」。ここに告げられた会合は四月一〇日に地理協会において行われた。会合では最初にガンシャル神父からこの企画の説明があり、続いて君主主義者のアンリ・シモン、ボナパルティストのアンリ・プロヴォ・ド・ラ・ファルディニエル、共和主義者のアンリ・スーリエという三人の青年ナショナリストが演説した。そしてスーリエが演説している最中に、下院の議論で遅れたテータンジェがフィリップ・バレスをともなって現れ、「愛国青年同盟総裁」を宣言した。[3] 愛国青年同盟の企画は、何ヵ月も前から愛国者同盟副事務局長ジャン・ブルグワによって綿密に進められたものであり、研究集団は四月一〇日の前に五回の私的会合を行っていた。[4] したがって、五月の左翼連合の勝利や一一月のジョレス遺骸のパンテオン移葬に愛国青年同盟結成の理由を求めることには、やや説明不足の感がある。[5] それのもともとの設立目的は、愛国者同盟の機関誌が「愛国青年同盟――最初の声明」と題した記事のなかで、「愛国者同盟は諸政党の上に位置づけられる。……共和主義者・ボナパルティスト・王党主義者とは名であり、姓は愛国主義者である。この愛国者同盟の立場はフランスの青年に働きかけ、それを呼び寄せるという義務を課した」[6] と論じていることから理解できよう。愛国者同盟は初代総裁デルレード以来、一貫して党派を超えた愛国主義の下にフランスを糾合することをめざしてきた。第一次大戦中は第二代総裁モーリス・バレスの下で、戦争協力に向けた活発な活動を行っていた。しかし、戦後になってバレスが一九二三年に死ぬと、活動は沈滞化に向かっていた。さらに、五月の総選挙を控え、青年ナショナリストは左翼の高揚ならびにそれと対照的な右翼の分裂と不利にかなり苛立っていた。こうした状況から推測すれば、また、設立の会合においてわざわざ立場を異にする三人の青年に演説させたことから考えて、愛国者同盟の活性化と愛国主義の糾合のために青年層を動員することに愛国青年同盟結成の目的があったと思われる。

ロバート・スウシーはこの目的とは別に、当時もっとも有名であったアクシオン・フランセーズの直接行動隊カムロ・デュ・ロワに対抗する意味で、愛国者同盟の内部に青年からなる直接行動組織が必要とされていたことを愛国青年同盟設立の理由に挙げている。[7] 戦前、デルレードの下で愛国者同盟が活発に活動していた頃、同盟には直接行動組織が存在していたが、戦後になるとこうした組織はなくなっていた。愛国青年同盟が最初「研究集団」と「スポーツ集団」を名のったとしても、カムロ・デュ・ロワも元来は理論研究組織であったことを考えれば、それが直接行動をめざす組織ではなかったということにはならないだろう。最初からこの意図があったかどうかは明らかではないが、少なくとも五月の総選挙以降、テータンジェは「右翼は組織の欠如によって打倒されたのであり、それを改善するためには、ナショナリズムの諸指導者の意のままになりうるような秩序の軍隊を創設する必要がある」[8]と考えるようになっていた。この「秩序の軍隊」という位置づけが、以後の愛国青年同盟の存在証明となった。

七月に愛国青年同盟の事務局が形成され、四月一〇日の会合で演説した三人にパルフォワを加えた四人が副総裁になった。[9]その後、マルヌ戦勝利記念などでいくつかの示威行動を展開したものの、テータンジェ自身が認めるように「愛国青年同盟の初めはうまくいかず、資金も支持もなしにモンティオン街の本部は陰鬱であった」[10]。それが活性化し始めたのは、ジョレス遺骸のパンテオン移葬を契機にしてであった。[11]右翼ナショナリストにとって、ジョレスはインターナショナルな人間であり、ドイツと契約した売国奴であったので、この決定は彼らへの挑発以外のなにものでもなかった。だが、それ以上に彼らにとってショックだったのは、移葬に際し共産主義者と社会主義者が組織した示威行動だった。参加した数万とも数十万とも言われる大衆がもつ「赤旗の森」は、右翼を狼狽させ、左翼連合政府の後押しで革命が間近に迫っているというヒステリックな恐怖心を彼らに抱かせた。後にテータンジェは一九二四年一一月二三日の「革命的光景」を次のように描いた。

その日、戦前にはストラスブールの聖像を敬うことを決してやめなかったひじょうに愛国的なパリ、われわれの国民的栄光のすべてと結びつくジャンヌ・ダルクを信仰するパリ、このパリの街路において、ここ数世紀の歴史のなかで例をみない恐るべき行列をわれわれは目撃した。

大臣や代議士が赤旗が揺らめく人垣の真っ只中を列をつくって進むのを、われわれはみた。そして、悲しいかな、束の間の権力の求めに応じ、心では激高しつつ行列に参加することに同意したフランスの将軍たちを、われわれはみた。

自由思想同盟、人権同盟、さらにそれぞれに記章や紋章をつけたフリーメイソンのすべての代表団が集まる政府筋の列が続いた。……

政府筋の列の後に、社会主義者の二番目の列が続いた。労働者の群衆は無関心なままだった。少しばかりの組合や地域代表はすぐに消え、この行列は数分で終った。

しかし、次に、この日の勝者の地位をしめる真の行列がやって来た。巨大で、延々と続き、威嚇的で、不気味で、大通りの上を大河の威厳をもって流れるような行列、すなわち、革命的大衆、共産主義大衆の列である。指導者たちの後に、世界革命の真の幹部、すなわちすべての国のすべての亡命者がいた。イタリア人、スペイン人、カビリー人がいた。アンナン人や中国人もいた。彼らは西洋に対抗する東洋の活動的な姿をもっていた。たくさんの切れ長の目をもつ顔、たくさんの憎悪のこもった不気味な眼差しは、パリの群衆を驚愕させ、突然の沈黙を強いた。一つになった赤旗の大河に続いて、不平分子の大軍、革命の真の前衛部隊がやって来たのだ。……

群衆は突然、革命の力を意識した。そして自分たちが知っているような、重要視も評価もしていない幹部の背後に、部隊、それも無数の部隊、すなわち神秘的ではるか遠くの黄禍の前衛がいるのを知った。群衆はそれを恐れ始めた。東洋に暗雲が立ち籠め、大気に緊張が漲るまさにこのとき、すべての革命的要求にすでに従っている衰弱した政府が舵を取っているのだ。戦争の暗い時間のなかで精神に蔓延った無秩序は具体的なものになろうとしている。何日かたてば、街は革命の餌食になるだろう。(12)

左翼の示威行動に驚愕した愛国者同盟は一一月二四日の晩に、ワグラム・ホールにおいてゴーチェ・ド・クラニーの主催で総会を開き、まず名誉総裁としてアレクサンドル・ミルランを承認し、「共和制の庇護下にある祖国の信仰のなかでの全フランス人の統一」を求める彼の手紙を読み上げた。次いで総裁としてカステルノー将軍を全員一致で決定し、拍手喝采のなかで彼は愛国者同盟の「平和主義的信条」ついて演説した。その後、四人が演説したが、最後に演壇に立ったのがテータンジェであった。彼は「共産主義の脅威の重大性」を説明し、「われわれをもっとも恐ろしい運命へと向かわせる政治を行う政府」を非難したが、彼はこの演説を「愛国者同盟副総裁」ではなく「愛国青年同盟総裁」の名において行ったのである。[13] 総会を報じる『ラ・リベルテ』(La Liberté) 紙上には、さらに「愛国青年同盟の感動的な訴え」と題するテータンジェの書いた記事が掲載された。この記事は、「愛国青年同盟は信条や意見を問わずすべての若きフランス人に訴え始めたところである」という紹介に始まり、「胸を張り、断固たる決意をもち、そして言葉や票だけでなく、きわめて危機的なときがきたら腕や血までも与える覚悟をもって、われわれのところに来たまえ」という呼びかけで終っていた。[14] これらのことは、愛国青年同盟を活性化させるために、それを一つの団体としてある程度独立させようとする意志を、愛国者同盟内外に対して表明したことを意味するであろう。レイモン・ミィエによれば、テータンジェは総会の前にプロヴォらの訪問を受けた際にこの意志を固めたようである。[15]

これ以降、愛国青年同盟の成員が一気に増加したわけではなかったが、テータンジェを中心に同盟としての意見と訴えが次々に提示されるようになった。この点で、フランソワ・コティが一一月一四日に、彼の所有する『ラ・リベルテ』紙の編集長にテータンジェを任命し、愛国青年同盟が自由に論じる場を提供したことの意義は大きかった。[16] テータンジェはそこで反共と反政府の論陣を張り、共産主義者の扇動を「微熱」としかみていないエリオ政府がすぐに国家の大病を招くことを、たとえば次のように警告した。「われわれはニッティのイタリアが置かれた状態に大股で近づいている。エリオ氏よ、それがあなたの望むことか。……エリオ氏に黙考の主題を提示することを許されたい。共産主義はファシズムを呼び起す」。[17] そして、この危機的状態における愛国青年同盟の存在理由を次のように説明した。「重大な問題は、政府がもはや事実上存在しない場合、諸同盟は威嚇された社会を擁護し、救出する準備ができているかどうかだ」[18]。

カステルノー将軍の総裁就任以来、最初の愛国者同盟指導委員会が一二月一八日に開催された。席上、テータンジェは「愛国者同盟の前衛」である愛国青年同盟が、「ここ数週間で成し遂げたかなりの進歩」について報告し、次のようにその任務を説明した。「愛国青年同盟は今後、秩序の敵が考慮しなければならない勢力になる。しかし、自明のことだが、この勢力は秩序に奉仕するものであり、必要な場合には公権力と協力して、共産主義の陰謀によって脅かされているところの市民平和を維持するつもりである」。そして「今日の破壊分子が街頭の秩序の擁護者になることを悲劇とは考えずに、秩序と祖国を擁護する準備を進めよう」と締め括った[19]。この報告と説明はかなり慎重に準備されたと思われる。というのも、委員会のなかには、独裁的体制の確立を要求する演説も行われた四月一〇日の旗揚げの会合に対して反感をもち、愛国青年同盟に不信感を抱く者も多くいたからである。総裁カステルノー将軍もその一人であった。さらに、彼らは一八九九年のデルレードの一揆が失敗した後に、同盟に対して加えられた政府の弾圧が繰り返されることを恐れていた。テータンジェはとくに、愛国青年同盟はあくまでも愛国者同盟の下位組織であること、警察や軍隊といった公権力と協力すること、秩序維持の任務に徹することを強調しているが、それはカステルノー将軍や委員会の意向に配慮しての発言であったと思われる。ともあれ、警察内偵者の報告によれば、カステルノー将軍はこの会議において、愛国青年同盟を愛国者同盟の「行動計画」の一部として正式に認め、委員会もそれを承認した。ただし、愛国青年同盟は「革命的脅迫」に対する防御的態度を維持すべきであり、左翼が実際に革命を始めない限りクーデターを企ててはならないという条件つきであった[20]。

こうして愛国青年同盟は、共産主義革命に備える愛国者同盟内の準軍事的組織として承認され、普段は右翼ナショナリストの政治集会における保安警備を担当することになった。その目的はかなり限定されたものだったが、実際のところ、右翼の会合を妨害しようとする共産主義者のさまざまな試みがあったので、愛国青年同盟がはたす「秩序奉仕」の役割は有用だった。それは愛国者同盟の他にも、カステルノー将軍の国民カトリック連盟(la Fédération nationale catholique)、ミルランの国民共和同盟(la Ligue républicaine nationale)、そしてさまざまなカトリック系組織の集会において警備にあたっていた[21]。

一九二五年一月二八日、愛国青年同盟は初めての暴力的衝突を経験する。この日、愛国者同盟がパリのジャピー体育会館で催していた集会に、偽造された招待状をもった共産主義者約二〇〇人が入り込み、妨害活動を始めた。場内警備をしていた愛国青年同盟は、ただちに暴力を用いて共産主義者を追い出し秩序を回復させた。この事件以降、愛国青年同盟と共産主義者の暴力的敵対は公然なものとなり、緊張は高まり、両者の間で多くの衝突が起った。二月九日には、マルセイユで開催されたカステルノー将軍主催によるカトリック派の集会において、会場の外で共産主義者と社会主義者による拳銃を用いた襲撃事件が起り、二人が殺された。四月二三日に起ったダンレモン街事件は、五月に予定された全国市町村選挙での巻返しを狙って激しい示威運動を展開する右翼と、それに対抗する左翼との衝突事件のなかで最大のものだった。この日テータンジェは、パリ一八区から立候補した友人ラウル・サバティエを応援する演説会をダンレモン街の学校で開催していた。パリ一八区は労働者階級が有力な地区だったので、共産主義者はそれを挑発とみた。妨害にもかかわらず会は何とか終了したが、その後、待ち伏せしていた共産主義者と警備にあたった愛国青年同盟員との間で乱闘が起き、共産主義者の発砲により同盟員四人が死亡し、三〇人が負傷した[22]。

ダンレモン街事件は愛国青年同盟にとって、一大転機を画す事件であった。第一に、これによって同盟の威信は飛躍的に上昇した。この事件に対しては、世論の反応でさえ殺人に対する怒りに満ちていたが、ナショナリストの間では当然それ以上の憤慨が巻き起った。テータンジェの言葉では、「共産主義者の罪は国民的愛国心を高揚させた[23]」。同時に、青年愛国同盟の名は共産主義に対する闘争の尊き犠牲として一躍知れわたるようになり、同盟は極右だけでなく穏健派右翼にとっても「共産主義に対する秩序の城壁」と認識されるようになった[24]。第二に、事件の翌日から同盟への入会者が増加した。「前年に愛国青年同盟の旗の下に集まったのは数百人だったが、ダンレモン街の待ち伏せの翌日、フランスの隅々から、すべての階級から、すべての年齢から、すべての地位からわれわれの組織に参加するために立ち上がった人々は数万人いた」とテータンジェは誇っている。[25] もちろんここには誇張があるが、この事件によって会員数がかなり増したことは確かである。警察発表では、愛国青年同盟の成員数は一九二四年一二月に三〇〇〇―四〇〇〇人であったが、一九二五年五月には三五〇〇〇人になっている。[26] 愛国青年同盟はこの後、四人の犠牲者に対するミサと追悼式典を毎年行い、集会の始めには必ず死者への呼びかけを行うことで、この出来事を永らく記憶にとどめた。

事件後、警察の取締りは厳重になった。とくに右翼諸同盟に対してはそうであり、左翼連合と内務大臣アブラアム・シュラメクは愛国青年同盟に反対する意志を表明した。五月一日に予定された示威行動は禁じられ、愛国青年同盟の集会は警察の武器探索によって何度も中断され、逮捕者が続出した。それでも愛国青年同盟は、テータンジェが以前から懇意にしていたアクシオン・フランセーズとともに、警察の命令に反して五月一〇日のジャンヌ・ダルク祭に合同デモ行進を敢行した。このとき警察側と同盟側の双方とも一〇〇人以上の負傷者を出し、二〇〇人以上が逮捕された。愛国青年同盟幹部のなかにはより過激な行動を主張する者もいたが、テータンジェは政府との対立を慎重に避けようとしていた。とはいえ、この事件後も愛国青年同盟の活動は盛んで、テータンジェはパリ以外への勢力拡大を狙い、東部地方とアルザス地方に最初の遊説を試みている。[27]

ダンレモン街事件が起きる前の一九二五年二月から、愛国青年同盟はアントワーヌ・レディエを総裁とする「レジオン」(la Légion)と協力するようになっていた。[28] レジオンは一九二四年六月に、カステルノー将軍等の財政的援助の下に、愛国青年同盟と同じく旧出征軍人を中心に設立された右翼団体であり、創設者のレディエは愛国者同盟の前パリ第六支部長であった。[29] レディエは共産主義革命への道を準備し、フランスを弱体化させたとして左翼連合を非難するとともに、レジオンをあらゆる革命運動への道を閉ざし、秩序と規律を回復するための準軍事組織と表現していた。彼の政治理念はほとんどファシズムと同じであり、普通選挙と議会民主主義を廃絶し、それを独裁制と権威主義的コーポラティズムによって置き換えることを明確に主張していた。レディエがとくに訴えたのは権威とヒエラルヒーの必要であり、ひとたびレジオンが政権に就けば、全国民はレジオン型の組織形態、つまりレディエを頂点とする軍隊式の命令系統が確立された組織形態と同様の方針に従って組織される、と彼は述べた。レジオンは第三共和制の打倒を目的にしていたものの、それの野望と現実の力との間にはかなりのギャップがあった。レディエは主体となるべき旧出征軍人結社の多くが政治に参加せず、多くのナショナリスト諸同盟が議会主義にしがみついたままであることを批判するとともに、右翼全体が分裂していることを危惧していたが、レジオンにはそれを一気に克服する力はなかった。実際のところ、レジオンの活動は秘密主義的であり、一切の示威行動を避けながら、さまざまな右翼同盟の連結器になることによって統一的な組織を形成しようと図っていた。一九二五年の間にレジオンは愛国者同盟やアクシオン・フランセーズと協調関係を築くことができた[30]。

一九二五年六月に愛国青年同盟とレジオンは合同し、「愛国青年同盟＝レジオン」を名のるようになった。合同の理由については「命令と行動の統一によって力を増大させるため」と説明されている[31]。愛国青年同盟の勢力範囲は当時パリ中心で地方への浸透が遅れていたが、それに対してレジオンは北部、西部、南西部の地方都市が勢力範囲であったので、二つの同盟の合同は勢力拡大のうえでお互いに好都合であった[32]。しかし、その直接の動機はむしろ警察の抑圧に対抗することにあったと思われる。この合同において指導権をもったのは規模も財源も大きな愛国青年同盟であり、テータンジェが総裁に、レディエが副総裁に就任した[33]。七月一日にテータンジェとレディエが署名した檄文が公にされた。それは次のようなものであった。

祖国に敵対する努力を重ねる国内外の敵が、フランスの秩序陣営のなかに蔓延っている分裂と無規律を声高に歓喜しているこのときに、二つの国民的同盟は融合することによって、必要とされる合同の実例を愛国者に対して提供する。愛国青年同盟は、その母体となった愛国者同盟との連携を維持しつつ、別の同盟と新たな融合を推し進めた。

フランス人へ！

ただ一つの命令権力、すなわち権威に訴える好機が到来したと信じるならば、

武装反乱者がすべての社会階級にいる賢明なフランス人に対して開戦するとき、演説以外の対抗手段があると信じるならば、

無垢な群衆がこの反乱者によって街の一角に追い詰められることを期待するのではなく、群衆を抵抗し勝利する軍隊に組織する枠組みを準備することを望むならば、

手遅れにならないうちに、今日あなたに対して行っている熱心な訴えを聞き、大挙して愛国青年同盟とレジオンの成員に加わり集団を拡大したまえ。(34)

愛国青年同盟は急速に拡大していた。「共産主義と左翼連合打倒」ならびに「国民再建とフランス救済」を掲げ、活発な政治宣伝を展開するとともに、地方で集会を度々開催し、地方支部を次々に形成していた。(35)たとえば、一〇月にテータンジェとレディエはリヨン地方を中心に四日間にわたる遊説を試みたが、それによって三〇〇〇人の新会員が集まったと報じられている。(36)一一月一五日、「愛国青年同盟＝レジオン」の最初の全国大会がパリのリュナ・パークで七〇〇〇人を集めて行われた。この大会では、党旗授与と宣誓のセレモニーの後、最初にレディエが演壇に立ち、「われわれの目的は権力獲得だ」と宣言して喝采を浴びた。最後にテータンジェが登壇し、同日の『ラ・リベルテ』

紙に掲載された「われらの綱領――われわれは完全権力の政治を欲する」に基づいて「愛国青年同盟＝レジオン」の綱領を説明し、強力な執行権とフランス国民の団結の必要性を訴えた。[37] 大会は成功した。それから間もなくして、テータンジェは次のように言った。「われわれは今日パリで一万五〇〇〇人いる。明日は一五万人いるに違いない。そのとき、シュラメクは持ち堪えられないだろう。……神のお慈悲により、フランスには一握りの悪党を叩きのめすのに十分なほど多くの誠実な人間がいる」。[38]

愛国青年同盟とレジオンとの合同には問題が孕まれていた。合同の時期、テータンジェもレディエもともにファシズムに賛意を表し独裁を要求していたが、レディエが即座の直接行動を求めていたのに対し、テータンジェは直接行動と選挙運動の連係を主張していた。この差異を決定的な分裂にまで至らしめたのが、次章で論じるフェソーの誕生である。一一月一一日のフェソー創立大会で演説したフィリップ・バレス、ジャック・アルチュイの他にも、幹部のなかにはテータンジェの友人が何人も名を連ねていた。だが、テータンジェはその運動に好感をもっていなかった。彼がファシズムを評価したのは、それの秩序の教義に関してであり、その運動自体はイタリア的であってフランスにはなじまないと考えていた。そこには、外国の模倣はしたくないというフランス・ナショナリストとしての感情もあったろう。しかし、それが急進左翼の流れをくむ革命的側面を有し、議会制的秩序を完全に否定することが、テータンジェには何よりも受け入れがたい理由であった。彼は「パリ進軍」のような暴力行動論にはとくに危険を感じていた。[39] これに対し、レディエがフェソーに親近感を抱いたことは、彼の考え方からすれば当然であろう。レディエはテータンジェがフェソーとの協調を拒んだことに立腹していた。この思想的対立に加えて、レディエがテータンジェの独善的な権威主義に苛立っていたことも不和の要因にあげられよう。

一二月初頭にレディエはテータンジェを総裁の座から引きずり降ろし、指導部を一掃しようとしたが、逆に追い払われた。[40] 一二月一六日、テータンジェは『ラ・リベルテ』紙上において、「われわれの組織を抑圧できないために分裂させることに関心をもつ人が、政府を筆頭にあまりに多すぎる。このゆえに、われわれの間を引き裂こうとする挑発がなされた。一握りの秩序壊乱者がわれわれの仲間のなかに分裂を持ち込み、それを撒き散らそうとした」と暗にフェソーを批判した。[41] フェソー機関紙『新世紀』(Le Nouveau Siècle)は、その翌日に「愛国青年同盟副総裁アントワーヌ・レディエ氏はこの同盟を脱退した。彼はレジオンの成員に声明というかたちでその決断の理由を公表することを、われわれに知らせている」と発表し、この声明を二日後に掲載した。[42] 一二月二二日、レディエは「議会主義的雰囲気のなかで育った人間はすべての事に関して、義務をはたすために出征する普通の市民とは根本的に相容れない考え方、方法、手法をもつ」のであり、愛国青年同盟とレジオンとの「融合は悪しき結婚であった」と述べた。[43] 約一万人のレジオン会員がレディエとともに愛国青年同盟から離脱し、その多くがフェソーに参加した。しかし、レディエ自身は指導的地位を拒否されたため、結局参加しなかった。レディエの離脱が大幅な人員削減、とくに地方部における削減を招いたことは確かだが、ジャン・フィリップが論じるように、そのことは命令系統と組織の一元化をはたした点では有益だった。[44] むしろそれよりも、フェソーの設立によってパリや大都市における成員の拡大が抑えられたことの方が痛手だった。[45]

一九二六年一月、愛国青年同盟は次なる分裂を愛国者同盟との間で経験する。この分裂の根本的な理由は、愛国青年同盟がレジオンと合同して綱領を発表し、ファシズム的な姿勢を明確に示したことである。これが前年に確認した愛国青年同盟の役割から逸脱することは明らかだった。[46] 分裂が決定的となったのは、一月二七日に行われた愛国者同盟指導委員会においてであった。スウシーの警察報告に基づく研究によれば、[47] テータンジェは席上、愛国者同盟が共産主義者に対して挑発を含めた攻撃的行動をとることを要求し、手始めにジョレスを称える共産主義者の示威行動に対抗して、同盟を凱旋門に行進させることを提案した。カステルノー将軍は共感を示したが、委員会の多数派は反対だった。彼らは将軍以上に弾圧の再来を恐れており、テータンジェはあまりに扇動的で危険であると思っていた。票決によってテータンジェの提案が否決された後、彼が「雄弁なだけの振舞いをこの国は受け入れない」と言ったのに対し、多数派は「反政府集団を禁ずる口実を待っている政府の術中に陥るだけだ」と応じた。テータンジェは続いて「愛国者同盟が愛国青年同盟に行動綱領を提供しようとしないならば、自分がそれをするつもりだ」と述べ、総裁の特権侵害であるとの憤慨を招いた。テータンジェに好意的なカステルノー将軍は、今や不可避となった分裂をできるだけ友好裡に行おうとして、次のように述べた。テータンジェはファシストと非ファシストという右翼の二つの陣営に跨がっているが、この均衡を曖昧なまま保ち続けることはできないので、彼は究極的にはどちらかの陣営に入らなければならない。ヴァロワに好意をもたないテータンジェが非ファシストの側にいる愛国者同盟にとどまれば、落胆した愛国青年同盟の成員はヴァロワに追従することになるだろうが、それよりはテータンジェが彼らを導くほうがよい。このように論じた後、カステルノー将軍は愛国青年同盟の完全な自立を承認した。こうした議論を踏まえて、一月三〇日にカステルノー将軍とテータンジェの往復書簡が公表され、愛国青年同盟の分離独立が宣言された。

親愛なる友人

一九二四年後半数ヵ月の間に愛国者同盟によって創出された愛国青年同盟は、あなたの尽力によりすぐに大きな、ひじょうに大きな団体になりました。

したがって、愛国青年同盟はその始まりの頃を導いた支援から抜け出せることを望めるように思えます。そのうえ、愛国青年同盟は最近その個性をはっきりと示し、あなたの指導の下で教義、改革、政治行動の広大なプログラムを精緻化することにより、その運命に対する自信を明らかにしました。

この集団は、あなたが主宰し、今後はそれのみの責任においてまったく自由に活動しなければなりません。

……

愛国青年同盟はその政治活動の表明、内部管理機能、財政管理行動において、今後は十分な自立性を享受しなければならないと私は判断します。……
愛国者同盟は今日も明日も、かつてより今日において、意見、階級、信仰の区別なしに、すべての愛国者の同盟を実現することに精を出すでしょう。……
愛国者同盟と愛国青年同盟は祖国フランスへの同一で熱心な愛のなかで合流することを、私は決して疑いません。……

カステルノー将軍

私の将軍
……すべての年齢の人に共通した熱意と熱狂が存在します。私はあなたに次のことを保証します。すなわち、愛国者同盟と愛国青年同盟の成員はデルレードとバレスへの信仰によって統一されているので、予期される戦いにおいて、彼らの指導者が割り当てる場がいかなるものであろうとも、間違いなく戦友のままでい続けるだろうことを。

テータンジエ(48)

カステルノー将軍とテータンジェの往復書簡をみるかぎり、両同盟は友好的な分離をはたしたようだが、現実はそうではなかった(49)。後にテータンジェは「旧き同盟はその活力を失っている。それが存続したとすれば、それは思い出のおかげである」と述べて、愛国者同盟を蔑んでいる(50)。実際のところ、愛国青年同盟の独立は愛国者同盟にとって大きな損失であった。というのも、前者は分離するにあたって、後者のもっとも活動的な分子、つまり第一次大戦の旧出征軍人と若者を持ち去り、老人だけを残したからである。以後、愛国者同盟の活動はさほど目立たないものになっていった。それに対して、愛国青年同盟は、フェソーの設立、レジオンの離脱、愛国者同盟からの分離といった事件にもかかわらず、完全な独立獲得の波に乗って活発な活動を展開し、着実に勢力を拡大していった。警察の報告によれば、愛国青年同盟の会員数は一九二六年九月に六万五〇〇〇人、一九二九年には一〇万二〇〇〇人に増加している。[51]

一九二六年以降の拡大を間接的に支えたのが、機関紙の発行と組織の完成である。機関紙『ル・ナシオナル』(Le National)の第一号は一九二六年一月一〇日に刊行された。[52] 愛国青年同盟の組織は後の右翼諸同盟のモデルとなったものであり、一九二六年初め頃までにはその骨格ができあがっていた。それは中央集権的に階層化された軍隊型の組織であり、テータンジェはそれを「無私の市民軍隊」[53]と呼んだ。その形成にあたって指導的な役割をはたしたのはデソフィ将軍であった。[54] 彼は前ローマ大使館付武官であり、その職務に就いているときにイタリア・ファシズムの台頭を目撃している。組織の頂点にあるのは、総裁テータンジェとその意向を完全に共有する指導委員会であり、その命令は絶対的でいかなる民主的決定もなかった。指導委員会の下に県支部、その下に郡支部があり、パリだけは特別に六つの支部に分割されていた。パリ各支部や郡支部には、古代ローマの軍隊にちなんで命名された百人隊がおかれており、これが組織の柱だった。百人隊には、即座に闘争に飛び込む突撃隊、その後に介入する百人隊、全面的動員のときになってから参加する百人隊の三種類があり、前二者は毎週活動があった。各百人隊は五小隊によって構成され、各小隊は四班によって構成されていた。軍事的なもの以外に、運動クラブ、演説学校、一八歳以下の学生集団、婦人集団なども有していた。もちろん一九二六年の段階ではこうした組織はまだ形成途上であり、たとえば、パリでは多くの百人隊が形成されていたが、地方では僅かだった。組織形成の他に、デソフィ将軍は、パリで共産主義革命が起った場合に備えて、集合場所、司令部設置場所、部隊の展開の仕方などについての綿密な行動計画を立てていた。すでに一九二五年からそのための武器が多量に保有され、動員訓練や射撃訓練も実施されていた。[55]

このように愛国青年同盟は組織を拡大していったが、一九二六年七月に左翼連合が敗北してポワンカレの国民同盟政権が成立すると、反議会主義や過激主義の矛先は鈍ることになった。これ以降、一九三二年に経済的危機とそれにともなう政治的危機が訪れて再び直接行動に向かうまで、愛国青年同盟は同盟の成員もしくは援助者となっている多数の議員と連携しつつ、多かれ少なかれ右翼的な政府とかなりの程度協調して活動することになった。こうした態度はより急進的な活動家の離反を招くことになったが、他方、保守層にしてみれば、愛国青年同盟は右翼が政権をとる平穏時においては議会保守派の有益な補助として、動乱期においては共産主義や社会主義に対抗する最後の手段として支持しうるものだった。愛国青年同盟がフェソーなどと異なり長期にわたって活動を続けたのは、そこに理由があったと思われる。(56)

(1) テータンジェの経歴については以下を参照した。Pierre Taittinger, "Rétrospective," *Le National*, 22 août 1936 ; Jean Philippet, *Les Jeunesses patriotes et Pierre Taittinger 1924-1940*, Bibliothèque de l'École des Sciences Politiques, 1957, pp. 10-15 ; R. Soucy, *op. cit.*, pp .40-42.

(2) *Le Drapeau*, 25 mars 1924.

(3) *Le Drapeau*, 20 avril 1924.

(4) *Le Drapeau*, 25 mars et 20 avril 1924.

(5) 愛国青年同盟の創設時期ついては諸説ある。一九二四年三月の終りから四月一〇日の会合の間としているのは、Jean Philippet, *op. cit.*, pp. 8-9 ; Ariane Chebel d'Appollonia, *L'Extrême-droite en France : De Maurras à Le Pen*, Éditions Complexe, 1988, p. 178. である。五月一一日総選挙の直後としているのは、G. Bourgin et divers, *op. cit.*, p. 57 ; Raymond Millet, "Les Jeunesses patriotes—I," *Le Temps*, 9 février 1935 ; Philippe Bernard, *La Fin d'un monde 1914-1929*, Éditions du Seuil, 1975, pp. 225-226 ; Pierre Lévêue, *Histoire des forces politiques en France 1880-1940*, Armand Colin, 1994, vol. II, p. 267. である。ジョレス遺骸のパンテオン移葬の翌日としているのは、François Berry, *Le Fascisme en France*, Librairie de l'Humanité, 1926, p. 48. である。一一

月一八日としているのは、William D.Irvine, *French Conservatism in Crisis : The Republican Federation of France in the 1930s,* Louisiana State University Press, 1979, p. 104. である。本稿はフィリップと同じく一九二四年三月の終りから四月一〇日の間という見方をしている。その理由は本文のなかで明らかにしたが、それ以外の見解についてふれておけば、総選挙直後という見方は根拠が不明確である。移葬翌日という見方に関しては、確かに『ラ・リベルテ』紙には「愛国青年同盟はジョレス遺骸のパンテオン移葬の翌日に創設された」という記事があるが、しかしテータンジェの回顧録からは、移葬の日に同盟が存在していたことが明らかに読み取れる。おそらく、その記事は愛国青年同盟の自立の意思決定を重視するとともに、ある種の劇化効果を狙ったものと思われる。一一月一八日という説も同様に、愛国者同盟指導委員会による正式の承認を重視したものである。*La Liberté*, 6 novembre 1925 ; Pierre Taittinger, "Rétrospective," *op. cit.*

(6) *Le Drapeau*, 20 avril 1924.

(7) R. Soucy, *op. cit.*, p. 39.

(8) J. Philippet, *op. cit.*, p. 15.

(9) *Le Drapeau*, 15 juillet 1924.

(10) P. Taittinger, "Rétrospective," *op. cit.*

(11) ジョレス遺骸のパンテオン移葬について詳しくは、木下半治『フランス・ナショナリズム史㈠』(図書刊行会、一九七六年)、二〇五―二一七頁、参照。

(12) P. Taittinger, *Le Rêve rouge*, Éditions du National, 1930, pp. 242-245.

(13) *La Liberté*, 26 novembre 1924 ; *Le Temps*, 26 novembre 1924. なお、テータンジェは総会の翌日に下院において質問に立ち、ジョレス遺骸の移葬ならびに当日の左翼の示威行動を激しく糾弾したが、それを報じる『ル・タン』紙の記事については木下氏が詳細に紹介している。木下、前掲書、二六三―二六八頁。

(14) P. Taittinger, "Un Vibrant appel des Jeunesses patriotes," *La Liberté*, 26 novembre 1924.

(15) 木下、前掲書、二七五―二七六頁。R. Millet, *op. cit.*

(16) R. Soucy, *op. cit.*, p. 55.

(17) P. Taittinger, "Du communisme au fascisme," *La Liberté*, 12 décembre 1924.

(18) P. Taittinger, "Les Habiletés de Moscou," *La Liberté*, 20 décembre 1924.

(19) *La Liberté*, 20 décembre 1924.; *Le Drapeau*, 29 décembre 1924.

(20) R. Soucy, *op. cit.*, pp. 39-40.

(21) *Ibid.*, pp. 53-54.

(22) P. Taittinger, "Rétrospective," *op. cit.* これらの事件の詳細については、木下、前掲書、一九三—三一七頁、参照。

(23) P. Taittinger, "Rétrospective," *op. cit.*

(24) J. Philippet, *op. cit.*, p. 23.

(25) P. Taittinger, "Rétrospective," *op. cit.*

(26) R. Soucy, *op. cit.*, p. 52; A. C. d'Appollonia, *op. cit.*, p. 178. 共産主義系ジャーナリストのベリが言う「太陽の下の雪」のような成員数の減少はなかった。F. Berry, *op. cit.*, p. 49.

(27) *Le Drapeau*, 15 mai 1925.; Eugen Weber, *Action Française: Royalism and Reaction in Twentieth Century France*, Stanford University Press, p. 160; R. Soucy, *op. cit.*, pp. 56-57.

(28) G. Bourgin et divers, *op. cit.*, p. 57; *La Liberté*, 6 novembre 1925.

(29) *Le Drapeau*, 30 octobre 1925.

(30) R. Soucy, *op. cit.*, pp. 27-38.

(31) *La Liberté*, 6 novembre 1925.

(32) 一九二五年九月にレジオンの支部が形成されていたのは、ストラスブール、リヨン、ルーベ、ル・アーヴル、ルアン、アンジェ、ソーミュール、ショレ、シャトーヌフ・シュ・サルテ、アンジアン・レ・バン、マルセイユである。R. Soucy, *op. cit.*,p. 37.

(33) レジオンは愛国青年同盟に「吸収」されたとする論者もいる。*Ibid.*; A. C. d'Appollonia, *op. cit.*, p. 178.

(34) J. Philippet, *op. cit.*, pp. 26-27.

(35) *La Liberté*, 6 novembre 1925.

(36) *La Liberté*, 20 octobre 1925; *Le Drapeau*, 30 octobre 1925; R. Soucy, *op. cit.*, p. 37; F. Berry, *op. cit.*, p. 49.

(37) *La Liberté*, 15 novembre 1925. 全国大会の詳細については、木下、前掲書、二八一―二八二頁、を参照。
(38) P. Taittinger, "Ralliement," *La Liberté*, 27 novembre 1925.
(39) P. Taittinger, "Rétrospective," *op. cit.* ちなみに、『新世紀』で報じられた「愛国青年同盟＝レジオン」の全国大会の記事を読む限り、少なくともこの時点では、フェソーは愛国青年同盟を好意的にみていたと思われる。*Le Nouveau Siècle*, 19 novembre 1925.
(40) W. D. Irvine, *op. cit.*, p. 106.
(41) P. Taittinger, "Serrons les rangs," *La Liberté*, 16 décembre 1925.
(42) *Le Nouveau Siècle*, 17 et 19 décembre 1925.
(43) J. Philippet, *op. cit.*, p. 34.
(44) F. Berry, *op. cit.*, pp. 50-52 ; J. Philippet, *op. cit.*, p. 35.
(45) P. Taittinger, "Rétrospective," *op. cit.*
(46) J. Philippet, *op. cit.*, p. 39. 木下、前掲書、二八三―二八四頁。
(47) R. Soucy, *op. cit.*, pp. 57-60.
(48) *Le Drapeau*, 30 janvier 1926. G. Bourgin et divers, *op. cit.*, p. 57. では、手紙の公表は一月一五日になっているが、その根拠は明らかではない。
(49) 木下、前掲書、二八四―二八五頁。
(50) P. Taittinger, "Rétrospective," *op. cit.*
(51) R. Soucy, *op. cit.*, p. 52. 愛国青年同盟が明らかに宣伝目的で誇張して発表した成員数は、一九二六年二月に七万二〇〇〇人、一九二六年一一月に一〇万人、一九二八年一一月に一三万人、一九三〇年二月に二〇万人、一九三一年五月に三二万人、一九三二年一一月に三八万二〇〇〇人であり、それをピークにしてその後は減少している。J. Philippet, *op. cit.*, p. 133.
(52) *Le National*, 10 janvier 1926.
(53) P. Taittinger, *Les Cahiers de jeune France*, Éditions du National, 1926, p. 88.
(54) *La Liberté*, 6 novembre 1925.

(55) J. Philippet, *op. cit.*, pp. 43-44 ; R. Soucy, *op. cit.*, pp. 43-47. 木下、前掲書、二八五—二八六頁。
(56) P. Lévêque, *op. cit.*, p. 268.

第二節　ナショナリズムと戦争体験

愛国者同盟総裁であったモーリス・バレスは、一九二三年にテータンジェを副総裁に指名し、一連の講演のなかで彼を引き立てた。テータンジェは後にデルレードに関する未完の書のなかで、人生のなかでもっとも感動的な情景の一つとして、ニースの講演会のときの出来事を記述している。そのとき、バレスは「デルレードが灯した松明を消さないようにしよう。それは手から手へ、世代から世代へと受け継がれねばならない」と聴衆に呼びかけた後、テータンジェを演台に押し上げ、「わたしはピエール・テータンジェに発言を譲り、松明を渡そう」と言った[1]。この出来事は同盟の地位の問題にとどまらない象徴的意味をもっている。というのも、テータンジェはバレスが唱えた「大地と死者」の教義の、おそらくはもっとも忠実な継承者だからである。その教義の核心を示すところの、「ナショナリストとは自分の存在形成を意識したフランス人であり、ナショナリズムとは決定論の受諾である[2]」というバレスの言葉は、次のテータンジェの文章のなかに確実に息づいている。

ナショナリズムとは、帰属する国民に固有なものに対する決定的な選好である。これ以上自然で正当で美しいものはあるのだろうか。ナショナリズムとは、愛の教義であって憎しみの叫びではない。感情のなかでもっとも高貴でもっとも本能的なものであり、変質者の狂気ではない。

そうだ、われわれは世界のどの国よりもわれわれの国を愛す。われわれはそれをわれわれの祖先である数多くの勇敢な人々が愛していたように愛す。われわれの子供である勇敢な人々が、われわれが母なる大地の下に眠るときにそれを愛し続けるだろうように。……

われわれは大地のいかなる地面よりもわれわれの地面を愛す。この地面はわれわれに先んずるすべての人々を滋養したからであり、彼らの揺籃や家をもたらしたからであり、彼らの墓を包み込んだからである。(3)

テータンジェのナショナリズム教義はバレスの「大地と死者」と同一と言ってよいだろう。多少繰り返しになるが、まずはそれを確認しておきたい。先の引用文中の「愛」は、「揺籃」から「国民」まで含むものとして語られている。このように人間が形成する社会の様々なレベルすべてを対象にする愛は、祖国という伸縮自在の観念を媒介にすることによって初めて可能になる。一般的に言って、祖国の基底にあるのは郷土レベルである。郷土によって想起されるのは、揺籃、家、墓の他に、暖炉、竈、鐘楼、石垣、畑、森、山、川といった自分の育った生活世界の風景であり、これが祖国の原イメージとなる有機的統一体である。それを象徴するのは大地である。その広がりが祖国の可変性を了解させ、その最大集団である国民を想像させる。「祖国とは国境のなかに集まる暖炉と揺籃の全体である」(4)というテータンジェの言は、この論理を端的に示している。かくしてフランスは「完全な有機体」(5)として認識され、唯一絶対の存在とみなされることになる。さらに、包括的な祖国愛＝愛国主義のなかで国民への愛が至上のものとされ、ここに「正当で全能なる本能」としての「ナショナリズム＝国民愛」が成立する。(6)これが「大地と死者」の教義の論理である。その帰結は、「特定のフランス人ではなく、フランスただそれのみを愛す」という「フランス第一」の信条であり、(7)ここにおいて個人主義的な理念あるいは普遍主義的な観念はすべて駆逐される。ただし、郷土から国民に至る過程で成立する地域的なさまざまな有機体は否定されない。むしろ逆に、それらが織り成す多様性については、それ自体がフランス的なこととして称賛され、多様性が調和し均衡して一つの美をなす姿がフランスの理想とされる。

バレスのところではふれなかったが、国民に関して若干の補足をしておきたい。一つはその想像過程についてである。国民想像の媒介となる祖国は、たとえ郷土レベルであっても一定の契機がなければ観念されることはない。その契機とは、まったく異質で疎遠な生活との接触であり、往々にしてそれと何らかの意味で対立的な関係に陥る場合である。この接触過程において祖国の観念的外延は可変的な広がりを示す。この外延を決定するのは、地域社会から国際社会に至る異質な生活の規模、そして習慣・言語・文化・人種・階層といった異質な生活の質である。近代以降、とくにヨーロッパ中で国民国家が成立した一九世紀後半以降の政治生活において、対立的関係を第一義的に決定してきたのは権力組織としての国家であるから、多くの場合祖国の広がりは国家の地理的範囲と重なり、往々にして国家が画定する共同体、すなわち国民と同じ意味をもつ。文字通りの国民戦争を経験した後ならばなおさらである。この点から考えて、普仏戦争はこの種のナショナリズムが形成される重大な契機であった。テータンジェが経験した第一次世界大戦の後になると、それは当然のごとくみなされるようになっていた。

もう一つは国民の具体的な意味内容についてである。祖国は郷土から国民までの広がりをもつが、双方の存在レベルは異なるからである。前者が生活世界の具体的イメージとして成立するのに対し、後者は観念的レベルでしか成立しない。そこでフランスという国民を形成した歴史的記憶とは別に、それを一つのまとまった自然的共同体とみなすための根拠がどうしても必要になる。テータンジェはそれをどのように考えていただろうか。彼は『若きフランスの手記』のなかで、フランスという「民族」(peuple)が誕生したとき、妖精達がその揺籃のまわりに集まって贈り物をしたという寓話を語っている。その贈り物とは、労働意欲、軍事的勇気、倹約好き、ならびに科学・文学・芸術といったすべての多様な人間的才能である。(8) あるいは別の箇所では、フランスとは「もっとも知的で勤勉で勇敢な民族」であるとか、「われわれが望むのは、われわれの人種の本質的特徴である勇気・誠実・節制・簡素を魂のなかに培うことだ」と述べている。(9) これらから明らかなように、テータンジェにとってのフランス国民の特性は、何よりも卓越した道徳的・知的資質にある。そして祖国という観点からすれば、フランスは「精神の息づく場」[10]、つまりそうした資質を継承してきた「死者」が眠り、それが開花する「大地」である。テータンジェが「われわれはフランスの偉大を信じる」[11]というとき、それは以上の文化的意味においてである。

こうした国民＝民族観をもっていた点でも、テータンジェはスウシーが言うように、ヒトラーのような生物学的な人種主義者やドリュ・ラ・ロシェルのような前衛的批判者とは明らかに異なり、バレスのような文化的伝統主義者にはるかに近かった。それはユダヤ人に対する態度からも窺える。愛国青年同盟の演説のなかには確かに反ユダヤ主義的なものもあったが、それは人種的なものではなく宗教的なものであり、それも一般に穏健なものだった。愛国青年同盟がユダヤ系銀行から融資を受けたり、同盟員が種々の儀式や式典でユダヤ教徒と同席したり、同盟の集会でユダヤ教徒が演説したりすることもあった[12]。このようにテータンジェはバレスの保守主義的ナショナリズムをほとんど完全に継承していたが、一方、過激主義的な大衆ナショナリズムもまた受け継いでいた。それはバレス以上に行動に表れているので、説明するまでもないだろう。ただし、ナショナリズムに向かわせる衝動や意志の源においてテータンジェはバレスと明らかに異なっており、それによって微妙な思想的差異が生まれていた。バレスの場合、資本主義と民主主義の発展に起因する大衆社会化、階級分裂の顕在化ならびに社会の流動化と都市化、普仏戦争における敗北、そして経済不況が背景にあった。そこから生じた世紀末デカダンスの不安感が、ナショナリズムへと駆り立てる源であった。テータンジェは一八八七年生まれなので、前世代のナショナリストの理念や感情を共有するとしても、それの源は世紀末デカダンスではない。確かに彼は年少の頃からナショナリズムにそまっていたが、後の思想から考えると、その確固とした核を形成したのは明らかに成人してから経験した第一次世界大戦であった。

第一次大戦においてフランス人民は十分に戦い、勝利した。しかし、手放しでは喜べない勝利であった。開戦直後にフランス国民の行動の原動力となっていた復讐心は、戦争の悲惨な現実を目のあたりにするにつれて薄れていった。

戦争の中頃になると、前線と銃後の区別を問わず厭戦的雰囲気が広がり、勝利なき平和を求める声があがるようになっていた。クレマンソーの半独裁的な支配と鼓舞がなければ、結果は違ったものになっていたかもしれない。戦後のフランスは完全に荒廃し弱体化していた。一世代が犠牲になり、人口が減少し、生産力が低下し、民衆の間には脱力感と倦怠が広まっていた。[13] ほとんどすべてのフランス人は不安に苛まれつつ、戦争の大量殺戮と苦難の再来を阻止し、フランスに活力を甦らすことを望んでいた。しかし、その力点や方法に関しては、従来のイデオロギー的分裂を反映して大きく三つの選択肢に分かれていた。マルクス主義者は特に反戦感情に訴え、平和のためのインターナショナリズムを説いた。自由主義者はドイツとの和解と国際的協調による平和路線と経済的復興を訴えた。そして保守的ナショナリストは現実主義に基づく国力増強が平和をもたらすと唱えていた。[14] テータンジェも基本的には他のフランス人と同様の不安を抱え、他の保守的ナショナリストと同様に「フランスの偉大」を信じ、フランスの「国民的エネルギー」の復活を何よりも求めていた。[15] テータンジェのナショナリズムの源がここにあることに疑いはない。だが、テータンジェのナショナリズムは、保守的ナショナリストとは思想的に異なっていた。さらに、前世代の急進的ナショナリストとは源だけでなく意識の面でも異なっていた。この違いは、次の文章に表現される彼の戦争体験の受け取り方から生まれた。

一九一四年八月二日戦争が宣言された。神聖な大戦慄がフランスを貫いたようだった。フランスはたった一撃で自己を取り戻した。政治的論争・身分的偏見・社会的怨恨は、台風の接近で霧が晴れるように消え去った。乗車駅に行く軍隊のなかでは、富者・貧者・強者・弱者・智者・愚者が肩を並べて進み、同一の原則、すなわち同一の祖国愛によって統一されていた。それは英雄主義の友愛である。
藁ぶきの家や大邸宅のなかでも、場末の雑居ビルや街中の優雅な豪邸のなかでも、出発したばかりの人々、おそらくはもはや決して戻らない人々を嘆く女、母、婚約者がいる。それは涙の友愛である。

やがて前線の墓地のなかに、世俗の優先権に配慮することもなければ、家柄や財産の問題に気を使うこともなしに整列した棺の列が続くだろう。それは墓地の友愛である。

その時から一二年が過ぎた。英雄主義は勝利した。涙は勝利という輝く太陽の下で乾いた。雑草が墓の上を蔽った。悲しいかな、心のなかに忘却が成長した。われわれは、われわれが被った共通の苦痛、大いなる苦難を有益なものにするもう一つの友愛、すなわち記憶の友愛を持ち続ける術を知らなかった。フランス人は皆で苦しむのをやめた日から、お互いに理解し合い愛し合うことをやめた。[16]

テータンジェは戦争そのものに何の悪も罪も苛立ちも感じていない。それどころか、開戦時に「神聖同盟」の精神の下にイデオロギー的分裂が駆逐され、祖国愛＝愛国心が高揚するなかで国民が一つにまとまった姿に、祖国としての国民の理想像をみたかのようである。出征した軍人はほとんど皆、程度の差はあっても「塹壕の友愛」を抱いていたが、多くの者はそれを国民的理想に祭り上げることはなかった。[17] それはテータンジェのようにナショナリズムのみに執着し、それを批判的に省察する理念をまったくもたない者のみに可能な発想だった。こうしてテータンジェは戦争体験にナショナリズムの模範をみいだしたが、もちろんいかに戦争を理想化しようとも、テータンジェは他のすべてのフランス人と同じように平和主義を唱えていたのであり、永久戦争を求めていたわけではなかった。だからこの場合の模範とは目標というよりも、彼のナショナリズムに自信と生命力を与える源泉であり、さらにデカダンスを克服し、国民を再生させるための指針を与える発想の原点であった。この点で、前世代のナショナリストのように、デカダンス克服の方途に関してあれこれと悩む必要はなかった。また同時に、それによって伝統的な保守的勢力とも異なることになった。戦争体験から獲得したナショナリズムの模範は、明らかに封建主義的色彩をもつ伝統的理念から逸脱するからであり、さらに、それが理想化されるほど戦後のデカダンスとの対比のなかで変革的指向が強まるからである。そもそもテータンジェにとってデカダンスとは、戦時中の統合が戦後になって霧散し戦前の党派的分裂に戻った姿に他ならなかったので、この対比的思考は現行体制のなかで伝統的なものを維持しようとする保守主義よりも、現行体制の変革を求める急進主義へと導くものであった。

戦争と同様にイタリア・ファシズム政権の成立もテータンジェに多大な影響を与えた。ただし、それは思想面よりもむしろ運動や組織の面においてであったと思われる。一九二六年の初頭までに、愛国青年同盟はイタリア・ファシズムに類似した制服・挨拶・装飾を採用していた。組織については前述のとおりである。また後述するように、それは一九二五年から一九二六年にかけて独裁を求める発言を繰り返していたが、これも明らかにイタリア・ファシズムを意識したものであった。一九二五年一二月のナントでの集会において、テータンジェはムッソリーニがイタリアの労働組合を権威主義的に統合したことを賛嘆し、「われわれは嫉みなしに姉妹であるイタリアをみることはできないのであり、ムッソリーニのおかげでイタリアが急速に上昇したことを称賛する」(18)と述べた。だが、こうした態度に対し、愛国青年同盟は外国の運動の模倣をしていると、特に保守的ナショナリストから告発されることもあった。テータンジェはマルクス主義者を外国のイデオロギーの擁護者と非難してきたゆえに、またそれ以上に保守主義的なナショナリストとして、この種の告発に敏感にならざるをえなかった。愛国青年同盟はいかなる点でも反フランス的ではないし、「国境の向こうにモデルも指導も求めるつもりはない」(19)ことをテータンジェは強調せざるをえなかった。リュナ・パークでの集会の直前に発表された次の文は、ムッソリーニへの共感とともにフランスのナショナリストとしての矜持を素直に示している。

ムッソリーニは何をしたか。彼は無力で取るに足りない諸政党の上に国旗を掲げた。それらを時代遅れの型に縛りつける絆を打ち壊しながら、彼はファシズムを形成するためにすべての国民的諸力を彼のもとに呼び寄せた。

フランスはこの事例から着想を得なければならないのであり、隷属的な模倣に時間と努力を浪費してはならない。民族の運命はその歴史によって命ぜられるものである。フランスの歴史は何世紀にもわたって独自なものであり、イタリアの歴史ではないことをわれわれは知っている。[20]

(1) J. Philippet, *op. cit.*, pp. 11-12.
(2) Maurice Barrès, *Scènes et doctrines du Nationalisme*, in *L'Œuvre de Maurice Barrès*, Club de l'Honnête Homme, 1965-1968, tome V, p. 25.
(3) P. Taittinger, *Le Nationalisme social*, Éditions du National, 1929, pp. 17-18.
(4) P. Taittinger, *Les Cahiers de la jeune France*, cit., p. 31.
(5) *Ibid.*, p. 44.
(6) P. Taittinger, *Le Nationalisme social*, cit., p. 18.
(7) P. Taittinger, *Les Cahiers de la jeune France*, cit., p. 18 ; idem, "Qui vive? …… France d'abord!," *La Liberté*, 19 novembre 1925.
(8) P. Taittinger, *Les Cahiers de la jeune France*, cit., p. 15.
(9) *Ibid.*, p. 13.
(10) J. Philippet, *op. cit.*, p. 144.
(11) P. Taittinger, *Les Cahiers de la jeune France*, cit., p. 16.
(12) R. Soucy, *op. cit.*, pp. 76-80.
(13) R. Soucy, "France : Veterans' Politics between the Wars," in Stephen R. Ward, ed., *The War Generation*, Kennikat, 1975, p. 59 ; J. Philippet, *op. cit.*, pp. 156-157.

(14) R. Soucy, "France," *op. cit.*, pp. 59-60.
(15) P. Taittinger, *Les Cahiers de la jeune France*, cit., p. 17.
(16) P. Taittinger, *Les Cahiers de la jeune France*, cit., pp. 9-10.
(17) R. Soucy, "France ," *op. cit.*, p. 59.
(18) R. Soucy, *French Fascism*, cit., p. 61.
(19) P. Taittinger, *Les Cahiers de la jeune France*, cit., p. 13.
(20) P. Taittanger, "L'Abdication du Parlement," *La Liberté*, 5 novembre 1925.

第三節　極右の理論

「大地と死者」の教義に基づくテータンジェのナショナリズムにおいて、政治的主張の核にあるのはフランスにおける秩序の実現である。「われわれの望みは祖国に秩序をおくことだけである」(1)とテータンジェは述べる。そして、テータンジェを総裁とする愛国青年同盟は、「フランスを秩序づけるという確固たる意図」をもって創立された組織であり、それゆえに「祖国のなかの一政党」ではなく「祖国そのものの政党」であると位置づけられた(2)。テータンジェや同盟のこうした基本的立場からすれば、最大の敵は共産主義である。「われわれは何よりも反共産主義だ」と愛国青年同盟の綱領は宣言する(3)。テータンジェの理念に即して考えれば、共産主義は第一に、階級闘争の激化が理想社会を形成するとしてそれを称揚する点で祖国の統一的秩序を破壊する。そして第二に、インターナショナリズムを唱えることによって、絶対的で神聖なものである祖国や国民の価値を相対化する。共産主義は「無秩序の悪魔的推進者、祖国を敵とする殺人者」(4)であるという言は、こうした意味で理解できよう。したがって、共産主義はテータンジェのナショナリズムにもっとも根本的なところで対立する教義に他ならない。愛国青年同盟の設立以来、テータンジェは常に共産主義の阻止を彼のナショナリズムの実現と並んで最大の政治的動機づけにしていた。その意志は次のように述べられた。「フランスに嵐が来るとき、われわれは公的秩序を保護し、社会を救うために立ち上がる。われわれは革命の軍隊に秩序の軍隊を対抗させる。われわれは勝つ」[5]。では、テータンジェは共産主義に対抗しつつ、祖国の秩序をどのように実現しようとしたのだろうか。それに関するテータンジェの発想の源は先に論じた軍隊における体験、とりわけ「塹壕の友愛」にあった。したがって、共産主義への対抗によって動機づけられたテータンジェの政治理論は、軍隊を理想モデルとする統合論を中心に展開されることになる。以下においては、国家統合論、国民統合論、対外政策論の順にそれを検討したい。

国家統合の意味について、テータンジェは「われわれは国を愛するゆえに最善に統治されること、すなわちそこに最大限の秩序を打ち立てることを望む」[6]と述べた。国民ないし祖国に「最大限の秩序」を構築できる統治組織は国家以外にない。だが、テータンジェは「国家は国ではなく、国の統治形態にすぎない」[7]と断言する。この場合、「国」とは国家と同範囲の祖国を意味すると考えられる。彼はムッソリーニのようなファシストとは異なり、祖国のように国家を絶対化し神聖化する、あるいは両者を同一視することはなかった。祖国と国家の間には明確な断絶が画されている。たとえば、「市民は祖国に対して義務しかもたないとすれば、国家と市民は相互に権利と義務をもつ」とされる[8]。国家や体制への敵対者といえども大戦に出征したのは、祖国に対する「規定できない義務」をはたしたからであり、また、彼らが演説や宣伝といった方法をとらずに暴力的に内乱や内戦を起すことは、「秩序を尊重する」という祖国に対する「絶対的義務」に反するゆえに、認めることはできないというわけである。もっとも、実際には祖国をどう捉えるかによって簡単に暴力が承認されてしまうことは、当の愛国青年同盟の行動をみれば明らかであるが。

それに対して、市民との関係が相互的である国家には、厳しい批判の目が向けられる。テータンジェはフランスの現行国家が抱える問題を次のように指摘する。国家の指導者、すなわち首相は、たとえ彼に理があり、フランスの死活の利益が権力の死守を要求したとしても、議会の陰謀によって内閣が打倒されたら辞職し、権力を放棄してしまうだろう。それゆえに安定した政府は不可能である。行政官僚にしても、文言通りに法を適用するだけで、フランドルではよくてもアルザスでは危険になるといった行政諸区域ごとの差異に配慮することはない。そこにあるのは全体的な不安定と無責任である。かくして現行の国家は「上からのアナーキー」を生み出すにすぎず、「国家は死にかけている」[9]。確かに市民は国政に参加する権利として選挙権をもつ。しかし、現行の選挙権は四年に一度投票箱に紙を入れて主権を譲渡し、一五〇〇日にわたって統制されることしか意味しない。「われわれの国を殺すのは、善良な人々が選挙権を使えないという事実である」。さらに、不安定な政府は選挙の結果にしか関心はないから、有権者がどういう状態にあるかには無関心だ。「国家は人間を知らず、選挙民しか知らない」。市民は選挙権以外に結社の権利やストの権利をもつ。だが、たとえば労働者が組合を通じてこれらの権利を行使する場合、その対象となる経営者の側も組織とロックアウトを通じて対抗するだろう。両者の間にはいかなる公的・合法的連関もないので、敵対的になるしかない。かくして労働者は「空腹か跪くか」、経営者は「倒産か降伏か」のジレンマの前におかれる。こうして「下からのアナーキー」、つまり社会の無秩序が生み出される。それは「上からのアナーキー」に逆流し、アナーキーの相乗効果をなす[10]。

テータンジェはこうした国家問題の根源を議会主義に求める。それは「デカダンスと死」しかもたらさない「合法化されたアナーキーである」とテータンジェは述べる。「議会主義とは、無能で策略好きな少数派に国を隷従させることであり、上の堕落と下の痴呆化であり、そして裏切られた不幸な人民を破滅させて辱める凡人、嫉み深い者、党派主義者、臆病者が支配する封建制である」[11]。ただし、テータンジェは議会主義そのものを否定していたわけではない。「民衆の気質に適合し、民衆によって同化され消化された」議会制度は、たとえばローマ帝国を構築したローマの元老院や海の大国をもたらしたイギリス議会のように、「力と偉大の源」になりうると彼は述べる[12]。そもそもテータンジェは政治活動を始めたときから共和主義者を自認していた。共和制は一七八九年以来フランス史の重要な部分を構成しており、それを歴史から抹消しようとすることは稚拙な行為だと考えていた。もっとも、彼は強いボナパルティスム的感情をもっていたし、君主主義にも魅力を感じていた。愛国青年同盟の設立時の会合からも明らかなように、テータンジェは非共和主義者にも寛容な態度をとり、愛国主義の下にすべての右翼を統合しようとしていた。結局のところ、いかなる政治体制をつくるかという点での彼の関心は、三つの政治体制のどれにするかということよりも、ともかく一八七一年以来続いてきた「論争に没入する口先だけの政治」(13)をやめさせ、軍隊のような強力な指導権の下での「権威的秩序」を樹立することにあったからである。(14)

テータンジェが構想した権威主義的な政治体制については、一九二五年一一月一五日のリュナ・パークにおける集会で「愛国青年同盟＝レジオン」が発表した綱領に明らかである。(15)その主眼は、執行部の権限強化と自由裁量拡大により国家権力と国家威信を回復すること、テータンジェの言葉では「完全権力の政治」の実現にあった。その骨子は以下のとおりである。まず、アメリカ共和制のように、憲法改正によって共和主義制度の枠内における国家首長、すなわち大統領の権限を強化することが提案される。人民投票によって選出される共和国大統領は、「彼が望むときに、望む場所で、そして彼の判断によっては議会外においても、内閣を選出でき、内閣は彼に対してのみ責任を負う」。大統領は議会の解散権とともに、重大な問題が生じたときに人民投票を行う権限をもつ。現行憲法下で議会(下院)が有している予算に関する発議権は大統領に属すことになる。議会(下院)は国家評議会ないし上院が作成し精緻化した法案を認証するにすぎない。一九二六年の綱領も基本的な論点に変更はなく、閣僚と上院議員の選出に関して次のような付言があった程度である。(16)閣僚は可能な限り議会外から選出されるべきとされた。また、国家評議会ないし上院の議員のうち、半分は四〇歳以上の家長ならびに四五歳以上の非家長を選挙母体として選出され、もう半分は商業・工業・農業・軍人などの職能団体組織から指名されるが、ただし第一次大戦に従軍した元帥や将軍クラスは自動的に議席を与えられるとされた。

警察内偵者の報告によれば、一一月一五日の集会におけるテータンジェの演説は、「独裁！　独裁！」という群衆の叫びのなかで行われた[17]。愛国青年同盟は一九二五年から一九二六年にかけて、多くの会合・集会・パンフレットのなかで、議会主義は共産主義を招来するという根拠に基づき、必要ならば暴力をもってしても左翼連合、さらには第三共和制を打倒しなければならないと繰り返し主張し、そして独裁者の必要性やテータンジェの独裁もたびたび主張された。テータンジェにしても、「われわれは単なる秩序の志願兵になることを欲しているのではなく、大国民政党になることを欲しているのである[18]」と述べ、その意志を暗に示していた。この反議会主義の叫びのなかで、左翼連合が共産主義政権でないことはどうでもよかった。穏健左翼はその受動性によって共産主義革命への道を準備するとみなされていたので、共産党・社会党・急進社会党の区別、あるいは極左と穏健左翼の区別は意味がなかったからだ。だから急進社会党のエドゥアール・エリオはフランスのカウツキーと非難された。首相がポール・パンルヴェに代わっても、「甦った最悪の連合に対する反対が統一され、ともかくあらゆる方法をもって断固として国を救わねばならない[19]」と同じ主張が繰り返された。しかし、テータンジェは、「われわれは国家の欠如を認めない」ので、「新しい解決を求める」と断言したにもかかわらず[20]、議会というカードを捨てたわけではなかった。だから彼は「憲法を改正し、その本質的な機構である議会を暫くの間抑制すること[21]」と言うにとどまった。テータンジェの現実の選択は曖昧なままであり、独裁を否定するわけでもないが、議会が右傾化し保守化すればそれに妥協する用意もできていた。この曖昧さの原因は、一つには共和主義的信念をもち続けたことにあり、そしてもう一つには、いかなる手段をもってでも共産主義や社会主義の実現を妨げるという実践的目標の点から、そのための戦術を実用主義的に考えていたことにあった。左翼連合が政権に就いている間、テータンジェが過激な言動をとったのは彼の実用主義に負うところが多いと思われる。

国民統合論は社会と精神の二面に分けることができる。まず、国民の社会的統合から取り上げると、それに関するテータンジェの基本理念は「国民融合」という言葉に要約される。つまり、フランスには、経営者・労働者・農民・小商人・知識人といったさまざまな階級が存在するが、そうした諸要素は「国民」のなかで「和解」され、「調和した合成」をなさねばならないというわけである。それができなければ階級闘争が起って社会平和がなくなり、社会平和がなくなれば秩序が保てないからである。この点では、「分裂させるものすべてを無視し、統一するものすべてを追求する」ことが規準になる。それは「ギロチンの刃とも機関銃の掃射とも違う和解的解決」でなければならない。[22]この理念の下でテータンジェが構想した社会政策論が、バレスの国民社会主義を継承した「社会ナショナリズム」である。それは国民の統合と偉大を実現するためには、国益・国力・対外的威信の増大といった国家レベルの問題だけでなく社会レベルの問題の解決も不可欠であり、さらにその解決も強権的抑圧ではなく内在的な解決でなければならないとするナショナリズムである。テータンジェの言葉では、「すべてのフランス人の利益は連動しており、その総計はわれわれが擁護するところの一般利益を表す」のであり、それゆえ「国の基本的なもの、すなわち労働者という巨大な民衆を無視することは、不可能で、奇妙で、馬鹿げている」という認識の下に、労働者ないし「小さき者や卑しき者」を擁護し保護することで「国民融合」を実現しようとするナショナリズムである。[23]この場合も理想モデルは、前線において「プロレタリアートと資本家は砲弾の雨が降り注ぐなかで同じコップで同じワインを飲み、労働者と経営者は平等な死を前にして砲撃でできた穴のなかで共に夜を過ごした」[24]という「塹壕の友愛」に求められたが、しかし、テータンジェは階級の消滅をめざす社会主義を唱えたわけではなかった。次の文に述べられているように、彼にとって階級の存在は当然のものだった。

われわれは諸階級の階層を擁護する。われわれは身分の特権を排斥する。つねに社会的諸レベルがあったことを、全世界は知っている。強者と弱者、富者と貧者、治者と被治者である。われわれはこれらの階級間の障壁を高くはしない。われわれが望むのは卑しき者が自分で上昇できることだ。われわれは敵対者が穴を掘るところに懸け橋をかける。フランス人民がわれわれを理解し助けるならば、将来の社会階級は多数を押し潰す鉄の首枷となることをやめるだろう。厳格な正義によって諸階級が結びつけられるならば、諸階級は再生した国の調和し頑丈な骨組みを表現するだろう。[25]

テータンジェの「社会ナショナリズム」の焦点は、上層階級と下層階級の利益を和解させようとする「階級協調」にある。資本にとって労働者は増殖の源になり、労働者にとって資本は福祉の源になるゆえに、双方の利益は共通しているという根拠のもとに、彼はこの理念を正当化する。[26]そこで政策上重要になるのは、どちらかの階級の犠牲の上にもう一つの階級の利益を増すことではなく、双方の階級の利益になるようにすることである。テータンジェはこのために、何よりも「卑しき者が自分で上昇できる」ための福祉政策を提言する。彼がさまざまなところで論じている政策を列挙すると、八時間労働制、家族を養い老後に備えて貯蓄できるだけの賃金の確保、疾病と失業に備えた保険制度の確立、家庭生活が行える住居の建築、子供のための託児所設備や教育環境の充実、特に職業教育の発展、などがあげられる。[27]テータンジェはこのような労働者の福祉政策の担い手を国家と考えてはいなかったようだ。彼はむしろ国家の後押しによる個々の産業家の「博愛」にそれを期待していた。テータンジェはその実例として、自分の所有する工場のためにフワイェ・レムワという労働者の町をつくり、そこに一三〇〇棟の庭付きの家、二〇〇〇人の収容能力をもつ託児所、学校、教会、劇場などを建設したシャルボノという産業家を紹介し、彼に敬意を表していた。[28]テータンジェはこうした福祉政策が上層階級の利益にもなることを語った。すなわち、「労働者を抑圧しても彼らを宥めることはできない」のであり、「労働者に対する正義こそ経営者にとって最大の安全保障である」と。[29]要するに、上下両階級の利益になるようにしながら、上層階級の特権を下層階級の福祉によって相殺させることが、テータンジェの社会秩序形成の構想であった。

テータンジェは彼の提言が、資本家ないし富者のために労働者階級を懐柔し階級闘争を沈静化させる方便と非難されることを恐れ、「われわれは一つの階級の擁護者ではない」「われわれは一つの政党や一つの社会階級の支配道具になることを拒否する」「われわれは資本の倉庫番でも労働の見張り番でもなく、この二つの力を緊密に結びつけようとしているのだ」と繰り返し主張した。(30) 自らの立場が階級や政党を超越した国民的なものであることを強調したうえで、テータンジェはマルクス主義が台頭し、階級対立によって社会が分裂し国民が分断された原因として、戦後に「塹壕の友愛」が忘れられたことを指摘する。兵士が市民生活に戻ったとき、富者は私利のみを追求するエゴイズムと民衆のなかに入っていかない臆病のために、貧者は無知と弱体のために友愛を忘れてしまい、その結果、前者は金権による抑圧者になり、後者はマルクス主義の国際的なデマゴーグに追随した、と。(31) 彼が特に非難の矛先を向けるのは、「エゴイズムの罪」を犯した富者である。悪しき富者は不正な利益によって、秩序を破壊する元凶である「憎しみ」を悪しき貧者にもまして増幅させるからである。だから「貪欲なエゴイズムほどマルクス主義的扇動家の仕事を捗らせるものはない」(32)。こうしたテータンジェの理念は次の文に要約されている。

われわれはフランス的なものすべてを愛するので、フランスの生き生きとした諸力を統一しようとしている、その資本とその労働である。
われわれは国を威嚇するものをすべて憎むので、外国人がわれわれの壁のなかに押し入れた二つの戦争機械、すなわち国際的なデマゴギーと金権政治と永遠に戦う。
われわれは赤いコレラも金色のペストも欲しない。われわれはよく効く血清をもっている。ナショナリズムだ。(33)

階級イデオロギーとしてみれば、テータンジェの「社会ナショナリズム」は明らかに中道主義的であり、プチ・ブル、すなわち小投資家・小金利生活者・小官僚・小商人・小農民・ビジネスマンの利害を反映するものだった。彼の社会政策論が基本的に依拠している自助努力やそのための福祉政策、そしてそれ以外に提言している税金減額・政府支出削減・予算均衡・インフレ抑制といった政策にしても、当時のフランスの政治状況において中道的であった。また、テータンジェがフランスの特徴として称えた文化的資質はプチ・ブルによってもっとも尊重されていた。このイデオロギーはバレスがそうであったように、不可避的に民衆主義と連関する。テータンジェは「すぐれた民衆的活力に国民的必要性の感覚を与える」[34]ことによって、つまり民衆の国民的動員によって国民エネルギーの再生と国民組織の改編を図ろうとしていた。そしてこの意味で愛国青年同盟を「大民衆政党」[35]と呼んでいた。

国民の精神的統合に関して、テータンジェは「人々そのものが無秩序であるとき、国のなかに秩序が形成されることはない」[36]と述べ、その必要性を明らかにしている。精神的な秩序形成の土台におかれるのは、いうまでもなく「大地と死者」の教義である。テータンジェはこの教義に基づいて、先に国民概念のところで論じたフランスの資質に根ざす伝統的な道徳や諸価値の維持ないし復活を唱えたが、その多くは宗教、とくにカトリシズムに由来するものである。たとえば女性観を取り上げてみると、愛国青年同盟は婦人参政権を支持していたが、実際には女性を「第二の性」としての地位に保つように意図しており、家庭の維持、子供の養育、男性や社会の道徳性の監視などがその役割とされていた[37]。ただし、宗教に関する愛国青年同盟の公式の立場は「絶対的寛容」である。テータンジェはカトリシズム、プロテスタンティズム、ユダヤ教のどれであれ、「われわれは伝統によって聖化された信仰をすべて認め、誠実な信仰をすべて尊重する」と宣言する。「宗教対立は社会対立と同じほどわれわれを脅かす」からである、とテータンジェは述べる[38]。この言は「国民」信仰が最上位に位置づけられ、宗教そのものは二次的であることを意味するだろう。とはいえ、愛国青年同盟が宗教に関して完全に中立の立場をとっていたわけではない。それはもともとカステルノー将軍が主宰するカトリック国民連盟からの資金援助をもって始められたのであり、その成員の大多数はカトリック教徒であった。それのカトリシズムへの加担は、世俗法の非難、公立学校世俗化への反対、カトリック高位聖職者の集会招待、集会前のカトリック司祭の説教などに表れている。(39)宗教的起源の道徳と並んでテータンジェがとくに重視していたのは「規律」である。彼はこの道徳を「誠実な精神の堅固な骨組みを構成し、迷盲・疲労・無秩序に対する強力な解毒剤になる」として、行動をとるときの最大の指針においたばかりか、「国民的完全性の最高の保護」であるとして賛美していた。(40)テータンジェにおいて「規律」の道徳は軍事的起源に発するものであったが、これも伝統的道徳に入れられるだろう。

このようにテータンジェは確かに伝統主義者であったが、完全にそうだったわけでは決してない。第一に、自分の運動に「青年」の名を冠したことにも表れているように、テータンジェには一種の若者信仰があった。「国は新しき人を必要としている」「新しい危機に備えるために新しき人が必要だ」「新しき人だけが古くさい制度を眠らせて完全に権力を獲得できる」「新しき人の政府が公的救済を達成する」といった表現は、彼の文章のあちこちに鏤められている。(41)この「新しき人」に対比されているのは、戦前の習慣や心性を保守する戦後の支配者であり、彼らは「陶磁器の修理屋のやり方で国が再建されることを想像する年寄」なので、もはや状況に対処できないし、それを理解さえできないと断定される。(42)テータンジェの理想社会モデルが前線で培われた軍事的なものであったことを考えれば、彼が「新しき人」という場合に念頭においていたのは、第一次大戦に出征し、軍事的規律のなかで鍛えられ、塹壕の精神を肉化した若者であったことは容易に想像できる。愛国青年同盟の初期の成員の多くは旧出征軍人であり、同盟自体がそうした「新しき人」の集団であった。(43)愛国青年同盟は「新しき人」のいわば前衛であった。第二に、テータンジェは失われし「フランス的なもの」の再生を求め、自然な共同性を称揚したが、近代社会の特徴である経済的・産業的進歩を否定したわけではなかった。そもそも彼が称える伝統的諸価値そのもののなかに、生産を奨励する要素が含まれていた。「ナショナリズムは生と進歩の源になる」[44]と述べていることからも分かるように、彼は近代の新しい存在条件のなかにそれらを組み入れることによって、伝統と進歩を統合させようとしていた。だから、彼の伝統主義はたんなる反動ではなく、進歩の条件としての積極的な意味ももっていた。個人の原理に基づく自由主義は複合的な大衆社会において時代遅れであり、自然な共同性と強力な国家権力の組合せこそがこれからの時代に相応しいと彼は考えていた[45]。要するに、テータンジェはフランスの伝統的な諸価値の再興を唱えつつも、それが伝統的勢力の保守によってではなく、新しい型の人間による進歩的な変革によって行われることを期待していた。「若きフランスは古き祖国を救うだろう」[46]という言は、こうした意味で理解できよう。

テータンジェの対外政策論は秩序形成や融合を何よりも望む統合論と表裏の関係にある。そこにみられるのは対外的脅威、とりわけ共産主義の脅威に怯え、それからフランスを護ろうとする強力な自己防衛意識に貫かれたナショナリストの姿である。一九二四年から一九二六年にかけてのフランスにおいて、ヨーロッパ外交に関する最大の争点は対ドイツ政策であり、強硬路線か柔軟路線かをめぐって世論は二分されていた。テータンジェはドイツによる侵略的危機の切迫とそれへの敵対的な姿勢を主張する強硬派であり、ロカルノ条約やドイツの国際連盟への加盟承認に強力に反対していた。彼は「大国の事象は娘の恋の戯れのように行われてはいけない」と述べ、暗に柔軟派の対外政策を感傷的と非難し、それに自分の現実主義を対置した[47]。彼の議論の特徴はその根拠をドイツの経済発展においていたことである。テータンジェは出生率、石炭の産出量、船舶の総トン数、革命沈静化後に増加した労働時間などの数値をあげながら、ドイツの経済発展が軍事的脅威と直接結びつくことを次のように訴える。

ドイツの古来からの真の大産業は戦争であることを忘れないようにしよう。ザクセンやポメラニアで工場の煙突が煙を出すとき、ドイツの大砲の口はヴォージュ山脈の非武装化された国境の前ですぐに火を噴くに違いない。ライン川の向こうで昼夜稼働する機械の唸り声が聞こえれば、それはまさにフランスの母たちが啜り泣く前触れである。武装し監視しよう。(48)

この議論が根拠薄弱で乱暴なものであることは説明するまでもないだろうが、その背後にある認識や精神的・心理的態度については、テータンジェの考え方を知るうえで重要である。第一に注目すべきことは、この議論が国内政策へのアプローチと同様に共産主義への敵対を根底においていたことである。一九二四年に配られた愛国青年同盟のパンフレットの一つには、「ボリシェビズムとは第一に革命であり、次にドイツの侵略である」と書かれていた。その意味は、左翼連合は共産主義革命の下地になり、共産主義はドイツ、続いてロシアによる征服の下地になるということである。テータンジェと愛国青年同盟は、「フランスをボリシェビキ化するための広大な陰謀」の破壊という同一の視点から国内外の政治を考えていた。(49)経済発展を軍事的脅威に直結するという議論が生まれたのも、この視点のゆえにである。

第二は、反ドイツ感情である。反共だけでなく、この感情も強固であることは否定できないだろう。この感情の基礎にあるのは、ドイツは本性において攻撃的であり、つねに戦争の危険を孕んでいる国であるという観念であろう。このドイツ観は、普仏戦争以降フランスの右翼ナショナリストが抱いてきたところのイメージを踏襲したものである。テータンジェは他の国に関しても、同様にステレオタイプ化されたイメージをもっている。たとえば、イギリスに関しては同盟者としての親近感をもつと同時に、何をするか分からないという警戒心も抱いていた。イタリアに関しては、大戦において敵対したにもかかわらず、類似した文化をもつ国であるので良好な関係が維持できるとみていた。

第三に興味深いのは、彼がこの議論についても自負している「現実主義」である。現実主義政治とは通常、勢力均衡を目安とする権力政治を意味し、テータンジェもその意味で用いている。しかし、彼が「現実主義」という場合、そこには多くの危機を訴え、それに力で対処する姿勢をとろうとすることが現実主義的であるという、危機扇動型の態度が多分に含まれている。この態度は、「祖国の監視兵」として「地平線の彼方で累積されるままに放置されている脅威を告知する」という自分の位置づけにも端的に表現されている。[50] この態度を生み出すのは「不安なナショナリスト」[51]の心理である。テータンジェがドイツの脅威を誇大に述べれば述べるほど、危機感を醸成することによってナショナリズムを高揚させようとする意図、さらにその底にフランスのデカダンスに対する不安や苛立ちといった心理が読み取れよう。

ドイツの脅威を前提にしたうえで、テータンジェはヨーロッパ政治のなかでフランスがとるべき戦略として、フランス・ブロックの形成を提案する。彼によれば、フランスはベルギー、ギリシア、ユーゴスラビア、チェコスロバキア、ルーマニア、ポーランドといった、強国の帝国主義に威嚇されていた中規模国の国民を解放することに貢献してきた。そうした国々はフランスに魅せられ、その運命をフランスに結びつけようとしているので、われわれの「自然で不滅の仲間」になりうる。フランスはこれらの民族の「乳母」だったのであり、成長したからといって「昔の乳児」を見捨てる謂れはないというわけである。つまり、テータンジェの主張は、こうした中規模国家と同盟を結び、フランスを盟主とする一億三〇〇〇万人のブロックを形成することにより、ドイツ・ブロック、イギリス・ブロック、そして危険な混乱の最中にあるロシアなどに対抗することである。[52] フランス・ブロックがどれほど強固かは疑問であるが、現実主義的な戦略としての筋はとおっている。テータンジェは外交の原則を述べるなかで「民族の伝統的利害意識」の必要性を訴えているが、この戦略はそれを表現したものであり、伝統的なものに依拠しようとする保守主義的な性格をもつと言えよう。

一九三〇年までに、テータンジェの脅威論の対象はドイツからロシアに移り、ボリシェビズムによる侵略の危険を直截に説くようになっていた。それとの違いが思想の根源にまで遡る性質のものだったので、ロシアの脅威はドイツの場合と異なり、中世にまで遡るアジアのヨーロッパ侵略史、換言すれば野蛮と文明の闘争史の一齣として捉えられた。それは次のように説明された。ロマノフ王朝は暫くの間アジアの影響力を抑制していたが、それを終らせたボルシェビキの下で「アジアへの回帰」が行われた。ボルシェビキはマルクス主義的な平等主義を唱えつつも、その基底にあるのは征服欲に燃えるアジアの野蛮主義である。彼らは戦後ヨーロッパでの権力掌握に失敗した後、中国、東南アジア、中東、北アフリカに矛先を転じ、そこを基盤にヨーロッパの侵略を狙っている。[53] こうした認識にたつ以上、対ドイツのときのような現実主義的な戦略をたてることはできない。あとは手段を選ばない闘争しか道はない。テータンジェはヒトラーが「生存圏」を求めて東方進出を企てたとき、それがドイツとロシアの双方の脅威を終らせるとして支持した。[54] もしもそれが成功すれば、超大国となったドイツはヨーロッパの勢力均衡を破り、フランスにとってかつてない脅威となるということは考えなかったか、あるいは二次的な問題にすぎなかったようだ。テータンジェが述べた理念は、その表現が過激で荒唐無稽であったとしても、基本的には反ドイツよりも反共を強めていたフランスの保守派の考え方であり、後にフランスの対ドイツ宥和政策へとつながることになる。

一九二四年から一九二六年にかけて、対ドイツ政策と並んでテータンジェの対外政策論の柱になっていたのが植民地主義である。植民地主義そのものは一九世紀後半に始まったが、それが国民的レベルで認識され、ナショナリズム運動のなかでもっとも重要な主張の一つになったのは大戦後のことであった。おそらく帝国主義は、戦後のデカダンスのなかで活力を蘇らせ自信を取り戻そうとするうえで格好の手段であった。テータンジェはフランス人に植民地の存在を教えたのは戦争であるとして、その意味を次のように説明した。

戦争に行ったすべての人は、歩兵と狙撃兵が塹壕の端から端へと移動し、殺戮が始まる攻撃の朝を覚えている。

嫌々ながら学校で教えられていたわれわれの遠き属領についてのすべてのことが、記憶に蘇ってきた。共通の危険を前にして、その地理学は奇妙にも生き生きとしたものに思われた。セネガル人、モロッコ人、マルガシュ人が、国から引き裂かれた大地の上で必死に戦うのをみながら、植民地がもたらすものが理解されたことを、私はあなたに保証する。彼らがわれわれを護るために倒れたとき、彼らの血はわれわれのものと同じほど赤かった。それはフランス人の血であったと私は想う。それは海外の国と本国を、遠き祖国とヨーロッパの祖国を結びつけ、そして言語と人種の相違にもかかわらず、これらの離れた大地をただ一つの国、大フランスにしたところの契約を永遠に固めさせた。[55]

ここに表現される植民地主義の理念は、先に論じた「祖国」概念の延長として理解できよう。「祖国」はその意味構造からすれば、生物学的な人種概念が挿入されないかぎり、「国民」を超えて拡大することが可能である。テータンジェは「フランスの植民地帝国は不可分で譲渡不能である」と述べ、その理由を「帝国の各部分は幼児の揺籃と同じほど、親の眠る墓と同じほどいとおしい」ことに求めたが、[56] このことは「祖国」の論理を証明している。もちろん、だからといって本国と植民地が完全に一体化していたわけでは毛頭ない。フランス国民が文明的価値によって賛美されている以上、文明化されてないとみなされる植民地との間には明確な差別が存在するはずである。ここから、植民地はフランスに人間と産物をもたらし、フランスは植民地に文明をもたらすことによって近代世界への扉を開かせたという正当化の論理が生まれることになる。この植民地教義は、フランスではジュール・フェリーによって広められたが、テータンジェもそれを当然のこととして公言している。そのうえで彼は、「非生産的な植民地はありえない」ので、戦争中の軍事的動員と同じように、「無尽蔵の宝」を商取引によって「巨大な富」としてフランスにもたらさねばならないと、フランス帝国主義の経済的利益だけを力説し、そして「読み書きを習うように」植民地を統治する方法を学ばねばならないと説いた。[57] 一九三〇年代になって不況が襲来したときも、テータンジェはこうした主張の延長として、帝国全体にわたる経済ブロックの創出を提案した。[58]

(1) P. Taittinger, *Les Cahiers de la jeune France*, cit., p. 31.
(2) *Ibid.*, pp. 99, 109.
(3) R. Soucy, *French Fascism*, cit., pp. 62-63.
(4) P. Taittinger, "La Croisade contre les Soviets," *Le National*, 15 juin 1930.
(5) P. Taittinger, "Qui vive ? ...... France d'abord !," *op. cit.*
(6) P. Taittinger, *Le Nationalisme social*, cit., p. 19.
(7) *Ibid.*, p. 22.
(8) *Ibid.*
(9) *Ibid.*, pp. 20-22 ; idem, "Appel aux jeunes——Qui aime la France nous suive !," *La Liberté*, 14 novembre 1925.
(10) P. Taittinger, *Le Nationalisme social*, cit., pp. 22-24 ; idem, *Les Cahiers de la jeune France*, cit., p. 83.
(11) *Ibid.*, p. 81.
(12) *Ibid.*
(13) *Ibid.*, p. 82.
(14) *La Liberté*, 15 novembre 1925.
(15) P. Taittinger, "Qui vive ?......France d'abord !," *op. cit.* ; *La Liberté*, 15 novembre 1925.
(16) P. Taittinger, *Le Nationalisme social*, cit., pp. 25-30 ; R. Soucy, *French Fascism*, cit., pp. 67-68.
(17) *Ibid.*, p. 62.
(18) P. Taittinger, "Qui vive ?......France d'abord !," *op. cit.*
(19) P. Taittinger, "Le Salut par tous les moyens," *La Liberté*, 31 octobre 1925.
(20) P. Taittinger, "L'Abdication du Parlement," *op. cit.*

(21) P. Taittinger, *Les Cahiers de la jeune France*, cit., p. 89.
(22) *Ibid.*, pp. 13, 17, 20, 33 ; idem, *Le Nationalisme social*, cit., p. 16.
(23) P. Taittinger, *Les Cahiers de la jeune France*, cit., p. 19 ; idem, "Appel aux jeunes――Qui aime la France nous suive !," *op. cit.*
(24) P. Taittinger, *Les Cahiers de la jeune France*, cit., p. 10.
(25) *Ibid.*, pp. 39-40.
(26) *Ibid.*, p. 39.
(27) *Ibid.*, pp. 33-35 ; idem, *Le Nationalisme social*, cit., pp. 31-37.
(28) P. Taittinger, *Les Cahiers de la jeune France*, cit., p. 35.
(29) *Ibid.*, pp. 34, 37.
(30) *Ibid.*, pp. 13, 39 ; idem, "Appel aux jeunes――Qui aime la France nous suive !," *op. cit.*
(31) P. Taittinger, *Les Cahiers de la jeune France*, cit., p. 10-12.
(32) *Ibid.*, p. 41.
(33) *Ibid.*, pp. 24-25.,
(34) *Ibid.*, p. 13.
(35) P. Taittinger, "Appel aux jeunes――Qui aime la France nous suive !," *op. cit.*
(36) P. Taittinger, "Nos directives――Discipline," *La Liberté*, 22 novembre 1925.
(37) P. Taittinger, *Les Cahiers de la jeune France*, cit., pp. 29-32.
(38) *Ibid.*, p. 26 ; idem, "Ralliement," *op. cit.*
(39) P. Taittinger, *Les Cahiers de la jeune France*, cit., pp. 27-28 ; J. Philippet, *op. cit.*, pp. 27-28 ; R. Soucy, *French Fascism*, cit., pp. 77-78.
(40) P. Taittinger, "Nos directives――Discipline," *op. cit.* ; idem, "L'Abdication du Parlement," *op. cit.*
(41) P. Taittinger, *Les Cahiers de la jeune France*, cit., pp. 87-89.
(42) *Ibid.*, pp. 87-88.

(43) 旧出征軍人の間には特別な絆があった。スウシーはそれを次のように説明している。「フランスの旧出征軍人は、深い戦争恐怖感情、塹壕の友愛への郷愁、そして退役軍人の戦後利益に対する協同的利害関心によって、それ以外のフランス人と区別された」。もちろん、すべての旧出征軍人が右翼ナショナリズムに走ったわけではない。R. Soucy, "France," *op. cit.*, p. 59.

(44) P. Taittinger, *Le Nationalisme social*, cit., p. 18.

(45) 次の文はテータンジェの書いたものではないが、その理念を明確に示している。「個人にとってがすべてであり、個人にとって以外に何もない。それが自由主義の公理である。この定式が近代生活の諸条件にとってもはや適切でないことを主張すべきである。国家は経済的大衆のことを考慮して毎日介入する。われわれの経済的・社会的立法は、この介入の歴史に他ならない」。Roland de la Serda, "Vous êtes tous anti-étatistes," *Les Étudiants de France*, janvier 1931, cited in J. Phillipet, *op. cit.*, pp. 150-151.

(46) P. Taittinger, *Les Cahiers de la jeune France*, cit., p. 14.

(47) *Ibid.*, p. 99.

(48) *Ibid.*, p. 104.

(49) G. Bourgin et divers, *op. cit.*, p. 58.

(50) P. Taittinger, *Les Cahiers de la jeune France*, cit., p. 101.

(51) J. Philippet, *op. cit.*, p. 156.

(52) P. Taittinger, *Les Cahiers de la jeune France*, cit., pp. 99-100.

(53) P. Taittinger, *Le Rêve rouge*, cit., pp. 27-30.

(54) *Ibid.*, pp. 289-291.

(55) P. Taittinger, *Les Cahiers de la jeune France*, cit., p. 91.

(56) *Ibid.*, p. 90.

(57) *Ibid.*, pp. 90-91.

(58) P. Taittinger, *Notre dernière chance*, Flammarion, 1937, pp. 88-90.

第七章　ジョルジュ・ヴァロワのファシズムとフェソー

はじめに

一九二五年にジョルジュ・ヴァロワが結成したフェソーは、イタリア語「ファシオ」(Fascio) のフランス語訳を同盟名にした、文字通りフランスで最初のファシズム団体である。フェソーはファシズムという名称だけでなく、その理念をフランスの政治運動に広めるうえでも重要な役割をはたした。フェソーの機関紙『新世紀』のなかには、「全体革命」「新しい時代の創造」「右翼でもなく左翼でもなく」「合理的生産組織」「階級と政党を超越する国民的指導者」など、一九三〇年代を通じてファシズム・イデオロギーの常套句となったスローガンのほとんどが出揃っていた。フェソーの歴史的重要性はまず第一にフランス・ファシズムの嚆矢になった点にあるが、それだけではない。より重要なことは、ファシズムがイタリア以外にも根をもつことを示すことによって、それがヨーロッパ政治の一大潮流であることを明らかにした点にあった。

フェソーの後、フランスでは雨後の筍のごとくファシズム団体が登場したが、それらと較べてフェソーは「もっともフランス的」と言われている[1]。フランスだけでなくドイツやイタリアも含めたヨーロッパ諸国のファシスト諸政党と較べてみても、確かにフェソーは、近代主義的で進歩的な教義、限定された暴力的活動、反ユダヤ主義的ではなかったことにおいて際立っている。その意味で「ブルジョワ的・デカルト的フランス」に相応しいファシズムと言えよう[2]。だが、それ以上に「フランス的」なのはフェソーの教義である。フェソーがムッソリーニのファシスト党に触発されて結成されたのは確かだとしても、その教養の原型は明らかに戦前におけるヴァロワの著述のなかでできあがっていた。さらに、その内容はフランスの土壌に根ざすさまざまな思想家の影響の下で練り上げられたものであった。とりわけ強い影響を及ぼしたのは、時期によって程度の差はあるものの、これまでに論じてきたバレス、モーラス、ソレルの三人である。(3) ヴァロワがアナーキズムに疑問を感じて一九〇二年にロシアに行き、そこでナショナリズムを自覚したとき、真っ先に手にしたのはバレスの著作であり、それ以来ヴァロワはバレスを敬愛し続けた。ロシアから帰国後、彼は暫くの間サンディカリズム運動に参加したが、そのきっかけとなったのはソレルの著作であった。結局、労働組合の怠惰に嫌気がさしてアクシオン・フランセーズに身を投じたが、それを導いたのはモーラスの権威主義的ナショナリズムであった。ヴァロワは『ファシズム』のなかで、自分のファシズム理論がイタリア・ファシズムの模倣ではなくフランス的起源をもつことを力説したが、それは決して虚言ではなかった。

本章では、ヴァロワのファシズム思想がいかにして形成され、またそれがいかなるものかを考察する。最初にアクシオン・フランセーズに入会するまでのヴァロワの経歴を辿りながら、そこで形成された彼の根本的な理念を析出する。次に戦争体験と戦争直後に活動舞台となった経済的領域の理論を考察し、続いてその理論の実践であるコーポラティズム運動からフェソーの設立と解体までの活動の足跡を検証する。そして最後にフェソー設立前後のヴァロワの理論を検討することにしたい。

（1） J. Plumyène et R. Lasierra, *Les Fascismes français 1923–1963*, Éditions du Seuil, 1963, pp. 43–44.

（2） *Ibid.*, p. 44.

（3） Georges Valois, *D'un siècle à l'autre : Chronique d'une génération*, in *L'Œuvre de Georges Valois*, Nouvelle Librairie Nationale, 1924, tome V, pp. 113, 186 ; idem, *L'Homme qui vient : Philosophie de l'autorité*, in *L'Œuvre de Georges Valois*, cit., tome I, pp. 205–206, 226–227.

第一節　ナショナリストへの道程

ジョルジュ・ヴァロワという王党派的な響きをもつ名は一九〇六年に王党主義に転向したときにつけたペンネームであり、本名はアルフレッド・ジョルジュ・グレサンと言う。ヴァロワは一八七八年にパリの労働者地区で肉屋の父と針子の母との間に生まれた。彼が三歳のときに父が事故で死に、その後祖父母に預けられて育った。ヴァロワが述懐しているように、この祖父母の家庭環境が彼の思想形成に重大な影響を及ぼした。ロバート・スウシーの議論を参考にいくつかのポイントにまとめてみると、第一に禁欲的労働倫理があげられる。祖父母は敬虔なカトリック教徒であったが、とりわけ労働観において厳格であった。彼らはともに夜明けから暗くなるまで働き、娯楽や贅沢を軽蔑していた。ヴァロワにもそれは強要され、彼は幼児期から一切の甘えや遊びを否定されて働くことだけを求められた。ヴァロワは結局のところ、祖父母を恨むのではなく、彼らの倫理観に同一化することによって人格を形成した。後のヴァロワの言動の顕著な特徴である異常なほどの勤勉、怠惰に対する敵視、享楽と性的放縦への徹底した軽蔑、弱者への同情心や共感の欠如、そして道徳をすべての思考の基軸におく道徳主義は、彼の幼児期の環境に由来するところが多いと思われる。第二はナショナリズム的な好戦性である。これは王党主義者だった祖母の影響である。彼女は兵士の美徳を称える戦争賛美者であるとともに、対独復讐に燃える情熱的なナショナリストであった。ヴァロワは祖母から戦争の話を何度も聞かされるなかで、国民の戦争を高度に道徳的な行為とする見方を受け継いだ。第三は科学技術への信頼である。鉄鋼労働者であった祖父は科学技術に信頼をおき、慣習的なものや偶像崇拝的なものを軽蔑していた。ヴァロワが後に科学技術の進歩と組織の改良が社会問題を解決する最良の方法であるという信念をもった背景には、祖父の影響があった。第四は個人主義的な社会上昇指向である。これも祖父の影響が大きい。祖父は祖母とは異なり、個人が能力さえ高めれば社会的地位を獲得できるという点に共和主義の理想を求める熱心な共和主義者だった。ヴァロワは途中で共和主義を放棄したにせよ、その理想を終生手放すことはなかった。[1]

ヴァロワは義務教育を終えた後、高等教育を受けて科学の道を進むことを希望していたが、家の貧しさゆえに進学を断念し、奨学金を得て職業学校に入った。そこで彼は社会主義の影響を受けてデモに参加し、一年もたたないうちに追い出された。一四歳のときである。この後、ヴァロワは職を転々としつつ独学で社会について学んだ。そして一八九七年、一八歳のときにアナーキスト集団「アール・ソシアル」(l'Art social)に入った。その頃のアナーキストたちは「一七八九年のあらゆる知的伝統を引き合いに出す」ことで、人間の全面的解放をめざしていた。[2]だが、ヴァロワがアナーキズムに身を投じたのは、その理念に共感して経済的平等や抑圧的権力の消滅を求めたからではなく、才能ある若者に学問と出世の道が閉ざされていることへの怒りからだったと思われる。[3]数年の後、ヴァロワはアナーキズム運動に幻滅を覚えるようになった。それは一つには、ドレフュス事件以後の革命的な左翼運動に頽廃を感じ始めたことによる。あらゆる革命運動は「サロンに腰を据えた社交界の無秩序」に支配されており、そこにいるのはエリート意識ばかり強くて「知性の浪費」を重ね、「真の革命運動を前にしたら、おそらくは恐怖からたじろぐであろう」インテリであるとヴァロワは思っていた。もう一つの重大な理由は、『労働組合の社会主義的将来』(一八九八年)の読書をとおして知ったジョルジュ・ソレルにより、「デモクラシーの迷信」から脱したことである。後にヴァロワは「アナーキストにとりついていたデモクラシーという偏見からわれわれを解放したのはソレルである」と書いた。[4]

アナーキズムへの疑いが高まった一九〇〇年、ヴァロワは召集されて二年間の軍務に就いた。彼はアナーキストとして軍隊に疑念をもって入隊したが、その生活のなかで権威主義的規律を見直すようになっていた。軍役を終えたヴァロワはニヒリズムに陥る。俗物的なブルジョワ精神を拒否しながらも社会主義に失望したヴァロワには、進むべき方向がみつからなかったからだ。そうしたなか、彼はロシアの貴族のところで家庭教師をした。このロシアへの旅行はヴァロワにとって転機となる。彼がそこで観察したのは、ツァー体制が百以上の民族を含む帝国を統一し、ピョートル大帝に始まる文明化過程を継続させ、そしてアジアの遊牧民のヨーロッパ侵入を防いでいることである。彼はそれを次のように論じる。「ツァーがいなければロシアはなく、ロシアがなければアジアの波がヨーロッパの城壁を打ち砕きに来るであろうということ、これが私の六ヵ月にわたるロシアへの滞在と旅行から得られた結論である」と。ここで述べられていることは、人類愛、人類の普遍的調和、人間の全面的解放といった民主主義的な理想は、馬鹿げた偏見にすぎないのであって、人類の生存には闘争が不可避であり、また民衆の平和な生活にはそれを強制する強力な制度が不可欠であるということである。ロシアでの経験をもとに、ヴァロワが闘争と権威のビジョンを摑んだのは、一九〇二、三年頃であろう。だがこの時期はまだ、このビジョンをフランスに敷衍することはなく、フランスでは「理性が国王ないしツァーの代わりをしうる」と彼は考えていた。この言の背景には、ロシア滞在中に意識するようになったフランス人としての矜持がある。それは、ヴァロワが家庭教師をしていた子に連れられてナポレオン軍の記念碑をみに行ったとき、彼は愛国主義の感情を高ぶらせ、すぐにモーリス・バレスの本をパリに注文したというエピソードからも窺える。(5)

ロシアから帰った後、ヴァロワはパリの出版社アルマン・コランに勤め、結婚して子供をもうける。アナーキストと手を切った孤独な生活のなかで、ヴァロワはソレルを頼りに思索を始める。ヴァロワは家族と労働という「人類の基盤である二つの事実」から出発する。彼はまず、ソレルに従って道徳主義的見地にたち、家族のなかにもっとも基本的な道徳が表現されると考え、そして労働の本質を「労働者が労働にもたらす感情と質」に求めた。この家族観と労働観は、祖父母の伝統主義的な教えに戻ったとも言えよう。続いてヴァロワは「真の労働」を実現する場の探求に移り、かくして一九〇四年に「将来の経済組織の細胞の一つに入る」という確信をもって、出版関係の小さな労働組合に加入した。だが、そこでの何ヵ月かの生活は期待を裏切るものであった。その労働組合のなかでヴァロワがみたのは、革命を起すことばかり議論して労働から離れ、道徳を欠いた享楽に耽る労働者であった。ヴァロワが憤慨したことは言うまでもない。彼はドレフュス事件以降サンディカリズムは国家政治に毒され、「仕事から逃れようとする民主主義的クラブ」に堕してしまったことをソレルは理解していないと言った。さらに、ヴァロワは民主主義的な社会主義革命が成功したらどうなるかと自問し、民主化された仕事場は結局のところ平等な人々の地位争奪の権力闘争の場と化し、最終的に「もっとも働かすことを嫌う」人が長に選ばれて本来の労働を行う場ではなくなると考えた。かくしてヴァロワは、ボスは必要であり、「サンディカリズムは資本家に対する行動手段として保たれるべきだが、社会主義革命は重大な誤りである」と結論を下した。(6)

このような知的彷徨の後、ヴァロワの探求は「労働とは何か、それとパラレルに生の意味とは何か」という言わば存在論的な問いに向かい、一九〇五年に「真の知的興奮」を経験する。その年の六月、ヴァロワは辞書の編集の仕事で「労働」という言葉の定義を依頼され、「表現しようのない病」のうちに一時間で書き上げた。これが「労働の誕生」についての寓話である。彼はこの話を書き終えたとき、「私はついに革命から脱した」と感じたと言っている。(7)翌年ヴァロワは王党主義に転向し、王位継承権主張者に紹介された後、アクシオン・フランセーズに入会した。スウシーが言うように、卑しい出自に敏感で栄達を強く望むヴァロワにとって、王族に直に会うことは刺激的だったに違いない。(8)その年、ヴァロワはモーラスの助力によって処女作『来るべき人』を出版し、その中で王党主義とカトリシズムへの転向を宣言した。「労働の誕生」の寓話はその冒頭におかれている。一九二一年に彼は自分の著作活動はその寓話に表現された「基本法則」の発展にすぎないと述べているが、(9)少なくとも一九〇六年からファシズムを放棄するまでの二〇年間、彼の主張には基本理念という点で明確な一貫性があった。そしてそれは『来るべき人』でほとんど表現されていた。本節では以下において、これまでに論じた思想家と比較しつつ、この書にみられるヴァロワの思想の特徴を検討したい。

「労働の誕生」の寓話とは次のような話である。人間が「自然状態」にあった遠い昔、人はつねに存在を脅かす危険な自然に取り囲まれながら、昼は果実を集め夜は穴に身を隠すだけといった動物のような生活をしていた。ところがある日、一人の力強い人間が荒々しく仲間を起し、森に行って虎を殺さねばならないし、将来の欠乏に備えて果実を集めねばならないと告げた。それを聞いたある者は、野獣が死に、果実がいつも実っているときが来るだろうと答え、他の者も疑い深い眼差しを向けていた。強き者は彼らに果実を摘むように命令し、森に入って行った。労働を強制された弱き人々は嫉みと怨念に満ち、強き者を殺そうと策謀をめぐらす。それを予期した強き者は、棒の先に殺した虎の尾を結びつけたものをもって帰って来る。そしてこの発明品、すなわち「鞭」の力によって強き者は「主人」になり、弱き者に労働を強制できた(10)。

ヴァロワはこの寓話を説明するなかで二つの「基本法則」を提示している。一つは「最少努力の法則」であり、それは「人間とは、そのエネルギーがすべてのエネルギーと同様に最少抵抗、最少努力に向かう道を辿り、その感性が最少疲労、最少苦痛を追い求め、そしてその保守的本能が最少危険に導くところの存在である」と定式化される。ヴァロワによれば、この法則に従って人間が生きる様が自然状態である。そこでは、飢餓が人間に努力を強いることがなくなれば、人間は生のエネルギーを消失させる無気力に陥るか、あるいはそれを休息や享楽に浪費する怠惰に流れる。したがって、人間の種としての生存は不安定なままであり、種が生き続けるためには自然状態を脱して文明を築かなければならない。文明形成を可能にするのは、自然環境に対する持続的な構成的努力である「労働」である。しかし、「最少努力の法則」に従う人間が自然に労働するはずはない。そこで力のある人間、すなわち「鞭をもった人間」が労働を強制しなければならないことになる。これがもう一つの法則である「労働の法則」である。この法則は一時期の文明形成に適用されるのではなく、永久的に人間を支配する。つまり労働とその強制は無限に続かねばならない人間の行為である。人間が文明を築いた後も、自然の脅威と人間の怠惰な性向の双方が文明に絶えず敵対する以上、この自然状態への「堕落」はつねに脅威として存在するはずだからである[11]。この法則については次のように説明されている。

文明とは、だんだんと好意的でなくなってくる環境のなかで、種が生き続けようとする努力であり、それは権威によってしか存在しえない。なぜならば、文明は決して自由には行われない二つの行為に立脚するからだ。すなわち、個人の労働と協働の規律である。

労働は自由ではない。なぜならば、労働は最大の努力であって、それを遂行する人の自発的な活動形態ではないからだ(彼のエネルギーはすべてのエネルギーと同様に、自由な状態において最少努力の道を辿る)。そして労働はある人間が他の人間に行使する強制によってしか始まらないし、持続しない。それは人間による人間の活用、利用である[12]。

こうしたヴァロワの議論から思想的特性を探ると、まず第一に「最少努力の法則」から、人間の弱き本性というペシミズム的人間観、無限な労働努力によってそれの克服を求める禁欲的労働倫理を読み取ることができる。その点でヴァロワは、ペシミズムに基づいて自然に対する積極的行動を唱えたソレルのサンディカリズム思想を受け継いでおり、貴族的だったバレスや美学的だったモーラスとはまったく違う地平にたっている。バレスやモーラスにはそもそも生産活動への関心があまりなかった。とはいえ、ソレルと同じというわけでもない。労働の根拠という点で、道徳的主体の確立を唱えるソレルと、種としての義務を持ち出すヴァロワとでは明確に違っていた。

第二に文明形成論から、文明の頽廃、すなわちデカダンスへの危機意識を指摘できる。ヴァロワがその問題に専心していたことは、ソレルから受け継いだペシミズム的な文明衰退論からも、彼の経歴や知的遍歴からも、またルソーと同じように自然状態から立論する方法からも分かる。分析的方法によって得られた論理的仮説として自然状態を確定し、それを出発点に議論を展開する方法の目的は、現在の文明を批判的に検討しあるべき社会像や行動規範を提示することにあるからだ。このデカダンスへの抵抗ないしその克服こそ『来るべき人』のモチーフであるとともに、ヴァロワが終生抱き続けることになる人生のテーマであったと思われる。(13) もっとも、それはヴァロワだけの問題ではない。デカダンスは世紀末の時代精神の中心問題であり、すでに論じたようにバレス、モーラス、ソレルはそれぞれにその問題と格闘し、そこから抜け出す方法を模索していた。バレスはデカダンスからの突破口を伝統への同一化と本能の復権に求め、モーラスは古代ギリシア・ローマ文明の「伝統と資本」の保守に沈潜し、ソレルは崇高な道徳の復興に邁進した。だが、ヴァロワは彼らの誰とも異なっていた。ヴァロワにとって文明とは、強制を契機として人間が築く秩序、換言すれば「労働と労働の組織化」を意味する。(14) 文明はつねに頽廃の危険を孕んでいるので、自己を維持するためには絶えず成長しなければならないことになる。かくしてヴァロワは「文明の向上」を人間の使命であると同時に人間がめざすべき唯一の目標として、そこにデカダンスからの突破口をみいだした。では、それは具体的に何を意味するか。それは組織化した労働によってエネルギーを増大させること、要するに生産力の増大である。しかし、それは禁欲的な労働努力だけを言っているのではない。ヴァロワにとってより重要なのは、労働を効果的にするための技術改善、組織の近代的改編、そして合理的計画に基づく運用であった。したがって、ヴァロワの文明論あるいは社会論の基軸をなすのは「生産力主義」や「近代化主義」であり、その核にあるのは最大効率化の原理であった。(15)

第三に「労働の法則」から、権威主義的秩序観を指摘できる。この点ではヴァロワはソレルから離れ、バレスやモーラスなどの右翼思想の領域にいる。だが、モーラスにおけるそれが伝統そのものの再生論であったのに対し、ヴァロワにはそうした意味づけはほとんどなかった。この違いを考察するうえで、「労働の法則」のなかに二つの次元を区別することは有益である。一つは、力ある者が弱い者を打ち倒すところにみられるような、対立状況を想定する闘争の次元である。もう一つは、闘争の後に支配＝被支配関係ができ、それが構造化されたところに成立する権威的体系、すなわち秩序の次元である。支配者が可変的な力に依拠する以上、この二つの次元は固定的なものではなく、流動的で動態的なものと考えられる。換言すれば、ヴァロワが論じる権威主義的秩序はつねに闘争の可能性を内在するものであり、それゆえに通常の伝統主義にはなじまない性格をもっていた。

以上指摘した三つの思想的特性のなかで、ヴァロワを当時のナショナリストから分かつという意味で重要なのは、第二と第三の特性である。そこでこの点を彼のより根源的な思想に立ち入って検討したい。

ヴァロワは『来るべき人』のなかで、おそらくは寓話で表現された二つの法則からの推論により、「生の事実」を核とする存在論的な議論も展開している。「生の事実」とは、生ある存在すべての根源的力になるとともにそれを意味づけると観念される認識不能な神的概念である。「生の事実はカオスを脱して以来、原初的力を保守できる諸存在をつくりだすことにより、それを取り巻く不動物の間で自己を維持しようとする」ゆえに、「諸存在は生の事実の永久性を保証することができる限りでしか持続しない」というわけである。人間も当然、そうした「諸存在」の一つにすぎない。ヴァロワによれば、人間とは「生の事実をその起源的条件のなかで維持するために、生に指図する神秘的な意志によって生ぜしめられた有機体」であり、「生の事実の永久性を保証することができる限りでしか持続しえない」存在である。それゆえ、労働もそれによる文明の向上もまた、人間の意志とは無関係に「生の事実」が命ずる「法」である。[16] このような立論により、ヴァロワは人間が労働によって文明を形成し維持することは、人間には不可知の普遍的・絶対的命令であるとした。

「生の事実」という概念は、ヴァロワの思想を理解するうえで有益である。それの特徴は人間の意志との無関係性である。「生の事実」がそうであるならば、それが命ずる労働や文明形成といった規範、労働を規範化する根拠である「最少努力の法則」、その法則から必然的に導出される「労働法則」もまたそうである。このように人間の意志とは無関係なものを総称して「自然」と呼ぶことができよう。実際、その語は『来るべき人』のなかで頻繁に使われている。たとえば、「人間は自然にとって一つの手段にすぎない」「人間は自然の産物である」「自然は人間をそれ固有の目的に隷属させる」といったようにである。ヴァロワの哲学的な基礎にあるのはこうした自然決定論である。彼はこの決定論に基づき、「生の事実」という概念から「生の基本法則」と「存在の法則」という二つの存在論的な意味をもつ法則を導き出した。

「生の基本法則」とは、「生の事実」を保守するためには、たえず新しいものをつくってその保護を増大させるという進歩が必要であるという法則である。「最善のものは初めに実現されている」から「生の事実」を維持することが問題になるが、それは絶えず堕落と頽廃の危険に晒されているので、進歩することによってしか「生の事実」を維持することができないというわけである。[17] 生の保守を原則とする態度において、ヴァロワとモーラスは一致する。だが、モーラスにおける生が少なくとも本人には現在のリアリティを形づくる具体的な生として意識され、歴史的・文化的な具体的イメージをもっているのに対し、ヴァロワにおける生は無言の当為として意識される超越的で未知の意志であり、そこに具体的なイメージは稀薄である。もちろん、その後の著作のなかで「フランスの偉大」や「ヨーロッパ文明」などを盛んに言っていることは確かであるが、それの具体的内容は結局はっきりとはしていない。だが、保守の対象が実体のない抽象的レベルにとどまっているからこそ、進歩という概念を保守に組み合わせ、それに具体性をもたせることが可能になる。伝統の墨守と伝達を唱えるモーラスにとって進歩はもっとも異質な概念であったのに対し、ヴァロワにとって保守よりもむしろ進歩の方が重要かつ現実的な概念であったと思われる。では進歩とは何か。「生はその糧を得るためにそれが行動に移す力によってしか保たれないし、成長しない」と述べられていることから分かるように、その意味は力ないしエネルギーの保守と増大に集約させることができる。この力ないしエネルギーこそがヴァロワの哲学の核心にある。そのことは「生きるためには信仰をもたねばならない。あなたに信仰を与えるのは知性ではなくエネルギーである」、あるいは「自然のなかで根源にあるもの、すなわち生きる力、エネルギーを最優先せよ」といった言からも読み取れよう。[18]

第二の特性はこうした哲学に支えられていた。ヴァロワにおいて、文明は力の信仰を基礎として進歩を予定する動態的な概念である。保守と進歩は「文明、それ以上に生の二つの本質的な要素であり、われわれに新しい知的均衡の堅固な基礎を与える」と彼は言う。それゆえに、ヴァロワは進歩を訝る伝統的な保守主義者とは一線を画し、テーヌやボナルドやメストルは「われわれの生きている時代に受け入れられる議論をしていない」し、また「コントの保守の力への訴えはわれわれに不安を与える」と批判した。[19] この「進歩主義」に近代主義的な企図が含まれるのは当然であった。力やエネルギーの増大が至上命令だとすれば、それの人間における証であるところの労働による生産力の増大に関して手段が問われることはないし、またこうした論理に導かれたエネルギー信仰はバレスの本能主義を逃れているからである。ただし、この「進歩主義」は、一九世紀を支配した理性主義的な進歩主義イデオロギーと現象形態は似ているとしても、その意味内容はまったく異なっていることに注意しておきたい。ヴァロワはそのオプティミズムをデカダンスの現代的形態であるとして、ソレルとまったく同じ口吻で非難していた。ヴァロワによれば、進歩主義は理性と科学を適用することによって人間の生活はますます快適になり、労働は喜びとなって努力と苦痛は必要でなくなり、そして強制がなくとも労働は組織化されるようになるというオプティミズムを教える。ところが、進歩ではなく衰退が自然である以上、進歩主義を信じて労働の努力を避けるならば、間違いなく文明の衰退と頽廃が生じるというわけである。ヴァロワにとって人間の弱き本性や労働義務は「絶望的真理」であり、そして「生の基本法則」は受諾せざるをえない「われわれの運命」であった。[20] 彼の「進歩主義」はこうしたペシミズムに支えられており、それゆえに脅迫的ともいえる強固なイデオロギーとなった。

力ないしエネルギーが生の根源だとすれば、「最大の力をもつ生き物はもっとも生に役立つ存在である」という言のように、すべての存在はそれを基準に判断されることになる。ヴァロワによれば、その判断は比較によってしか行えないが、この比較は「諸存在間の闘争」によってしか行えない。彼はこのことを、「強きものは上昇し、成長しないものは衰え、休息するものは滅びる」という「存在の法則」として定式化した。この法則の基底にあるのは徹底した社会ダーウィニズムとニヒリズムである。ヴァロワにとって闘争は必然であり、「最大の力をもつもの」や「闘争で勝利するもの」が、「生の事実」の名において「正義」であり、文明の名において進歩の担い手であった。[21] 力やエネルギーや闘争を求めることは、ソレルやバレスにもみられた。しかし、ソレルにおける闘争のビジョンは、あくまでも英雄主義の発揚による社会の道徳的浄化を期待してのことであった。この点ではバレスのほうがヴァロワに近いだろうが、バレスの闘争観にしても躍動的エネルギーや英雄主義が興起する場という意味が込められていた。もちろんヴァロワの思想のなかにこうした要素があったことは確かだが、少なくとも第一義ではない。根本的な意義をもつのは存在に関する冷徹な原理であった。

第三の特性である権威主義的秩序観の基礎にあるのは、こうした闘争的存在論ないし闘争的自然決定論である。ヴァロワとモーラスのような保守主義者との差異は、この根本思想の違いに由来した。ところで、闘争と秩序という二つの次元は文明論や存在論から構想されたものだが、同時にそれを二つの別個の思想とみなし、ヴァロワの思想的転換のなかで二つが接合されたと考えることもできよう。つまり、ソレルの闘争思想にそまったサンディカリストからモーラスの秩序思想を受け入れたナショナリストへの転向である。転向に至る知的彷徨については前述したが、その思想的な契機はニーチェにあった。ヴァロワはニーチェから、何よりも「人類愛とは競合者を武装解除し、向上の欲求を排除する無能者の策略である」ことを教わり、それによって存在論的な闘争思想を明確に自覚できたとしている。[22] だが同時に、それはナショナリズムの覚醒も促した。ヴァロワはそれについて次のように述べる。

これらの外国人〔ニーチェなど〕のもつ民族的な誇りのおかげで、われわれは固有の誇りと偉大さを再発見したいと思うようになった。われわれが自分たちのなかに原理とそれ以上の何かをみつけることに心を砕いて「秩序」に再会したのは、そのときである。なぜならば、これらの外国人は要するに、われわれには決して十分ではなかったからである。彼らとともにわれわれは力の信仰を行う。しかし、われわれは彼らとは違うフランス人なのであり、われわれの精神の均衡を保とうとするときには、より完全な信仰を行おうとするのである。すなわち、秩序の信仰である。(23)

ヴァロワは後に、『来るべき人』は「労働の法則」に基づいて「真の秩序」を発見する試みであると明言しているが(24)、政治思想としてみれば、秩序の発見とはフランスのナショナリズム理念を発見していく試みであり、そしてその前提としてニーチェによって自覚させられた闘争思想があったのである。ナショナリズムを決定的な契機として、ヴァロワが秩序思想をもつようになったことは確かであるが、しかしそれに完全に没入したわけではない。闘争思想はつねに存在し、秩序思想が濃厚な場合にしても、闘争思想は何らかのかたちでそれと確実に絡み合っていた。この点を念頭において、秩序の構想として提示される国民について検討してみよう。

ヴァロワによれば、国民とは「個人的支配の集合的拡大」、つまり「勝利の事実」として成立する人間集団である。あるいは「人類の理念」の観点から「支配の個人的要求の利用によって実現される平和の作品」とも述べられている。(25)したがって、国民は文明の唯一の担い手であり、ナショナリズムは文明の進歩に貢献する感情である。ヴァロワは、もともと国民は闘争によって創出されたものであるが、国民の内部では、労働の組織化によって文明を進歩させるために「平和」が不可欠であるとする。内乱は「文明の破壊」を招く略奪行為であり、そしてデモクラシーとは内乱の日常化である。デモクラシーの体制において、国益のための会議は公共資源を奪いあう「欲望の会議」に堕落し、国民のエネルギーを保守するための宗教的・国民的・社会的・家族的な絆は、個人的欲望の満足だけを求める個人主義によって破壊される。したがって、民主主義体制は「国民の組織的・体系的な解体」であるとヴァロワは論じた。[26]

他方、国民間関係については、文明の原初状態にある諸個人の関係と同じであるから戦争が「国民の法則」となるとされた。だがそれにとどまらず、戦争の恐怖は豊かさの快楽のなかでの休息を妨げる興奮となるうえに、もっともうまく労働を組織し、余剰の富を快楽にではなく軍備に回すような生産的な国民が怠惰な国民を支配する手段になるので、「戦争は国民とその人々にとって、進歩のもっとも有益で、おそらく唯一の手段である」とヴァロワは主張した。かくして、戦争はたんなる国民の保守を超えて、文明と進歩という目的の下に、あるいは「存在の法則」の名の下に「高貴」なる使命感にまで高まる。「文明・人類・生・神は、勝利する国民とともにある」、これが彼の信条である。[27] バレス、モーラス、ソレルはそれぞれにエネルギーの爆発、自然法則の宿命性、道徳浄化作用といった観点から戦争を肯定するが、ヴァロワの社会ダーウィニズム的な見方がそれらとはやや異なっていることは明らかであり、近代戦争には合理主義が徹底したヴァロワのほうが適合的だろう。

国民の支配者は誰であろうか。『来るべき人』を書き始めたとき、ヴァロワは「国王」という答をもっていなかった。彼は当初、「あらゆる社会的諸力が均衡化される共和主義体制」を予定していたようである。[28] 少し横道に逸れるが、「社会的諸力の均衡」という考え方は、たとえば「諸個人を実力によって相互に強制し合うように導く」というような表現で、『来るべき人』の随所に出てくるが、この考え方はソレルのサンディカリズム論から学んだと思われる。それはこの時期にはまだ発想にとどまっているが、第五章で若干ふれたように、後に「相互強制」という概念でヴァロワの社会・経済理論の中核をなすことになる。それはともかくとして、論理的に考えてみれば、特定の個人が国民の「主人」として最高の権力を有し、産業と軍事を統括しなければならないはずである。したがって、共和主義的な均衡を考えていた最初の計画では、ヴァロワ自身が述べるように、この本は「預言者をもつための未知の神への祈り」で終らざるをえなかった。[29] 最終的にヴァロワは「君主制」を提示する。その理由は、国王は国民を形成した者の継承者として「国民を所有する者」であるから、国王の「エゴイズムは国民の繁栄に直接で確実に結びつく」という点にあった。[30] ヴァロワは君主制に決めるまでの経緯については何も述べていないが、この君主制を導出する論理は明らかにモーラスの理論を受け継いだものである。

ところで『来るべき人』のなかには、たぶん君主制を採用する前に書いたのであろうが、君主制に反する、あるいは少なくとも君主制をとる必要はないと思える主人像を述べている箇所がある。たとえば、ヴァロワはアレクサンダー大王、クロムウェル、ナポレオン、リシュリューなどの人々の名を挙げながら、次のように述べる。「私はここであらゆる天才について論じている。彼らの仕事は支配権力を組織し、全国民のエネルギーに方向をみつけだしてやり、ニーチェの表現を使えば「価値を創出し」、われわれの感情を高揚させ、災害を一掃することである。……彼らの行為の結果はわれわれにとってつねに物質的利益であり、こう言ってよければ、根本的には生の発展と同一である」。[31] この文のなかで論じられている「天才」は、世襲制の君主ではなく、一般大衆とは違った資質をもち、そのことによって大衆を先導する指導者である。しかしながら、これ以上の理論展開はされていない。

(1) G. Valois, *D'un siècle à l'autre*, cit., pp. 11-56. スウシーはヴァロワの祖父母の倫理観への同一化には「攻撃者への同一化」という自己防衛心理が働いていたし、また彼の好戦性には性的抑圧を始めとするさまざまな欲求の抑圧の転位という機能が作用していたと指摘する。Robert Soucy, *French Fascism : The First Wave 1924-1933*, Yale University Press, pp. 127-128.

(2) G. Valois, *D'un siècle à l'autre*, cit., pp. 103-108, 128.

(3) R. Soucy, *op. cit.*, p. 131.

(4) G. Valois, *D'un siècle à l'autre*, cit., pp. 128, 134 ; Jack J. Roth, *The Cult of Violence : Sorel and the Sorelians*, University of California Press, 1980, p. 87.

(5) G. Valois, *D'un siècle à l'autre*, cit., pp. 146-186.

(6) *Ibid.*, pp. 195-214.
(7) *Ibid.*, pp. 221-222.
(8) R. Soucy, *op. cit.*, p. 152.
(9) G. Valois, *D'un siècle à l'autre*, cit., p. 223.
(10) G. Valois, *L'Homme qui vient*, cit., pp. 47-50 ; idem, *D'un siècle à l'autre*, cit., pp. 221-224.
(11) G. Valois, *L'Homme qui vient*, cit., pp. 40-42.
(12) *Ibid.*, p. 51.
(13) 『来るべき人』は徹頭徹尾デカダンスの本であり、それの原因、それの現代的表出、それの治療を論じた本である」と述べる研究者もいる。Paul Mazgaj, "The Young Sorelians and Decadence." *Journal of Contemporary History*, 17 (1), January 1982, p. 184. ソレルの思想とデカダンスとの関係については以下の著作が参考になる。Jean Wanner, *Georges Sorel et la décadence : Essai sur l'idée de décadence dans la pensée de Georges Sorel*, Librairie de Droit F. Roth & Cie, pp. 30-85 ; John Stanley, *The Political & Social Theories of Georges Sorel*, University of California Press, 1981, pp. 174-179.
(14) G. Valois, *L'Homme qui vient*, cit., p. 41.
(15) *Ibid.*, p. 51.
(16) *Ibid.*, pp. 36-38, 157.
(17) *Ibid.*, pp. 36-41.
(18) *Ibid.*, pp. 162, 181.
(19) *Ibid.*, pp. 35-36.
(20) *Ibid.*, pp. 119-122 ; idem, *D'un siècle à l'autre*, cit., p. 224.
(21) G. Valois, *L'Homme qui vient*, cit., pp. 157, 181-182.
(22) *Ibid.*, p. 32.
(23) *Ibid.*, p. 33.
(24) G. Valois, *D'un siècle à l'autre*, cit., p. 223.

(25) G. Valois, *L'Homme qui vient*, cit., pp. 184-186.
(26) *Ibid.*, pp. 212-213, 222-223 ; idem, *D'un siècle à l'autre*, cit., p. 44.
(27) G. Valois, *L'Homme qui vient*, cit., pp. 187, 192.
(28) *Ibid.*, p. 43 ; idem, *D'un siècle à l'autre*, cit., pp. 224, 228.
(29) *Ibid.*, p. 224.
(30) G. Valois, *L'Homme qui vient*, cit., pp. 205-206, 226-227.
(31) *Ibid.*, p. 87.

第二節　戦争体験と経済理論

アクシオン・フランセーズに入会後、ヴァロワは明らかにモーラス的な伝統主義を受け入れていった。モーラスに捧げられた二冊目の著作『君主制と労働者階級』(一九〇九年)のなかで、ヴァロワはモーラスに倣って、ユダヤ人、フリーメイソン、プロテスタント、メティックによる「四身分の陰謀」を説いた(1)。彼は以前ドレフュス派の活動家として反ユダヤ主義に敵対していた。この立場が変り始めたのは、やはりロシアにおいてであった。そのときヴァロワは、他民族に関しては国際主義的な立場をとるユダヤ人は、国民的防衛を破壊する危険があると考えた。とはいえ、ヴァロワの解決方法はナチズムのような殺害や追放ではなく、世界中のユダヤ人をパレスチナ市民として認めたうえで共存を図るというものだった(2)。ところが『君主制と労働者階級』になると、ユダヤ人は非生産的な仕事によって楽な金儲けをし、それを使ってフランスの伝統的な政治理念と宗教理念を破壊しようとしており、多くの反ナショナリズム的なイデオロギーの起源になっているとほとんどモーラスと同じ口吻で反ユダヤ主義を説くようになった(3)。伝統主義への接近は、『父』(一九一二年)においてさらに進んだ。そのなかでヴァロワは、「鞭をもった強者」をキリスト教家族の家長に置き換え、彼を中心とする家族愛と宗教の共同体を説いた。[4] もっとも、その「父」は家族のための安全を確保し、仕事場を組織し、禁欲的労働を教える存在であり、『来るべき人』の「主人」との機能的連続性は明らかであった。

このような伝統主義への接近にもかかわらず、ヴァロワは社会や経済についての考え方においては、それと明確な一線を画したままだった。労働者階級の激しい組合主義は、ブルジョワジーに「創造性」と「歴史的使命」を与え、国民エネルギーの低下を防ぐという論理はそのまま持ち越された。ヴァロワは多くの場で、王党主義者に対しこの理念を説いた。彼は労働者を「卑しき」者として扱い、キリスト教的慈善から彼らの庇護を唱える伝統的なコーポラティズム教義は、まったく無益だとした。さらに、伝統的なブルジョワジーに対しても、労働者に対する保護者的態度や生産におけるエネルギーと創造性の欠如に関して非難したり、彼らが経済的領域以外に権力を拡大して国民的制度を破壊する危険について警告することがあった。[5] 彼らがアクシオン・フランセーズの支持母体になっているにもかかわらず、である。こうした経済問題をめぐる闘争的・進歩的な思想は、第五章で論じたようにセルクル・プルードンの設立に導いた。それはモーラスとの間に摩擦を生じさせたが、戦争がそれの進展を食い止めた。

第一次世界大戦が勃発すると、ヴァロワはすぐに入隊した。彼は歩兵としてヴェルダンで闘い、その活躍により軍功章とレジオン・ドヌール勲章を受け、戦争が終る頃には少尉になっていた。ヴァロワは一九二一年に「戦争は私にとって、長い探求の終りと、最終的な確信を得た理性的行動の始まりを印す」と述べた。[6] また、「戦争という授業をとおしてのみ、革命的な青年時代の誤りを完全に克服した」とも述べている。[7] 戦争は彼にとっていかなる意味をもったのだろうか。

ヴァロワは回顧録のなかで、「一九一四年八月二日栄光の朝」にフランス人が愛国主義のもとに階級対立と政治的分裂を解消させて和解し、その力を結集させたことを、ピエール・テータンジェと同様の情熱をもって語っている。[8]

彼が大戦勃発時に目撃したのは、まさに「フランスがそのエネルギーを覚醒する光景」だった。[9] この瞬間こそヴァロワにとって、ナショナリズムのもっとも純粋な発現様態であり、デカダンスの問題に対する解答だったに違いない。それゆえに、その日は彼の思想的原風景となり、後に「国民革命」が始まった日として語られることになる。しかしながら、前線での生活はナショナリストないし愛国主義者としての満足感とは異なった感情と理念もヴァロワにもたらした。それは大戦勃発後最初に書いた著作『トロイの木馬――戦争の哲学と行動についての考察』(一九一八年)のなかに表れている。この著作全体から窺えるのは、ヴァロワが三年間の戦争をとおして感じたフランスへの怒りと焦燥感である。彼は「われわれは戦争の奴隷だ」「われわれは戦争の犠牲になっている」「われわれの精神は戦争を支配していない」と述べる。[10] ここでヴァロワが憤慨しているのは、フランスが戦争の技術においては長けているものの、その現実を理解する「フランスの知性」に大きな誤りがあることに対してである。ヴァロワによれば、フランスの公的権威は、無限な進歩の道を歩んでいる人間は、地球上から戦争を追放する権力をもつようになる日が来ると信じ、それゆえに今回の戦争を「おぞましい偶然」として片づけようとしている。この無理解のゆえに、われわれはいつまでも戦争を制御できないでいるというわけである。

こうした苛立ちのなかで、ヴァロワは「私は私の参加している戦争の目的と、持続的な平和の方法を知りたい」と述べる。[11] この言のなかに、彼の戦後のファシズムへと向かう思想的発展を方向づける二つの課題が読み取れる。第一の課題は戦争そのものの意味づけ、つまり戦争を理解するための歴史哲学的な普遍的枠組みの形成であり、第二の課題はこの見地から体制変革の理論を形成することである。『トロイの木馬』ではまだこの二つの思想的課題に十分答えてはいないが、その核となる理念は提示されている。たとえば、第一の課題に関しては、「ローマ帝国の崩壊をも超える巨大なカタストロフィから人類を救うためにわれわれは闘う」と述べているなかに、それは萌芽している。[12] この観念は後に文明論として結実することになる。また第二の課題については、「われわれの組織はひじょうに遅れており、長期戦や巨大産業に不適切、何よりもフランスの活力を保護することに不適切」であり、こうした旧態依然たる組織を墨守することは「敵が蒸気で走る車を運転しているときに、牛の引く荷車にしがみつくようなものだ」[13]という批判に暗示されている。要するに、近代主義的な国家と社会の再編成である。

国家と社会の具体的な変革モデルについても、ヴァロワはそのイメージを軍隊経験から汲み取っていた。第一に、「塹壕の友愛」と呼ばれる統合様態である。ヴァロワはそれについて「戦争には選挙という分裂的メカニズムが作用しないため、異なる政治的立場をとる人々の間に完全な友情を生み出した」と述べ、それを「完全に民主主義を排除するときにフランスを支配する友愛」としている。この友愛的統一は単なる一体化以上のことを意味している。というのも、それは平等主義的でも社会主義的でもない状況で成立しているからである。軍隊では上官は食事や寝具といった物質的な面でも特権をもち、明確なヒエラルヒーが形成されている。だが、ヴァロワはこれが抑圧的なものでも対立的なものでもなく、それどころか部下は自ら進んで上官を優遇することを発見して驚いたことを記している。明確な役割分化とヒエラルヒーは、同一の目的のために行動する限りにおいて苦痛ではないし、また前線を離れれば別々に暮すゆえにそれが丸ごとの拘束になるわけでもない。ヴァロワはこの軍隊における階級的差異と統一をそのまま社会生活、とりわけ労使関係に適用すべきと考えた。第二に、ヒエラルヒーの頂点に強力な指導者が存在することである。ヴァロワはヴェルダンでの戦闘が苦境に陥ったとき、カステルノー将軍が退却を禁ずる厳しい命令を出し、それが好転の契機となって勝利したことを思い出しつつ、一人の優れた指導者の意志が共有されたときの集団の強さを賛美した。第三に、能力主義的なエリート補充のやり方である。ヴァロワは与えられた任務をうまくはたせるかどうかで昇進が決まる軍隊のシステムを称賛した。彼自身一兵卒として入隊し少尉にまで昇進していた。もっとも、ヴァロワはすべての社会的エリートの補充をその見地からやるべきだと考えたわけではなかった。彼は王党主義者として、伝統的エリートにはそれなりの積み重ねがあることも承認していた。[14]

こうした戦争体験により、ヴァロワはモーラスにある意味で近づき、ある意味で離れていった。モーラスは疑いなく、フランスのナショナル・アイデンティティーの核となるような理想的で永久的な観念を構築し、それを信仰の対象に高めることに成功した。これによって右翼ナショナリズムは初めて教義の真空を埋め尽し、保守的伝統を唱えることができた。そしてモーラスとアクシオン・フランセーズはその後も影響力を保持できた。もちろん、ヴァロワは戦前においても過激なナショナリストであったが、階級対立をエネルギー高揚の手段としたこと、権威主義的秩序の要請が先立っていたことから窺えるように、国民という存在が全一的・絶対的なものにまで高められてはいなかった。戦争によって、ヴァロワは国民をすべての価値の源泉たる宗教的存在として認識し、その統合に最大の優先性を与えるようになったと思われる。この意味で、ヴァロワはモーラスの国民宗教と呼ぶべき意識を共有した。しかし、他方において、ヴァロワが確信するようになった近代主義的なビジョンは、モーラスとの間の溝を深めることになった。審美的・文化的で過去指向のモーラスのナショナリズムは、合理主義的・政治的で未来指向のヴァロワのそれとは違うことがますます明らかとなった。しかし、ヴァロワがこの対立を明白に意識し、決裂に至るまでにはもう少し時間が必要であった。

一九一八年にアクシオン・フランセーズに戻ったヴァロワに対し、モーラスらの幹部は「ヴェルダンの英雄」と最大の賛辞をもって迎えるとともに、経済部門の専門家という役割を期待した。ヴァロワもその役割を引き受け、次の六年間はもっぱらアクシオン・フランセーズを基盤としたコーポラティズム運動の組織化に尽力した。そこからフェソー設立までの経緯は次節で論じるとして、ここでは戦後の経済活動の土台となった経済理論を検討しておきたい。

ヴァロワの経済理論は、それに関する主著である『新経済学』(一九一九年)で詳しく論じられている。その骨組みは「最少努力の法則」や「労働の法則」として、すでに戦前においてできあがっていたが、戦争体験はその理論展開を大きく変えた。そのことは、ヴァロワ自身が『トロイの木馬』は『新経済学』の序文の意味をもつと述べていることからも理解できよう[15]。この書のなかでヴァロワがめざしたのは、何よりも科学的に自由主義やマルクス主義を拒否することであった。ヴァロワによれば、自由主義者も社会主義者も、自由が進歩の必要条件であり、歴史的変動は自由と進歩の実現であると信じている点において、そして国家は経済の上にのっかった機関にすぎず、その消滅はさして重大な無秩序を招くものではないと信じている点で共通している。この同種類の進化主義者の差異は、自由主義者が進化は自由と所有の体制に終ると考えるのに対し、社会主義者は進化の継続と経済的平等と社会所有への到達を信じることでしかない。ヴァロワにとってこの差異は二次的なものであり、重要なのは一九世紀において経済的無秩序を生み出した自由の理念を支えた「主観主義」であった。その意味で彼の批判は主に自由主義経済理論に向けられる。ヴァロワはその核心にあるのは価値論であるとしたうえで、そこにおいて「主観主義」の誤りがもっとも明白に表れると言う。そこでの価値は欲望の満足度を意味する。欲望によって基礎づけられた価値の最大化が目的であるとすれば、経済制度は欲望の表出を妨げない自由放任を規準とし、政治は欲望の満足に対立しない社会の組織化を図り、そして国家は自由競争と需給法則の自由作用を尊重させる機関でしかなくなる[16]。

ヴァロワはこの価値論批判に基づき、自由主義経済理論の柱とみなす二つの理論を批判した。一つは需要と供給の法則である。ヴァロワは、生産物の価値は需要に比例して高まり供給に反比例して低くなること、そして双方の接点で交換価値が決定することを教えるこの法則は絶対に何も説明しないと論じ、そしてそれは「経済学が生み出したもののなかでもっとも奇妙で愚かなもの」であると断定した。彼によれば、この法則は最終的形態についてのみ判断を必要とする商人の考えであり、生産者として考えるならば、生産物の価値は原価、すなわち生産物に組み込まれた人間の努力と物的消耗の総計によって決定されることは明らかであり、需要は価値＝価格に反比例するにすぎない。たとえば農作物について言えば、労賃・土地の賃貸料・種代などの必要経費と必要利益を含む定数と、天候に従う変数によって価値は決まる。それは変数が生産高を半分にすれば、価格は二倍になるといったようにであり、その価格の変動は需要が増えたためではない。要するに、価格を決定するのは生産コストと生産高であり需給ではない。したがって、喜び、享楽、嗜好、必要、それらはすべて、諸価値の決定に付随的にしか介入しない[17]。アラン・ドゥーグラスはこうしたヴァロワの理論に対し、需給は最終的原因ではなくメカニズムであり、例えば生産コストが供給曲線を決定することもあること、また、価格は生産要素の配分に基づくので、競争市場においては価格とコストは均衡に向かう傾向にあることを認識していなかったとする。そして一九世紀までの経済学の知識をもってしてもヴァロワは「無知」であったと論じたが、そのとおりだろう[18]。

ヴァロワが批判したもう一つの理論は、自由な競争こそがもっとも高度の経済活動に達する唯一の方法であると主張する自由競争論である。ヴァロワは自由競争がもたらす害悪を次のように論じる。第一は無能化と無責任化である。価格低下競争は生産者の専門職業的価値を低下させるとともに、長期で高価な技術的改善と組織改善の努力を放棄させ、代わりに給料の削減ないし廉価で面倒のかからない労働力の導入を余儀なくさせた。その結果は、生産の質に関する無能と無責任の蔓延である。そして企業家は収支によって判断されるので、その責任が社会的に問われることはありえない。第二は浪費と腐敗である。すべての規則が束縛と考えられるようになれば、生産は消費者の欲望ないし嗜好の幻想に完全に従属し、さらに悪徳までも含めた人間的欲求を利用する仕事場がもっとも儲かるようになる。その結果は、いかなる社会的利益ももたらさない時間・物・費用・労働の浪費であり、そして社会の腐敗である。第三は内戦や内乱の危険である。自由競争により酷使され給料を下げられた労働者は、怒りや憎しみの感情を爆発させる危険性を秘めることになる。社会主義の理論家や政治家はそれを利用するので、すべての国は内戦の恐るべき誘因を抱えている。また、分配の地域格差を是正できない以上、欠乏の時代になれば地域間戦争の可能性も高まる。このように論じた後、ヴァロワは豊かな時代はともかくとしても、欠乏と稀少の時代においてこの自由主義の教義に従うならば、市場は混乱と暴動の場に変り、戦争は不可避になると結論する[19]。

ヴァロワは自由競争をこのように批判するが、それをすべて否定するわけではない。彼は人間間の競争は人間活動のもっとも強力な動力の一つであることを認める。ただしそうなるのは、競争が最善の方向に向かうとき、競争が外的強制によって最大の努力に向かうようなやり方で抑制されるときにおいてのみであるとする。ヴァロワによれば、近代諸国民は何世紀にもわたって相続してきた慣習や習慣の宝に基づき、それの効果を限定してきた。労働と仕事場への愛着、職業的誠実、秩序・規律・禁欲といった美徳は、自由競争の動力であるとともに抑制であった。抑制が必要なのは経済活動だけではない。例えば、階級関係でそれがなくなれば、もっとも騒々しくて戦闘的な者による支配権力の掠奪に至るし、学問において鞭撻がなくなれば最大の怠惰に堕する。しかしながら、こうした抑制は、感情の永久的アナーキーを促す完全な自由競争が実現するとともに損なわれ解体した。[20] そこでヴァロワが個人的な企業精神を高揚させつつ自由競争の破壊的効果を滅するために提案した方法が、責任指導者＝経営者、技術者、生産者＝労働者のそれぞれの組合が自己の利益実現に向けて他の組合に相互に圧力をかけるという組合主義的な相互強制システムである。たとえば、労働者の組合が高賃金と低価格を達成するように圧力をかけることで、経営者に合理的組織化を、技術者に技術改善を強制するというわけである。[21] ヴァロワによれば、自由競争制度においては「低価格の追求→労働賃金の低下と労働時間の延長」という一方的な圧力しか生まれない。また伝統的な労働組合制度においては「高賃金の追求→生産価格の上昇→インフレ→高賃金の追求」という悪循環しか生まれない。それに対して相互強制システムにおいては、価格上昇やインフレを招かずに収益と賃金を上げようとするために、技術的進歩と生産の効率化が促され、その結果生産力が増大するというわけである。[22]

相互強制システムそのものは戦前から考えられていたものだが、戦後になってからそれの意味は部分的に変更され、強調の度合いも低くなっていた。もっとも大きな変更は、通常の意味での経済的な階級概念を放棄し、それゆえに階級対立を否定したことである。同一の財の生産に携わる責任指導者＝経営者、技術者、生産者＝労働者は、その産業の繁栄という同じ利益を共有し、それこそがもっとも基本的な利益なので、収入と生活スタイルを反映する「社会階級」は存在しても、諸産業を横断する「水平的階級」は存在しないと彼は論じた。[23] この「社会階級」の対立は和解可能なものと想定されていた。経営者と技術者と労働者は、関与する同一産業の共通利益をもっとも優先させたうえで特殊利益を擁護すると考えられていたからである。基本的な対立関係が生まれるのは、それよりも生産部門間や地域間であるとみなされていた。もちろん、だからといって経営者と技術者と労働者の利害が完全に一致するわけではないので、三者の間で相互強制システムが作動することに違いはない。そこでヴァロワがもっとも重要なものと位置づけたのは、同一産業内の労使代表間の協議に基づく利害の調和であった。したがって、ヴァロワの考え方は組合主義的語彙を用いていてもコーポラティズムに近いものであった。

ドゥーグラスが言うように、戦後に強調されたのは階級対立ではなく職能団体内部の妥協と調和であり、水平的な相互強制ではなく垂直的な統合だった。[24] そして引き合いに出されたのは、ソレルではなく伝統主義的なコーポラティストのラ・トゥール・ドゥ・パンであった。ヴァロワはアクシオン・フランセーズの理論的支柱であるだけでなく、フランス右翼が伝統的にもっていた国民統合論としてのコーポラティズム論の継承者であるラ・トゥールに敬意を払い、ラ・トゥールが死んだときも最大限の賛辞を送っている。[25] ヴァロワは確かにこの伝統を非常に意識していたが、しかし彼のコーポラティズム論は、職能団体の有機的結合という形式と権威主義的な性格を除けば、キリスト教的連帯思想に基づくラ・トゥールのそれと似ているところはあまりない。根本的なところだけ指摘すれば、何よりも目的が異なっていた。ヴァロワの目的は自由主義経済や社会主義経済を凌駕するほどの生産力の増大、そしてそのための産業組織の近代化にあった。それに関連して、ヴァロワは「努力の主知化の法則」を提起して技術的進歩の必然性を説き、それによって近代主義を理論的に補強したことに留意しておきたい。その法則とは、人間は手労働に飽きるので「最少努力の法則」に従って新しい道具や技術を開発するように仕向けられるというものである。[26] 次に、相互強制システムという対立形式の導入において異なっていた。この点では、ヴァロワの理論は伝統主義者と違うだけでなく、ファシストが提唱したところの組合破綻の婉曲な表現としてのコーポラティズムとも一線を画している。

ヴァロワはこの時期はまだ国家による経済への介入にあまり積極的ではなかった。彼が国家の役割と考えていたのは公共秩序の保護であった。それは対内的には「最少努力の法則」に従った窃盗、市場経済の乱用、産業間や地域間の対立といった秩序侵害の阻止であり、対外的にはやはり「最少努力の法則」に従って侵略を狙う野蛮人からの軍事的保護であった。その際、ヴァロワが国家の敵として位置づけたのは、金権主義者とボルシェビキであった。前者は金融制度の隠れ蓑の下で、後者は共産主義というイデオロギーの下でという違いはあるが、ともに生産者の財を掠奪する野蛮人として非難された[27]。ヴァロワは戦前、モーラスに倣って「四身分同盟」の陰謀を説いていたが、戦後になるとそれへの言及はほとんどなくなっていた。前線での生活がそれへの敵対心を稀薄にしたと思われる。また、非難するときに国際的観点が前面に出てきたことも戦前と違っていた。たとえば、ロシアの産業国有化へのアメリカの支持はアメリカの銀行家に利益をもたらすための操作の一環である、といった論法のようにである。

（1）G. Valois, *La Monarchie et la class ouvrière*, Nouvelle Librairie Nationale, 1909, pp. 193-199 ; Charles Maurras, *La Démocratie religieuse*, Nouvelles Éditions Latines, 1921, p. 90.

（2）G. Valois, *D'un siècle à l'autre*, cit., pp. 188-191.

（3）G. Valois, *La Monarchie et la class ouvrière*, cit., pp. 291-325.

（4）G. Valois, *Le Père : Philosophie de la famille*, Nouvelle Librairie Nationale, 1924.

（5）G. Valois, "Nationalisme et syndicalisme." rapport présenté au IVe Congrès d'Action française (7 décembre 1911), in *L'Œuvre de Georges Valois*, cit., tome III ; idem, "Notre première année." *Cahiers du Cercle Proudhon*, 3-4, 1912 ; idem, "La Bourgeoisie capitaliste." *Cahiers du Cercle Proudhon*, 5-6, n.d.

（6）G. Valois, *D'un siècle à l'autre*, cit., p. 294.

(7) R. Soucy, *op. cit.*, p. 159.

(8) G. Valois, *D'un siècle à l'autre*, cit., pp. 265-267.

(9) *Ibid.*, p. 266.

(10) G. Valois, *Le Cheval de Troie : Réflexion sur la philosophie et sur la conduite de la guerre*, in *Histoire et philosophie sociales*, Nouvelle Librairie Nationale, 1924, p. 433.

(11) *Ibid.*, pp. 433-434.

(12) *Ibid.*, p. 440.

(13) *Ibid.*, pp. 441.

(14) G. Valois, *D'un siècle à l'autre*, cit., chap. VII ; R. Soucy, *op. cit.*, pp. 159-160.

(15) G. Valois, *Le Cheval de Troie*, cit., pp. 431.

(16) G. Valois, *L'Economie nouvelle*, Nouvelle Librairie Nationale, 1919, pp. 64-76.

(17) *Ibid.*, pp. 76-86.

(18) Allen Douglas, *From Fascism to Libertarian Communism : Georges Valois against the Third Republic*, University of California Press, 1992, pp. 38-39.

(19) G. Valois, *L'Economie nouvelle*, cit., pp. 91-98.

(20) *Ibid.*, pp. 86-91.

(21) *Ibid.*, pp. 177-183.

(22) *Ibid.*, pp. 198-201.

(23) *Ibid.*, pp. 245-252.

(24) A. Douglas, *op. cit.*, p. 46.

(25) G. Valois, "La Colonel de la Tour du Pin." *Cahiers des États Généraux*, 3(17), décembre 1924, p. 481.

(26) G. Valois, *L'Economie nouvelle*, cit., pp. 137-143.

(27) *Ibid.*, pp. 8-10, 229-237, 284-293.

第三節　コーポラティズム運動とフェソー

ヴァロワは前節で論じた理論に基づき、休戦前の一九一八年五月には労働者と経営者の双方の代表を含む協同組織「生産国民同盟」(la Confédération nationale de la production)の結成をめざして活動を始めていた。しかし、それは翌年七月に政府の後押しでつくられた産業家主体の「生産総同盟」(la Confédération générale de la production)によって潰された[(1)]。ヴァロワは一九二〇年三月にアクシオン・フランセーズの活動の一環として「フランス知能・生産同盟」(la Confédération de l'intelligence et de la production françaises)を結成して再出発を図った。その理念は生産国民同盟と同じだが、今度の同盟は前のとは異なり執行部は王党主義者によって構成されていた[(2)]。また、前回の失敗を繰り返さないために、今度はまず彼自身が属している出版産業に照準し、そこで組織化の方法を練り上げることから始めた。ヴァロワは戦前から引き続きアクシオン・フランセーズの出版社であるヌーベル・リブレリ・ナシオナルを経営していたが、戦後はその立場を利用して出版関係の共済組合や輸出会社を設立していた。そして一九二〇年五月に「フランス出版センター」(la Maison du livre français)を設立し、自分が関係する出版社や書店を中央集権的に組織しようとした。ヴァロワはフランス知能・生産同盟の最初の実践として、この小規模な試みを出版産業全体に拡大することをめざし、その年の夏から「出版スメーヌ」(la Semaine du livre)運動を計画し始めた。一九世紀にカトリック社会運動が個々の社会問題に対処するために召集した会議から名をとったこの運動は、商業省と教育省の賛同の下で最初の会議を一一月に開いた。そこでは出版・小売・印刷・製紙に至るまでさまざまな分野の代表者によって、原料・契約・市場などの問題が議論された。この運動はヴァロワが企てた経済の組織化のなかで最初の成功であり、このときからフランス知能・生産同盟の実質的な活動が始まった[(3)]。

「出版スメーヌ」の後、ヴァロワは建築・貿易・公告などの産業で同じ運動を起し、そして彼がもっとも重視していた通貨問題でそれを企てた。ヴァロワは戦後、通貨不安こそがインフレ、ひいては金利生活者の圧迫、貯蓄の減少、商業的慣行の破壊、生産者の混乱、国際的金権主義者による横領を招き、それらがフランス社会全体を脅威に晒すと考えるようになっていた。[4] ヴァロワの通貨運動は最初あまり共感を得られなかったが、この間彼は今後の活動にとって重要な意味をもつ二人の人物に出会った。一人はフェソーが解体するまでヴァロワのもっとも近しい協力者となったジャック・アルチュイである。アルチュイは一八九四年にベルフォールで生まれた。一九一三年にナンシー大学で法律学の学位を取った後に軍隊に志願し、大戦では歩兵や空軍パイロットとして輝かしい戦歴を残した。四度表彰され、レジオン・ドヌール勲章を授与され、大尉にまで昇進した。戦後はいくつかの職を経て義父の工作機械会社の社長となり、旧出征軍人会でも活躍していた。ヴァロワは自分と同様に戦争の英雄であるこの若者が事務所を訪れて通貨運動への共鳴を述べた後、すぐに彼の本の出版を手助けした。アルチュイは共和主義者でアクシオン・フランセーズには加わらなかったが、後にもっとも熱心なファシスト理論の宣伝者として名を馳せ、フェソーの副総裁になった。[5] もう一人は、繊維産業を中心に六〇〇の会社をまとめるカルテルの総裁で、フランス経済界の実力者の一人ユージェン・マートンである。彼は戦前からルーベで多くの会社を経営していたが、ドイツ軍に占領された後もそこにとどまり反ドイツ的主張をしていた。マートンはキリスト教的な権威主義的・家父長主義的な企業管理をしていたが、戦後ヴァロワと会い、その組合主義的コーポラティズムに共感するようになっていた。これ以降暫くの間、マートンは財政的にも人間関係の面でもヴァロワを強力に支援した。[6] この二人以外にも、以前の大蔵大臣でパリ連合銀行総裁のフレデリック・フランソワ゠マルサルや、セマーヌの総裁となった上院議員のラファエル゠ジョルジュ・レヴィなどの協力もあり、ヴァロワは一九二二年六月に政府の支援の下、フランスの大経済団体のほとんどの代表を集めて「通貨スメーヌ」(la Semaine du monnaie) を開催した。そこではインフレの抑止、金本位制の復活、国家による産業管理批

判などがテーマとなった。(7)

通貨スメーヌはヴァロワにとって大きな個人的成功だった。彼はフランスの支配層のなかでその問題の専門家としての地位を得た。だが、アクシオン・フランセーズの幹部である彼の関心が経済問題にとどまるはずはなかった。ヴァロワはその成功を機に経済の組織化を国民の組織化に発展できると確信するようになり、かくしてフランス知能・生産同盟のなかで国民大のスメーヌ運動、すなわち「エタ・ジェネロー」(les États Généraux)運動を企画した。ヴァロワによれば、三部会の意味であるエタ・ジェネローとは、職業別の経済的な利益代表を意味する職能議会とは異なり、国民の経済的・道徳的・精神的なすべての利益が代表される会議である。代表を送る母体となるのは、家族、地方、大学・研究所・専門学校等の学問的団体、宗教団体、そして農業・商業・工業等の職能別組織などである。職能別組織は資本家・技術者・労働者のそれぞれが代表を送ることになる。そしてこの会議の目的は、国民内部の諸勢力を調整・統合すること、そしてそれに基づき国家の経済危機を打破することにあった。モーラスがこの国民運動を真面目に考えていたとは思えないが、ヴァロワの業績を考えると反対するわけにはいかなかったと思われる。(8) ヴァロワやマートンたちは、一九二二年一二月一八日のワグラム・ホールでの集会をもってそれの召集運動を始め、翌年一月五日に行動委員会を形成した。(9) 委員会はさまざまな政治的立場をもつ人々の集りであり、その唯一の合意点はエタ・ジェネローの召集要求にあった。この委員会の指導下での最初の集会が三月二日、三日にボルドーで開催され、四月一〇日には機関誌『カイエ・デ・ゼタ・ジェネロー』(Cahiers des États Généraux)の刊行が始まった。(10)

エタ・ジェネローの構想が、反議会主義的含意をもつことは明らかであろう。ヴァロワは、選挙民一般の利益を代表する議会に主権を委ねてしまう点で、議会主義は根本的に誤っていると考えていた。たとえば新しい税金への反対のように、選挙民の一般的利益が国民的利益とは逆の眼前の私的利益の総計になりやすいからであり、また、それを代表する代議士の構成する議会が主権を有する以上、歳入なき支出のような矛盾した政策が国家の決定となってしまうからである。ヴァロワは選挙や世論ではなく、国民を構成する諸集団こそが真の国民的利益を代表すると考えていた。また同時に、主権は代表組織から独立した国家に委ねるべきであり、代表組織は国家の外部にあって、立法権はもたないが道徳的権威に基づく発言力を有する独立した組織になるべきだと考えていた。共和主義者と王党主義者は主権の組織方法において異なるが、利益代表については合意しうるとみなされていた。こうして構想されたエタ・ジェネローは論理的には現行議会制度の廃絶につながるものだが、行動委員会、そしてヴァロワでさえ、おそらくは現実政治への配慮から決して反議会主義を唱えなかった。[11]

一九二三年のうちにレンヌ、ナント、ペルピニャン、アルザスなどで次々に地方委員会が結成され、一〇月一八日のパリでの集会をもって運動は頂点に達した。集会では現行のポワンカレ政府を称賛した後、委員会のプログラムにそった「永続的利益の有機的代表」を要求する宣言文を承認した。組織者は成功を確信していた。一九二二年から続いているインフレや財政危機は深まるばかりであり、それに由来する国民の生活不安は政党中心の議会政治への反発へと向かうと思われたからである。[12]一九二四年二月二一日、八〇〇人以上の代表が再びパリに集まり、危機打開のための強力な政府と「非政治的議会」たるエタ・ジェネローの召集を大統領と首相に要求した。[13]この頃までにヴァロワは、ポワンカレと蔵相シャルル・ド・ラステイリを攻撃するようになっていた。ポワンカレは愛国主義の象徴であったので、右翼ナショナリストが彼を攻撃することは尋常ではなかった。ヴァロワはポワンカレに独裁を求めていた。[14]しかしながら、政府は独裁を断り、エタ・ジェネローを召集することもなかった。その後もエタ・ジェネロー運動は続いたが、運動そのものは二月二一日の集会を最後に勢いを失っていった。

運動が衰退した理由はいくつかある。その一つは一九二三年のうちに始まったヴァロワに対する諸方面からの攻撃や敵対である。彼にとってもっとも厄介なものになったのは、アクシオン・フランセーズのなかからの攻撃であった。それは一九二三年一月のマリユス・プラトーの暗殺とモーリス・ピュジョーの後継から始まった。カムュロの責任者であったプラトーはヴァロワの友人でよき理解者であり、アクシオン・フランセーズ内でヴァロワの後盾となっていた。だが、彼を引き継いだピュジョーは入会当初からヴァロワを嫌っており、同盟でのヴァロワの地位が上昇するにつれピュジョーの嫉妬と恨みはますます深まっていた。かくして一九二三年以降、とくにピュジョーに取り立てられてカムユロを任されたピエール・ルクールを中心に、アクシオン・フランセーズ内で反ヴァロワの動きが活発化するようになっていた。[15] さらに、経済支配層に阿っていると非難する左翼勢力からの強力な反発があった。たとえば、一九二三年五月にヴァロワが郵便・電信・電話スメーヌを召集したとき、左翼共和主義者で労働総同盟の顧問であったフランシス・ドレシは、類似の運動を組織して対抗した。[16] 最後に、行動委員会の成員であるベルナール＝プレシによる個人攻撃があった。ベルナール＝プレシは自分の雑誌にヴァロワを侮辱する論文を掲載し、彼が無能で非現実的であると書き立てた。また、ヴァロワがかつてロシアの秘密警察の手先であったというようなあらぬ噂を広めようともした。もっとも、この誹謗中傷があからさまに始まったのは一九二四年になってからであり、それもヴァロワの反撃によって逆にベルナール＝プレシが追い立てられることになった。[17]

こうした攻撃や敵対は委員会内のヴァロワの影響力を削いだ。だが、運動の解体という点でより重大だったのは、エタ・ジェネロー運動がヴァロワの理念からはやや逸れて大産業家に傾斜していたことだった。ドゥーグラスが論じるように、「エタ・ジェネローは本質的に大企業の後押しで政権を獲得しようとする試み」であった。[18] そうした人々は基本的な経済的利益が脅かされない限り、体制変革につながるような行動は決してとらなかった。このことは、一九二二年初めにヴァロワが創設した大経済団体連絡委員会の解体となって現実化した。この組織は様々な経済団体の一種のロビー組織であり、エタ・ジェネロー運動の連絡機関にもなっていた。そこにはフランス知能・生産同盟などのようにヴァロワが関与している団体の他にも、以前に彼の国民生産同盟と対立した生産総同盟や共和主義を掲げる商業・産業共和主義委員会のように、ヴァロワとは一線を画す団体も参加していた。一九二三年春までに共和主義者は統制を強化し始めたヴァロワに疑念を抱くようになり、共和主義委員会委員長ショメは関係する産業家や政治家の意向により憲法への忠誠を宣言するようにフランス知能・生産同盟に求めた。それをヴァロワによって握り潰された後にショメが辞任すると大経済団体連絡委員会は崩壊した。これを契機に、ヴァロワは一九二三年一一月フランス知能・生産同盟を再組織化して彼の一元的統制を強化するとともに、名称を「フランス職能団体同盟」(l'Union des corporations françaises) に変更した。[19] そして書記長にピエール・デュマを据えた。デュマは元革命的サンディカリストで労働総同盟副書記の経歴をもっており、戦争によってナショナリストに転向し、一九二二年にヴァロワの誘いでアクシオン・フランセーズに入会していた。[20] こうしたヴァロワの反議会主義と左翼指向は、一九二四年二月一一日の集会に基づく要求に表れているが、それがフランスの大産業家を尻込みさせたことは否めないであろう。さらに、一九二四年三月までにポワンカレ政府が新税制とアメリカからの貸付により危機をやや緩和したことは、変革の矛先をさらに鈍らせていた。

ヴァロワにとって一九二四年は大きな方向転換があった年であった。コーポラティズム運動をめぐる紆余曲折だけでなく、さらに二つの出来事がそのきっかけとなった。その一つは、一月初めにマートンらとともにローマで一週間を過ごし、ムッソリーニを始めとするファシストと会見したことである。そもそもアクシオン・フランセーズにおけるコーポラティズム運動の推進にイタリア・ファシズムの影響が多分にあったことは否定できないが、ヴァロワはイタリアでムッソリーニの権威と魅力に圧倒されただけではなく、そこに彼の理想に合致したイデオロギーと体制をみいだしたことで、自らが抱いてきた理念に確信をもったと思われる。もっとも、その暴力的な側面には異質なものを感じ取っていた。彼は帰国後、ファシスト革命はたんなる共産主義への反動ではなく、金権主義と平和主義にそまった自由主義と民主主義に対する反乱であると主張し、ファシズムを称賛し始めた。また同時に、フランスの保守主義的で議会主義を好むブルジョワジーにますます苛立つようになっていた。[21] もう一つの出来事は五月の選挙である。エタ・ジェネロー運動がつねに延期を要求していた選挙が五月に行われ、左翼連合が勝利した。この選挙においてアクシオン・フランセーズは積極的に候補者をたてた。ヴァロワは「政府のパイの一切れを張り合う」ような選挙への参加に反対していたが、結局のところ候補者の一人となることに渋々同意した。結果はアクシオン・フランセーズがたてた候補者全員の敗北であった。[22]

五月の選挙の後、ヴァロワは純粋な大衆運動を独自にめざすようになった。戦後ヴァロワはアクシオン・フランセーズの指導委員会の一員になり、経済部門でそれの運動を拡大することに多大な貢献をした。その間彼が確信したことは、アクシオン・フランセーズの人間は口先だけ議会共和制の打倒を言っているだけで、新聞を出して教義を広める以外には何もしないということだった。[23] 左翼連合の下では通貨危機と財政危機は不可避なので、議会体制を打倒する好機が到来したと考えるようになっていたヴァロワは、経済の専門家という役割を超えて国民運動を起すための活動に着手した。

その一つはヴァロワのファシズム的な国民運動理念の公表である。五月二九日にヴァロワはモーラスらを前に、すべてのナショナリスト団体、旧出征軍人、労働者を糾合する国民革命の理念を提示した。この理念については次章で論じるが、要するに現行の死にかけている自由主義体制に代わる二つの潮流、すなわち共産主義とファシズムを区別したうえで、後者による国家権力の掌握をめざす革命論であり、ヴァロワはその年のうちにそれを説いた『国民革命』を出版した。ヴァロワはこの時点ではまだアクシオン・フランセーズの成員として行動しようとしていた。モーラスはそれを是認した。ドゥーグラスによれば、モーラスはそこから生まれる結果に興味をもっていたにすぎなかったが、一般同盟員の多くはファシスト的潮流のなかで最終的に王党主義が勝利すると信じて即座に賛同したようだ。[24] 翌一九二五年二月二六日、公式には『カイエ・デ・ゼタ・ジェネロー』に代わるものとして『新世紀』を創刊した。寄稿者リストには右翼ジャーナリストの有名人の名が連なり、大富豪や大産業家の援助も得て、パリの出版界では成功が保証されているとみなされていた。この週刊紙は後にフェソー運動の機関紙となったが、もともと新しい政治運動の機関紙を意図してつくられたわけではなく、アクシオン・フランセーズに引き寄せられていたさまざまな政治団体に綱領を提供するとともに、その支持を集めることを目的としていた。その発刊時の編集員も、ほとんどがアクシオン・フランセーズの成員かもしくはそれに近いサークルの出身者であった。しかしながら、その内容は明白にファシズム的であった。ヴァロワはそのなかで社会主義と共産主義を激しく攻撃し、左翼連合政権が経済危機を解決する能力がないばかりか、無秩序の精神を扇動していると非難した。そしてフランスを救うためには、共産主義という「私生児」を生んだ自由主義を「勝利の精神」に、そして議会主義を独裁主義に置き換えねばならないと訴えた。

もう一つは支持者の獲得とその組織化である。特に重点が置かれたのは旧出征軍人であった。[25] 一九二四年一一月一一日の休戦記念日にヴァロワはパリで旧出征軍人を集めた大集会を開き、彼の理念を説いた。この集会を通してヴァロワはアンドレ・デュミエールとセルジュ・アンドレという二人の重要な人物と手を組んだ。前者はアルチュイと同様に戦争の英雄であり、ヴァロワはその組織力に期待していた。後者も戦争叙勲者であり、その資金援助によってヴァロワの活動を助けた。[26] この集会から翌年にかけて、ヴァロワはデュミエールとアルチュイの尽力により旧出征軍人の組織化を進め、一九二五年四月に準軍事的組織「勝利の政治のためのレジオン」(les Légions pour la politique de la victoire)——以下「レジオン」と略すが、レディエのレジオンとは異なる——を結成した。この組織は結成一ヵ月前にヴァロワの仲間に入ったモーリス・バレスの息子フィリップを幹部に据えることにより、さらなる威信を加えることができた。フィリップ・バレスはレジオン・ドヌール勲章を授与された旧出征軍人であり、戦後は父と同様に文筆活動をとおして父の知的遺産を熱心に弁護するとともに、愛国者同盟の中央委員として政治に関与し、一九二四年選挙に保守陣営から立候補していた。[27]

旧出征軍人以外にヴァロワは労働者の組織化も進めた。彼が戦後コーポラティズム運動を進めるなかでもっとも腐心したのはこの問題であった。それはフランス職能団体同盟の書記長にデュマを登用したことからも明らかである。だが、あまり成功してはいなかった。産業家は労働者の代表が発言力をもつことに反対していたし、また逆に労働者は保守的な産業家が背後にいることを警戒していた。ヴァロワが一九一九年に出版業関係のスト破りを助けたことも知れわたっていた。エタ・ジェネロー運動が力を失った後も、たとえば一九二四年一一月の商業所有権スメーヌの開催にみられるように、ヴァロワはコーポラティズムを諦めたわけではなかったが、労働者階級の補充は旧出征軍人ほどうまくはいかなかった。ヴァロワのこの面での活動のなかで特筆すべきは、共産主義者にも同盟を組むことを働きかけ、実際、一九二四年秋に共産主義者のドルドーニュ県ペルグー市の市長マルセル・デラグランジュを仲間に引き入れたことであった。(28)

こうしたヴァロワの過激な活動は当然のこととして、保守主義的な仲間との間に確執を生み出した。その内の二人は極めて重要である。一人はマートンである。彼はヴァロワがデラグランジュを仲間に入れたことにショックを受けていたが、その左翼指向に危機感を募らせ、銀行労働者のストライキをめぐるヴァロワの共産主義者への対応の仕方を酷評した後、一九二五年八月に絶交した。それは『新世紀』の貴重な財源を失うことでもあった。(29)もう一人のより重要な人物はモーラスである。彼はヴァロワの活動方針に明らかに好感をもっていなかったが、アクシオン・フランセーズが害されない限り静観していた。モーラスがヴァロワの方針に明確に反対の意を表したのは、『新世紀』の創刊をめぐって対立したときからであった。ヴァロワはもともと『新世紀』を日刊紙として刊行したかったが、財政的事情により週刊紙にせざるをえなかった。モーラスは週刊紙は教義を論じることになるので、『ラクシオン・フランセーズ』と競合することは必定であるとしてそれに反対した。さらに、進歩を含意する「新世紀」という名称についても反論を唱えた。だが、ヴァロワは自分の方針を貫いた。その後も新たにヴァロワの後援者となった香水王フランソワ・コティがもたらす資金、ヴァロワ自身が大株主となっているアクシオン・フランセーズの出版社ヌーベル・リブレリ・ナシオナルの出版方針、フランス職能団体同盟の支配権などをめぐって両者の対立は激しくなり、その年の夏にモーラスはヴァロワの左翼的・進歩的指向はアクシオン・フランセーズの教義に反すると真っ向から批判するまでに至った。一〇月七日、アクシオン・フランセーズ幹部がヴァロワにファシズム的企図の放棄を迫り、ヴァロワがそれを拒絶して脱会を申し出たことで、二人は完全に分裂した。[30]

一九二五年一一月一一日の休戦記念日にフェソー、正式には「戦士と生産者フェソー」(le Faisceau des Combattants et des Producteurs)が発足した。総裁にヴァロワ、副総裁にアルチュイが就任し、この二人にデュミエール、アンドレ、フィリップ・バレスを加えた五人が幹部を構成した。ワグラム・ホールで行われた創立大会では、バレス、アルチュイ、そしてヴァロワが演壇に立ち、「勝利の精神」に基づく議会主義の打倒を訴えた。[31]これまでの極右団体とは異なり、フェソーは旗幟鮮明な綱領と幅広く会員を集めうる組織をもっていた。綱領の骨子は、議会制の廃止、戦士の意思に基づく独裁制の確立、諮問会議としての職能議会による国民利益の代表、金フラン制の施行、組合制による生産の合理的組織化にあった。組織面では、フェソーは四種の会員資格に基づく四つの集団から構成されていた。第一の集団は「戦士フェソー」であり、第一次大戦もしくは植民地戦争に従軍した兵士、ならびに二〇歳以上の志願者からなっていた。この組織は前身となったレジオンの名でも呼ばれ、その成員はレジオネールと呼称されていた。第二の集団は二〇歳未満の青少年からなる「青年フェソー」である。第三の集団は「生産者フェソー」であり、経営者・ホワイトカラー・技術者・労働者が職能別に組織されていた。これはフランス職能団体同盟の発展型であり、指導者はデュマであった。第四の集団は「公民フェソー」であり、第三までの集団に属さないが運動を支援する人々と女性からなっていた。以上の集団のなかで中核的な働きをした戦士フェソーは、ほとんどムッソリーニの黒シャツ隊の模倣であり、機が熟したら独裁者を権力の座に就けるために介入することを本来の役割としていた。[32]レジオネールは青シャツを着ていたが、愛国青年同盟の行動部隊である青シャツ隊と区別するために細かな服装の指示を受けていた。[33]

最初の頃、フェソーはかなりの成功を収めた。警察報告によれば、一九二五年一二月の第一週のフェソーの新会員は一日一一五人に達し、その月の中旬までに会員は五〇〇〇人に達した。[34] 多くは既成のナショナリスト団体出身の会員であり、なかでもアクシオン・フランセーズ出身者は数においても戦闘力においてもフェソーの最大の母体となった。モーラスはフェソーの集会への参加を禁ずる公式の命令を出したが、それにもかかわらず、アクシオン・フランセーズを退会しフェソーに加わる人間は跡を絶たなかった。[35] この事態は、アクシオン・フランセーズにおける行動意志の欠如、体制内安住、文学サロンの趣に対して、若い世代がいかに不満をもっていたかを示している。フェソーの会員はその後も増え続け、半年後に三万人、一年後には六万人に達した。

ヴァロワはフェソーを発足させた当初、左翼連合への反感の高まりを背景にすべての右翼の支持を勝ち取り、他のナショナリスト諸同盟とも連帯できると考えていた。創立大会にあたっては三万通の招待状がほとんどすべてのナショナリスト同盟に送られていた。その後もフェソーの機関紙となった『新世紀』は、他のナショナリスト諸同盟に好意的な記事を掲載した。しかし、諸同盟は分裂したままだった。国民統一を求める公式声明とは裏腹に、それらは極左と同様にセクト化していた。特にアクシオン・フランセーズや愛国青年同盟といった極右団体の指導者は、フェソーを自分たちへの侵害とみなしていた。それは会員や財源を少なからず持っていかれたからだけでなく、ヴァロワの掲げた明確な反議会主義と独裁制が、理論的には反議会主義だが実際には選挙活動に深く関わるという彼らのスタイルを突き崩すことになるからでもあった。[36] スウシーによれば、ヴァロワが独裁者が誰かを明言しないこともその一因であった。たとえ独裁制を認めるとしても、独裁者が権力獲得後に誰を好むのか分からないのに支持を与えることはできないというわけだった。[37]

こうした事情があったものの、愛国青年同盟のテータンジェはヴァロワに魅せられて冒険を望む若い会員の突き上げにあって、フェソーと手を組むかどうかについて明確な態度を示せないでいた。テータンジェにとって、何よりもまず会員の流出を食い止めることが焦眉の課題であった。フェソーが設立された月にパリの会員の半数以上をなくした損失は大きかったからだ。テータンジェは結局のところ、前章で論じたように一九二六年一月に愛国者同盟と袂を分かち、より過激な路線を取ることを選択した。その後、彼はフェソーとの間に協力関係を築こうとしたこともあったが、遂に同盟を結ぶことなく終った。テータンジェはこの時期ファシズム的な方向に向かっていたが、未だ革命の機は熟していないという明確な信念をもっていたからであり、また、フェソーとの同盟がレディエのレジオンのように吸収同化というかたちをとることを恐れたからであった。[38] フェソーと組む代わりに愛国青年同盟はアクシオン・フランセーズに接近し、その分フェソーとは敵対するようになった。というのも、フェソーをもっとも激しく敵視した同盟はアクシオン・フランセーズだったからだ。

アクシオン・フランセーズはフェソーが設立されて一ヵ月もたたないうちに反ヴァロワの論陣を張り、彼の性格的問題、共産主義との結びつき、警察のスパイなどあらゆる種類の悪意に満ちた個人攻撃を始めた。[39] ヴァロワはそれに対し、アクシオン・フランセーズの指導者は共和制の打倒を語るだけで何一つ行動できないと反撃した。だが、アクシオン・フランセーズの中傷は執拗であり、それはヴァロワとフェソーにとって明らかに痛手となった。『新世紀』に寄稿していた人々のなかには、アクシオン・フランセーズの非難を恐れて取り止める者も出るようになった。また、双方の同盟に資金援助をしようとしていたコティのような人々は、アクシオン・フランセーズに敵対してまでフェソーを支援する気はなかったので、すぐに援助を取り消した。さらに、その攻撃は言葉だけに止まることはなかった。カムュロはしばしばフェソーの集会を襲撃し、ヴァロワ自身も彼らによって傷つけられた。一九二六年一一月一二日、ヴァロワは遂にモーラスに対し二日以内にフェソーへの攻撃記事の掲載を停止するよう求める最後通牒を送り、二日後にレジオネールにアクシオン・フランセーズ本部の襲撃を命じた。しかし、この襲撃は逆に撃退された。この事件だけでなく、集会の妨害に有効に対処できなかったことも、ファシズム的軍事組織としてのフェソーの評判を落すことになった。(40)

フェソーの衰退はすぐに始まった。アクシオン・フランセーズの敵対は明らかにその要因の一つにあげられよう。だが、より重要な要因が二つあった。その一つはヴァロワの行動力と政治的リーダーシップの欠如である。創立時のフェソーに多くのナショナリスト同盟の成員が流れたのは、旧出征軍人のクーデターによって第三共和制が打倒されることを期待したからであった。彼らは言葉では反議会主義や独裁を言っても現実には選挙運動に奔走する幹部に嫌気がさしていた。それに対し、フェソーは明確に権力奪取をめざした行動の必要を訴えていた。しかしながら、ヴァロワもまた即座の行動に移らなかった。一九二六年三月になるとレジオネールのなかには苛立つ者が出るようになり、ヴァロワは直接行動よりも職能団体の組織化に関心があるのではないかという不安が囁かれるようになった。六月になると、地方ではヴェルダンやランスでの大会の成功などにより相変らず会員が増え続けていたものの、パリの組織では無気力が広がるようになっていた。ヴァロワはそれに対し、経済危機の深化を待つべきであって行動は時期尚早であると答えるだけだった。彼は強力な警察権力によって護られた政府を打倒することは至難の業であり、国家が衰退したときに、フェソーは下院議員の多くや他の準軍事的集団と結託して権力を掌握できると考えていたが、それを行動力の欠如とみなされても仕方ないだろう。さらに、誰が独裁者になるのかについて曖昧であったことも成員の不満を燻らせる原因になった。彼らは眼前の力強い指導者による命令を欲していたからである。成員のなかでは当然のこととしてヴァロワにその任を求める声も上がっていたが、彼には独裁者になる気は毛頭なかった。それどころか、彼は組織内において絶対的な忠誠を求めることもしなかった。(41)ヴァロワはデマゴーグというよりもインテリだった。

イタリアやドイツのファシズムにおいて決定的な重要性をもった指導者原理がフェソーには明らかに欠けていた。

もう一つの要因は、ポワンカレ政権の誕生とそれによる経済危機からの脱出である。一九二六年六月にフランス政府が直面していた危機は頂点に達していた。フランは大幅に下落しインフレは進む一方だった。ヴァロワが直接行動に出るとすれば、最善のチャンスはこのときだった。だが、何もしなかった。左翼連合はなす術もないまま七月に退陣し、ポワンカレに首相の座を譲った。ポワンカレ政府の出現はフェソーに難題を課すことになった。フェソーにとって左翼連合への攻撃は何の問題もなかった。しかし右翼内閣の場合、一方においてそれを完全に拒否することは多くの保守的支持者の離反を招くことになり、他方においてそれを完全に支持することは自らの存在理由を失うことになるからだ。フェソーは結局、永久的独裁を求める以上、第三共和制の内部にあるいかなる政権も認めることはできないという論法でポワンカレを批判した。とはいえ、その批判は穏やかなものだった。このことは保守的支持者にとっても過激主義的な支持者にとっても不満の残るものだった。さらに、ポワンカレ政府が大企業の支持を背景に、政府支出の削減と新型間接税の導入により政府を経済危機から救い出したことは、フェソーにとって致命傷となった。経済危機こそが運動としてのフェソーの推進力だったからである[42]。

フェソーは一九二六年の終り頃から解体し始めた。この年の九月イタリアを訪れたヴァロワは、そこでファシスト政権の金権腐敗、経済政策の破綻、コーポラティズムの機能不全をみて疑問を覚えるようになり、帰国後徐々に左翼に戻り始めた[43]。翌年一月のフェソーの幹部会議で、ヴァロワはフェソーを共和主義と選挙政治に連れ込もうとしていると非難された。フェソーの脱退者は毎日増え続け、一九二七年の夏までにフェソーはその成員のほとんどを失っていた。翌年フェソーは正式に解散し、ヴァロワは五月九日に「共和主義サンディカリスト党」を結成した。第二次大戦が始まり、フランスがドイツに占領されると、ヴァロワはレジスタンスに入った。そしてゲシュタポに捕まり、ベルゲン・ベルセンの強制収容所で六六年の生涯を終えた。

（1） G. Valois et Georges Coquelle, *Intelligence et production : La Nouvelle organisation économique de la France*, Nouvelle Librairie Nationale, 1920, pp. 56-58.

(2) *Ibid.*, pp. 107-111 ; G. Valois, *L'État syndical et la représentation corporative*, in *L'Œuvre économique*, Nouvelle Librairie Nationale, 1927, vol. 3, p. 27.

(3) G. Valois, *Intelligence et production*, cit., pp. 68-73 ; idem, *L'Homme contre l'argent : Souvenir de dix ans 1918-1928*, Librairie Valois, 1928, pp. 13-16, 32-38 ; idem, *L'État syndical et la représentation corporative*, cit., pp. 27-33.

(4) G. Valois, *L'Homme contre l'argent*, cit., pp. 47-48 ; A. Douglas, *op. cit.*, pp. 49-51.

(5) R. Soucy, *op. cit.*, p. 103.

(6) *Ibid.*, pp. 103-104.

(7) G. Valois, *L'Homme contre l'argent*, cit., pp. 52-53.

(8) G. Valois, *L'État syndical et la représentation corporative*, cit., pp. 145-154, 168-174.

(9) G. Valois, *L'Homme contre l'argent*, cit., pp. 72-73.

(10) G. Valois, *L'État syndical et la représentation corporative*, cit., pp. 205-209 ; idem, "Chronique des États." *Cahiers des États Généraux*, 1 (1), avril 1923, pp. 93-96.

(11) G. Valois, *L'État syndical et la représentation corporative*, cit., pp. 155-177.

(12) G. Valois, "Partie périodique." *Cahiers des États Généraux*, 1 (2), mai 1923, pp. 163-165 ; idem, "La Réponse du pays." et "Partie périodique." *Cahiers des États Généraux*, 2 (7), novembre 1923, pp. 168-182, 183-184.

(13) G. Valois, "Résolutions acclamées à la réunion des États Généraux du 21 février 1924." *Cahiers des États Généraux*, 2 (9), février-mars 1924, pp. 407-408 ; idem, *L'Homme contre l'argent*, cit., pp. 92-93.

(14) G. Valois, "Les Conditions du succès." *Cahiers des États Généraux*, 2 (9), février-mars 1924, pp. 401-406 ; idem, *L'Homme contre l'argent*, cit., pp. 90-91.

(15) *Ibid.*, pp. 73-77, 105-107.

(16) A. Douglas, *op. cit.*, pp. 59-60.

(17) G. Valois, *L'Homme contre l'argent*, cit., pp. 89-98.

(18) A. Douglas, *op. cit.*, pp. 64.

(19) G. Valois, *L'Homme contre l'argent*, cit., pp. 78-79 ; idem, *L'État syndical et la représentation corporative*, cit., pp. 310-313.

(20) R. Soucy, *op. cit.*, pp. 116-117.

(21) G. Valois, *L'Homme contre l'argent*, cit., pp. 87-89 ; idem, Préface à Pietro Gorgolini, *La Révolution fasciste*, Nouvelle Librairie Nationale, 1924.

(22) G. Valois, *L'Homme contre l'argent*, cit., pp. 102-105 ; A. Douglas, *op. cit.*, p. 65.

(23) G. Valois, *L'Homme contre l'argent*, cit., pp. 29, 67-69.

(24) A. Douglas, *op. cit.*, p. 74.

(25) ヴァロワは旧出征軍人を意味する'anciens combattants'ではなく、'combattants'という語を用いて戦いが続いていることを示そうとした。*Ibid.*, p. 73.

(26) R. Soucy, *op. cit.*, p. 102 ; G. Valois, *L'Homme contre l'argent*, cit., pp. 185-186.

(27) R. Soucy, *op. cit.*, pp. 104-105.

(28) G. Valois, *L'Homme contre l'argent*, cit., pp. 125-127 ; A. Douglas, *op. cit.*, p. 65.

(29) *Ibid.*, pp. 82-83 ; G. Valois, *L'Homme contre l'argent*, cit., pp. 140-146.

(30) A. Douglas, *op. cit.*, pp. 83-88 ; G. Valois, *L'Homme contre l'argent*, cit., pp. 150-176 ; idem, *Basile*, cit., pp. 45-48, 59, 69-70, 131-132, 296-297.

(31) 創立大会において演壇に立ったフィリップ・バレス、アルチュイ、そしてヴァロワの演題は、「勝利の感情」「勝利の教育」「勝利の政治」であり、その演説は翌日の『新世紀』に掲載されている。*Le Nouveau Siècle*, 12 novembre 1925.

(32) 木下半治、前掲書、三五八—三六一頁。R. Soucy, *op. cit.*, p. 89 ; A. Douglas, *op. cit.*, p. 114-116.

(33) フェソーの服装は、アーミーブルーのシャツとカラーとそれらに合ったブルーのネクタイ、ネイビーブルーないしダークカラーのスーツ(ないしアーミーブルーのセーター)、黒いバンドのついたグレーの中折帽子ないしグレーの縁なし帽子、勲章、ボタンホールにレジオンの記章(剣をもって交差した手をあしらったトリコロールの盾型記章)、左側にステッキ、オーバーコートと傘は身につけず、冬にはアーミーブルーのセーター、であった。R. Soucy, *op. cit.*, p. 89.

(34) G. Valois, *L'Homme contre l'argent*, cit., pp. 188-191 ; R. Soucy, *op. cit.*, p. 90 ; A. Douglas, *op. cit.*, p. 126.

(35)　スウシーによれば、一九二六年四月までにパリのアクシオン・フランセーズ会員のうちフェソーに移ったのは一八〇〇人である。これはフェソー全会員の一五%以下でしかないが、その多くは元カムュロのひじょうに戦闘的な会員であった。この時期までにフェソーは会員数でアクシオン・フランセーズを追い越していた。さらに、その戦闘員数において、フェソーのレジオンが一万三〇〇〇人であったのに対し、アクシオン・フランセーズのカムュロは僅か一〇〇〇人であった。R. Soucy, *op. cit.*, p. 111.

(36)　A. Douglas, *op. cit.*, pp. 99-100.

(37)　R. Soucy, *op. cit.*, p. 176.

(38)　*Ibid.*, pp. 176-180 ; A. Douglas, *op. cit.*, pp. 100-101.

(39)　たとえば、*L'Action française*, 27 novembre 1925, 1 décembre 1925, 4 janvier 1926, 8 janvier 1926, 13 janvier 1926, 15 janvier 1926, 16 janvier 1926, 17 janvier 1926, 21 janvier 1926, 26 janvier 1926, 30 janvier 1926, 3 février 1926.

(40)　R. Soucy, *op. cit.*, pp. 180-184 ; A. Douglas, *op. cit.*, pp. 102-105.

(41)　G. Valois, *L'Homme contre l'argent*, cit., pp. 234-256 ; A. Douglas, *op. cit.*, pp. 105-111 ; R. Soucy, *op. cit.*, pp. 91-92, 185-187. ヴァロワは有能な軍関係の人物を独裁者に望んでいたようであるが、具体的にその名をあげることはなかった。フェソー内ではシャルル・マンジャン将軍の名があがっていたが、彼の死後はマキシム・ウェイガン将軍がその候補者になった。A. Douglas, *op. cit.*, p. 125.

(42)　R. Soucy, *op. cit.*, pp. 187-190.

(43)　G. Valois, *L'Homme contre l'argent*, cit., pp. 265-269. 木下半治、前掲書、三九七―四〇四頁。

第四節　ファシズムの理論

ヴァロワがファシズム理論を論じた代表的な作品は『国民革命』(一九二四年)と『ファシズム』(一九二七年)である。

『国民革命』のなかでは「ファシズム」という言葉は遠慮がちにしか使われていないが、自己の主張をファシズムとみなしていることは明らかであり、またその内容は明白にファシズム的である。実際のところ、この二著のなかで戦前にまったく述べられていない理論はない。では、なぜファシズムという新しい政治理論が論じられたのか。それは戦前の思想を構成していた諸要素が、強調点を変えつつ一定の観点のもとに新しい体系に組み替えられたからである。そしてその観点を形成したのが戦争体験から得られた二つの課題であった。戦争ほどではないが、さらに二つの出来事も理論形成の重要な要因として等閑に付すわけにはいかないだろう。一つは前述のイタリア・ファシズムの成立であり、もう一つはロシア革命の成功により高まった共産主義の脅威である。ヴァロワが共産主義に対してテータンジェと同様な敵愾心と恐怖心を抱いていたことは想像に難くない。この二つの影響については後述するように、自由主義に代わる運動としてファシズムと共産主義の二つを提示した点に明らかである。二つの課題のうち、第一の歴史哲学的課題は文明論的な見地に立ったファシズムの歴史的な意義論のなかで、第二の体制変革論的課題はファシズム的な国民国家論のなかで論じられた。以下、二著を中心にその順に考察したい。

ヴァロワはファシズムの意義について、「ファシズムとは、ヨーロッパ文明全体が高度な段階に移行するための運動である」と述べる(1)。ファシズムは歴史の舞台に登場したときから、共産主義から現行の資本主義秩序を擁護する保守派の運動であるとか、一七八九年大革命への反動ないし反革命の再発であるとか、あるいは議会外のナショナリストの急進化であると言われており、一般に一時的な暴発とみなされることが多かった。それに対してヴァロワは、それは誤解であるとして、ファシズムは「国民的・政治的・経済的・社会的生活についての全体的な考え方」であり、「新しい進歩的な文明形態」「より光輝に満ち、より豊饒で、より偉大な文明の新段階」を形成する運動であると反論する(2)。つまり、ファシズムは体制内で特定階級の利害を代弁する運動などではなく、一つの文明、すなわちキリスト教を土台に築かれたヨーロッパ文明を保守するために、それをより発展させる包括的な運動であるというわけである。

それゆえに、ファシズムはフランス一国の運動ではなく、汎ヨーロッパ的で普遍的な運動であるとされた。

しかしながら、ファシズムがナショナリズムに基づくことは確かであり、インターナショナリズムが認められるはずはない。ここに生じる汎ヨーロッパ文明との整合性の問題については、「ファシズム、それは一七八九年の結論である」[3]という言が参考になる。ここで彼が念頭に置いているのは、大革命によって初めて歴史に登場した国民国家についてである。ヴァロワにとって、それこそが今日において文明を構成する基本的枠組みであり、そこにおいてしか無形な文明は継承・発展できないと考えられていた。換言すれば、ヨーロッパ文明はそれぞれ固有の性格をもつ国民国家においてしか現実化しないということである。「諸国民は集まって一つの文明に属し、そのなかで自由と独立を享受する」[4]と彼が言ったのは、こうした文明の二重の論理構造を前提に理解できよう。

要するに、ヴァロワにおいて、ファシズムの歴史的意義は現代文明の形態である国民国家を完成させる点にあった。ファシズムはそのための運動であるが、しかしそれは革命運動であった。ヴァロワは『国民革命』のなかで、フランスが参戦した一九一四年八月二日を「国民革命」が始まった日と定め、そして翌年から組織された「反革命」による「抑圧」に抗して革命を完遂することを訴える。[5]ヴァロワは国民革命の意味について、それは一九世紀を否定し二〇世紀を構築する「全体革命」であると言う。「全体革命」は『ファシズム』のなかでは「構築的革命」と呼ばれているが、[6]後の一般的な用語法に従って「ファシズム革命」と言ってもよいだろう。それは思想から体制までのすべてに及ぶ革命である。

「ファシズム革命」の思想的基礎に関して、ヴァロワはファシズムとは「一九世紀のすべての政治・経済・社会哲学の否定である」[7]と述べる。これについては第一節でかなり論じたので、ここでは二著とほぼ同じ時期に書かれ、「存在の神学」と「生成の神学」の二つの神学の対立というもっとも根本的な問題を取り上げた論文にのみ言及しておきたい。この対立概念はソレルの影響で戦前から抱懐していたペシミズムとオプティミズムの理念を発展させたものである。ヴァロワによれば、「存在の神学」とは最高善は物事の始まりにあるという哲学である。それに則った人間の道徳的法則は、最高善を保守するために誘惑に打ち勝ちながら自然から身を守る永久的方法を科学的に探し、それによって文明の領域を拡大することにあるとされる。国家や主人の権威はそのための必要物である。それに対して、「生成の神学」ないし「進歩宗教」とは、最高善は終りにあるとする哲学であり、人間は獣的なものを打ち負かしながら、究極的完成、すなわち神に向かって進む存在であると考える。この教えによれば、国家は獣的な暴力の時代の残存物であるとされる。ヴァロワの哲学的主張は、言うまでもなく一九世紀を支配した「生成の神学」を「存在の神学」に置き換えることにある。(8)

一九世紀の「生成の神学」に基づく国民国家は自由主義体制をとる。ヴァロワは一九二〇年代のヨーロッパにおける最大の問題は自由主義＝議会主義体制の崩壊にあるとして、次のように述べる。


われわれの時代は実際のところ、全面的変革の時代である。

議会制度は至る所で倒壊している。

自由主義的な経済システムは方々で行き詰まっている。

一九世紀の政治・経済体制によってつくられた社会制度は、文明にとって致命的であることが明らかになっている。

かくして恐るべき問題が全ヨーロッパで提起されており、ヨーロッパはそれの新しい制度を必死になって探している。この問題は大ブリテン・スコットランド・アイルランドの連合王国やスイス連邦と同様に、フランス共和国においても生じている。

それは一九世紀を通じてヨーロッパを支配し、終末に到達したところの政治的・経済的・社会的自由主義の崩壊である。[9]

ヴァロワが行った自由主義＝議会主義体制の批判は、基本的には伝統的な右翼ナショナリストの批判と同じであり、国民を政党もしくは階級によって分断して不毛な対立を招くことにより、国民の凝集を妨げているという周知の理由に基づいている。ただしその説明に関して、ヴァロワの議論のなかには伝統的右翼にあったようなフランスの伝統へのある種のロマン的な一体化はほとんどない。そこに顕著にみられるのは、ひじょうに機能主義的な見方である。ヴァロワは自由主義＝議会主義体制においては、その制度的特質からして必ずやブルジョワジーの支配を招くとして、ブルジョワジー批判というかたちで理論を展開する。まずはその論理を辿ってみたい。

ヴァロワによれば、そもそもブルジョワジーの社会的機能は、企業を指導し、創造的に産業を発展させ、貯蓄によって資本を蓄えることにある。そしてブルジョワジーの美徳は享楽を慎み、忠実にその役割をはたすことにある。近代において文明が発展し国民の豊かさが増したのは、ブルジョワジーによるところが大きい。しかし、その機能において、ブルジョワジーは国家の協力者ないし従僕であって主人ではない。ブルジョワジーが国家の主人になり、権力を握り、自らの社会的機能を国家レベルではたそうとするならば、国民生活は瓦解し、無秩序が広がることになる。自由主義国家の誤りはこれを許したことにある。[10]

では、どうしてブルジョワジーが国家権力を握り、どのようにしてそれを行使するかというと、ヴァロワは国民生活の要素として国家ないし国王・ブルジョワジー・人民の三つの社会的存在を区別したうえで、次のように説明する。社会的機能の点からみれば、国家は消費に傾き、人民は貯蓄をしないので、ブルジョワジーにとって双方とも異質な存在である。国家が強力ならば、ブルジョワジーの活動をその社会的機能に限定し、それを十分にはたさせることができる。しかし、国家が弱体なとき、あるいは長い平和が続くとき、「豊かさの組織者」を自認するブルジョワジーは消費する国家を不安をもって眺め、国家に介入してくる。一九世紀の自由主義＝議会主義体制は、選挙をとおして金持ちが政治家になる仕組みになっているので、そこでは当然国家が弱体化するうえに、ブルジョワジーは容易に権力を掌握できる。権力の座についたブルジョワジーは企業でやっているように国家を指導すればうまくいくと考え、それに固有の行動原則、すなわち「金の法則」を国家に持ち込もうとする。こうしてブルジョワジーは国内政治において政治を政治家間の利益をめぐる取引と捉え、国民的利益を分断して対立させ、国家政治の舞台で商取引を演ずる。それればかりか、いざというときには金で解決をつける「金権政治」を常態化する。言うまでもなく、これは市場取引の適用であり、国民生産の増大によって正当化される(11)。

他方、国際政治においても、ブルジョワジーは自己の論理を貫徹する。彼らにとって国際政治は財の流通にすぎないのであり、契約者間の市場分割と異なるところはない。ブルジョワジーは、人々が財を交換するならヨーロッパは平和のなかで生きられると信じ、そのための条件は各人が努力して豊かになることであると考えている。かくして安全や平和は生産と取引の問題に置き換えられ、ブルジョワ政府はドイツに対してばかりか、共産主義ロシアに対しても、策を弄して契約を結べば平和と安全がやってくると考える。こうしてそれは国際政治において平和を保って国民生活の安全を維持するという国家の役割をはたすことができず、国民を戦争と革命の危機に晒すことになるとヴァロワは断定する(12)。

ヴァロワのブルジョワ支配への批判は、政治を超えて精神的領域にまで及ぶ。ヴァロワはフランスのデカダンスの時期を一九世紀から二〇世紀初めまでとしたうえで、その原因をブルジョワ支配に求め、次のように批判した。第一に、「金の法則」を国家の行動原則にしたことは、本来の国家精神である「戦士の美徳」を踏み躙り消沈させた(13)。第二に、経済面において国家統制を操るブルジョワジーは、国民的立場ではなく私的立場にたち、インフレを好んで労働者や小投資家を傷つけ、さらには労働者を搾取して路頭に迷わせ、彼らが「無知・不潔・窮乏のなかに落ち込む」

ままに放置した。[14] 第三に、支配的ブルジョワの商業精神は、物質的なことは理解できても計算不可能な文化的産物を理解できないので、芸術から宗教に至るあらゆるフランス文化を「不快な金の専制」に隷属させた。[15] このようなヴァロワのデカダンス批判は、伝統的右翼のそれとはやや異なる。たとえばバレスの場合、デカダンスはあくまでも個人的心理の問題であり、政治・経済・文化に論点を移すとしても、それは常に個人的心理を基準にした政治批判であった。それに対してヴァロワの場合には、個人的な心理や精神の問題は抜け落ち、国家と国民の弱体化にのみ関心が集中している。ヴァロワにとってのデカダンスの問題は、あくまでもブルジョワ国家が崇高な文明を危険に晒した点にあった。また、ブルジョワ階級にのみ批判の矛先を向ける点でも伝統的右翼とは異なっている。ヴァロワのブルジョワ階級に対する憎しみは強烈であったが、これはファシストに共通した感情である。

ヴァロワは「ファシズムが二〇世紀のヨーロッパに対してもつ関係は、自由主義と議会主義が一九世紀に対してもつ関係と同じである」[16] と述べ、新世紀がファシズムの時代であることを宣言する。この革命的変革はモーラス的反革命とは意味が異なる。ヴァロワが言っているのは一九世紀の発展的解消であって、これまでの歴史をすべて無に帰すとか、以前に戻るとかいったことではない。こうした意味で、ファシズムが構築する国民国家はヨーロッパの伝統の正統な継承者として、「自由主義・デモクラシー・社会主義の遺産を受け継ぎ」[17] つつ構築されるとヴァロワは言う。この歴史的発展は、より直接的には「ナショナリズム+社会主義＝ファシズム」[18] と定式化された。ナショナリズムと社会主義はともに、一九世紀において自由主義国家に反対し、近代国家の問題を解決しようとして台頭した理念ないし運動である。ヴァロワはこの二つの潮流が結合することによりファシズムが形成されたと論じる。したがって、その二つはファシズムの組成原理でもある。ヴァロワによれば、それらは一般に正反対のものと考えられているが、しかし起源は同一である。すなわち、前世紀の「生成の神学」に基づく個人主義への反対であり、双方ともに個人主義が破壊した社会形態を構築もしくは再構築しようとしている。それゆえに、両者は表裏の関係にあり、ただナショナリズムが抑圧された国民的欲望を表現し、社会主義が抑圧された社会的欲望を表現しているにすぎないというわけである。[19]

ヴァロワはナショナリズムに関して、バレスやモーラスにあったような歴史的・文化的な議論を展開してはいない。彼らの後から生まれたヴァロワにとって、それは自明の理として等閑に付しても構わないことだったかもしれないが、むしろ彼にはそうした関心が欠けていたことの方が理由としては正しいだろう。彼はもっぱら、政治的・経済的観点からナショナリズムを説明する立場をとっている。ヴァロワの議論を要するに、ナショナリズムとは、個人主義的な経済が招いた財政的インターナショナリズムによって結束を失った国民を再結合しようとする努力である。これまでのナショナリズムの欠点は、経済諸力のもつ国際的性格までも否定することにある。それは不可能であり、問題はそうした経済諸力に対して国民主権を表現する国家がいかに統制を加えるかにある。[20]ヴァロワの主張は、分権化を唱えていた従来のナショナリストに較べて国家統制の比重が格段に増している。他方、社会主義については、ヴァロワはそれが台頭した理由を一九世紀における個人主義が経済的アナーキーを引き起し、労働者をノマド化したことにみいだす。ヴァロワによれば、もともと労働者は祖国に育まれて生産者としての生を充溢していた。労働者にとって、祖国とは抽象的な理念ではなく、大地に根をはる諸家族の結合である。経済的アナーキーが破壊したのは、このような社会的な生のかたちである。産業の発展が個人主義と結びついた結果、労働者は秩序なき経済的圧力を受けて祖国の外に放り出され、仕事場を求めながら孤立して彷徨うノマド的存在に零落した。そしてそれとともに、労働者は祖国の実在感を失い、社会悪の根源を私的所有に定めるという誤りを犯すことにもなった。[21]このようにしてヴァロワは、労働者の苦悩を個人主義による祖国喪失によって説明した。

ヴァロワは以上の立論のうえに、ナショナリズムと社会主義が対立しているのは、社会主義が祖国を見失い、インターナショナリズムに走ったからであるとする。そしてその原因をマルクス主義という「ゲルマン的社会主義」が蔓延ったことにあるとして、ブランキやプルードンといったフランス社会主義を援用しながら、社会主義のなかに祖国を甦らせようとした。[22] かくしてヴァロワによるナショナリズムと社会主義の融合の論理は、近代の病根をその基本的原理である個人主義に求め、それの逆転として祖国を基盤とする共同主義を再生させるところに成立する。この共同主義を担う集団は種々あるが、最高位に位置する集団は言うまでもなく国民である。

ヴァロワが構想する国民国家については国家と国民に分けて論じることにする。国家に関して、ヴァロワは「ファシズムとは近代国家の建設をめざすヨーロッパの運動である」[23]と言う。では、近代国家とは何か。ヴァロワの理論のなかから国家の二つの性格を抽出できよう。すなわち、「戦士の国家」と「生産者の国家」である。

ヴァロワが戦後に国民革命を訴えたとき、彼が何よりも主張したのは、「財政家の国家」を「戦士の国家」に代えることであった。その際、ヴァロワが論拠にしていたのは、文明論的な独自の平和論である。まずはその議論をまとめてみよう。[24] ヴァロワによれば、地球上の領土は不平等にできている。ヨーロッパ大陸のなかには、太陽の恵みを享けてオレンジや葡萄の花が咲く温暖で豊かな地中海沿岸地方もあれば、寒冷で不毛なステップ地方もある。こうした地理的多様性のために国境が必要になる。もしも国境がなければ、人間は本来怠惰であるので、北や東の人民は南の生きやすい「太陽の国」へと移動する。そうなればこの地方に人口が集中し、侵略者との間に絶え間ない闘争が繰り広げられることになる。国境をつくり人民に大地の所有を保証すれば、人民はもはや自分のものを奪われる恐れをもたず、隣人と平和的な関係を保とうとするだろう。だが、国境をつくるだけでは十分でない。さらに必要なのは、英雄的精神をもった戦士が夜を徹して国境を防御することであり、これによって北方人民の好戦的な欲望は抑制されることになる。それゆえに、平和とは戦士の作品である。そしてヨーロッパの民衆に平和がもたらされるのは、「太陽の国」が国境に軍隊を置くときである。

この基本的認識に基づき、ヴァロワは次のようにフランスの歴史的位置づけを図る。かつてキリスト教によってヨーロッパが一つの文明を築いたとき、ローマはその保護者であり、平和の創造者であった。ローマ人は英雄的美徳をもち、野蛮人の軍隊が南に突進することを阻止するという責務を十分に理解していた。こうした平和の構築によって、ヨーロッパ諸民族は重い軍役や民族間の抗争から解放され、戦争や革命の波間に沈むこともなく高度な文明と繁栄を享受することができた。それればかりか、野蛮人の好戦的欲望を抑制し、彼らが平和と文明の恩恵に浴することも可能にした。東ローマ帝国が滅亡した一五世紀以降、「ヨーロッパの平和の法則」をローマから受け継ぎ、ヨーロッパ文明を守るという「普遍的使命」を担ったのは、少なくともその国の一つは、豊穣な大地と空をもつフランスである。ところが、一世紀以上「生成の神学」に従い自由主義体制を維持してきたフランスは、フランス革命以降に巨大な戦争に巻き込まれた何千万という人々の犠牲を普遍平和と友愛に向かう歩みとして正当化し、さらに第一次大戦においては進歩の最終段階が来たとして戦争の準備不足と戦争の制御能力の欠如を招き、そのうえ未だに進歩と平和を楽観的に信じている。一八七〇年と一九一四年の二つの戦争は北方の圧力の表出であり、それは南の守りが弱くなったために起ったものに他ならない。したがって、フランスに「神聖な湖の守護者」という普遍的使命を自覚させ、武力を保持する役割と義務を思い出させ、英雄的精神を覚醒させることは、ヨーロッパの平和と救済にとって必要不可欠である。ヴァロワはこうした「戦士が血を代価にして平和をつくる」という理念を「戦士の哲学」と名づけ、それを絶対的な規準にした国家、すなわち「戦士の国家」を構築することを何にもまして要求した。[25]

「戦士の国家」という性格は、ヴァロワの理論からしても国家の歴史とともに備わっている性格である。だが、「生産者の国家」という性格は、近代国家に特有のものである。ヴァロワの理論において、近代という時代は何よりも産業発展の時代であり、近代文明は産業的豊かさの組織化として捉えられる。この点から近代国家は、近代世界の経済諸力に国民的・社会的規律を与え、経済発展を主導する産業国家として確認される。「真の近代国家とは生産的かつ効率的であり、無限の豊かさを提供できる国家である」とヴァロワは述べる。[26] 産業国家を生産主体の側から言い換えた概念が「生産者の国家」である。国家の意義の点からすれば「戦士の国家」と較べて「生産者の国家」は二次的であるが、しかし、近代という時代において後者が弱体ならば前者が成立しないことは自明である。こうして国民国家は「生産の組織者」あるいは「経済的変革の組織者」としても特徴づけられる。[27] この点から構想されたのがコーポラティズム国家である。この国家では、生産に携わる人はすべて職能団体(corporation)に組織され、その内部では生産上の役割に応じて、経営者・技術者・労働者の組合(syndicat)が組織される。この職能団体は二五に分けられた生産部門ごとに、地域・地方・国家のそれぞれのレベルで段階的に組織される。それらを最終的に統合するのは国民経済評議会であり、その最高責任者が国家の指導者である。「生産者の国家」とは、このような新しい経済システムとしてのサンディカ的コーポラティズムを組織し、合理的・計画的な命令を下し、経済的統制を行う国家である。『新経済学』の議論と較べ国家の役割はかなり増大したものになっている。しかし、その基礎となっている経済理論、とりわけそれの近代化や科学技術への指向はまったく同じである。この国家は二〇世紀と「電気の時代」を念頭に置き、台頭するテクノクラートと産業プロレタリアに注目し、未来を指向する国家である。[28] この意味で「一つの時代が墓に入りつつあり、新しい時代がわれわれを呼んでいる」とヴァロワは繰り返し述べている。[29]

以上のように特性づけられる国民国家は、いかなる統治形態をとるであろうか。それについてヴァロワは、「国民国家は一人の指導者の姿のもとで現れる」と述べ、独裁的な国家形態を主張する。[30] この独裁的な指導者は、国民的利益の体現者であり、思想・指導・命令の統一者であり、いかなる集団・階級・政党も干渉できない絶対者であるとされる。彼のもつ特性は、国家のもつ論理にしたがって二つに整理することができるだろう。第一の特性は、平和を擁護するために「剣をもつ存在」という「戦士」的特性である。ヴァロワは「国家はたんなる諸事の行政官ではなく、英雄的美徳にしたがって生きる義務を持ち、われわれの感情に影響を及ぼし、いつのときもわれわれの思想や人格や福祉を擁護しようとする義務をもつ存在である」と述べているが、文中の「国家」は国家の指導者と同義である。[31] ヴァロワの議論のなかで、国家はその体現者である国家指導者としばしば同じ意味で用いられている。この場合の国家指導者は、戦士の精神的象徴であるだけでなく、国民軍隊の最高司令官という役割をもつ存在として表現されている。第二の特性は「生産者」的特性であり、国家指導者は国民の多様な労働を表現する象徴的存在であると同時に、実際に国民生産を管理・運営する指導者である。これの特性は次の文のなかに示されている。

農民は彼〔国家指導者〕のなかに、大地から生まれた人、小麦の穂のなかに隠された美徳を知る人を認める。労働者は彼のなかに、金が健康や給料や家族を支配することを禁ずる指導者をみいだす。ブルジョワジーは、彼が国民的財産の偉大なる管理者であり、その眼差しは目先の政策よりも遥かに遠くに向けられていることを承認する。(32)

国民はこうした独裁的指導者のもとにコーポラティズム型に組織され、議会を通じて利益を代表させる。コーポラティズムが示すのは「相互に支え合う諸団体から構成される国民」という統合様式であり、議会はそれに基づき家族・職業・地域ごとに組織された協同体(corporation)の代表から構成される。それは個人という一元的に抽象化されて内実を失った存在の代表ではなく、有機的に結合する諸団体の多様な利益に対応した、それゆえに人間の生の多様な様態に対応した代表であるとされる。かくして議会は自由を表現するとヴァロワは言う。「上に権威、下に自由」というフランス右翼の定式が、やや内容を変えつつも持ち越されている。ただし、この自由は完全な私的自由を意味しているわけではない。「全私的利益の国民的利益への服従」は「基本原則」であると述べられていることから分かるように、国民という有機体の成長に適うことが自由の条件である。(33)

ヴァロワは議会に主権を認めていない。その役割はあくまでも主権をもつ指導者への諮問である。では、この独裁的指導者とは誰であろうか。アクシオン・フランセーズで唱えてきた君主であろうか、それともムッソリーニのような人民代表型独裁者であろうか。それについてのヴァロワの答えは次の文に示されている。

彼〔国家指導者〕は世襲であろうか。彼は一時的指導者であろうか。彼は世襲によって指名されるのだろうか。彼は自分自身の力で選ばれるのだろうか。誰が彼を指導者にするのだろうか。議論は開かれている。国民革命を準備するフランス人は皆が同じ答えをもっているわけではない。……

公安の独裁を望むすべてのフランス人は、指導者は投票によって選ばれないことを十分に知っているし、指導者は自分たちから独立していることも理解している。……

いかなる国民政治の転換期であっても、あるいはいかなる世代においても、国民国家の存在が問い直されることがないように、国民革命は指導者が権力を安定させることを望む。一時的か連続的かという課せられた問題に明確な答えを与えるのは、指導者自身である。指導者は理念ではなく人間だ。彼は国民革命の命令を下す人間であろう。[34]

ヴァロワの答えは決して明確ではない。この文は『国民革命』からの引用だが、アクシオン・フランセーズと敵対関係に入ってからも、また長らく崇敬してきたオルレアン公が死去した後も、ヴァロワは明確な答えを遂に出さなかった。ファシズムは「一人の指導者」をもつが、その形態は国民国家のもつ歴史的背景に依存するとしか述べていない。

国民について、ヴァロワは「国民とは諸家族の集合体である」と定義する。[35] あるいは「家族は国民の細胞である」とも述べる。[36] 彼のコーポラティズム論から理解できるように、国民と家族との間には地域と仕事場を基盤とする種々の協同体が存在するが、基本となるのは家族である。そして家族を細胞とする有機体とみなされている協同体や国民は、家族と同じ論理をもつと想定されている。ヴァロワはこの命題を革命的だとする。というのも、近代のいかなる政治や経済の原理も家族を無視し、個人ないし市民を基礎単位にしたからだ。自由主義国家における国民は「金によってしか区別できない市民の並列」である、とヴァロワは述べる[37]。それに対してファシズムの国民国家においては、人間の精神は家族において表現されること、そして家族にはそれぞれ固有の精神があることを前提とするので、より自由であるとされる。ヴァロワは家族を国民の基礎単位にすることにより、彼の有機的・共同主義的な国民国家論に整合性を与えるとともに実感的な正当化をはたし、さらには国民への強力な忠誠心を呼び起すことができたと思われる。もっとも、この家族の比喩は実際には独立した単位としての家族に抑圧を加える結果になることは言うまでもない。以下では家族概念の諸特性の検討をとおして、それと連携する国民概念を考察することにする。

第一の特性は祖国との概念的結合である。「諸家族は地球の一部を集合的に所有するのであり、その目的はそれらが占有する土地の産物によって生きること、この土地の利用を組織することにある」とヴァロワは述べる[38]。この言葉から明らかなように、家族は何よりも大地に密接に結びつく共同体として観念されている。もちろん、このことは農耕生活を言っているのではない。バレスが定式化した「完全ナショナリズム」がそうであるように、ヴァロワの家族概念は大地が意味する「祖国」と融合していると言えよう。この意味で、家族を国民の基礎単位とすることはフランス・ナショナリズムの伝統にそっている。

第二の特性は権威主義的家族観である。ヴァロワの家族観において、家族の長たる父親は絶対的な存在であり、子は絶対服従を義務づけられる。この構造はそのまま国民にもちこされ、家族がその長である父親の権威に従って行動するのと同じく、国民もまた一人の指導者に従って行動するべきとされる。もちろん両者の間には、種々の集団の長が存在する。したがって、国民の権威構造という点からすれば、「国民とは、家長から国家指導者に至る長のヒエラルヒーである」[39]。この長ないしエリートの補充に関して、ヴァロワはいかなる社会階級もエリートを供給する特権をもってはならないのであり、エリートはすべての才能ある人間に開かれていなければならないとする。[40] 保守的な家族観をもちながらも、社会領域においては近代的な指向をもっていたことが、この点からも窺える。とはいえ、ヴァロワの権威構造論とエリート補充論には矛盾が孕まれている。相互強制システムはいかに和解的であろうとも対立と絶対的権威の否定の契機を含んでいるからである。また、エリート補充に関しても、前提とされているのはヴァロワが嫌う個人主義的な自由競争の原理である。そのためか、ヴァロワは国民国家におけるエリート補充の方法に関して明確なことは言っていない。

第三の特性は、家族の宗教性である。ヴァロワによれば、家族は「すべての生の努力」である労働によって支えられると同時に、「父と母が子に対してたえざる犠牲を払うこと」によってのみ存続しうる共同体である。[41] 人間の生に必ずつきまとう「労働の法則」と種の存続からすれば、家族は人間存在の最小単位であることは間違いない。とはいえ、この家族的行動を意義あるものとして生のなかで意味づけるもの、換言すれば家族生活の源は、この行動それ自体に内在するわけではない。ヴァロワは、宗教問題が生じるのはこの点においてであるとする。「家族の繁栄について語るものは、精神生活の源を認めざるをえない[42]」。人間の必然的な生活形態のなかにある努力と犠牲にはどうしても意味づけが必要であり、それができるのは宗教以外にない。ヴァロワはこのようにして、家族生活においては家長の権威的規律と同様に宗教が必要であると主張する。もっとも基本的な生の集団である家族が宗教に依拠するとすれば、生そのものが信仰行為ということになろう。ヴァロワは次のようにそれを述べる。「生きること、それは信仰行為である。生きること、それは少なくとも生を信じること、すなわち普遍的なものと永久的なものとの関連で人間の生が意味をもつと信じることである。それはしたがって、宗教的力に服従することだ[43]」。

そうだとすれば、家族生活と同様に国民生活にも当然のこととして信仰は必要である。ヴァロワはその必要性を主張するとともに、宗教問題に関して中立的態度をとる自由主義国家は偽善的だとする。とはいえ、家族宗教は多様なはずであり、それと国民宗教は矛盾しないのであろうか。ヴァロワの答えはバレスと同じである。「フランスの多様な精神家族」を認めながら、各家族が「国民の精神的宝庫」を信奉し、その価値と力を高めることにおいて協調して行動すべきであるとする[44]。一見すると多様性の尊重のようだが、ここでヴァロワが述べているのは、国民レベルの宗教についてはそれに従うという条件つきで多様性を認めるということである。そこで重要になるのは、ヴァロワが国民レベルの信仰対象として何を考えていたかという問題である。それに関しては次の文が参考になる。

戦士たるわれわれが仕えるもの、それはシテ（la Cité）の全体である。国家はそれの頭であり、すべての個々の社会はそれの胴体と腕だ。シテ、それはそれが包括するすべての家族の間で共有される国民的な富である。それは地面の上や、工場のなかや、商業や産業に携わる会社や商店のなかにあるものよりも、はるかに多くのものを内包する富である。それはすべての知的創造物を内包する富であり、それがなければ物は利用されないただの石や木や鉄にすぎなくなる。それは、人間関係を定める道徳的価値と、とりわけシテそのものを基礎づけ、いくつもの時代をとおしてそれを擁護してきた英雄的価値とを同等に内包する富である[45]。

この文から明らかなように、ヴァロワが国民の信仰対象としているものは、シテと呼ばれる国民的な価値表象である。そこには物質的なものも含まれるが、精神的なものが主である。それが示す第一の価値は、労働の価値であり、家族的美徳あるいは「生産者の美徳」として具体化される。それは、父母が子のために安楽を抑制して働く犠牲の精神である。第二の価値は英雄的価値であり、英雄的精神ないし勝利の精神、あるいは「戦士の美徳」として具体化される。これは、戦争を人間存在の死活の部分として冷徹に認識し、自己犠牲を厭わずに闘争に没入し、勝利するまで闘い抜く精神である。双方の精神ないし美徳は、反快楽主義的・禁欲的な行動倫理という点で共通している。ヴァロワはそれを「崇高」と呼び、「崇高とは、個人や国民が己れを乗り越え、人間的弱さを支配し、最少の努力で自然な嗜好を支配する行動の全体である」と定義する。[46]それに最適な発現の場は、ヴァロワにおいては闘争であった。

おそらくヴァロワがもっとも実現を望んでいたのは、この崇高という倫理である。「戦士の美徳」と「生産者の美徳」はその倫理の規準である。こうしたヴァロワの宗教観の根底にあるのは、言うまでもなくローマ教会を中心とするキリスト教である。ここでヴァロワがヨーロッパの歴史と使命を論じる際に鍵概念にしたところの、ヨーロッパ文明の意味が明らかになる。ヴァロワがフランス文化よりもヨーロッパ文明を論じたのは、キリスト教を思想的根源に据えていたからである。ヴァロワが論じるヨーロッパ文明とは、キリスト教に由来する「崇高」の発現に他ならない。そしてヨーロッパの近代文明とは、崇高な精神の実現としての技術進歩と産業化、そして軍事的強化である。ヴァロワが「われわれの目的は崇高である」「われわれの目的はフランスの崇高である」と繰り返し述べたのは、こうした意味においてである。[47]

以上のようにヴァロワはファシズムの理論を展開したが、その際彼は共産主義が最大の対抗勢力であることを明確に認識していた。最後にそれにふれておこう。ヴァロワは「一つの老いたヨーロッパと、二つの若いヨーロッパが存在する」と述べる。[48]「老いたヨーロッパ」とは自由主義＝議会主義体制であり、「若いヨーロッパ」とは共産主義とファシズムである。ヴァロワによれば、ともに自由主義体制とブルジョワ的金権精神に反対して台頭したので、「ファシズムとボルシェビズムは反目し合う兄弟である」。[49]また、「戦士の法則」を主張して剣を掲げた点でも、[50]近代世界においてプロレタリアートがはたす役割を認識している点でもファシズムと共産主義は共通している。[51]ステルネルが言うように、ヴァロワはフランスにおいて左翼革命と右翼革命の共通の基礎を最初に主張した政治思想家の一人であろう。[52]

ファシズムとボルシェビズムの違いは、第一に哲学的観点から、ファシズムが「存在の神学」をもつのに対し、ボルシェビズムは「生成の神学」をもつことにみいだされた。自由主義体制が共産主義革命に有効に対処できないのは、双方が「生成の神学」ないし進歩宗教に依拠しており、それゆえに共産主義革命を「神聖への進化」の最後の表出とみなす考えに対抗できないからだ、とヴァロワは論じた[53]。

第二の違いは文明論的見地から、双方は「二つの対立するヨーロッパの資本」であり、ファシズムが「神聖な湖の資本」であるのに対し、ボルシェビズムは「野蛮な土地の資本」であるとされる。あるいは、前者がラテン世界の教義であるのに対し、後者はスラヴ世界の教義であるとされ、次のように説明される。今やヨーロッパにも根をはっている共産主義は、もともとはロマン世界で集積された豊かさを掠奪するために、スラヴのボルシェビストがアジアの遊牧民の先頭にたってつくったものである。その教義は、ロマン世界を巧妙にも資本主義世界と名づけ、国家権力をもつエリートをブルジョワジーと名づけることにより、その侵略を正当化する。それに対して生粋のヨーロッパ産であるファシズムは、それを規律し擁護することを目的にしている、と[54]。

第三の違いは、所有とブルジョワジーに対する考え方にあるとされる。ヴァロワによれば、共産主義は所有の否定に基づきブルジョワジーの存在までも否定した。これはスラヴのノマド的思想に他ならない。その結果ロシアで生じたのが、恐ろしい生産の停滞、流通の解体、飢饉である[55]。それに対してヨーロッパ世界においては、所有こそが人々を大地に結びつけ、創意を生み出し、文明を創造していった原動力であり、ブルジョワジーは文明創造の主導者であった。だからブルジョワジーを否定するのではなく、それに本来の機能をはたさせるとともに最大の労働努力を払わせ、文明の発展のために利用することが肝心である。換言すれば、ブルジョワジーから国家権力を取り上げ、国民的規律の枠内にある合理的な経済組織のなかに彼らを位置づけることが焦眉の問題である。それができるのは、政党・集団・階級から独立した独裁国家の命令と、プロレタリアートの革命的潜勢力である[56]。「ブルジョワジーを強力な国民国家と活発な労働者階級の間に置き、創造的エネルギーを与える」ことこそファシズムの目的である。[57] このようにヴァロワは述べる。

こうした認識のもとに、共産主義はロシアの民衆に苦悩をもたらしたばかりか、諸国民を破局へと導き、ヨーロッパ文明をも滅ぼすとヴァロワは主張する。だから「現代の大問題は共産主義の排除である」[58]として、明確にそれと対決する姿勢を示す。とはいえ、ヴァロワは、暴力や宣伝といった周知の手段だけに訴えているわけではない。ヴァロワは、「共産主義が労働者階級に達することができたとすれば、それはこの階級が近代経済世界のなかで苦しんできたからだ」[59]として、共産主義の排除は経済的領域そのものの創造的変革をとおして行われるべきであると述べる。つまり彼が提唱する手段は、真の国民国家を形成することにより、資本主義を優れた生産形態に高め、すべての生産者が潤うようにすることである。

（1）G. Valois, *Le Fascisme*, Nouvelle Librairie Nationale, 1927, p. 16.
（2）*Ibid.*, pp. 15, 16 ; idem, "Nationalisme et socialisme." *Le Nouveau Siècle*, 25, 26 janvier 1926.
（3）G. Valois, *Le Fascisme*, cit., p. 35.
（4）*Ibid.*, p. 97.
（5）G. Valois, *La Révolution nationale*, Nouvelle Librairie Nationale, 1924, p. 20.
（6）G. Valois, *Le Fascisme*, cit., p. 11.
（7）G. Valois, *La Révolution nationale*, cit., pp. 50, 162.
（8）G. Valois, "L'Être et le devenir." in *Histoire et philosophie sociales*, cit., pp. 5-16.
（9）G. Valois, *Le Fascisme*, cit., p. 98.
（10）G. Valois, *La Révolution nationale*, cit., pp. 61-67.
（11）*Ibid.*, pp. 74-78.

(12) *Ibid.*, pp. 85, 96-97.

(13) *Ibid.*, pp. 107-108.

(14) *Ibid.*, p. 177.

(15) G. Valois, *Le Fascisme*, cit., p. 100.

(16) G. Valois, "Nationalisme et socialisme." *op. cit.*, 25 janvier 1926.

(17) G. Valois, *Le Fascisme*, cit., p. 5.

(18) *Ibid.*, p. 21. ヴァロワがムッソリーニではなくバレスをもってファシズムの嚆矢としたのは、この点に根拠があった。*Ibid.*, p. 6.

(19) *Ibid.*, pp. 22-26 ; idem, "Nationalisme et socialisme." *op. cit.*, 26 janvier 1926.

(20) G. Valois, *Le Fascisme*, cit., pp. 26-31.

(21) *Ibid.*, pp. 26-34.

(22) *Ibid.*, p. 28.

(23) *Ibid.*, p. 5.

(24) G. Valois, *La Révolution nationale*, cit., pp. 88-150 ; idem, "L'Être et le devenir." *op. cit.*, pp. 16-24.

(25) G. Valois, *La Révolution nationale*, cit., p. 37.

(26) G. Valois, "Nationalisme et socialisme." *op. cit.*, 27 janvier 1926.

(27) G. Valois, *La Politique économique et sociale du Faisceau*, Éditions du Faisceau, 1926, p. 18.

(28) G. Valois, *Le Fascisme*, cit., p. 18.

(29) G. Valois, "La Victoire en chantant." *Le Nouveau Siècle*, 2 août 1926.

(30) G. Valois, *La Révolution nationale*, cit., p. 180.

(31) *Ibid.*, pp. 180-181.

(32) *Ibid.*, p. 181.

(33) G. Valois, "La Coordination des forces nationales." *Cahiers des États Généraux*, 2 (6), octobre 1923, p. 132 ; idem, *La Révolu-*

tion nationale, cit., p. 163.

(34) *Ibid.*, pp. 182-183.

(35) *Ibid.*, p. 87.

(36) G. Valois, *Le Fascisme*, cit., p. 45.

(37) G. Valois, *La Révolution nationale*, cit., p. 50.

(38) *Ibid.*, p. 87.

(39) *Ibid.*, p. 51.

(40) *Ibid.*, pp. 165-166.

(41) G. Valois, *Le Fascisme*, cit., pp. 45, 46.

(42) *Ibid.*, p. 46.

(43) *Ibid.*, p. 63.

(44) *Ibid.*, p. 48.

(45) G. Valois, *La Révolution nationale*, cit., pp. 42-43.

(46) *Ibid.*, pp. 52.

(47) *Ibid.*, pp. 33, 59.

(48) G. Valois, *Le Fascisme*, cit., p. 93.

(49) G. Valois, *La Révolution nationale*, cit., p. 153.

(50) *Ibid.*, p. 151.

(51) G. Valois, *Le Fascisme*, cit., p. 7.

(52) Zeev Sternhell, *Ni droite ni gauche : L'Ideologie fasciste en France*, Éditions Complexe, 1987, p. 133.

(53) G. Valois, "L'Être et le devenir." *op. cit.*, pp. 14-15.

(54) G. Valois, *La Révolution nationale*, cit., pp. 60-61, 153.

(55) *Ibid.*, p. 156 ; idem, *Le Fascisme*, cit., p. 99.

(56) G. Valois, *La Révolution nationale*, cit., pp. 42, 62, 155 ; idem, *Le Fascisme*, cit., p. 8 ; idem, "Sur la voie glorieuse et rude de la pauvreté et de la réussite," *Le Nouveau Siècle*, 5 juin 1927.

(57) G. Valois, *Le Fascisme*, cit., p. 9.

(58) *Ibid.*, p. 86.

(59) *Ibid.*, p. 87.

終章　ファシズム形成の理路

本章では結論として、ファシズム形成の理路を西欧近代文化との係りのなかで究明するために、思想の骨格をかたちづくる哲学的構成に照準しながら、これまで論じてきたフランス・ファシズムの思想形成過程を要約する。最初に議論の前提として、西欧近代文化の構造を簡潔にまとめておくことにする。

西欧近代文化の存立原理は合理主義にあり、その推進原理は合理化にある。マックス・ウェーバーが言うように合理主義は「普遍的な意義と妥当性」[1]をもつゆえに、経済における資本主義、統治における法治主義、組織における官僚制といった機制によって社会の隅々まで貫徹されるとともに、他のすべての文化形態に浸透する力をもつ。それは同時に人間の存在様態においても、すべての知は因習や情念に囚われない理性的なものでなければならず、すべての秩序は理性によって築かれなければならないと唱えた啓蒙主義思想によって媒介され、主体原理として確立される。啓蒙主義が導く合理主義において、人間は主観的理性によって自己の主観を律しつつ価値と目的を定立すると同時に、それを媒介に外部世界に能動的に働きかけることによって秩序を構築する主体とみなされる。このような意味で理性的存在として析出された主体こそ近代的個人に他ならない。このとき外部世界は人間から分離され、没価値的で物理的因果法則によって動く客観的な自然として認識される。ここに成立する主客二元論的構造において、自然の合理的支配の拡大こそが主体における理性の発現の証とされ、進歩という名のもとに社会総体の原理的価値となる。この場合、自然とは理性的秩序以前のすべての様態を意味し、合理的支配とは理性的秩序が形成された状態、つまり等質的概念化を通じて対象がもっとも効率的に操作可能になる状態を意味する。このような合理化過程を推進するうえで中心的役割をはたすのは、価値的・道徳的なものを排除して形式的ないし道具的に純化された主観的理性、すなわち「形式的理性」ないし「道具的理性」であり、[2]その典型が科学技術である。

こうした構造をもつ西欧近代の内部において、一八八〇年代にそれから逸脱する非理性的で前秩序的な「力」が明確な姿をとって出現する。大衆という個人を集団に融解させ、理性ではなく心理によって行動し、破壊的熱狂に身を委ねる集合体である。大衆は「自然」の範疇に入る暴力的存在であるが、そこには進歩主義が内在する優劣的序列から派生するエリート主義的な政治に疎外感を抱いていた民衆、さらにまた神不在の時代にあって近代文化に閉塞感を抱いていた知識人を魅了するに十分なほどのエネルギーが秘められていた。フランスにおけるそのエネルギーの最初の爆発がブーランジスムであった。だからブーランジスムはただの政治的事件ではない。それは合理的な議会政治に背を向ける大衆運動の先駆けとなり、ナショナリズムを普遍人間的なものから国粋的なものに転換する端緒となった点で、二〇世紀の政治を予示する運動であるとともに、近代文化そのものを破壊する可能性を秘めた運動であった。

ブーランジスムが終った後、それを母体として生まれたのが急進的とも革命的とも形容される右翼ナショナリズムである。一八九〇年代のフランスにあって、マルクス主義の影響下でインターナショナルを指向し始めた左翼にも、中道的な議会政治にも与しない道を選んだブーランジスム型のナショナリズムは、必然的に右翼に位置づけられ、大衆エネルギーを基底にするゆえに過激主義的な方向に進むことになった。フランス・ファシズムの思想はこの新しい右翼に胚胎した。したがって、実質的な思想形成はここから始まることになる。誕生期の右翼ナショナリズム思想を知るうえで、モーリス・バレスほど恰好な人物はいない。若き頃のバレスは宗教を失い、非現実的感覚、意味喪失、無感動、消滅への不安、死への憧憬といった頽廃的精神に苦しむ典型的なデカダンであり、その精神は世紀末の文化反乱の根にある心的状態を示していた。バレスの政治思想の源にあるのは、こうしたデカダンスをもたらした近代文化全般への敵対である。彼はそこからの脱出をめざして参加したブーランジスムの渦中にあって、大衆運動がもつ生の躍動に突破口をみいだした。それは一方で実証主義・主知主義・合理主義の否定としての本能や無意識の賛美、他方で個人主義の否定としての国民共同体の称揚という、近代イデオロギーを逆転した観念へとバレスを導いた。バレスのナショナリズム思想はこの二つの理念をもとに形成された。

バレスはまず、人間存在は地域的環境と世襲的特性によって決定されるという決定論哲学を土台にして、人間は本能によって環境と世襲が表現する伝統的共同体に同一化することで真のアイデンティティーを形成しうるとする「大地と死者」の教義を構築した。進歩主義を破棄する代わりに過去からの持続、すなわち伝統に依拠したのである。本能とは郷土愛から国民愛までを包括する祖国愛＝愛国主義の感情である。その同一化は有機的連関のなかで行われるので、伝統的共同体はその最大範囲である国民に定められる。バレスはこの教義を「自然の力」への服従とする。それは人間の作為を超える自然法則的なものがもつ強制力、ならびに人間をそれに適うように仕向ける本能の誘導力のことである。かくして国民は人間の意志的制御が及ばない自然に属すゆえに、計り知れないほど遠い昔から連綿と続く永久的実在と観念され、神秘化され宗教的なものになる。そして国民の全一性の保守を絶対的使命とする一種の信仰としてナショナリズムが成立する。この場合、国民の表徴は制度や規範になるので、「大地と死者」のナショナリズムは静態的で保守主義的な性格をもつことになる。しかし、バレスには別のナショナリズムもあった。それは熱狂的な大衆運動への英雄主義的指向に発し、社会ダーウィニズムと結合した闘争史観や権力至上主義的リアリズムの観念に裏づけられて、大衆エネルギーを国民の闘争という形態で発散させるナショナリズムである。バレスはこうした動態的で過激主義的なナショナリズムについても「自然の力」と認めていたので、この場合も人間の統制不能な絶対的なものとして神秘化されることになる。かくしてバレスのナショナリズムには、近代の主客二元論の逆転としての主体と客体の交替、すなわち人間による自然支配ではなく自然による人間支配という決定論を基底にした二つのナショナリズム、すなわち保守的自然決定論に基づく保守的ナショナリズムと、闘争的自然決定論に基づく大衆ナショナリズムが併存していた。

バレスがナショナリズム思想の土台に据えた自然決定論は、ファシズム思想が形成されるうえで決定的な意味をもつ。たとえば、ヒトラーは次のように述べる。「人間が、自然の鉄の論理に反抗することを試みれば、自分自身もまた人間としての存在をもっぱら負っている原則と闘争するはめにおちいる。そこで、自然に反対する人間の行動は自分自身の破滅に行き着かねばならない。……彼は自然を支配せず、個々の自然法則や秘密についての知識に基づいて、こうした知識がまったく欠けている他の生物の支配者の地位に上ったにすぎない」(3)。ここにみられる自然観はバレスと同種のものである。それは自然を普遍的力として神聖化し、それへの絶対的帰依を要求する。そして自然の名の下に、特殊な意図を普遍的・必然的命令に変え、特定の歴史的現実を神話に変える。自然の神聖化はそれぞれのファシズムによって異なった形態をとり、それゆえに異なった言説と実践となって現れる。しかし、すべてのファシストは「自然の鉄の論理」や「自然法則」によって表現される自然観を共有していたと思われる。

バレスの二つのナショナリズムのうち保守的ナショナリズムを継承し、それを徹底すると同時により精緻なものへと発展させたのが、シャルル・モーラスである。彼もまたデカダンであった。モーラスのナショナリズムは共同体と伝統による人間存在の決定、国民的共同体の絶対性、本能によるそれへの情緒的同一化といった基本的論理という点では、「大地と死者」の教義と軌を一にしている。だが、「自然の政治」と名づけられたモーラスの政治思想は、方法論的にも内容的にもバレスとはかなり異なっている。モーラスがとった方法は人類の歴史的経験のなかから「自然的事実」を確定し、そこから社会の「自然法則」を帰納するという「合理的」方法であり、彼はそれを「組織的経験論」と呼んだ。ただし、この場合の理性とは一八世紀の啓蒙的理性ではなく古代ギリシアに始まる古典的理性、言わば客観的理性であり、モーラスがフランスの伝統の真髄とみなしたものであった。この方法により、モーラスは国民を最高の自然な集合として論証し、それを保守する唯一の手段として君主制を導出した。そして君主主義的ナショナリズムを「自然法則」に則った必然的命令として正当化した。この保守的自然決定論を徹底的に追求したモーラスの「完全ナショナリズム」は、論理的一貫性という点では透徹しており、国民を絶対化するうえで重大な役割をはたした。とはいえ、肝心の君主制が現実性を失うにつれてそれは神話化され、国民への同一化は国民の完全無欠を表現する神話への同一化とその保守に意味転換せざるをえなかった。

バレスのもう一つのナショナリズムが発展するうえで、ジョルジュ・ソレルの革命的サンディカリズム思想は重要である。ソレルの思想の基礎にあるのもまたデカダンスであるが、彼はデカダンではない。彼は独自の個人主義的な立場からそれの道徳的頽廃に怒り、それを生み出した元凶として近代合理主義の理性偏重と進歩主義的オプティミズムを激しく批判していた。ソレルにとって人間の生の核心にある道徳とは、人間に本来備わっている悪と人間を取り巻く抑圧的環境を認識し、それを不断に克服する意思的行為、すなわち闘争から生まれる崇高や偉大であった。ソレルは現代における道徳の担い手を労働者大衆のエネルギーに期待し、そしてそれの発現の場を国家とそれを支配するブルジョワジーに対するプロレタリアートとしての闘争、ならびに自然に対する生産者としての闘争に定めた。ゼネストの神話とはそうした闘争を惹起し支える心的駆動源であった。ファシズムの形成過程でソレルの思想がもつ重大な意義は、闘争を道徳的に正当化するとともに倫理的に高尚なものに高め、同時に闘争という行動そのものに完結性を与えた点にある。完結性とは目的合理的な行動を否定し、現在における行動に全人格的に没入することであり、それは近代的主体の目的 - 手段の存立構造ならびに現在 - 未来の時間意識を突き崩すことを意味した。

モーラスとソレルをともに信奉し、君主主義的ナショナリズムと革命的サンディカリズムの合成を企てたセルクル・プルードンは、国民的伝統を保守するために革命を起すという保守革命論を唱えた点で、プレファシズム的性格をもっていた。デカダンのように内面的心情に沈潜することを嫌い、行動主義と現実主義を尊ぶ新しい世代のナショナリストの若者たちは、君主主義的ナショナリズムから国民的共同体の絶対化を、革命的サンディカリズムから英雄主義的美徳観に基づく暴力と戦争の賛美を受け継ぎ、そしてプルードンを援用しつつ、国民的伝統から具体的実質の多くを捨象して永久的観念に抽象化することで、社会主義的革命論をそこに組み入れることを可能にした。この合成が可能であったのは、一八世紀の支配精神とそれに基づく政治理念への反発、ならびに共同体主義が公分母として存在していたからである。とりわけソレルの反合理主義的な理論には社会主義の根にある普遍人間主義的要素が稀薄だったことは、その合成を可能にした重要な要素であった。

こうして成立した保守革命論は、ファシズム化のうえで重要なステップである。というのも、それはナショナリストが保守的自然決定論の呪縛から逃れる契機になったからである。それができなければ革命的変革は不可能である。だが、それをもってファシズム理論ということはできない。その理由は、依然として伝統や保守に囚われていることにある。それによって第一に、革命理念が中途半端にならざるをえない。そもそも保守主義や伝統主義は過去‐現在の時間的継続や秩序を重視するので、暴力による急激な変革になじむはずはないが、保守革命にしても伝統や保守を言う以上、革命が社会全体の変革にまで及ぶことはきわめて困難である。第二に、全体主義的理念が抑制されることである。全体主義とは全体への個人の絶対服従、つまり頂点にいる指導者や党の意志が集合体全体の意志となり、全成員がその意志の下に完全に服従させられるとともに、政治経済から日常生活の細部に至るまであらゆる領域に一元的統制が及ぶ状態を意味する。この場合も伝統や保守を言う以上、全体主義的理念は成立しづらい。この点についてはもう少し説明が必要であろう。

ベネディクト・アンダーソンが論ずるように[4]、近代国家が形成されるとき国民は「想像の共同体」として形成された。ほとんどの近代国家はそもそも多様な諸地域を強権的に統合して構築されたのであり、国民とはその国家に見合うように形成された共同体だとすれば、国民的伝統が想像物であることは至極当然だろう。しかしながら、国民的伝統が認知され意識に沈澱するためには、それと一般民衆のレベルで生きている地域的で具体的な伝統との間に何らかの連係が設定される必要がある。その際、国民的伝統と地域的伝統との間に矛盾が生じるだろうが、伝統を持ち出す以上後者を完全に消去することは不可能である。そこで何らかのかたちで双方との間で折合いをつけ、どちらかあるいは双方の解釈を変更する必要が生じる。実際のところ、国民的伝統は国民レベルだけで成立する一元的存在ではなく多元的存在であり、それを無理に一元化することは伝統そのものの否定にならざるをえない。それゆえに、ナショナリズムが国民の一元的統合や中央集権化に向かうベクトルをもっているとしても、それと接合した伝統主義はそれとは逆の分権化に向かうベクトルをもつ傾向がある。また、伝統には規範や価値が含まれているので、特定のイデオロギーを集団全体に貫徹させようとする行為に対しては当然反発が生まれるだろう。したがって、保守主義がいかに革命を主張しようとも、そこに伝統的理念があれば全体主義と齟齬をきたすのは当然である。

セルクルの思想には、明らかにこうした意味での伝統的なものが存在していた。分権制と君主制の主張はその最たるものである。伝統主義から分権論に行き着く基本的論理は右のとおりだが、それだけが理由になっているわけではない。これに関しては、フランスの特殊事情を考慮に入れる必要がある。大革命以来、フランスにおける国家の中央集権的な統治は明らかにジャコバンの理性一元論に由来するとみなされてきた。したがって、いかなる意味をもってであろうとその理性主義に反対する者は、左翼・右翼を問わず分権論を唱える傾向にあった。大革命と啓蒙の理性信仰を否定し、過去において分権制を行っていたとみなされている君主制の復興を唱える以上、分権論は自明のことであった。君主主義については、伝統的であること以外にそれ固有の反全体主義的な論理がある。エルンスト・H・カントーロヴィッチが明らかにしたように[5]、君主は国民の意思を体現する指導者ではなく、配下の民衆にとって道徳的価値や規範を表象する存在であり、一種の神秘体として君臨する存在である。したがって、その君主が国民の生活全般にわたる一元的統制の主体になることは極めて困難である。というのも、近代以降の複合的な社会における国家の命令は価値や規範よりも具体的な政策に重点が置かれるからであり、もし君主がそうした成否のはっきりすることを行ったら神秘性がなくなるからである。

ピエール・テータンジェの理論にはファシズム的と形容しうる特性が随所にみられる。そのなかでとくに重要なのは、軍国主義的色彩の強い強権的な統合論である。具体的には強力な指導権の下での国家統合、「塹壕の友愛」をモデルにした社会統合、軍事規律に則った精神統合である。これらの理念は明らかに戦争体験に由来するが、テータンジェはそれによってかなりの程度伝統の束縛を解かれ、全体主義的な方向へと進んだ。しかし、テータンジェをファシストと形容することはできない。第一に、彼の理念には依然として伝統主義的要素が多かった。たとえば、彼にとってフランスのフランスたる所以は、あくまでも伝統によって培われた道徳や知性といった文化的資質にあり、それもほとんどカトリシズムに由来するものであった。第二に、革命的変革理念が不明確だった。確かにテータンジェの発言は過激で急進的であり、議会主義の打倒と独裁制の樹立を唱えたこともあったが、変革の方途も主体も曖昧なまだった。第三に、戦争理念が比較的穏健だった。対ドイツ政策にしても植民地政策にしても、テータンジェの発想はフランスの保守ないし発展を恒常的な軍事的進出と結びつけるものではなく、保守派の域を出るものではなかった。以上のことを総合して考えると、テータンジェの思想は基本的には極右ナショナリズムの思想と言えるだろう。その点では世紀末に登場したバレスやモーラスと同じ範疇に属している。ただし、テータンジェは共産主義の脅威への反動に動機づけられ、戦争体験から着想を得ていただけに、文化的葛藤を思想の源にすることはなかった。そのうえ戦術的観点から実用主義的に政策や理論を考える傾向があったので、二人と比較してその思想は平板であった。

ジョルジュ・ヴァロワのフェソーはテータンジェの愛国青年同盟と同列に扱われることが多いが、しかし、少なくとも思想面では両者の間に大きな違いがある。その違いがもっとも明白に表れているのは戦争体験に基づく戦後の理論形成である。ヴァロワはテータンジェと同様に勃発時のナショナリズムの高揚と国民の一体化に感激し、そこに国民の理想的な姿をみた。そしてそれを戦後になってからも実現しようとした。だが、テータンジェが基本的にそこにとどまっていたのに対し、ヴァロワは戦争体験からよりファシズム的と言いうる思想の基軸を引き出していた。一つは文明論に基づくフランスの歴史的使命の自覚である。ヴァロワは戦争が人類の永久的な宿命であり、ヨーロッパの文明を保守することを使命とするフランスはそれから逃れることはできないとした。戦争を国民の使命とするこの理論から永久戦争や恒常的戦時体制の理論までは僅かな道程でしかない。もう一つは革命による新体制の構築である。フランスがその使命をはたすためには、現行の自由主義体制を打倒し、国民国家の軍事力と生産力をたえず増強させる体制を構築しなければならないとした。その際、基準となったのが近代化である。この理念の核心部分を取り出して効率性の原理と言い換えてもよかろう。ヴァロワはこの原理を基点にしてそれまで構想していた国民国家の諸理念を練り直し、かくして議会制に代わる独裁制、自由主義国家に代わるコーポラティズム国家、国家による国民の垂直的統合、生産と軍事に関する科学技術の発展の奨励、家族主義に基づく有機的共同体としての国民、英雄主義的美徳に彩られた国民信仰を理論化した。ここにおいて伝統的といえる要素は家族主義だけになったが、それも本来の意味を保持しているわけではなかった。ヴァロワの理論は効率性の観点から伝統主義をほとんど払拭し、全体主義的な統合論にかなり近いものになっていた。要するに、戦後のヴァロワの理論の要諦は、戦争の勝利とたえざる国力増大を可能にする全体主義的な国民国家を革命によって構築することであった。これはファシズムの理論である。

このようにヴァロワの理論はとくに戦争を契機に形成されたが、その哲学的土台はすでに戦前に構築されていた。その中心にあるのは「生の基本法則」と「存在の法則」である。生の根源にある力ないしエネルギーを保守するために、生ある存在は新しいものを創造して成長を遂げねばならないという「生の基本法則」は、一見したところ近代文化が要求する進歩主義と同一であるかのように思える。無限な成長義務と無限な自然支配をめざす進歩主義は、確かに自己拡大という方向性において一致する。さらに、「生の基本法則」は科学技術の発達と組織の効率化に集約される「道具的理性」を媒介にすることを拒否しないだろう。異なるのは何よりも、「生の基本法則」が主体としての人間の目的意識としてではなく、自然決定論的な「法則」が命じる義務として提示されていることである。バレスやモーラスが定式化した主客二元論の逆転である。さらに、そうした自然に属すものとして力ないしエネルギーが考えられていることも異なっている。それはバレスがナショナリズムに組み入れたブーランジスムの大衆エネルギーと同様に前秩序的な力である。成長の証として諸存在間の闘争で勝利することができなければ、存在は滅びてしまうという「存在の法則」もまた、近代の根本である個人主義が内在する「万人による万人の戦い」の原理から派生した理念である。[6] ただし、近代社会では資本主義における競争や自由主義的民主主義における選挙のように、闘争は馴化されて社会機制に組み込まれているし、さらに平等主義や平和主義といったイデオロギー装置も設定されているので、それが赤裸々な暴力となって現象することはない。しかし、自然の力を保守するための闘争は自然の力そのものの発現となるので、近代的な機制や装置は作動せず、暴力は剝き出しになる。そして勝利する者に正義ありといった冷徹な社会ダーウィニズムが貫徹する。

「生の基本法則」も「存在の法則」も近代的主体の存立構造を自然決定論によって改変したものと捉えることができる。それら以外にヴァロワが提示した「最少努力の法則」と「労働の法則」は、論理連関的には前者が「生の基本法則」から派生する人間観、後者が「存在の法則」から派生する権威主義と理解できよう。この二つの「法則」に、自然決定論により個人的主体を抹消した代わりとしての国民共同体の絶対化が加わり、闘争の主体は国民に設定された。もっとも、アクシオン・フランセーズの一員としてモーラスの薫陶を受けたヴァロワの思想には、保守的ナショナリズムも刻印されていた。少なくとも戦前においてヴァロワがモーラスの政治理論を信奉していたことは間違いない。しかし、ヴァロワにはそれ以上に闘争的・革新的指向があった。それはアクシオン・フランセーズにいる間、主にモーラスがあまり関心を寄せていない経済的領域で発揮された。そこでヴァロワが腐心したのは闘争主体である国民の力やエネルギーを高めること、具体的にいえば技術改善や労働の合理的組織化により生産力を高めることであった。ソレルはこの領域を含めヴァロワの闘争指向全般にわたって強い影響を及ぼした。ソレルはヴァロワが定式化した二つの「法則」にもっとも適合する闘争理念を提供したからである。かくして戦前のヴァロワの思想には、ファシズム思想形成のうえで重要な要素となる保守的自然決定論、闘争的自然決定論、自然エネルギー観、国民絶対論、「道具的理性」観、近代化主義、闘争倫理論がすべて含まれていた。ただし、それらは体系化されていたわけではなかった。

哲学的土台に関して、ヴァロワが戦争を経験することで新たに付け加えたものは何一つない。変更があったのは個々の要素の重要度であり、それによってヴァロワの哲学は論理一貫したものになった。戦後において圧倒的に強調されたのは闘争的自然決定論である。それを核として、ヴァロワは国民を軸とする闘争を必然とみなし、その暴力を英雄主義的美徳の点から称賛し、そこに湧き出る自然的なエネルギーを生の根源とした。これに対し、ほとんど重要性を失ったのが保守的自然決定論である。国民が闘争主体として確定できれば、その必要性は減じるからである。ただし、ヴァロワは闘争的自然決定論を極限まで純粋化した理論を構築したわけではなかった。そこには様々な夾雑物が入り込んでいた。最後に、本章で析出した概念を論理整合的に組み立て、ファシズムの哲学的な基礎理論を構成してみたい。

保守主義が完全に払拭されれば、伝統を媒介とした過去―現在の時間意識は断ち切られ、未来の闘争のみが注視されることになる。もちろん、この場合の未来とは、進歩主義が目的合理的に想定する未来ではなく、現在の闘争行動の延長にすぎない。かくして未来の目的は今の現実感に昇華され、文化や伝統は力やエネルギーの高揚のまえに解消され、過去からの「持続」は現在の「瞬間」に転化する。こうして未来や過去との時間的連続意識が消滅し、現在における行動にのみ意識が集中するとき、純粋な闘争的自然決定論が現実化する。そこに現れるのは行動のための行動、暴力のための暴力、闘争のための闘争といった非合理主義の究極的形態である。(7) だが、このニヒリズムは単なる自暴自棄ではない。中立化した「道具的理性」はそのまま残り、国民は闘争勝利の名の下に科学技術を手段にして全体主義的に統制される。この闘争は永久に続くゆえに、そのための国民統制と近代化も革命の名の下につねに更新されつつ永久に続くことになる。こうして「永久戦争」とそれに照応した「永久革命」が体制イデオロギーの軸になる。

完全なファシズムが成立したとすれば、そこでは歴史的なものや文化的なものは言うまでもなく、思想的なものもすべて消滅し、科学技術的な知識だけをもつ闘争ロボットのような人間しか存在を許されないだろう。そうなれば、国民は最高権力による被統制集団として位置づけられるか、あるいは生物学的な自然共同体として意味づけられざるをえない。もちろん、ここで論じた「理念型」は、ヴァロワだけでなくムッソリーニやヒトラーにおいても完全に現実化されたわけではなかった。それはあくまでも哲学的な視点からファシズム化を析出し、その進展の度合いを測るための基準である。これを用いれば、たとえば、ムッソリーニが統治と軍事の機構としての国家にすべてを集中させて国民をその下位に位置づけたのは、あるいはヒトラーが国民を人種という自然的概念で言い換えたのは、その方向への進化を意味すると確認できるだろう。

（1）　マックス・ウェーバー『宗教社会学論選』大塚久雄・生松敬三訳（みすず書房、一九七二年）、五頁。
（2）　マックス・ホルクハイマー『理性の腐蝕』山口祐弘訳（せりか書房、一九八七年）、一五〇・一五七・二三六頁。
（3）　アドルフ・ヒトラー『わが闘争』上、平野一郎・将積茂訳（角川書店、一九七三年）、四〇八―四〇九頁。
（4）　ベネディクト・アンダーソン『増補　想像の共同体――ナショナリズムの起源と流行』白石さや・白石隆訳（NTT出版、一九九七年）、二二一―二二六頁。
（5）　エルンスト・H・カントーロヴィッチ『王の二つの身体――中世政治神学研究』小林公訳（平凡社、一九九二年）。
（6）　ルイ・デュモン『個人主義論考――近代イデオロギーについての人類学的展望』渡辺公三・浅野房一訳（言叢社、一九九三年）、二四四―二四八頁。
（7）　カール・マンハイム「イデオロギーとユートピア」高橋徹・徳永恂訳（高橋徹編『世界の名著　五六、マンハイム・オルテ

ガ』中央公論社、一九七一年、所収)、二四六―二五三頁。

あとがき

フランス・ファシズムの研究を始めたのは大学院の博士課程のときであった。それまではアメリカ政治学を勉強しており、修士論文のテーマとして取り上げたのはハロルド・D・ラスウェルであった。修士論文を作成しつつ研究対象の変更を考えていた。華麗な理論と現実政治との間にギャップを感じるようになっていたからである。今にして思えばたんなる理解能力の不足によるものだが、学部のときから貪り読んでいたマックス・ウェーバーの影響で実証科学的方法よりも解釈学的方法になじみ、行動の客観的観察よりも行為の意味理解に有意性を感じるようになっていたことも一因であったろう。修士論文を提出する頃にはナショナリズムに関する研究をしようと決めていた。それがイデオロギーや地域にかかわらず現代政治におけるあらゆる勢力と連結し強力な政治的動因になることに、文化の根源と係る何かがあると思っていたからである。だが、テーマによっては研究領域の大幅な変更につながることに若干の危惧があり、何をテーマにするかについては決めかねていた。フランス・ファシズムをテーマにしたのは、不肖な弟子の気持ちを察した師の寛容な勧めに従ってである。「専門など世を忍ぶ仮の姿にすぎん。お前さんは政治学を勉強するのだ」という言葉が忘れられない。

あれからずいぶんと長い年月が経ってしまった。その間つねに西欧近代とアジアが念頭にあった。わが国が一〇〇年以上前に抱えた問題を私なりに政治文化の問題として考えてみたかった。双方を無闇に対立させるのでも、どちらかを絶対視して押しつけるのでも、差異を等閑に付するのでもなく、それぞれの文化を重層構造として理解すると同時に相対的に捉える視点を求めていた。本書は言わば負の側面から西欧近代の政治文化構造を内在的に理解する試みである。根本的な問題関心からすればやっと考察の糸口が摑めたというのが本音であり、本書によって求めている視点が得られたと言うつもりは毛頭ない。それにしてもここに至るまでの時間の長さには恥じ入る他ない。

このようなささやかな書であれ、完成に至るまでには多くの方々のご指導とご支援を賜った。まず最初に、内山秀夫先生と高畠通敏先生に心からお礼申し上げたい。お二人の恩師によって政治学の意味と教師の厳しさを教えて頂くことがなければ、私は間違いなく研究者にも教師にもなれなかった。学部と大学院を過ごした慶應義塾大学法学部の諸先生方には文字通り政治学の手ほどきをして頂いた。なかでも蔭山宏先生には学部三年のときに演習に参加して以来、今日までお世話になり続けている。助手として勤務した立教大学法学部での教師としての経験は、その後の人生でかけがえのないものになった。この時期に栗原彬先生に教えて頂いた近代とアジアへの視点は貴重な財産である。現在勤務している専修大学法学部では最高の環境を提供して頂いている。諸先生方が醸し出す自由闊達な雰囲気は、今の私にとって研究と教育の最大の活力源である。お世話になった先生、先輩、友人、同僚、後輩、ゼミ生の数はあまりに多く、すべての方々のお名前をあげることはとてもできない。感謝の念が通じることを願うばかりである。

それからたいへん恐縮だが、初めての著書なので私の家族に謝意をささげることをお許し願いたい。父・幸正、母・静子、姉・井野口秀子、そして妻・実奈子は自由な生き方を許してくれた。深く感謝したい。

最後になったが、本書の出版に尽力して下さった岩波書店編集部の坂本政謙氏に厚くお礼申し上げたい。

一九九九年初秋

深澤民司

マ 行

ヤ 行

ラ 行

サ 行

人名索引

＊ ゴチックの頁数は，その項目についての詳しい言及がある章の頁数を示す．

ア 行

カ 行

■岩波オンデマンドブックス■

フランスにおけるファシズムの形成
——ブーランジスムからフェソーまで

1999 年 10 月 27 日　第 1 刷発行
2018 年 8 月 10 日　オンデマンド版発行

著　者　深澤民司（ふかざわたみじ）

発行者　岡 本　厚

発行所　株式会社 岩波書店
〒101-8002 東京都千代田区一ツ橋 2-5-5
電話案内 03-5210-4000
http://www.iwanami.co.jp/

印刷／製本・法令印刷

ISBN 978-4-00-730796-6　　Printed in Japan